U0873992

·面向21世纪人力资源管理系列教材·

劳动经济学教程

（第2版）

Labor Economics

刘 昕 编著

中国人民大学出版社

·北京·

教育部面向21世纪人力资源管理系列教材
编辑委员会

总　序

由中国人民大学人力资源开发与管理研究中心组织全国人力资源管理领域著名专家学者编写的人力资源管理系列教材第五版以全新面貌与读者见面了。

中国人民大学人力资源开发与管理研究中心成立于2000年，聚集了学术界、政府研究机构的专家学者，致力于我国人力资源开发与管理研究。中心自成立以来，除了组织编写本系列教材之外，还翻译了我国第一套人力资源管理译丛。

改革开放以来，中国经济的高速增长为世人所瞩目。究其原因，学者们的共识是，成就主要源于两个因素：一是体制改革所造就的制度创新和激励机制；二是改革对生产要素，特别是劳动力要素的解放。改革使大量人力资源摆脱了旧体制的束缚，以各种方式投身于经济建设，使我国人力资源的优势得到充分发挥。正因为如此，在传统体制下从来没有被认为是一门科学的人力资源管理，在改革开放后特别是20世纪90年代以来，得到了企事业单位的高度关注。如何确定组织的人力资源战略、做好组织的人力资源规划，如何招聘、留住、开发以及激励组织需要的各类人才，如何把握好职位分析、绩效管理、薪酬管理等人力资源管理中的关键环节，如何建设良好的组织文化，已经成为企事业各级领导考虑的最重要的问题。随着移动互联网的发展、全球化步伐的进一步加快、人工智能等最新科学技术的发展以及90后开始大量进入职场，各种组织的人力资源管理面临诸多新的挑战，很多组织的人员数量增长可能会逐渐停止甚至下降，但对员工的质量要求却大大提升，这就对组织的人力资源管理水平提出了更高的要求。

从我国改革开放40年的历程中可以清楚地看到，人力资源的确是推动中国经济发展的最重要资源，堪称"第一资源"。更为重要的是，如今，我国自然资源的人均占有量与世界相比并不占优势，国民财富生产中自然资源消耗水平已经很高，可以毫不夸张地说，我国经济与社会实现可持续发展的唯一出路在于进一步发挥人力资源的优势。需要指出的是，发挥人力资源优势并不像有些人所想象的，只是靠廉价的人工成本去竞争。世界各国发展的经验已经证明，人工成本必然会随着经济发展水平而不断提高。一个国家的人力资源优势主要体现在两个方面：一是人力资源的教育素质，它体现为潜在的生产力；二是对已经实现就业的人力资源的管理水平，它体现为对人力资源的开发利用程度。我国的教育，特别是基础教育，在世界上是有竞争力的，培养了一支高素质的劳动力队伍。而我国的管理水平，尤其是人力资源管理水平，与世界发达国家相比差距仍然较大。因此，提高我国企事业单位以及政府机构的人力资源管理水平是发挥我国人力资源优势的当务之急。近几十年来，我国几代领导人都强调人才对于国家发展的重要作用，人才是第一资源日益得到广泛的认同，国家领导人一再强调的人才强国战略更是将人力资源和人才问题提升到整个国家战略的高度。

为了提高我国人力资源管理水平，我们通过翻译教材与专著、邀请外国专家讲学等方法，努力将发达国家在人力资源管理方面的先进理念和经验介绍到国内。但是，人力资源管理是管理学诸学科中受到一个国家文化传统影响最大的领域，对人的管理必然受到社会价值观念、法律制度、人文传统等方面的影响，因此，仅仅依靠舶来品是不能真正解决自身问题的。

中国的管理学经过30多年的恢复和成长，已经到了建立具有自身特色的符合中国文化的管理理论的时候。鉴于管理学的文化根基特征，可以说，建立中国特色管理理论的关键在于建立具有中国特色的人力资源管理理论。

总而言之，无论是提高我国人力资源管理水平，还是建立具有中国特色的管理理论体系，都需要培养大批具有先进管理理念、掌握科学管理方法的人力资源管理专业人才。近年来，社会对人力资源管理专业人才的需求一直名列高校毕业生需求榜的前列。旺盛的需求同样导致供给的增加。据统计，自1993年中国人民大学在我国开设第一个人力资源管理本科专业以来，到目前为止，全国已经有500多所高校开设了人力资源管理本科专业，人力资源方向的硕士和博士培养也已经上规模。尤为可喜的是，不仅面向私营部门的人力资源管理专业人才培养日渐成熟，面向公共部门的人力资源管理专业人才培养也已经在很多高校中渐成规模，并且对公共部门人力资源管理水平的提高发挥了积极的作用。从2001年开始出版的本系列教材的第一版，到目前为止已完成了四次全面的再版修订工作，本套教材对于满足我国各高校人力资源管理专业的教学需要起到了非常积极的作用，得到广大教师和学生的一致好评。

优秀的教材必须随着社会经济的发展与教学改革的深化而不断完善。我们根据作者的教学体会和使用的教师对本系列教材第四版的反馈，组织了这次重新修订工作。本系列教材从一开始起步阶段，就在编写中把握了以下三个重要原则：第一，优选教材作者。本系列教材的作者不拘泥于一个学校，而是从我国各著名高校中最早从事人力资源管理教学与研究的著名学者中遴选，每位作者必须是在人力资源管理的相关领域或模块中的真正专家。同时要求这些学者必须亲自主笔，以保证教材的质量。第二，优化教材体系。本系列教材包括《人力资源管理概论》《人力资源战略与规划》《组织行为学》《工作分析的方法与技术》《人力资源战略与规划》《培训与开发》《战略性绩效管理》《薪酬管理》《劳动经济学》《劳动关系》等，既可以满足人力资源管理专业的学生系统学习人力资源管理知识的需要，也可以为非人力资源管理专业的管理类学生根据需要选用。第三，重视本国案例的运用。最近几十年来，随着我国市场经济的长足发展以及企业人力资源管理水平的不断提高，涌现出大量有价值的本土化人力资源管理案例。因此，在修订时，我们特别强调多运用中国改革开放以来的案例，以帮助学生更好地理解和掌握相关理论与方法。

尽管已经付出了很大努力，我们仍然清楚地认识到，这套教材还存在许多可以不断完善和修改的地方。我们真诚地希望广大读者不吝赐教，提出修改意见和建议，使之日臻完善，以更快地推动我国人力资源管理水平的提高。

董克用

中国人民大学人力资源开发与管理研究中心

序　言

自我国高校正式设立人力资源管理专业以来，劳动经济学一直是该专业一门非常重要的基础课程。这种课程安排方式并非偶然，也并非没有理由。它是由实践和理论两个方面的因素决定的。

首先，我们来看一看实践方面的原因。我国的人力资源管理本科专业在1993年第一次单独招生，人力资源管理的硕士和博士学位则是在2000年以后才单独设立的，而劳动经济学专业（其本科专业现在更名为劳动和社会保障）却是从新中国成立初期就单独设立了，只不过当时的劳动经济学主要秉承苏联的传统，与现代劳动经济学的研究对象、分析方法以及研究内容等都存在很大的差异。早期的劳动经济学以政治经济学而不是我们现在所说的西方经济学作为研究的理论基础。此外，在计划经济条件下，国家在宏观和微观两个层面的决策有很大程度的重叠，国家代替企业甚至家庭或劳动者做了很多决策。正因为如此，20世纪80年代之前，我国的劳动经济学实际上包括了一部分劳动管理的内容，这部分内容就是现在所说的人力资源管理。在我国高校尚未设立人力资源管理专业的时候，中国人民大学等一批学校在劳动经济学专业下培养了很多人力资源管理方向的本科生和硕士研究生，这是我国大部分高校的人力资源管理专业学生都要学习劳动经济学的现实原因之一。

其次，从学科的角度来看，劳动经济学是应用经济学的一个重要分支，它的研究对象主要是劳动力市场的组织、运行过程及其结果，主要涉及劳动力供给行为、劳动力需求行为、劳动力市场均衡、人力资本投资理论、就业和失业、收入分配等方面的内容，同时还涉及与劳动力市场有关的一些公共政策的分析。而人力资源管理专业的毕业生所要从事的实际工作与这些内容之间存在千丝万缕的联系，学习劳动经济学能够使人力资源管理从业人员加深对很多问题的理解，这有利于根据组织所处的环境、制定的战略等条件对企业的需要和员工的需要进行合理的匹配，从而帮助组织达成其使命和目标。关于人力资源管理专业学生学习劳动经济学的意义，我们可以列举以下几点：

第一，人力资源管理者需要理解与工作有关的劳动者的动机和行为，以及单个和作为一个群体的劳动者的劳动力市场行为可能产生的后果。人力资源管理涉及的主体是组织当前以及未来的员工。在市场经济条件下，劳动者是通过劳动力市场实现就业的，也是通过劳动力市场在不同的企业之间流动的，劳动者的职业选择以及人力资本投资行为等也与劳动力市场有着密不可分的关系，因此，劳动经济学中的一些内容有助于人力资源管理者理解当前以及未来的员工是怎样做出就业或流动决策的，比如，为什么他们愿意到本企业来就职，什么样的人最愿意到本企业来工作，哪些因素会导致员工产生离职动机，他们的实际流动行为是怎样的。

第二，人力资源管理者需要理解企业的劳动力市场决策原理。劳动力市场与产品市场和资本市场共同构成企业运营必须接触的三大市场，人力资源管理者必须了解国内外经济形势变化等可能会对本企业员工所在的劳动力市场（包括就业机会和工资两个方面）产生怎样的影响，从而帮助企业做出明智的劳动力市场决策。一方面，以追求利润最大化为主要目标的企业是劳动力市场上的买方，在绝大多数情况下，企业必须根据劳动力市场上的相关变量以及本企业所使用的技术、规模等因素来决定使用何种劳动力，如何招募和雇用到有利于自己实现利润最大化的劳动力，同时还要了解企业在相关变量发生变化的情况下，应当怎样调整自己的人员规模以及员工和资本的搭配比例等。另一方面，绝大部分企业是劳动力市场上的价格接受者，劳动力市场工资水平的变化对于很多企业的影响非常大，人力资源管理者如果能够理解劳动力市场的运行规律，预见到劳动力市场上的工资水平可能出现的变化，就会帮助企业提前做好预案，防止劳动力市场工资水平短期的突然变化让企业陷入经营上的被动。

第三，人力资源管理者需要了解雇佣合同的性质、富有激励性的工资制度设计方式以及人力资本投资的基本原理等。人力资源管理工作者的重要职责之一是帮助企业设计公平合理且具有激励性的人力资源制度和管理系统。在设计各种制度时，人力资源管理者必须清醒地意识到作为一种契约的雇佣合同实际上是一种不完善的合同，其自我执行能力较差。企业必须设计很好的制度来规避员工的道德风险和逆向选择行为，激励员工为实现组织的目标而努力工作（当然，也要确保员工获得合理的利益，从而实现真正的双赢）。此外，晋升竞赛理论以及内部劳动力市场理论等也有助于人力资源管理者更清楚地看到组织的晋升制度以及工资水平决策等需要注意的问题。需要指出的是，近些年来在发达国家兴起的循证人力资源管理思想对人力资源管理者提出了更高的要求，即人力资源管理者应当能够对组织的人员招聘、培训、薪酬管理等人力资源管理活动的成本和收益进行量化分析，从而帮助组织做出有利于实现利润最大化的决策，比如，哪些劳动者对公司来说是成本有效性最高的员工？公司在培训方面投入的成本产生了多大的经济收益？企业支付的薪酬所产生的经济回报率（比如利润与薪酬总额之比）如何？为了满足循证人力资源管理的相关要求，人力资源管理者在对组织的很多人力资源管理职能或项目进行规划、设计以及评估时，必须熟练掌握人力资本投资的一般原理以及经济分析的常用工具。而这些恰恰是劳动经济学能够提供的。

第四，人力资源管理者需要了解国家制定的各种与劳动力市场有关的公共政策和法律，比如社会保障政策、最低工资政策以及劳动法、劳动合同法等。国家颁布的很多与劳动力市场有关的法律以及实施的相关政策都会对企业的人力资源管理活动产生影响。作为专业的人力资源管理者，劳动经济学中关于公共政策的经济学原理的分析有助于大家理解国家制定相关法律和政策的道理，充分估计这些法律和政策可能对企业产生的影响，从而更加主动地根据国家的法律法规和政策规章等及时规范和调整本企业的人力资源管理实践。

本人于 1987—1997 年在中国人民大学劳动人事学院劳动经济专业从本科一直读到博士，有幸成为中国本土的第一位劳动经济学博士学位获得者，1998—1999 年受中欧高等教育合作项目的资助，赴比利时根特大学从事了一年的欧盟劳动力市场和社会保障政策的研究。此外，攻读博士学位期间，就与董克用教授和潘功胜博士共同翻译伊兰伯格等人的《现代劳动经济学》，目前已经更新到了第 14 版。从留校任教开始，本人一直面向研究生讲授劳动经济学课程，同时也从事人力资源管理方面的研究、教学和咨询工作，所以在编写本教材时，我们的定位就是使其既适合劳动经济、人力资源管理、社会保障等专业的学生学习，也适合对劳动力市场和人力资源管理感兴趣的其他专业的学生阅读。同时，本书还可以作为企业人力资源管理专业人员以及人力资源和社会保障领域的政府工作者提高自身理论水平和理论素养的教材。

本书第1版是编者于2009—2010年在哈佛大学访问期间，基于使用了多年的讲稿整理而成的，除了力图全面地概括劳动经济学的一般原理以及反映该领域的最新国际研究成果之外，为更好地适应人力资源管理专业学生的需要，编者在教材中提供了一些与之相关的比较生动且贴近现实的专栏和中外案例。第2版根据使用本教材的各位老师的反馈情况对第1版进行了增补和完善，主要变化包括：

第一，完善了部分章节和一些知识点。章节最主要的变化是在新增劳动生产率相关内容的基础上，与原有的劳动力市场歧视部分合并，即第10章。此外，还增加了中国劳动经济学发展简史、劳动力市场政策（尤其是积极的劳动力市场政策）、标准工作日与加班工资的含义、老年男性劳动力参与率的新变化、与补偿性工资差别有关的非工资条件的类型、美国的实际失业率(U-6)等方面的新内容，并且对内部劳动力市场等内容进行了增补。

第二，增加并更新了一些有趣的小专栏和案例，以提高教材的可读性，同时便于读者对相关知识点的理解和把握。比如，德国汽车工人要求减工时加工资、关于婚姻的经济学分析、“二孩政策”下的中国人口与生育率、到美国上大学的成本、男女的体重与薪酬的关系、网约车司机的收入、人工智能与失业狂潮、特朗普上任后白宫男女雇员间的薪酬差异变化、英国广播公司资深女编辑抗议薪酬性别歧视、日本遭遇严重用工荒等。

第三，更新并增加了专业数据，比如，一些代表性国家的劳动力参与率、失业率、单位工时国内生产总值（GDP）、基尼系数、劳动生产率、工作年限、不同性别的收入差距等，这些数据有助于读者对现实中的劳动经济问题有更直观的理解。

最后，感谢使用此教材的老师们对本教材的修订提出的意见和建议，为使此书日臻完善，欢迎讲授劳动经济学课程的老师以及阅读和使用本书的学生及时向编者提供反馈意见，任何意见均欢迎发送至：lxin@ruc. edu. cn。

刘 昕

于中国人民大学公共管理学院

目 录

第1章 导论

学习目的

读完本章之后，你应该能够：
1. 了解劳动经济学的研究对象及其基本发展过程
2. 了解学习劳动经济学的意义
3. 掌握劳动力市场的内涵及其重要特征
4. 熟悉劳动力市场的几种结构性分类
5. 熟悉劳动力市场政策的主要类型及其内容

第1节　劳动经济学

一、劳动经济学的研究对象及其发展脉络

（一）劳动经济学的研究对象

劳动经济学是以劳动这一生产要素作为重点研究对象的应用经济学的一个重要分支。经济学的一个基本假设是：相对于人类对商品和服务的需要而言，能够获得的用于生产这些商品和服务的资源却是有限的。因此，经济学要解决的一个基本问题就是，如何将相对稀缺的资源配置到各种可能的用途上去，从而使人们的需要得到尽可能的满足。这里的资源又称为生产资源，在经济学中也称为生产要素。关于生产要素的构成，古典经济学家威廉·配第提出了包括土地和劳动在内的两要素说，法国经济学家萨伊提出了土地、资本、劳动的三要素说，英国新古典综合派集大成者、著名经济学家阿尔弗雷德·马歇尔进而又提出了包括土地、资本、劳动和组织在内的四要素说。[①] 然而，无论如何，很显然的一点是，劳动是无可

① 管理学家彼得·德鲁克提出了包括土地、资本、劳动、组织和知识在内的五要素说，但这不是严格的经济学意义上的划分，因而我们未列入正文。

争议的生产要素当中的一种。既然经济学要研究稀缺的各类生产资源或生产要素的配置问题，那么劳动这种特殊的生产要素自然也要列入经济学的研究范畴。

经济学关注的是稀缺资源配置、价格决定以及某一经济中的生产水平等方面的问题，重点是商品或服务在市场上的交换机制问题。劳动经济学关注的则是生产商品或服务的重要前提之一，即作为生产要素的劳动力的价格决定过程、决定结果及其产生的相关影响。由于在市场经济条件下，劳动力资源主要是通过市场机制而不是通过计划或行政体制来进行配置的，因此，劳动经济学研究实际上是围绕劳动力市场展开的，也正因为如此，劳动经济学有时也称为劳动力市场经济学。劳动经济学（Labor Economics）是对劳动力市场的运行及其结果进行研究的一门学科，它的主要研究对象是作为需求方的雇主和作为供给方的员工对工资、价格、利润以及雇佣关系中的非货币因素（比如工作条件等）做出的反应。[①]

在现实中，劳动力市场并非完全取决于劳动力供求双方的相互作用，很多制度因素都会对劳动力市场上的供求双方以及劳动力市场的运行结果产生约束，因此，现代劳动经济学的研究大体包括三个方面的内容：一是劳动力市场的组织、运行及其结果；二是现实的以及潜在的劳动力市场上的参与者需要做的各种决策；三是与就业和劳动力报酬等有关的公共政策问题。[②] 劳动经济学的研究内容涉及失业、劳动时间、生产率、工资与报酬、职业选择、就业、劳动力流动、歧视、工会、教育与人力资本投资、劳动力市场法律和制度等诸多方面。

（二） 劳动经济学的发展脉络

1. 西方劳动经济学发展的基本脉络

劳动力市场问题是经济学从一诞生就开始研究的一个重要内容。亚当·斯密在 1776 年出版的《国民财富的性质和原因的研究》一书中就提出了一个基于完全竞争的劳动力市场的交易理论。他认为，对于任何一种工作来说，都可以找到使供给和需求相等的工资水平。而不同工作之间的工资水平差异，主要是由于工作本身的难度不同、掌握完成工作所需能力的成本不同以及要求从业者承担的责任不同所造成的，即属于一种补偿性的工资差别。亚当·斯密所提出的这种劳动力市场理论成为后来的各种工资决定理论以及劳动力市场运行理论研究的一个起点，并且一直发挥着重大的影响。尽管亚当·斯密也看到了有些因素会对劳动力市场上的完全竞争产生影响，但他在模型中还是将劳动力市场的很多特点舍弃了，比如，劳动力市场上存在的雇主联盟和雇员联盟、信息不对称现象以及劳动力流动成本等。因此，他的理论存在的问题是显而易见的，即完全竞争的劳动力市场在现实中是很少见的，劳动力供给和需求之外的很多因素都会对劳动力市场的运行产生影响，这就导致后来的很多经济学家试图对亚当·斯密的这一劳动力市场理论加以修订甚至是重新改造。在这一过程中，新古典经济学和制度经济学在劳动力市场问题上既相互批判，又不断相互融合。

19 世纪末在经济学领域发生的边际革命，推动了由亚当·斯密和大卫·李嘉图等人开创的古典经济学逐渐过渡到新古典经济学，从而为现代经济理论的产生奠定了基础。新古典经济学的两位主要奠基者是法国经济学家利昂·瓦尔拉斯（Leon Walras）和英国经济学家

---

① 罗纳尔多·伊兰伯格，罗伯特·史密斯．现代劳动经济学：理论与公共政策：第 12 版．北京：中国人民大学出版社，2018：2.

② 坎贝尔·麦克南，斯坦利·L. 布鲁，大卫·A. 麦克菲逊．当代劳动经济学：第 7 版．北京：人民邮电出版社，2006：1.

阿尔弗雷德·马歇尔（Alfred Marshall）。瓦尔拉斯开创了数理经济学和一般均衡理论；而马歇尔则开创了局部均衡分析方法，并且创造出对竞争市场上的供给和需求进行分析的图示模型。马歇尔在1890年出版的《经济学原理》一书中，总体上继承了亚当·斯密关于劳动力市场的分析传统，即工资的变化可以保证劳动力供求之间达成平衡，但与此同时，马歇尔不得不承认雇主联盟和劳动者联盟在劳动力市场上所扮演的角色。他特别指出，那些技能较差、收入较低、积蓄不多的工人必须尽快将他们的劳动力出售出去，因而在工资谈判中处于劣势。

1929—1933年间发生于美国的大萧条，导致人们对完全竞争市场理论产生了怀疑，因为市场并没有像理论所预言的那样在供给和需求之间立即达到均衡。这种情况也促使经济学家开始对非完全市场竞争的情况进行分析。[①] 在这一时期对劳动力市场研究做出重大贡献的两位经济学家是约翰·R. 希克斯（John R. Hicks）和保罗·H. 道格拉斯（Paul H. Douglas）。希克斯在1932年出版了《工资理论》一书，该书通过对传统经济理论的修订使其适用于对非完全竞争的劳动力市场进行分析。希克斯认为，在存在工会权力和国家工资法律等制度因素的情况下，对工资决定产生影响的自由市场上的那些约束性力量仍然在起作用，只不过方式不同而已，因此，对劳动力市场进行经济分析仍然是可行的，只不过劳动经济学需要比传统理论更为重视对制度等因素的考察。希克斯试图将工会问题纳入新古典经济学的研究范围，把罢工时间的长短与工资率水平联系在一起，提出了由资方让步曲线与工会抵制曲线共同决定的一个均衡模型。道格拉斯在1934年出版了他与希克斯同名的著作，他的研究是对希克斯理论的一种补充，是用统计方法来论证边际生产率理论，从而将复杂的定量技术与特定的劳动问题结合在了一起。他与数学家查尔斯·W. 科布（Charles W. Cobb）共同建立的科布-道格拉斯生产函数，得出了一种理论上的生产曲线，并且，他们通过测定边际生产率发现，美国制造业的生产率中有75%来源于劳动力，25%来源于资本，而这一比例与美国的国民收入分配状况极其吻合。

从20世纪初到30年代，另一种与新古典经济学的分析方法不同的劳动问题研究方法逐渐发展起来，这就是制度学派的研究。制度经济学的产生主要源于两个方面的因素：一是德国和英国的历史社会经济学的影响，这一学派力图从经济、历史、社会和法律的综合角度来建立自己的经济理论；二是出于应对新古典经济学提出的完全竞争假设的狭隘性的需要。约翰·R. 康芒斯（John R. Commons）是制度经济学的创始人之一，他和他的学生在美国以威斯康星大学为根据地，将制度经济学的分析方法广泛用于对各种劳动问题的研究，劳动制度、工资制度的合理性以及劳动条件的人道性成为研究的热点问题。这些人与当时的主流经济学家存在很大分歧，他们在研究对象上侧重于对工会、最低工资立法以及失业救济等非市场制度的分析，而不是把重心放在对劳动力市场的经济分析上；在研究方法上没有遵循主流经济学家所主张的抽象演绎方法以及个人主义的逻辑，而是在坚持集体主义思维逻辑的前提下，强调对劳动组织和劳资关系的分析，注重对劳动问题的历史描述和经验分析，同时还把政治因素和伦理因素也考虑进来。正因为如此，劳动经济学一度成为某些主流经济学家嘲讽的对象。这就是制度主义在劳动经济学中运用的第一个阶段。

到20世纪40年代，约翰·邓洛普（John Dunlop）、劳埃德·雷诺兹（Lloyd

① 其中最著名的两位代表人物是爱德华·张伯伦（Edward Chamberlin）和琼·罗宾逊（Joan Robinson）夫人，两人分别在1933年出版了《垄断竞争理论》和《不完全竞争经济学》。

Reynolds）、克拉克·克尔（Clark Kerr）、理查德·莱斯特（Richard Lester）以及阿瑟·罗斯（Arthur Ross）等人继承了康芒斯的传统，继续使用制度经济学的分析方法来研究劳动问题。他们的研究方法仍然主要是描述性的，通过将劳动力市场的各种制度特征考虑进来，使人们更好地理解工资决定、雇佣水平以及导致工资关系形成的各种要素。他们的研究最终导致经济学说史上的新制度经济学派的诞生，也使劳动经济学作为一门独立的经济学科得以出现。在此后的 20 年中，制度经济学的分析方法在劳动经济学中一直占据着主导地位——雷诺兹出版于 1949 年的《劳动经济学与劳资关系》一书，在将近 20 年的时间里都是劳动经济学的经典教材。该书在 1970 年出了最后一个版本，当时书中已经没有关于劳动力供给和需求分析的内容，工资决定被描述为企业或产业的一种“实践”。这段时间是制度主义在劳动经济学中运用的第二个阶段。

20 世纪 50 年代中期以后，制度经济学的分析方法在劳动经济领域的主导地位开始动摇，这主要是因为与芝加哥大学有关的一批经济学家开始了重振新古典经济学的努力。① 新古典经济学的复兴对劳动经济学产生了显著的影响，到 60 年代，劳动经济学领域的新古典经济学派逐渐占据主导地位，尽管制度主义者在劳工关系领域的影响依然十分强大，但他们在劳动经济学领域的影响力逐渐被削弱了。新古典主义者在对劳动力市场和劳动问题进行研究时所使用的理论框架和研究方法与制度学派完全不同，他们的关注点是劳动力市场的运行机理以及各种市场力量是怎样对工资决定和劳动力配置产生影响的。新古典经济学派在对劳动力市场进行研究时所依据的最为重要的假设有两个：一是理性人或经济人假设；二是尽管劳动力市场确实具有独特性，但是这并不足以导致在对劳动力市场进行分析时，必须采取一种有别于对商品或服务市场进行分析时所使用的模型。新古典经济学家并不否认法律和商业机构的性质、文化和阶级方面的社会因素、财产和财富的分配、偏好模式等对于劳动力市场的运行也是非常重要的，但是，他们倾向于忽略这些因素，原因在于，新古典经济学家认为这些因素不在劳动经济学家的研究范围之内。

第一批真正建立在新古典经济学基础上的劳动经济学教材出现在 20 世纪 70 年代，三位主要代表人物贝尔顿·弗莱舍（Belton Fleisher）、理查德·弗里曼（Richard Freeman）和阿尔伯特·里斯（Albert Rees）分别在 1970 年、1972 年和 1973 年出版了自己的劳动经济学教材。他们的劳动经济学教材的一个共同特点是：大幅削减了对劳动力市场进行描述的内容，教材各章节的内容都是围绕如何运用一般经济理论原则对相关劳动力市场问题进行分析设计出来的。这时的现代劳动经济学与早期的劳动经济学在研究方法和研究重点上存在以下两个重要区别：一是现代劳动经济学不仅在理论应用方面有所创造，从而使得人们对劳动力市场的特殊性有了新的认识，而且已经开始运用先进的计量经济学对那些与个人行为有关且非常详尽的经验调查资料展开分析；二是原来的劳动经济学在很大程度上是从劳动力需求方面（即企业行为方面）进行研究的，而现代劳动经济学则对劳动力供给方面的问题颇感兴趣。

早期的劳动经济学研究以历史性、经验性和实证性的制度分析方法为主，并且侧重于对

---

① 这批人后来形成了著名的芝加哥学派，其中的代表人物有诺贝尔经济学奖获得者米尔顿·弗里德曼（Milton Friedman）、乔治·施蒂格勒（George Stigler）、西奥多·舒尔茨（Theodore Schultz）、加里·贝克尔（Gary Becker）、詹姆斯·赫克曼（James Heckman），还有著名经济学家 H. 格雷格·刘易斯（H. Gregg Lewis）、雅各布·明瑟（Jacob Mincer）、梅尔文·雷德（Melvin Reder）、阿尔伯特·里斯以及舍温·罗森（Sherwin Rosen）等人。

劳动力需求行为的分析，一个很重要的原因就在于，当时的许多劳动经济学家认为，劳动者的劳动力供给决策并不完全是依据严格的经济理性做出的，而经济学却是建立在严格的理性假设基础之上的，因此，对劳动力供给无法用严密性要求很高的经济理论来进行分析。而人力资本投资理论的诞生，各种数据可得性、统计技术水平的提高，计算机的数据处理能力大大加强等，很好地扫除了这种分析上的障碍。西奥多·舒尔茨和加里·贝克尔等人所创造并阐述的“人力资本”概念是现代劳动经济学兴起过程中的一个最为重大的发展。通过引入简单的投资概念，人力资本投资理论对个人的劳动力供给决策以及常常涉及社会学而不是经济学的许多个体行为进行了恰如其分的经济分析。它通过在投资体系中把劳动力供给决策与教育以及其他增进技能的方式结合起来，通过界定工资率、工作时间以及其他各种各样行为的含义，从根本上改变了经济学家研究劳动力供给的方法。结果使得在现代劳动经济学中，各种形式的劳动力供给决策都可以用建立在理性行为基础之上的经济学模型加以分析，比如劳动力参与、工作时间、求职、职业选择以及传统领域中的劳动力供给问题等。加里·贝克尔认为，现代经济学或经济方法并不是关于市场本身的研究，而是将理性经济行为模型运用于人类生活的方方面面。贝克尔所提出的这种选择理论假定人们是追求效用最大化的，他们会理性地权衡某些行动的成本和收益，然后采取能够使他们的满意度最大化的那种行动。贝克尔运用这种模型考察了各种人类行为，包括生育子女、犯罪、吸毒、结婚等，他的理论不仅用于对劳动经济学中各种有趣的问题的研究，也用于对社会学、人口学以及政治学中一些问题的研究。20世纪的后30年中，经济学在很大程度上不再把重点放在描述性或制度性的分析方法上，今天的劳动经济学论文与微观经济学、国际经济学的论文已经没有什么区别：首先找出需要加以解释的各种事实，然后构建一个基本上可以复制出这些事实的理论模型，最后用实证检验的方法对这一模型和事实加以比较，从而证明这一模型。

需要指出的是，尽管新古典经济学家在20世纪60年代以后在劳动经济学领域重新占据了主流地位，但制度经济学的分析方法并没有因此销声匿迹，在这一时期，制度主义在劳动经济学中的运用进入第三个阶段。在20世纪60年代末兴起的双重的或被分割的劳动力市场理论就是制度主义经济学家提出来的，主要代表人物包括迈克尔·皮奥里（Michael Piore）、彼得·多林格（Peter Doeringer）以及巴里·布卢斯通（Barry Bluestone）。这些经济学家和过去的制度主义者一样，都特别强调工会和公司的政策以及歧视和阶级等社会力量所产生的影响，并研究它们会如何阻碍新古典经济学所设想的那些竞争性力量的运行。他们提出的双重劳动力市场模型便是这方面的一个例子，这种理论认为，在一个经济中往往包含两种类型的劳动力市场：一种劳动力市场上的工作工资水平高、就业保障性好、晋升机会多，而另一种劳动力市场上的工作工资水平低、流动率高、发展和进步的机会少。

从20世纪80年代中期开始，在奥利弗·威廉森（Oliver Williamson）的领导下，“新制度”学派在“旧制度”学派的基础上诞生，并且在90年代末日益得到认同。制度主义在劳动经济学中的运用进入第四个阶段。新制度经济学的一个基础概念是交易成本，这一概念最早是由康芒斯在20世纪30年代初提出来的，随后很快被诺贝尔奖获得者、同样来自芝加哥大学的罗纳德·科斯（Ronald Coase）发展成为一个独立的系统理论。与旧制度经济学家一样，威廉森及其同事用人类的决策能力是有限的、有时甚至存在偏见的假设，取代了新古典经济学的理性行为人假设。新制度学派利用与交易成本相关的概念对一系列有趣的劳动力市场现象（其中包括内部劳动力市场的存在以及自由雇佣政策）进行了分析。不过，新制度学派有一个方面与新古典学派很接近，即它们都不是很重视市场不完善以及资源不均等因素所起的作用。

现在，制度主义学派和新古典主义学派之间的界限越来越模糊，很多劳动经济学家认为两者之间的区别已经不那么明显或有用。面对制度主义者的批评，新古典经济学家开始拓展自己的理论，在考虑到偏好的相互影响、信息的不完善等因素的情况下，对一些可观察到的非常规现象（比如男性和女性的职业集中、工资刚性等）以及企业等机构的起源及其实践做出解释。而制度主义经济学家开始向新古典经济学家靠近，采纳了很多新古典经济学的技术和工具（比如受约束的最优化、边际分析方法），并且在更大程度上承认了劳动力市场所具有的优点。因此，对劳动力市场进行研究的两种方法和思路在某种意义上实现了融合。

2. 新古典经济学和制度经济学在劳动力市场研究方面的不同方法论

为更清楚地了解新古典经济学和制度经济学在对劳动力市场进行研究时采用的不同方法论，我们对两者做一个概括性总结。

新古典经济学家所使用的方法论主要有三个方面的特点，这些特点同样被他们运用到对劳动力市场问题的研究之中：第一，通过演绎推理的方法形成理论推导和可检验假设。新古典经济学家认为，与归纳的案例研究型方法相比，演绎推理的方法不仅更具有普遍适用性，而且更容易取得成果。因为按照这种方法，只要给出几个一般性的假设，就可以推导出一个非常精美和复杂的劳动力市场行为模型。① 第二，高度依赖边际决策规则。即在个体追求个人目标（比如利润或效用）最大化的情况下，一个决策的黄金法则是，只要某种行为所带来的边际收益大于边际成本，就可继续采取行动，一直到边际收益等于边际成本的那一点为止，即决策者实现个人利益最大化的那个点。第三，坚持运用来自单一学科的高度形式主义（数学）的理论构建方法。首先，新古典经济学家在理解或解释某种新的行为或者是现实中的某种困惑时，通常都是从标准的微观经济模型（理性行为、竞争性市场、均衡）出发，然后对这一模型进行扩展或修正，一直到理论能够对事实加以说明为止。其次，新古典经济学家认为经济分析方法一个很大的优点在于，它能够付诸数学的表现形式，这使得由此得出的理论模型更加具有普遍适用性、更为抽象，同时也更为复杂。最后，一方面，新古典经济学家不愿意借鉴其他学科或领域（比如历史学、心理学、社会学或工商管理学）的理论观点；另一方面，他们持续不断地试图进入其他学科领域，以证明经济方法的强大解释力以及优越性。

与新古典经济学的分析方法相比，制度经济学的分析方法同样具有三个方面的显著特点：

第一，它提出了一个与新古典经济学不同的关于人的行为的模型。制度主义者并不排斥受约束条件下的最优化这样一种数学模型，但是却认为新古典经济学提出的理性行为人模型往往导致对人在劳动力市场上的行为做出不准确的预测。新古典经济学的效用最大化模型认为，人是追求个人利益最大化的，即人的心理动机在很大程度上会受到外部激励或约束的影响，比如价格、收入或其他经济变量。制度主义者一方面承认这种假设抓住了一部分现实，另一方面却认为这种假设并不符合很多现实情况。首先，心理学研究表明，人在很多时候会采取利他主义行为以及追求满意而不是最优的行为，并且人的行为很多时候受到内在动机的

① 但这种研究方法同样是有风险的，因为如果这些假设与现实中的劳动力市场的情况并不一致，那么，通过演绎推理的方法得到的模型以及利用这种模型做出的预测就会出现致命的错误。

推动，而不是与经济上的收益和成本有关的因素的推动（比如员工努力工作的原因是工作本身带来的成就感，而不是有可能获得加薪或晋升）。其次，人的很多选择并非总是那么理性，也并非总是前后完全一致，其原因在于人的大脑能力是有限的，能够获得的信息也是有限的，人有时还会受到情绪等的影响。这与罗伯特·西蒙（Robert Simon）提出的人类决策的“有效理性假设”是相符的。最后，制度主义者还强调两点：人的偏好或口味可能会相互影响，比如，对公平性的感知是影响人的行为的一个非常重要的决定因素。此外，人的偏好并非外生的，而是内生的，这就意味着人的偏好会随着经济制度的变化而发生变化。

第二，制度经济学的分析方法对劳动力市场的结构和运行方式持不同的看法。新古典经济学强调劳动力市场的竞争性质，同时认为主要的市场力量决定了工资和就业，制度主义者则强调，很多制度力量（比如内部劳动力市场和工会、阶级和歧视等社会因素）会把劳动力分割成非竞争性的若干类，阻碍劳动力从一个部门流动到另一个部门。制度主义者认为，市场力量运行起来不会像新古典经济学所预测的那样有效或强大，相反，劳动力市场具有的一些特点将会阻碍或削弱劳动力市场上的供给和需求所能发挥的作用。此外，制度主义者更为重视市场不完善性（比如工资刚性、持续性失业、劳动力流动障碍、信息缺乏等）所产生的重要影响，在理论和分析中更重视非市场制度（比如大公司、人力资源管理实践、工会以及文化和风俗习惯等）所起的作用。最后，与新古典主义经济学家经常提出批评的态度相反，制度主义者通常倾向于认为工会、最低工资立法以及积极的反歧视计划等市场干预措施不仅是必要的，而且是有益的。

第三，制度主义经济学家强调运用全面的、跨学科的研究方法，以抓住更多的社会现实，同时将其他研究领域的有用概念和理论引入经济学。他们公开批评新古典主义经济学家太狭隘，过于重视运用数学方法，甚至刻意模仿物理学，强调劳动经济学的理论假设必须是现实的，理论的抽象或一般化必须是对现实的一种良好接近。他们认为，为了建立更接近现实的理论，应当采用归纳推理、获得一手材料的研究方法，模型建立者必须通过案例研究、实地调查以及大量阅读实证研究文献的方法来熟悉研究对象。此外，制度主义经济学家还宣称，人们在很多时候并未遵循新古典经济学提出的边际决策规则，往往是基于平均值而不是边际值来进行决策：一方面，工会往往根据大多数会员的投票，而不是基于对成本和收益的某种边际计算来采取行动；另一方面，在现实中平均成本和平均产出等平均值数据是可得的，而边际数据却没有。

3. 我国劳动经济学的发展简史

1949 年之前，我国关于劳动问题的研究尚未形成体系，劳动经济学刚开始出现。著名社会学家陈达（1892—1975）是较早开始关注人口和劳工问题的社会学家，他于 1923 年获得哥伦比亚大学博士学位后回清华任教，博士论文题目为“中国移民的劳动状况”。他在 1949 年之前编写了《中国移民的劳动状况》《现代中国人口》《中国最近八年间罢工调查》《中国劳工问题》等著作。其中，1929 年末出版的《中国劳工问题》在当时的中国学界引起了讨论劳工问题的热潮。1949 年之后他还编写过《解放区的工人生活状况》《抗日战争时期和解放战争时期工人运动史》等。但这些研究主要是从社会学的角度展开的，并不属于典型的劳动经济学的范畴。

同一时期任教于复旦大学的朱通九是一位经济学家，他的研究涉及劳工问题、金融问题和经济思想等领域，他于 1931 年出版了《劳动经济学》（马寅初作序，上海黎明书局），又在1933年出版了《劳动经济概论》（上海大东书局），这两本书应该是我国最早的劳动经济学著作了。[①]

中华人民共和国建立之后，最初对劳动问题的研究是作为社会学的一个分支展开的，后来，苏联的劳动经济学传入中国并成为我国早期的教材。不过，这一时期的劳动经济学基本上是按照政治经济学的传统研究生产关系中的劳动关系，包括劳动力与生产资料的结合方式、劳动的分工与协作形式、对劳动者分配个人消费品的形式等主要内容。除此之外，那时的劳动经济学还研究劳动管理层面的一些问题，既包括国家和社会层面的劳动管理问题，比如，就业管理、劳动报酬与保险福利、劳动统计等，也包括一些工厂的微观劳动管理问题，比如定员定额管理、工资福利管理、劳动纪律与奖惩等。

1978年之后，尤其是随着改革开放步伐的加快，基于计划经济的僵化的劳动管理体制越来越难以为继，劳动力流动出现，劳动力市场逐渐形成。在从计划经济向市场经济过渡时期，劳动经济学对中国劳动力市场的概念、功能、作用等进行的讨论对于中国市场经济体制的最终确立做出重要的贡献。1993年之后，中国的劳动经济研究开始从研究对象、研究方法等各个方面与国际接轨。

从专业的角度来说，最早的劳动经济专业确立于1958年，原北京经济学院（即现在的首都经济贸易大学）的前身北京劳动学院开始招收劳动经济专业本科生，1981年我国恢复学位制度后，北京经济学院获得劳动经济学硕士学位授予权。中国人民大学于1979年成立劳动经济研究室，招收劳动经济学硕士研究生，从1985年起开始招收劳动经济学本科生，并且于1994年在全国率先招收劳动经济学博士。目前，劳动经济学科已经在国内获得长足发展，全国开设此专业的院校有几十家，不仅如此，在最初的劳动经济基础上，后来又逐渐衍生出人力资源管理、社会保障、劳动关系等其他一些与劳动问题有关的专业或学科。

二、劳动经济学的分析方法

在经济学的研究中，通常有两种分析方法，这就是实证分析方法和规范分析方法，相应地，经济学可以划分为实证经济学（Positive Economics）和规范经济学（Normative Economics）两类。在劳动经济学中同样存在实证分析和规范分析两种不同的分析方法。

（一）实证分析方法

所谓实证分析方法，就是指在分析经济问题以及建立经济理论模型时，不去对社会经济活动的价值做出判断，而只是研究经济活动中各种经济现象之间的相互联系，在对经济行为人做出相关基本假设的前提下，分析和预测人们会做出何种经济行为，同时预测这种经济行为可能会产生怎样的后果。换言之，实证分析是建立在行为理论基础上的，它只回答“是什么”的问题，比如，最低工资对失业的影响是什么，失业保险对失业时间的长短存在何种影响，农村剩余劳动力进城对城市劳动者的收入和就业会产生怎样的影响，收入所得税减免对劳动力供给的影响是怎样的，等等，但是它并不回答相应可能出现什么经济行为及其后果是好还是坏等问题。假定实证分析的结果表明，最低工资立法的颁布造成了某一类劳动者的失

① 梁捷.70年前中国经济学界一个侧影.上海证券报，2007-04-30.

业率上升，那么，它的研究仅仅到此为止，而不准备去回答这种现象是好还是不好。

实证分析对经济行为人有两个最基本的假设：一是稀缺性假设；二是理性行为人假设。

第一，稀缺性假设。稀缺性假设很容易理解，它是指所有生产性资源，包括土地、劳动力、资本以及企业家的组织才能等，相对于个体以及社会的集体需求来说都是稀缺的或有限的，这就决定了社会或者经济行为人必须做出选择，以确定将劳动力及其他资源用于何处以及如何使用。而任何一种选择既有收益又有成本，因为将任何一种资源用于某种用途的同时，也就意味着放弃了另一种用途，因而是有代价的，这就是经济学所说的机会成本。比如，劳动者会面临时间以及可支配收入的相对稀缺性，因此，他们就必须确定将多少可用的时间用于工作，多少可用的时间用于家务劳动，多少可用的时间用于闲暇。他们还必须确定是否要放弃当前的收入来换取更高的未来收入。他们还必须决定购买哪些商品或服务。时间、个人收入以及社会资源的相对稀缺性是劳动经济学中选择理论的基本要素。

第二，理性行为人假设。理性行为人假设或理性人假设包括三层含义：(1) 当事人的行为是有目的的，他们知道自己的目标是什么，并且这种目标在一定的时间内是相对稳定的。经济行为人在确定资源的使用方向时不是随机的或随意的，而是围绕实现某种既定的目标来进行的。经济学假定企业和个人所追求的都是自身利益最大化，具体地说，个人追求效用最大化，企业追求利润最大化。当然，能够给个人带来效用的既包括货币因素，也包括非货币因素，而利润最大化严格说来不过是效用最大化的一个特例而已。(2) 行为人普遍知道哪种或哪些行为有助于达成自己的目标。尽管他们并不是无所不知，但没有一个人对自己追求的目标与采取的行动之间的关系是一无所知的。同样正确的是，行为人并不能保证自己所期望的目标总是能够得以实现，这主要是因为信息不充分问题的存在、意外事件的发生以及其他行为人所做出的选择会对当前行为人的选择结果产生影响，等等。(3) 理性人的行为具有适应性，他们会根据预期的成本和收益的关系变化情况来相应地调整或改变自己的行为，以便在相关因素变化的前提下仍然实现自身利益的最大化。当其他情况一定时，工资率的变化会导致劳动者的劳动力供给时间发生变化。同样，产品市场需求的变化会导致企业的劳动力需求发生改变。再比如，在经济衰退以及失业率上升时期，工会往往会降低自己对工资水平的要求。

经济学对行为的分析基本上都源于稀缺性和理性这两大基本假设。劳动经济学对员工以及雇主行为的分析同样建立在这两大假设基础之上，只不过是更具体地将这两者的选择依据分别明确为效用最大化和利润最大化。劳动经济分析之所以需要首先提出假设，是因为劳动力市场的实际运行状况极其复杂，每天都有数量庞大的劳动者和雇主相互接触，而且每一个决策主体都有不同的动机、偏好、信息以及对己方利益的理解。而我们需要揭示的则是有助于对劳动力市场的运行做出合理解释的一些一般原理，或者是创建一种较为简单的劳动力市场行为理论。当试图运用一些为数不多的基本因素来解释一系列复杂的劳动力市场行为及其结果时，我们就创建了模型。这些模型并不追求也不可能囊括与员工和雇主行为有关的所有复杂因素；相反，其目的仅仅在于过滤掉一些随机和异常的因素，从而把重点放在对一般原理的研究上。

概括来说，实证分析基本上是运用“大胆假设，小心求证，在求证中检验假设”的方法，这种分析方法通常可以分为三个步骤。第一步往往是建立经济模型。经济模型是在一定的经济理论基础上，对经济行为人在一定假设前提下的行为选择所进行的逻辑推理，它可以用“如果……那么……”这种方式，或者用一组经济变量之间的数量关系的函数表达式来表现。经济模型必须是对真实情况的一种恰当抽象，好的模型必须既能够抓住问题的主要特征或者重要事件，又能够剔除那些只会导致问题复杂化而不会改变问题性质的细枝末节的因素，过于简单和过于复杂的模型都不够理想。第二步是估计参数。即运用统计学、计量经济学等手段来检验经济模型所表述的理论与现实情况是否一致。通过搜集历史数据，估算模型中的各种参数，然后验证这些参数是否符合建立经济模型所依据的那些经济理论。第三步是预测行为及其影响，即运用经过检验的经济模型来预测经济行为人的行为。劳动经济学所采用的实证经济分析，其目的在于分析和预测劳动力作为参与者的行为以及劳动力市场活动所产生的结果。

为了领会经济模型中的这些假设和预测，我们举例加以说明。首先假设，除工资水平之外，每一种工作的所有其他特征都是相同的，那么在资源稀缺这一条件约束下，劳动者更愿意从事高工资工作，而不是低工资工作。这样，一旦有机会，他们将会辞去低工资工作，转而从事高工资工作。这种说法并不意味着劳动者只关心工资，也不意味着所有人都存在同样的辞职可能性。劳动者显然会关心与就业有关的多种特征，当前工作中的这些特征出现任何改善，都可能降低员工的流动性。同样，有些劳动者比另一些劳动者更愿意流动。不过，如果我们假定现有工作中的其他因素不变，仅仅是工资水平提高了，那么我们会清楚地看到，劳动者辞职的可能性将会下降。同样，对于市场上的雇主也可以做出类似的预测。企业需要获得利润才能生存，如果员工流动率太高，它们的成本就会比员工流动率低的时候更高，因为需要重新雇用和训练用来替代离职者的新员工。因此，在员工流动率很高的情况下，企业便无力支付高工资。然而，如果它们能够通过支付较高的工资来降低流动率，那么因此而产生的更高的工资成本也许就是值得的。这样，无论是雇员的效用最大化行为，还是企业的利润最大化行为，都能使我们预见到这样一种情况：在其他条件相同的情况下，低流动率是与高工资相联系的，而高流动率则是与低工资相联系的。

小专栏 1-1

关于婚姻的经济学分析

1992 年的诺贝尔经济学奖获得者加里·贝克尔（Gary Becker，1930—2014）创造性地运用微观经济学方法分析了大量的家庭社会行为，其理论涉及生育、婚姻以及家庭劳动分工等方面的问题。

贝克尔把婚恋行为视为一种市场关系和市场行为。理由有二：一是现代社会的婚姻几乎都是出于自愿，故偏好理论以及“经济人”假设完全适用。二是婚配过程与一般市场模式一样，都是在信息不完全的前提下当事人进行选择与竞争的过程，可以假定婚姻关系也是一种市场关系。一方面，婚姻是有成本的，它意味着双方可能都要牺牲某些独立性，在个人习惯、交友方式和支出方向等方面做出妥协。另一方面，婚姻也是有收益的。它提供了伙伴关系、互相关心和爱情，而且为抚育孩子提供了便利条件。婚姻成本包括机会成本和交易成本两部分。结婚的机会成本是保持单身时可以享受的福利，离婚的机会成本则是保持婚姻时能够享受的福利。交易成本则是指与结婚和离婚直接相关的费用。贝克尔认为，两个人只有在结婚的共同所得大于单身时各自所得之和的情况下才会结婚。

贝克尔认为，从经济学的角度来看，婚姻为男女双方提供了一个从劳动和分工专业化中获得经济收益的机会，因此，具有不同专业化优势、在能力与收入方面差别很大的具有互补性的男性和女性可以通过婚姻使自身及双方的收益达到最大。从经济学的角度来看，伴侣之间最好能在生产方面负向搭配，而在生活方面正向搭配。例如，具有市场生产相对优势的人最好找具有家庭生产相对优势的人结婚，这样将促进家庭内部的专业分工，从而达到较大的家庭产出；相反，在消费方面，夫妻双方具有相同的志趣爱好才有利于最大化婚姻的正效用。如果夫妻双方在生产方面正向搭配（具有同样的生产特征），而在生活方面负向搭配（具有不同的消费情趣），则婚姻的收益可能会下降。

如果婚姻可以被定义为夫妻双方承诺执行但却并未完全界定责任的合同，那么，人们的婚前约会则可以视为一种在搜集未来配偶信息方面所做的投资。大多数成功的婚姻除了夫妻双方互相关心外，他们的偏好和价值观往往也基本一致。但由于在婚姻市场上普遍存在信息不对称和掌握信息不充分的问题，一部分人在寻找合意伴侣的过程中因搜寻成本过高而不得不保持单身。还有一部分人则在婚后才发现，自己在婚前获得的对方信息存在偏差甚至极大偏差，这要么导致婚姻质量不高，要么导致离婚的发生。

贝克尔还指出，在婚姻市场上的男女不存在差别的情况下，一夫一妻是最好的家庭形式，因为根据边际效益递减规律，一夫一妻制家庭从新增家庭成员中获得的收益增量会越来越少。然而，如果双方在获取财富的能力等方面存在显著差别，则一夫多妻或一妻多夫就有可能具有经济合理性。

最后，由于教育和其他人力资本投资机会日渐扩展到女性，男女之间的劳动技能差距越来越小，这就使得传统的家庭分工模式变得不再最优，双方从婚姻中能够获得的经济收益明显减少。因此，如果不考虑个人的其他情况，单纯从经济层面来看，婚姻收益的减少有可能会导致结婚率下降以及离婚率增加。

资料来源：加里·斯坦利·贝克尔．家庭论．北京：商务印书馆，2005.

（二） 规范分析方法

规范分析方法以一定的价值判断作为出发点和基础，它涉及经济行为及经济政策对人们福利所产生的影响及其评价，涉及是非善恶或合理与否的问题，与伦理学有某种关联。规范分析试图运用一定的价值观或意识形态来判断和回答“应该是什么”的问题，同时根据某种原则来规范经济行为人的行为，以促成或避免某种经济后果的发生或出现。比如，国家是否应该颁布最低工资立法或不断提高最低工资水平？是否应当允许国外劳动者到中国来就业？是否应该颁布较为严格的《劳动合同法》？然而，由于人们的价值观、立场、观点、道德观等不同，对同一经济事物、经济政策或经济问题会产生迥然不同的意见和价值判断。对于应该做什么、应该怎么办的问题，不同的经济学家可能会有完全不同的结论。这样，规范分析就必须找到一个大家都能够接受的价值判断的标准，这种标准就是互惠。所谓互惠，就是指所实现的经济交易符合各方利益最大化或效用最大化的需求。

理论上来讲，如果一项交易属于以下三种情况之一，就可以成为互惠交易：第一，交易所涉及的各方均能够从中受益；第二，交易中的一方可以受益，但是没有人受损；第三，交易中的一方受益，另一方受损，但是受益者完全能够补偿受损者的损失。第一种交易显然是一种互惠交易，这种交易使得各方均受益，促进了帕累托效率的实现，因而称为帕累托改善。第二种交易尽管看上去不如第一种交易理想，但是由于没有人受损，并且这种交易能够明显增进社会福利，因此也可以视为一种互惠交易。在上述第三种情况下，如果受益者真的对受损者做出补偿，那么，这种情况便转化为第二种情况。事实上，经济学家常常根据受益者获得的收益是否超过受损者蒙受的损失，来对一笔交易能否成为一种互惠交易做出判断。但其前提是补偿必须真正发生，从而确保没有事实上的受损者。市场机制显然很容易促成第一种交易的达成，因为交易双方都会有达成交易的动机。第二种交易在合适的条件下也比较容易达成。第三种交易达成的难度稍微大些，有时候可能需要第三方的干预来使补偿能够实际发生，这样才能真正实现帕累托改善。

尽管市场机制能够促成大多数互惠交易的实现，但是在现实中我们常常可以发现以下三种重要的市场失灵的情况：

第一种情况是，由于信息、成本甚至历史、习惯等方面的客观原因，某些本来确实可能成为互惠交易的经济交易无法达成。首先，信息障碍有可能会导致互惠交易无法达成。比如，某地的劳动者可能正在为找不到工作而发愁，而另一个地方的企业却正为招不到足够数量的工人而发愁，如果它们能够了解彼此的情况，就很可能达成互惠交易。其次，市场缺位也可能导致互惠交易无法达成。比如，我国过去不存在小时工的劳动力市场，尽管很多城市家庭存在对小时工这种特殊的劳动力的需求，也有很多农村剩余劳动力愿意提供家政服务，但是由于历史、习惯的原因，过去一直没有这样的市场交易机制。最后，交易成本也可能会阻碍互惠交易的达成。比如，一批劳动者明明知道其他地区有就业机会，但是却没有足够的旅费到达存在劳动力需求的地区。再比如，某些劳动者知道如果自己能够学到一些实用的技能，则会有助于自己的就业，企业也愿意雇用具有一技之长的技术工人，但是这些劳动者却没有足够的经费来完成学习技能的过程。因此，企业和劳动者之间的交易无法达成。

第二种情况是，一些表面上看起来属于互惠交易的经济交易却并非真的是互惠交易，其中一方在这种交易中实际上是受损的。比如，在劳动力市场上，一位劳动者接受了一家石棉加工厂提供的工作，这家工厂提供的工资比一般的同类工作提供的工资稍微高一些，但是劳动保护方面的装备却很差。表面看起来，这属于一种互惠交易，但是，这位劳动者可能并不知道，长期在这种工作环境中工作而吸入的石棉尘埃很可能给他带来严重的肺部疾病。如果他了解这种情况，同时他又知道其他地方存在更好的就业机会，他很可能不会接受这份工作。

第三种情况则是，对于交易双方来说本来属于互惠交易的一些经济交易却被政府和社会所禁止；或者是，政府会强制要求达成某些经济交易，尽管这种交易并不属于互惠交易。本来属于互惠交易却被禁止的情况有很多，比如，尽管企业不愿意为超过 8 小时的日工作时间支付更高水平的加班工资，而一些劳动者也愿意按照与平时一样的工资率来加班，但劳动法往往要求雇主必须为加班的工人支付相当于平时工资率 1.5 倍的加班工资。再有，一些劳动者愿意接受低于最低工资水平的工资以谋求生存，企业也愿意在较低的工资水平下雇用劳动者，但是国家的法律却禁止这种交易的达成。另一方面，本来不属于互惠交易，政府却强制交易达成的情况也很常见。比如，很多国家建立了强制性的养老保险制度，要求雇主和劳动者在劳动者工作期间向养老保险账户缴费或交税，这样，雇主本来可以直接以现金形式支付给劳动者的一部分收入就变成延期支付，劳动者退休以后才能领取这笔钱。但是有些时候我们会发现，一些劳动者宁愿在工作时得到更多的现期收入，而不愿意等到老了以后再领这笔钱，一些雇主觉得企业投到养老保险基金中的钱还不如直接发给员工，因为那样更能激发员工的工作积极性。显然，这不是雇主和劳动者之间的一种自愿交易。那么，为什么政府要通过政策或者法律的形式来禁止某些本来属于互惠交易的交易的达成，同时又促成本来不属于互惠交易的交易的达成？这就要追溯到政府制定这些政策或法律的基本价值观。比如，政府建立强制养老保险制度的一个基本假设是：一个社会应当努力使劳动者退休后的生活有所保障，事实上，很多规范分析都会援引“社会福利”或“国家利益”等作为回答“应当是什么”或“应当怎样做”的依据。

正是由于存在种种市场失灵的现象，因此，政府有很多经济政策都是力图应对这一问题，从而为真正的互惠交易的达成提供便利。在劳动力市场上，政府一方面努力确保劳动力市场的劳动力资源配置功能得到正常发挥，保护企业和劳动者之间的合法互惠交易；另一方面采取很多措施来应对劳动力市场的失灵，努力促进整个社会的公平和效率目标的达成。

首先，政府可能会通过提供公共物品的方式来帮助劳动力市场上的互惠交易达成。比如，企业和劳动者在相互搜寻的过程中，都需要获得关于劳动力市场上的工资水平的信息。从企业的角度来看，企业在招募新员工时，如果所提供的工资水平低于市场水平，则很难招到合适的人，如果提供的工资水平比市场水平高很多，又会加大企业的财务负担；从员工的角度来说，自己所要求的工资水平比市场水平低太多，会导致个人利益受损，但是所要求的工资水平超过市场水平太多，很可能没有人愿意雇用他。然而，要获得这种关于市场工资水平的信息，需要付出一定的代价和成本。如果某些中介机构或调查、研究机构以收费的形式来提供这种信息，相当一部分企业和大量的劳动者将无法支付这种成本。因此，在很多国家，政府会进行全国性以及地方性的薪酬水平调查，以免费的方式公开发布各类薪酬数据。这种做法显然有利于雇主和劳动者理性地确定工资水平，缩短双方之间的相互搜寻和谈判过程，加速就业的实现。

其次，政府可以通过一系列的措施来排除市场自身无法克服的一些交易障碍。比如，对于那些就业选择机会很少的劳动者来说，参加职业培训或者进行跨地区流动有助于增加他们的就业机会，但是当他们由于缺乏相关经费而需要获得贷款时，往往很难通过市场途径获得。这是因为，商业贷款机构认为这些贷款的安全性没有保障，尤其是当贷款人的经济状况很差时。这种由于缺乏必要的贷款资助而无法完成有价值的交易显示了“资本市场的不完善性”。在这种情况下，政府可能愿意提供这种贷款，即使它面临着同样的违约风险。这是因为，如果使劳动者流动到经济机会更好的地区，就可以改善整体社会福利和促进经济增长，因此，政府出面提供这种贷款就是明智的。此外，有些时候，政府还会为助学贷款提供担保，以帮助家庭经济状况不佳的学生完成大学学业。同样，在没有政府担保的情况下，商业银行通常不愿意提供这种风险较高的贷款业务。

最后，政府还可以直接取代市场来促成互惠交易的达成，即由政府来承担相关的交易成本。这种情况的一个最典型的例子是公共职业介绍服务。企业和劳动者在寻找对方的过程中，都要付出一定的时间和成本，这样，市场上就出现了一些职业中介机构，这些机构通过专业化的服务来帮助企业和劳动者满足自己的劳动力雇用和就业需求，并收取相关费用。但是对于很多企业，尤其是劳动者来说，可能很难承担这笔费用。因此，政府会通过建立免费的公共职业介绍机构和网络，通过更加快速、集中地传递信息，帮助劳动力供求双方进行接触、谈判、签订合同，从而减少双方之间相互搜寻的时间，尽快达成互惠交易。在这一过程中，政府实际上是承担了本来应当由企业和劳动者承担的交易成本，但是由于这种政策起到了促进整个社会就业水平提高和加快经济增长速度的作用，因而，从整个社会的角度来看，这种成本的支出往往是非常有效的。

此外，需要指出的是，在制定公共政策的时候，政府必须考虑效率与公平之间的适当平衡。这一方面是因为能够满足帕累托效率要求的交易可能并不只有一组，所以需要考虑在效率大体相似的情况下，到底哪一组交易更为公平的问题。另一方面，不可否认，在很多时候，为了实现更高程度的公平，常常需要采取一些偏离帕累托效率的措施。例如，最低工资立法就阻碍了交易双方自愿在较低水平的工资上达成交易，因此，那些本来愿意接受低于法定最低工资水平的人就什么工作都找不到了。但是，规范经济学还是倾向于将效率置于公平之上，主要原因在于对效率可以进行更为科学的分析。一笔交易要想成为互惠交易，只要交易各方都感觉到自己的福利状况有所改善即可。但是，公平方面的考虑却总是涉及将交易中的损失方失去的福利与另一方获得的效用进行比较，而这种比较很难满足科学性的要求。所以，一个社会往往会依赖政治体系而不是市场来制定涉及公平性的政策。

三、学习劳动经济学的现实意义

学习劳动经济学的现实意义不言自明，因为我们很容易发现，它就在我们身边。事实上，只要浏览一下报纸和其他新闻媒体的标题，随处可以发现与劳动经济学有关的主题："特朗普称美国经济几十年来最佳，失业率 17 年来最低""要求涨工资、减工时，德国 30 万汽车工人罢工""广东省人大代表建议取消最低工资标准""《劳动合同法》或将修改，最快 2018 年公布!""人力资源社会保障部关于印发人力资源服务业发展行动计划的通知""教育部：2018 年全国 820 万大学生毕业，就业形势严峻""人工智能会让人类失业吗?""调查结果显示：学历歧视成为最常见的就业歧视"等。很显然，劳动经济学研究的对象无论是对国家或社会，对企业或个人，都具有重要意义。

（一）劳动经济学与国家和社会

劳动力是一个国家和社会最重要的一种经济资源，因此，一国能否有效地利用本国的劳动力资源，将他们配置到能够使他们的生产率得到最大限度发挥的岗位上去，将会直接影响一个国家的经济发展水平和经济增长速度。经济学的研究表明，在市场经济国家，国民收入的 3/4 左右以工资或薪金的形式流向劳动者，而以利润、租金和利息等形式形成的资本收入只占 1/4 左右，这就从一个侧面说明了劳动力在一国经济增长中做出的巨大贡献。也正因为如此，与劳动力市场直接有关的充分就业目标，与物价稳定、国际收支平衡以及经济增长，被共同列为市场经济国家的宏观经济四大目标之一。

此外，从社会发展的角度来看，一个国家或社会中的绝大多数家庭和个人都要通过提供劳动来获得主要收入，维持个人和家庭的生存和发展，因此，劳动力市场的功能是否完善，运行是否正常，还直接关系到广大劳动者及其家庭的生存与发展状况，这对于一个国家的社会稳定、全体公民的福祉乃至执政党的地位都有重要的影响。因此，与劳动力市场以及劳动者的就业和工资有关的问题不仅是一个经济问题，也是一个社会问题和政治问题，一国政府必须高度重视。比如，在历届美国总统大选中，失业问题、移民问题、最低工资问题、收入分配问题、失业保险等社会福利制度改革问题经常是总统候选人辩论的主题。我国政府对劳动力市场的培育与发展、劳动合同、最低工资制度、大学生就业、农村剩余劳动力转移等问题同样高度重视。此外，一个国家的对外贸易政策、产业政策、个人所得税制度以及社会保障制度等也会对该国劳动者的就业和工资产生重要影响。

劳动经济学从经济学的角度揭示了劳动力市场运行的基本规律，使政府更加理解劳动力供给和需求双方的行为，认识到各种市场力量和制度力量对劳动力市场产生作用的方式及其可能产生的后果，这有助于一国改善自己的决策过程，提高立法效率，从而提高与劳动力市场有关的公共政策和立法的质量，确保劳动力市场健康、稳定、可持续发展，最终保障经济增长以及社会发展。

（二） 劳动经济学与企业

对于企业或其他类型的组织来说，不可避免地要与劳动力市场打交道。一方面，它们要通过劳动力市场来雇用自己所需要的人力资源；另一方面，它们的很多内部人力资源管理政策和实践不可能在一个完全封闭的环境中运行，而是会与外部劳动力市场上其他组织的人力资源管理政策和实践相互作用和相互影响，比如工资水平的决定以及员工福利项目的设置等。因此，一家企业要通过劳动力市场不断获得各种各样的人才，同时确保能够留住、激励以及开发企业生存和发展所需的各类人力资源，就必须了解劳动力市场的基本运行方式，同时对外部劳动力市场保持高度的敏感性。在实践中，进入 21 世纪以来愈演愈烈的人才争夺战使企业越来越清楚地认识到来自劳动力市场的压力。我国的很多企业也经历了从改革开放之初的“民工潮”到最近几年的“民工荒”这样一种显著的外部劳动力市场变迁，同时感受到了外部劳动力市场的很多变化对企业内部的人力资源管理政策和实践所产生的影响。

对劳动经济学知识的学习，不仅有助于企业加深对劳动力市场的理解，从而更好地吸引人才，同时也使企业能够更好地预测各种人力资源管理政策和实践会对组织内部人的行为产生何种影响，此外，还有利于企业理解政府制定的很多干预劳动力市场的措施以及法律，一方面自觉地遵守政府的相关劳动法律法规的要求，另一方面通过积极配合政府的一些优惠政策，比如以促进就业为目的的就业补贴政策等，来使企业获利。

（三） 劳动经济学与个人和家庭

从个人和家庭的角度来看，绝大多数人都要与劳动力市场打交道，通过劳动力市场实现就业并获得生活所需的收入。我们在一生当中可能需要做出很多与劳动力市场有关的个人和家庭决策，比如，在进入劳动力市场之前，个人可能需要决定应当上大学还是在高中毕业的时候就去工作；如果决定上大学，还要决定读什么专业以及读哪一所大学（这些往往决定了一个人未来的就业难度以及收入水平高低）；大学毕业了，还要选择去哪个地区、哪个组织从事哪一类职位的工作，或者是继续攻读硕士和博士；就业以后，有时还要考虑是否换一个工作单位、换一种职业或者是在不同地区之间流动；结婚成家之后，夫妻双方还要考虑如何分配各自的工作时间和家务劳动时间，确定子女的教育投资方式等。而在做所有这些决策时，有关劳动力市场的知识显然是不可或缺的，掌握劳动力市场运行的基本规律之后，我们的决定可能更加理性，考虑问题可能更加全面。

此外，作为一个社会公民，很多时候还需要对国家制定的一些法律和政策发表自己的看法，尤其是对于那些有机会直接参与国家立法和决策过程的人来说，学习劳动经济学的一些基本知识有助于他们帮助政府在立法和公共政策选择方面做出更为明智的决策。比如，在正规学校教育和职业培训的成本分摊方面，国家、企业、个人及其家庭各自应当承担什么样的责任？最低工资立法的真正受益人是谁？要不要继续提高法定最低工资水平？全面经济滑坡时期，政府应当为缓解失业率的上升采取哪些措施？社会保险缴费水平以及工伤保险等社会保障福利的替代率对劳动力供求会产生怎样的影响？在生活中，我们还会遇到很多类似的与劳动力市场有关的政策争论，这说明劳动经济学就在我们身边。比如，在我国《劳动合同法》征求意见和立法的过程中，有很多人参与了对这一问题的讨论，而掌握相关的劳动力市场知识会对讨论的效果产生更为积极的影响。

小专栏 1-2

我国发布《“十三五”促进就业规划》

2017 年 2 月，国务院印发《“十三五”促进就业规划》（以下简称《规划》），明确了“十三五”时期促进就业的指导思想、基本原则、主要目标、重点任务和保障措施，对全国促进就业工作进行全面部署。《规划》指出，就业是最大的民生，也是经济发展最基本的支撑。坚持实施就业优先战略，全面提升劳动者就业创业能力，实现比较充分和高质量的就业，是培育经济发展新动能、推动经济转型升级的内在要求，对发挥人的创造能力、促进群众增收和保障基本生活、适应人们对自身价值的追求具有十分重要的意义。

《规划》提出，要实施就业优先战略和人才优先发展战略，把实施积极的就业政策摆在更加突出的位置，贯彻劳动者自主就业、市场调节就业、政府促进就业和鼓励创业的方针，不断提升劳动者素质，实现比较充分和更高质量的就业，为全面建成小康社会提供强大支撑。坚持总量与结构并重、供需两端发力、就业政策与宏观政策协调、统筹发挥市场与政府作用、普惠性与差别化相结合的基本原则。到 2020 年，实现就业规模稳步扩大，就业质量进一步提升，城镇新增就业共计 5 000 万人以上，全国城镇登记失业率控制在 5%以内；创业环境显著改善，带动就业能力持续增强；人力资源结构不断优化，劳动者就业创业能力明显提高。

《规划》提出五个方面的重点任务。一是增强经济发展创造就业岗位能力。积极培育新的就业增长点，着力缓解困难地区困难行业就业压力。二是提升创业带动就业能力。畅通创业创富通道，扩大创业带动就业效应。三是加强重点群体就业保障能力。切实做好高校毕业生就业工作，促进农村劳动力转移就业，统筹好困难群体、特定群体就业及过剩产能职工安置工作。四是提高人力资源市场供求匹配能力。规范人力资源市场秩序，提升人力资源市场供求匹配效率。五是强化劳动者素质提升能力。提升人才培养质量，提高劳动者职业技能，培养良好职业素养。《规划》还确定了支持发展共享经济下的新型就业模式、城乡居民增收行动、重点地区促进就业专项行动、创业创新人才引进计划、结合新型城镇化开展支持农民工等人员返乡创业试点、创业培训计划、重点人群就业促进计划、人力资源服务业发展推进计划、新型职业农民培育工程等 9 个专项任务。

《规划》强调，要不断强化各类政策协同机制，优化社会资本带动机制，完善就业创业服务机制，健全劳动关系协调机制，构建就业形势综合监测机制，形成更有力的保障支撑体系。加强部门协调，明确职责分工；加强上下联动，压实各方责任；加强督促检查，抓好规划评估；确保规划重点任务、主要措施、工程建设落到实处。

资料来源：国务院印发《“十三五”促进就业规划》. 新华社，2017-02-06.

第2节　劳动力市场与劳动力市场政策

一、劳动力市场的内涵及其重要特征

（一）劳动力市场的基本内涵

如图1-1所示，劳动力市场（labor market）是企业为了实现正常运营所必须面对的三大市场之一，除了劳动力市场之外，企业在经营过程中还必须与另外两个市场（即资本市场和产品市场）发生关系，其中，在劳动力市场和资本市场上，企业是以购买投入要素（劳动力和资本）的买方身份出现的，而在产品市场上，企业则是以出售产出的卖方身份出现的。如前所述，劳动力市场是一种要素市场，是劳动力或者劳动服务进行交易和流通的市场。劳动力市场是在市场经济条件下对劳动力这种最为重要的生产性资源进行有效配置的根本手段。它通过为劳动力供给和需求双方提供一个接触、谈判和交易的机制，以一定的工资率将劳动者配置在一定的工作岗位上。这种劳动力的配置不仅满足了个人的需要，而且满足了社会的需要。在市场经济条件下，一国的劳动力正是借助劳动力市场被有效地分配到不同的企业、行业、职业和地区。总之，这种把劳动者配置在不同的工作岗位上并且协调就业决策的市场称为“劳动力市场”[①]。在有大量劳动者和各类雇主参与的劳动力市场上，与就业或职业选择、雇用、解雇、辞职、离职、薪酬以及培训或教育等人力资本投资有关的决策每天都在大量出现。

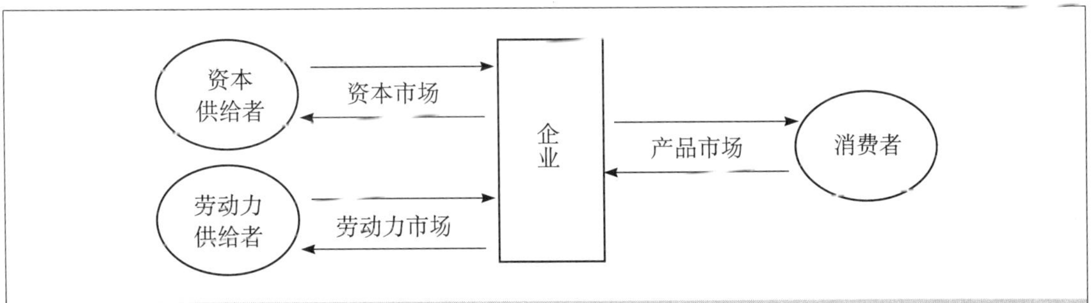

图1-1　企业运营所必须面对的三大市场

我们通常所说的劳动力市场有微观和宏观两个层面的含义。从宏观角度来说，劳动力市场是由各种各样的局部或单一劳动力市场构成的一个总的劳动力市场体系。从微观的角度来看，劳动力市场实际上是特定类型的劳动力供求双方，在通过自由谈判达成劳动力使用权转让（或租借）合约时所存在的一种市场环境。从各市场经济国家的发展经验来看，一国劳动力市场体系的发育通常是一个渐进的过程，它往往从单个的或局部的劳动力市场发育开始，

① 罗纳尔多·伊兰伯格，罗伯特·史密斯．现代劳动经济学：理论与公共政策：第10版．北京：中国人民大学出版社，2011.

逐渐扩散，最终形成一个统一的劳动力市场。目前我国的劳动力市场正处在成长和发育的过程之中，可以看到，劳动力市场在我国劳动力资源的配置过程中扮演着越来越重要的角色。

从微观的劳动力市场环境来说，我们在劳动力市场上可以看到这样几种现象。其一，有很多组织和机构为劳动力供求双方之间接触和联系提供便利。劳动力供求双方通过招募广告、公共和私营的职业介绍机构、工会的就业服务机构或者各组织的人力资源部门等多种途径，实现接触、沟通与互动。其二，劳动力供求双方之间的接触和联系主要是为了进行劳动力质量和价格等方面的信息交换。这种信息交换可以通过求职申请、面试甚至个人之间的口头传递来实现，互联网的出现为这种信息的沟通提供了极大的便利，大大加快了劳动力市场上的信息流动。其三，劳动力的供求双方一旦达成协议，就会签订某种形式的雇佣合同，这种合同的内容包括薪酬福利水平、工作条件、就业保障乃至合同期限等。大多数情况下，雇佣合同都是以书面形式订立的，但是在有些情况下，这种合同只是表现为在经验的基础上达成的某种默契。总的来说，劳动力市场运行的结果主要体现在收入分配以及就业（或失业）这两大方面。

通常情况下，在劳动力市场上存在三种不同的力量，一种是市场力量，即劳动力供求双方在劳动力市场上的相互作用过程及其产生的结果，这是劳动力市场上最根本的一种力量。但是，在劳动力市场上，非市场力量的作用也非常明显，机构的力量和社会的力量对劳动力市场的影响也很大。所谓机构的力量，主要是指工会、政府等各种组织对劳动力配置和工资决定所产生的影响。它们可能会通过正式的规则、制度或者是非正式的习惯将劳动力市场分隔为一系列相互分离但是具有松散联系的细分劳动力市场，这些规则往往是以工会集体谈判合同、政府立法等形式体现出来的。比如，政府可能会对企业必须提供的工作条件、最低工资水平等提出要求；会规定企业雇用残疾人和少数族裔劳动者的比例；会对劳动者和企业双方征收工薪税；会将雇用童工等界定为非法等。而工会则通过集体谈判甚至罢工的方式对企业施加影响，使企业所支付的工资水平偏离（通常是高于）劳动力市场的通行工资水平。第三种是社会的力量，即社会群体或规范对劳动力配置和工资决定的影响。比如，一个社会的风俗习惯、文化以及性别、种族歧视等，有可能会对劳动力市场上的就业和工资产生影响。一些西方国家曾经存在不鼓励女性——尤其是已婚女性——从事公开劳动力市场活动的社会习惯，而在中国农村到现在依然存在着对女性接受教育的歧视等。

（二）劳动力市场的重要特征

与产品市场和资本市场不同，劳动力市场有非常明显的独特性，这种独特性主要表现在以下几个方面。

1. 劳动力市场交易对象的特殊性及交易的延续性

在一般商品买卖中，商品购买者的购买过程和使用过程是相对分离的，即买卖双方一旦在市场上结束买卖过程，并且在双方约定的时间内没有出现与商品标明的特性不符的情况，买卖双方的这种交易关系便告一段落，同时商品购买者对所购买的商品可做任意处理，而不必担心商品销售者有何异议或不满。在资本市场上，资本提供者和资本购买者之间的关系同样相对简单，资本提供者通常不会干预资本购买者怎样去使用和处置资本。然而，由于劳动力或劳动者所提供的劳动服务是不可能脱离劳动者本人而独立存在的，所以在劳动力市场的交易中，劳动力或劳动能力这种特殊的商品的实际所有权并没有发生转移，转移的只是劳动力的使用权而已。因此严格来说，劳动力市场只是一种特殊的租借市场，劳动者将自己所具有的劳动能力按照某种条件、以某种价格租借给雇主使用一段时间。更重要的是，劳动力的购买过程和使用过程是无法分割的，劳动力的使用者必须通过劳动力的提供者才能真正使用这种劳动力，雇主对自己在劳动力市场上所“购买”的劳动力实际上并没有完全的控制力，也不能任意处置；换言之，劳动力的提供者和劳动力的使用者之间的交易关系不仅表现在劳动力市场上，而且会在一定的时期内固化下来。也就是说，劳动力与作为其载体的劳动者之间的天然不可分性导致在劳动力市场交易完成之后，劳动者会继续参与劳动力购买者的生产过程，从而会对生产过程产生重大影响。这种情况就使劳动力市场的交易双方之间的关系变得复杂起来。

一般而言，在劳动力供求双方对对方都比较满意的情况下，双方都会有一种将初次在劳动力市场上达成的雇佣合同延续下去的动机，因为这对双方来说都是有利的。从劳动力需求方的角度来看，一位新员工进入企业之后，往往要经过一段时间的在职培训，此后，在他为企业持续工作期间，还会逐渐积累一些有助于提高工作效率的工作经验，这样，随着一位劳动者为企业工作时间的延长，他对于企业的价值也就逐渐上升。不仅如此，由于员工的生产率提高在相当大的程度上得益于企业对员工的人力资本投资，劳动者的流失实际上还会导致企业人力资本投资的损失，因此，若员工表现良好，企业通常会期望他一直为自己工作。从劳动者的角度来看，在一家企业中工作一段时间以后，劳动者便可以自如地适应环境，较好地完成各项工作任务，较少面临在陌生环境中容易出现的困难。同时，在同一家企业中工作的时间越长，他所获得的特殊的经验和技能就越多，因此在这家企业获得的收入往往比在其他企业获得的收入要高。另外，许多特殊的报酬项目比如企业补充养老保险、职业保障等，往往也是与劳动者在企业的连续服务年限挂钩的，因此，劳动者在对工作满意的情况下，倾向于在企业中工作较长的年限。

2. 劳动力市场的多样性

由于劳动的具体内容和具体形式不同，所以不同的劳动力之间往往不能相互替代，或者不能完全相互替代，这样便形成了不同专业门类的劳动力市场，比如幼儿园老师、机械师、文员、精算师、软件工程师、卡车司机等。在这些不同的劳动力市场上，劳动力的供给、需求状况以及劳动力的市场价格往往各不相同。当一种劳动力的供给大于需求，很多人失业的时候，另一种劳动力却很可能面临需求大于供给的情况，因此企业很难雇用到这种类型的劳动者。此外，除了根据职业类型对劳动力市场进行划分，还可以从技术水平、地理位置等多种不同的角度来划分劳动力市场。比如我们将会在后面谈到的全国性劳动力市场和地区性劳动力市场，以及优等劳动力市场和次等劳动力市场等。

3. 劳动力市场的不确定性

通常情况下，大多数商品市场都是建立在有形市场基础之上的，即无论是钢材、水泥、矿石、机器设备等生产性资料，还是粮油食品等生活用品，通常都有明确的交换中心，正是由于这些有形市场的存在，使得这些市场彼此之间的联系频繁，同类商品价格之间的差距非常有限。劳动力市场上尽管也存在一些有形的机构，比如职业介绍所、人才交流中心等，但是通过这种接触方式达成的雇佣合同在现实生活中往往只占很小的比例，大量的雇佣关系是通过无形市场形成的，比如企业的招募广告、劳动者自行去用人单位求职、朋友的介绍等。也就是说，劳动力供求双方之间的接触是非常分散的，因而很难看到像一般商品市场那样的可以清晰辨认出来的劳动力市场。劳动力市场的分散性和难以辨认性导致劳动力供求双方之间的匹配比一般商品买卖要困难得多，在很多情况下，作为劳动力需求方的企业和作为劳动力供给方的劳动者之间存在一个单向或双向的搜寻过程，由于这种搜寻活动需要付出成本，因此，雇主和劳动者双方通常都有将雇佣关系固定下来的愿望。此外，劳动力市场的分散性和难以辨认性还导致劳动力供求双方之间的匹配不可能是一次有效或永远有效的，因此劳动力市场表现出明显的动态属性，雇主解雇员工和员工主动辞职的情况经常发生。

4. 劳动力市场交易对象的难以衡量性

对于许多商品来说，无论是原材料还是产成品，都可以实现标准化。甚至当同一种商品有许多品牌时，商品的实物特征或者性能差别也容易衡量出来。但是当一家企业必须在众多的求职者中挑选所要雇用的劳动者时，却很难用某种可以准确量化的手段来对劳动能力本身进行衡量，然后加以标准化分类。雇主在劳动力市场交易中最为重视的是能够为企业创造价值的劳动者的实际劳动能力，但每个劳动者的实际劳动能力不仅会因劳动者的年龄、性别、个人天赋、受教育程度、工作经验以及接受过的培训等存在非常大的差别，而且会受到像劳动者的性格特征、工作态度以及价值取向等因素的影响。因此，要想在实际工作之前对劳动者的劳动能力进行准确评估和判断是非常困难的。所以，企业往往需要采取多种手段来预测和判断劳动者的劳动能力是否符合企业的需要，事实上，企业人力资源部门除了利用劳动者的受教育程度、工作经历以及在职培训等客观指标作为筛选员工的依据之外，往往还不得不利用面试、笔试、心理测验等多种甄选手段对求职者进行筛选。通常情况下，企业还会利用试用期来最后决定是否雇用某位求职者，同时在薪酬制度设计方面做出一些有针对性的安排，比如通过设计一个绩效薪酬模块为劳动者的实际工作能力提供报酬。

5. 劳动力市场交易条件的复杂性

如上所述，劳动力市场上的交易与一般商品市场上的交易不同，劳动力的购买者和出售者之间的关系并不是随着交易契约的达成就宣告结束，劳动力的提供者要直接参与生产过程。这样，在劳动力市场的交易条件中，除了薪酬这一劳动力交易的价格因素之外，工作条件、组织文化、管理风格甚至成长和发展的机会等也是交易能否达成的重要决定因素。在这些因素中既包括在工作过程中直接对劳动者产生作用的物理工作环境，比如温度、湿度、灰尘、噪声以及危险性等，也包括在工作中受到的监督与控制、工作时间的灵活性、管理风格，以及保持工作和生活平衡的难度等这样一些软性因素。总之，劳动力市场上的交易往往受一整套条件的约束。劳动者在市场上寻找工作时会全面地考虑所有的薪酬以及非薪酬就业条件，并且选择净收益最大的一种工作。而对于雇主来说，当他们需要在劳动力市场上吸引劳动者或者留住现有的员工时，既可以采取提高薪酬水平的做法，也可以采取改善非薪酬就业条件的做法。换言之，在薪酬和非薪酬就业条件之间实际上存在一定的相互替代关系。

6. 卖方在劳动力市场上的地位不利性

劳动力市场与其他市场相比还有一个比较突出的特征，这就是劳动力的出售者在市场上通常会处于不利地位。这主要是因为薪酬收入是大多数劳动者的唯一生活来源，因此，劳动者一旦失业，便失去主要生活来源，他们就很难保持原有的生活水平。在经济不景气时期，失业率往往会上升，此时劳动者地位的不利性尤其明显。即使是在经济景气时期，由于就业机会尤其是好的就业机会有限，往往是雇主挑选劳动者，而不是劳动者挑选企业。因此，为了改善劳动者在劳动力市场上所处的不利地位，在现代市场经济条件下，劳动者往往通过组织工会与雇主进行集体谈判的方式来增强自己的议价能力。同时，政府通过对总需求的管理以及对失业者的救助等方式，来适当地平衡劳动力供求双方之间的市场力量对比。当然，不同劳动者在劳动力市场上的议价能力大小，一方面取决于劳动者所属的同种劳动力在市场上的供求状况，另一方面则取决于个人的技术、能力和经验等劳动力质量要素的水平。在其他条件相同的情况下，技术水平高、能力强、经验丰富的劳动者通常较之技术水平差、能力弱、经验不足的劳动者同雇主议价的能力更强。在自己所属的同种劳动力处于供大于求的情况下，劳动者的议价能力相对较差；相反，在同种劳动力处于供小于求的情况下，劳动者的议价能力相对较强。

小专栏1-3

德国汽车工人大罢工

2018年1月8日，德国最大的行业工会金属行业工会（IG Metall）向雇主提出要求，希望将390万名汽车工人每周的工作时间从原来的35小时缩减至28小时，并涨薪6%。此后，德国各地掀起数十场规模不一的罢工。1月12日，在工会的率领下，奥迪在英戈尔施达特的工人先停工一天，位于丁格芬、兰茨胡特、雷根斯堡等地的宝马汽车公司的三家工厂的工人也相继罢工，另有18家汽车零部件公司也参与了大罢工，参与罢工的汽车工人一度达到16万人。

此次罢工的原因在于，工会认为，德国经济6年来一直高速增长，失业率创下历史新低，各大汽车厂利润可观，产业工人理应分享这一经济红利，从而让员工们能够抽出时间照顾小孩、老人和生病的家人，然后在两年后再恢复到每周工作35小时。

目前，工会和企业已经达成协议，工资自4月份起上涨4.3%，其他薪酬调整分27个月完成。金属行业工会谈判代表Zitzelsberger称："实际上，工人可以获得更多报酬，能从公司盈利中获得相应收益，进而促进消费。"双方达成的协议结果将在德国西南部的50多万名雇员中试行，其中包括戴姆勒的雇员。金属行业工会表示，将在德国其他州也推广这一协商结果。

资料来源：德国汽车工人大罢工取得进展 工资预计上涨4.3%. 环球网，2018-02-21.

二、劳动力市场的结构

所谓劳动力市场的结构，是指根据某种特征对劳动力市场所做的类型划分。通常情况下，劳动力市场可以划分为全国性劳动力市场和地区性劳动力市场，外部劳动力市场和内部劳动力市场以及优等劳动力市场和次等劳动力市场。

（一）全国性和地区性劳动力市场

1. 全国性劳动力市场

全国性劳动力市场是指劳动力供求双方在全国范围内彼此搜寻而形成的劳动力市场。通常情况下，某一类劳动力越稀缺，需求方对这种劳动力的知识水平和技能要求越高，则这种劳动力的供给和需求受到地域限制的可能性就越小，形成全国性劳动力市场的可能性就越大。比如，我国当前已经逐步形成的高级技术人员、企业经理人员等劳动力市场就属于全国性劳动力市场。一方面，对这些劳动力的需求遍布全国各地；另一方面，这些劳动者在寻找工作或者准备更换工作的时候，往往也是在全国范围内考虑。

2. 地区性劳动力市场

地区性劳动力市场是指劳动力供求双方仅仅在某一局部地区范围内彼此搜寻而形成的区域性劳动力市场。地区性劳动力市场上的劳动力供给者通常是技能水平不高、市场竞争力不是很强的劳动者。企业在雇用这类人员的时候，往往采取从当地雇用的策略，因为在当地劳动力市场上已经有相对充分的劳动力供给，没有必要到全国性劳动力市场上进行招募，同时，这也是节约招募和配置成本的需要。

需要注意的是，无论是全国性劳动力市场还是地区性劳动力市场，都是针对劳动力供给者和需求者双方相互进行搜寻的地理范围而言，其中一方的搜寻区域大小尤其是劳动力供给者单方面搜寻区域的大小并不能决定劳动力市场的性质。比如，我国内地许多农村剩余劳动力到一些发达地区去寻找就业机会，但这并不表明这些劳动者的就业市场就是全国性的。因为企业一般不会为了雇用这些在当地供给充足的低质量劳动力而开展全国性的招募活动，这样做的成本可能会很高。此外，尽管这些企业雇用的可能是来自外省区的劳动力，但他们却是在企业所在地的劳动力市场上直接雇用来的，而不是通过企业的搜寻活动到其他省区去招募来的。

哪些劳动力能够形成全国性劳动力市场，不仅与这种劳动力本身的质量和稀缺性有关，也与一个社会的整体劳动力流动性有关。比如，美国劳动者在全美各地的流动性比较高，人们习惯于追随工作机会进行跨地区迁移，因此，很多专业技术类劳动力已经形成了全国性劳动力市场，企业一旦需要这种类型的劳动者，很可能会在全国范围内招募，而不仅仅着眼于本地的劳动力来源。而在中国，劳动者尤其是达到一定专业技术水平的劳动者的地理流动性还比较弱，企业在招聘专业技术水平要求较高的劳动力时，往往也是着眼于当地劳动力市场。当然，近些年来，我国劳动者因工作需要而进行跨地区迁移的情况比过去有所增加，随着我国劳动力市场不断成熟和发展，很多原来的地方性劳动力市场可能会逐渐发展成为全国性劳动力市场。

（二） 外部和内部劳动力市场

外部劳动力市场就是通常意义上所说的一般性劳动力市场，它是指处于组织外部，不受单个企业的人力资源管理政策与实践的影响，由多位雇主和大量劳动者共同参与的劳动力市场。

内部劳动力市场则是指通常在大型组织内部存在的，用于指导组织内部雇佣关系调整以及实施人力资源管理的一系列规则和程序。这种市场的一个重要特征是，组织通常只从外部雇用填补较低级别岗位的劳动者，组织内的中高层职位一般都是通过内部晋升来选拔任职者。在存在内部劳动力市场的情况下，组织通常对于薪酬等级确定、职位分配、晋升、调薪以及争议处理程序等都有明确的规定。内部劳动力市场的形成实际上是雇主和劳动者双方共同选择的一种结果。

1. 内部劳动力市场对企业的价值

（1）优化企业的晋升决策质量。企业在雇用员工时可能会遇到一个很大的难题：像工作动机、诚实可靠程度等这样一些人格特征很难通过面试、甄选测试等加以准确判断。而通过创建内部劳动力市场，企业可以在一段较长时间内观察这些员工的真实生产率特征。因此，采用内部劳动力市场来填补职位空缺的一个很大好处是，由于对自己的员工比较了解，所以在为更高一级岗位选拔任职者时，企业可以做出更为可靠的决策，而不用担心出现太大的意外。

（2）使企业可以进行更多的在职培训投资。很多情况下，企业通过在职培训等方式对员工进行人力资本投资有助于员工的劳动生产率提高，然而，如果企业和员工之间的雇佣关系并不稳定，那么，接受过培训投资的员工一旦流失，显然会导致企业的部分人力资本投资无法收回，与此同时，招募新员工来替代经验丰富的老员工并重新对他们进行培训，成本也很高。因此，通过建立内部劳动力市场让那些工作表现和绩效良好的员工长期留在组织中，对企业是非常有利的，稳定的雇佣关系会使企业更加放心大胆地对员工进行培训投资。特别是在担任组织中更高一级岗位的人必须具有大量的专门知识，受过特殊培训，并且这些知识和培训通常只能通过多年的在岗学习才能获得的情况下，企业最有可能从内部劳动力市场中获得收益。当然，在这种情况下，雇主就必须为员工设计可行的（纵向或横向）晋升途径，避免员工在企业内部获得的薪酬福利等待遇比他们到其他企业中去工作的待遇要差。

（3）鼓励新老员工之间的知识技能扩散。由于内部劳动力市场对资深员工有一种比较可靠的基于资历的工作、晋升以及薪酬保护，因此，他们愿意把自己掌握的一些知识、技能和经验传授给年轻员工，这显然有助于提高整个员工队伍的劳动生产率。在工作经验积累特别重要的企业或行业中，老员工的这种经验传递的价值会更高。如果资历浅、技能暂时不高的员工会成为资深员工的潜在竞争者，那么，这些资历深、经验丰富的员工就不会有动力将自己掌握的一些特定的经验和技能传授给年轻员工，因为那样做就会对他们自己的利益构成威胁。

（4）激发员工的工作积极性，降低监督成本。一方面，由于通过内部劳动力市场建立起来的长期稳定的雇佣关系会在一定程度上提高员工对组织的认同感和忠诚度，因此可以强化员工对组织重要目标的认同，鼓励他们更加努力工作，不断提高劳动生产率。另一方面，在建立内部劳动力市场的情况下，大部分员工知道自己将会长期在企业中工作，而偷懒、磨洋工等机会主义行为在长期中被发现的概率显然比在短期中大得多，再加上大部分员工都有在企业中谋求长期职业发展的愿望，因此，他们在监督不充分的情况下偷懒的动机会在一定程度上受到削弱，这有利于企业的生产率提高。

总之，在建立内部劳动力市场的情况下，企业可能放弃了一部分从外部引进更能胜任中高层岗位的人员的机会，这会导致静态效率（static efficiency）受损，但与此同时却可以收获更多的动态效率（dynamic efficiency）。这里的静态效率是指既定质量的劳动力和其他资源以最有效的方式进行组合产生的效率。而动态效率则是指由劳动力和其他资源质量的改进引起的生产率提高。

2. 内部劳动力市场对员工的价值

（1）充分获取特殊人力资本的价值。虽然一位劳动者既可以在组织内部（即内部劳动力市场）寻求职位等级以及薪酬等级的晋升，也可以到其他企业（即外部劳动力市场）去寻找更好的工作机会并获得相应的薪酬，但是由于劳动者在某一组织中积累的知识、技能、人际关系以及一些特殊的技能和经验等无法完全被带到另一个组织，所以劳动者要跳槽很可能会损失一部分特殊人力资本投资。而内部劳动力市场的存在使劳动者获得的企业特殊人力资本能够最大限度地转化为个人的工资性报酬或其他收益。

（2）减少竞争冲击。总体而言，大部分劳动者属于风险规避型，因此工作和收入稳定是大多数劳动者的偏好。在存在内部劳动力市场的情况下，劳动者知道自己面前有一条清晰可见的内部晋升或长期职业发展通道，组织外部的人即使比自己优秀，一般也不会对自己构成威胁，这就在一定程度上使他们免于与外部劳动力市场上的人进行竞争，获得更多的安全感。

（3）获得公平对待。内部劳动力市场还使得劳动者在培训、晋升以及解雇等方面更有可能受到公平的对待，一方面是因为内部劳动力市场本身就建立了一整套规范及可预见的人力资源管理问题处理程序和规则，另一方面是因为企业和员工之间的长期雇佣关系使得企业有更大的动力维持公平公正的雇主形象。①

3. 内部劳动力市场存在的潜在问题及其对策

不过，采用内部劳动力市场的做法会产生较高的成本，因为它将竞争中高级岗位的候选人完全局限于组织内部，但这些内部员工未必是担任这些岗位的最佳人选。此外，内部劳动力市场还有可能会因为过分强调资历以及缺乏外部竞争而导致组织内的激励水平下降，甚至出现员工之间的串谋行为。

有鉴于此，必须注意两个非常重要的方面。其一，内部劳动力市场只是相对的而不是绝对的，是动态的而不是静态的。也就是说，不能将内部劳动力市场与外部劳动力市场过度隔离，它不能是完全自我封闭或过于封闭的，在薪酬水平、福利待遇等方面必须与外部劳动力市场保持一致。必要时应打破僵化的内部劳动力市场的限制，少量或适度地从外部劳动力市场谨慎引进特殊的优秀人才。其二，即使是在内部劳动力市场中，也不能完全将资历作为晋升和解雇的唯一依据，在强调资历的同时，还必须兼顾能力和业绩，否则，实施内部劳动力市场政策的企业就很难迎接外部竞争者的挑战。事实上，随着市场竞争加剧、技术进步速度加快以及外部竞争环境的不确定因素不断增多，传统意义上的内部劳动力市场受到极大的冲击，即使是继续实行内部劳动力市场政策的企业，也不得不比过去更多地强调组织和劳动者的灵活性以及能力和业绩在员工晋升和加薪中的重要性。

最后，需要特别提出的是，国内有些人将内部劳动力市场解释为在组织内部容纳、安排富余人员，确保这些人通过内部流动重新在组织内部实现就业的市场。这种概念实际上是把内部劳动力市场形容为外部劳动力市场功能在组织内部的一种模拟运行，这种定义与经济学对内部劳动力市场的规范定义是不一致的，在使用时必须注意两者的区别。

（三）优等和次等劳动力市场

优等劳动力市场和次等劳动力市场的划分基于双层劳动力市场理论。这种理论认为，劳动力市场可以划分为两个相互独立的部分，即优等劳动力市场和次等劳动力市场（有时也译为一级劳动力市场和二级劳动力市场）。

1. 优等劳动力市场

优等劳动力市场（primary labor market）的特征是：劳动力市场的就业条件好，工资

---

① 关于内部劳动力市场对于雇主和劳动者双方的潜在好处的讨论，可参见 Peter B. Doeringer. Interal Labor Markets and Noncompeting Groups. American Economic Review，May 1986：48-56。

福利水平高，工作环境良好，职业保障性强。但是这种劳动力市场对劳动力供给者的要求较高，只有具备一定的受教育水平、技术熟练程度或者具备某种技能的人才有可能进入这一市场。因此，即使优等劳动力市场出现劳动力供给短缺、工资率上升等情况，处于次等劳动力市场上的人也难以在优等劳动力市场中实现就业。

2. 次等劳动力市场

次等劳动力市场（secondary labor market）的特征是：就业不稳定，工资率较低，工作条件较差，工作的社会地位较低。这种市场通常都是一些一般性服务工作、零售工作、初级制造工作，以及建筑业中的杂工、农场工人以及私人家务劳动提供者等所从事的工作。次等劳动力市场的就业不稳定既有雇主方面的原因，也有员工方面的原因。从雇主方面来说，雇用这些劳动者的雇主本身的劳动力需求通常是不稳定的，比如建筑工程结束而新的工程还没有开工，因季节性原因旅游饭店的住客稀少等，而劳动力需求的不稳定必然会导致就业的不稳定。此外，由于次等劳动力市场提供的报酬通常较低，因此在离职或因其他原因失去工作时损失也就比较小，所以流动率、缺勤率和迟到率比较高是次等劳动力市场的重要特征。

总之，优等劳动力市场和次等劳动力市场是相对独立运转的，尽管在两个市场之间可以存在劳动力流动，但是大部分知识技能水平较低、就业机会较差的劳动者很难从次等劳动力市场流入优等劳动力市场。而贫穷、歧视以及各种原因所导致的技能缺乏等，是造成两种劳动力市场之间相对隔离的主要原因。

三、劳动力市场政策

（一）劳动力市场政策的含义与类型

一个国家的劳动力市场对于该国的经济发展、社会稳定以及劳动者的生活水平不断提高具有重要的作用，因此，世界各国包括市场经济国家都会高度关注劳动力市场的运行，一旦出现劳动力市场失灵，尤其是失业问题，通常都会通过各种法律、市场甚至行政的手段和措施对劳动力市场进行适度干预，这些干预措施常常被概括为劳动力市场政策（labor market policies，LMP）。政府实施劳动力市场政策的目的并不是用政府的计划手段来代替劳动力市场的资源配置机制，相反，它仅仅是对劳动力市场功能的一种补充，主要是在一些特殊情况下为劳动者提供一些必要的帮助。

劳动力市场政策通常划分为积极的劳动力市场政策（active labor market policies，ALMP）和消极的劳动力市场政策（passive labor market policies，PLMP）两种。其中，消极的劳动力市场政策主要是使失业者获得相关福利的政策，或者是把失业者“养”起来的政策，包括向失业者提供失业保险、失业救助以及帮助老年失业者提前退休等方面的计划，属于一种消极的收入维持政策。而积极的劳动力市场政策则是一种旨在刺激就业和再就业的政策，具体来说，就是提升劳动力流动性，帮助劳动者适应劳动力市场环境的变化，促进劳动力市场参与，增加失业者重返工作岗位的机会等。

在市场经济国家，政府对劳动力市场最初采取的是一种相对不干预的政策，但随着1929—1933年美国经济大萧条等一些严重的经济问题导致大批劳动者失业，政府意识到完全对劳动力市场放任不管是有问题的，因此，开始制定包括失业保险等在内的一系列为失业者提供收入维持的公共政策。到了20世纪六七十年代，这些市场经济国家更为积极地从促进就业和再就业的角度实施一些公共政策，这些政策就是所谓的积极的劳动力市场政策。目前，政府更为关注的是这些积极的劳动力市场政策的设计及其产生的经济绩效。

（二）积极的劳动力市场政策

积极的劳动力市场政策主要包括三个方面：一是为了更有效地利用现有的技能而提供的公共就业服务；二是为了增加劳动者的人力资本而提供的培训服务；三是直接的就业岗位创造，具体方式包括三种：工资或就业补贴、公共工程建设以及微型企业开发或自雇用帮助计划。

1. 公共就业服务

公共就业服务就是通常所说的由政府提供的职业介绍，这类服务履行的是经纪人功能，其目的在于通过向工作搜寻者提供更好的关于工作岗位的信息，促进工作岗位和工作搜寻者之间的匹配。尽管在很多国家，公共就业服务机构和私人就业服务机构是并存的，但它们的服务对象通常存在差异，公共就业服务机构的目标通常是那些弱势劳动者群体和长期失业者，这类服务对企业和劳动者都是免费提供的，而私人就业服务机构关注更多的是那些已经就业的有一定技能的白领劳动者甚至企业高管人员，通常会对企业和劳动者双方或其中一方收费。

公共就业服务的成本相对较低，能够在很大程度上缩短劳动者找工作的时间，不仅产生的效果是积极的，而且相对于其他积极的劳动力市场计划而言，属于成本有效性比较高的。不过，这种干预措施也有其不利的一面，比如，它常常会导致一种所谓的净损失，即通过这些公共就业服务找到工作的人所具备的条件往往比大多数工作搜寻者要好，因此其中的很多人即使在没有这些服务的情况下也能够找到工作。此外，结果比较积极的此类计划通常都是在宏观经济比较有利的情况下实施的。最后，这种服务似乎并没有显著改善青年人的就业和工资状况。

2. 培训

这里的培训是指得到公共资金支持的各种培训活动，这些培训要么是由公共部门通过公共培训机构直接提供的，要么是通过公共部门为培训提供商或接受培训的劳动者提供资金支持间接实施的。在很多国家，政府不再扮演培训的直接提供者的角色，而是将更多的注意力放在培训信息以及培训资金管理等方面，同时将提供培训的任务转移给私人培训机构。大多数国家较为关注的培训计划主要包括三类：一是针对失业者的再就业培训，尤其是对长期失业者（即失业时间超过 6 个月或 12 个月的失业者）的培训；二是针对被裁员劳动者的再就业培训，尤其是对那些在大规模的企业或行业重组中被裁员的劳动者的再就业培训；三是针对青年人的培训计划，其中，辍学的学生是重点关注对象。

虽然这些培训计划能够提高参与者的生产率，增加他们被雇用的可能性，但仍然存在很多局限。首先，这些培训计划实施的成本较高。其次，在工作机会不足的情况下，即使接受过培训的人也很难找到工作，因而培训效果很受限制。最后，这些培训计划往往与净损失联系在一起，也就是说，那些能够找到工作的受训者在没有参加培训的情况下同样能找到工作。

3. 公共工程建设

公共工程建设主要通过建设公共工程或其他项目来直接创造工作岗位，它通常是针对那些弱势群体（老年劳动者、长期失业者以及那些居住在经济衰退地区的人）实施的一种反贫困计划或安全网计划，其目的是通过工作岗位的创造来缓解失业或短期贫困以及帮助弱势群体、贫困劳动者以及长期失业者重新进入劳动力市场。在此类计划中，政府可能会直接雇用劳动者，也可能会与非营利组织或者私人商业机构签订合同，由它们提供工作岗位。

公共工程建设的优点包括两个方面。一是它能够促进公共物品的生产，同时还能够起到开发国家基础设施的作用。事实上，很多情况下，这才是公共工程建设的首要目标，而创造工作岗位的目标位居其次。二是它能够自动将对象锁定在那些最需要这种帮助的人群身上。在设计得当的情况下，这种计划是在短期内减少贫困的一种很好的办法。但这种政策的缺点也很明显。主要表现在这种政策产生的长期劳动力市场效果往往并不显著，在帮助劳动者永久走出失业困境方面是无效的。不仅如此，在一些国家，曾经参与过公共工程项目甚至可能会被视为一种耻辱，因此在长期中反而会降低计划参与者实现正常就业的可能性。

4. 工资或就业补贴

工资或就业补贴政策就是通过由政府提供直接工资补助（直接发放给雇主或劳动者）或社会保险缴费的形式，鼓励雇主雇用新的员工，或者是留住那些因某些原因本来可能会被解雇的员工。目标通常是那些长期失业者、失业率比较高的地区或部门以及某些特殊的劳动者群体（如青年人）。

这种政策可能会在短期内起到扩大就业或减少失业的作用，但要想以一种成本有效的方式设计出能够实现工作岗位创造的补贴制度却是十分困难的。其主要缺点有两个：一是它不太可能产生积极的效果，这些计划的参与者在工资和就业两个方面的结果通常都是负的。二是这些计划还有可能导致一些意想不到的结果，例如得到补贴的劳动者实际上替代了那些没有得到补贴的劳动者，这就是所谓的替代效应，即企业会故意雇用那些能够得到补贴的劳动者，一旦他们享受补贴的期限结束，就会解雇他们。仔细选定目标人群有可能会减少替代效应和净损失，但是却无法完全消除。

5. 微型企业开发或自雇用帮助

微型企业开发或自雇用帮助政策主要是指为那些准备自己创办企业的失业者提供帮助的政策。其具体内容包括向计划参与者提供开办企业所需的资金帮助或者咨询服务，向小企业提供运营成本方面的支持。这些计划既有面向社会广泛提供的，也有针对某些特殊群体（如刚失业的人和长期失业者）专门提供的。这些计划提供的条件也有所不同，比如，计划参与者在创办企业方面可能是通过一次性支付形式得到帮助，也有可能是通过定期补贴形式得到帮助。通常情况下，这些计划都会对申请者进行一次筛选，通过严格评价来判断申请者在经营自己的企业方面取得成功的可能性有多大。

向小企业提供借款的公共计划有助于消除市场本身因为信贷分配偏好而产生的扭曲现象，从而有利于小企业的发展。但从负面的情况来看，失业者中往往只有很少一部分人能够真正利用这种机会实现自雇用。这种政策存在的另一个问题是带来潜在的置换效应，即相对于得到这种帮助的小企业而言，那些没有得到这种帮助的小企业将会处于不利的地位。

表1-1中列举了若干具有代表性的国家在积极的和消极的劳动力市场政策方面的公共支出水平，表中数据为劳动力市场政策支出与本国国内生产总值之比。从表中可以了解到这样几点：其一，不同国家在劳动力市场政策方面的支出水平差别很大。比如，瑞典、丹麦和芬兰等北欧国家在劳动力市场政策方面的支出水平较高。而美国、日本、墨西哥等国在劳动

力市场政策方面的支出水平较低。其二，绝大部分国家在消极的劳动力市场政策方面的支出水平超过了在积极的劳动力市场政策方面的支出水平，瑞典、丹麦、韩国和挪威例外。

表 1-1　　若干 OECD 国家劳动力市场政策支出水平（2015 年）

国家	积极的劳动力市场政策							消极的劳动力市场政策		
	1. 政策管理	2. 培训	3. 就业奖励	4. 特殊就业支持与康复	5. 直接岗位创造	6. 创业激励	小计	7. 收入维持	8. 提前退休	小计
澳大利亚	0.14	0.01	0.01	0.06	0.01	—	0.23	0.68	—	0.68
加拿大	0.12	0.07	0.01	0.01	0.01	—	0.22	0.62	—	0.62
丹麦	0.39	0.60	0.28	0.78	—	—	2.05	1.08	0.20	1.28
芬兰	0.15	0.48	0.12	0.12	0.13	0.01	1.00	1.93	—	1.93
法国	0.25	0.37	0.05	0.09	0.22	0.03	1.01	1.97	—	1.98
德国	0.36	0.20	0.02	0.03	0.01	0.01	0.63	0.86	0.02	0.88
意大利	0.10	0.17	0.23	—	—	0.02	0.51	1.28	0.01	1.29
日本	0.07	0.01	0.06	—	0.01	—	0.14	0.17	—	0.17
韩国	0.04	0.04	0.04	0.02	0.20	0.02	0.36	0.32	—	0.32
挪威	0.13	0.10	0.10	0.18	—	—	0.52	0.46	—	0.46
葡萄牙	0.07	0.27	0.16	0.01	0.04	—	0.55	0.98	0.02	1.01
西班牙	0.14	0.12	0.07	0.07	0.10	0.10	0.60	1.90	0.02	1.92
瑞典	0.26	0.15	0.60	0.26	—	0.01	1.27	0.55	—	0.55
美国	0.02	0.03	0.01	0.03	—	—	0.10	0.18	—	0.18

注：因四舍五入，数字有误差。

◆ 本章小结

劳动经济学是对劳动力市场的运行及其结果进行研究的一门学科，它的主要研究对象是劳动力需求方（即雇主）和劳动力供给方（即员工）对工资等货币因素以及涉及雇佣关系的非货币因素（如工作条件等）做出的反应。

在劳动经济学的研究中，新古典经济学更为强调劳动力市场本身的作用，而制度经济学则更为强调劳动力市场的不完善性，这两种分析方法为理解劳动力市场问题提供了不同的视角，具有各自的价值。

劳动经济学的研究方法可以划分为实证分析和规范分析两种。实证分析方法主要回答经济行为在一定的假设下“是什么”的问题。而规范分析方法则建立在价值判断基础之上，回答“应该是什么”的问题，它的一个重要价值判断标准是互惠。

劳动经济学研究的内容不仅涉及企业和劳动者个人，而且涉及整个社会，因此，学习劳动经济学具有重要意义。

劳动力市场是一种要素市场，它通过为劳动力供给和需求双方提供一个接触、谈判和交易的机制，以一定的工资率将劳动者配置在一定的工作岗位上。劳动力市场上最重要的三种力量是市场的力量、机构的力量以及社会的力量。它们对劳动力市场的运行及其结果都会产生重要影响。

劳动力市场具有与产品市场不同的几个重要特征：交易对象的特殊性及交易的延续性；多

样性；不确定性；交易对象的难以衡量性；交易条件的复杂性；卖方的地位不利性。

劳动力市场可以根据不同的标准划分为全国性和地方性劳动力市场、内部和外部劳动力市场、优等和次等劳动力市场等几种类别。

世界各国都对劳动力市场采取一定的干预措施，这些措施通常称为劳动力市场政策。劳动力市场政策主要包括积极的劳动力市场政策和消极的劳动力市场政策两种。

◆ 关键术语

劳动经济学（Labor Economics）
实证经济学（Positive Economics）
规范经济学（Normative Economics）
劳动力市场（labor market）
静态效率（static efficiency）
动态效率（dynamic efficiency）
优等劳动力市场（primary labor market）
次等劳动力市场（secondary labor market）
积极的劳动力市场政策（active labor market policies，ALMP）
消极的劳动力市场政策（passive labor market policies，PLMP）

◆ 复习与思考

1. 劳动经济学的研究对象是什么？
2. 新古典经济学和制度经济学在劳动力市场研究方面的差异是什么？
3. 什么是劳动力市场？劳动力市场的特征有哪些？
4. 试分别举例说明实证分析与规范分析两种方法在劳动经济学中的运用。
5. 学习劳动经济学有什么现实意义？
6. 何谓内部劳动力市场？它与外部劳动力市场的区别和联系是什么？
7. 全国性劳动力市场和地方性劳动力市场的区别是什么？农民工的劳动力市场属于全国性劳动力市场还是地方性劳动力市场？
8. 小王出身农村，高中毕业后曾经在家中短期务农，后来到城里打工。一开始的时候，因为缺乏知识、技能和经验，只能在建筑工地和餐馆等场所做一些临时性的工作，工资水平较低且保障性差。后来，随着经验的积累，小王的工作逐渐稳定下来，不仅如此，他还利用业余时间参加一些培训项目，现在，他担任一家物业公司的工程经理已有好几年的时间。小王刚进城的时候所在的劳动力市场和他后来所在的劳动力市场有何区别？劳动者在这两类市场之间能够随意流动吗？为什么？
9. 在一些贫困家庭，家长希望未成年的孩子也去挣钱养家，而企业有时候也愿意雇用这些人。但是很多国家的法律都禁止未满14周岁的孩子从事有酬工作，同时还限制青少年参加某些并不危险的工作，请运用规范经济的分析方法来解释国家为何发布这种禁令。
10. 什么是劳动力市场政策？积极的劳动力市场政策的主要类型有哪些？

第 2 章 劳动力供给理论

学习目的

读完本章之后，你应该能够：
1. 了解劳动力供给总量的决定因素
2. 掌握劳动力供给行为分析的简单模型
3. 掌握劳动力供给中的收入效应和替代效应
4. 了解劳动力供给曲线的几种形状
5. 熟悉劳动力供给理论在公共政策中的应用

第 1 节 劳动力供给的一般原理

一、经济中的劳动力供给总量分析

对于任何一个国家或者地区而言，其所能够获得的劳动力供给总量包括数量和质量两个方面（见图 2-1）。劳动力供给质量主要是指劳动力队伍的身体健康状况以及受教育和训练的程度，主要表现为劳动者的知识、技能和经验等方面的水平，这方面的因素可以通过人力资本投资理论加以解释（关于这个问题，我们会在第 6 章关于人力资本投资的内容中加以阐述）。劳动力供给数量主要取决于人口总量、劳动力参与率以及劳动者的平均周工作时间三个因素。其中，人口总量主要取决于一国或一个地区的出生率、死亡率以及净人口流入率三个因素。而劳动力参与率则是指一国或一个地区已经有工作的人和正在找工作的人与本国或本地区人口总量之比。平均周工作时间是指劳动者平均每周在劳动力市场上供给的工作小时总量。下面我们着重谈一谈劳动力参与率和周工作时间。

劳动力参与率（labor force participation rate，LFPR）有时候也称为劳动参与率，它所反映的是一个国家或地区的人们希望走出家庭，到劳动力市场上去寻找并实际从事工作的

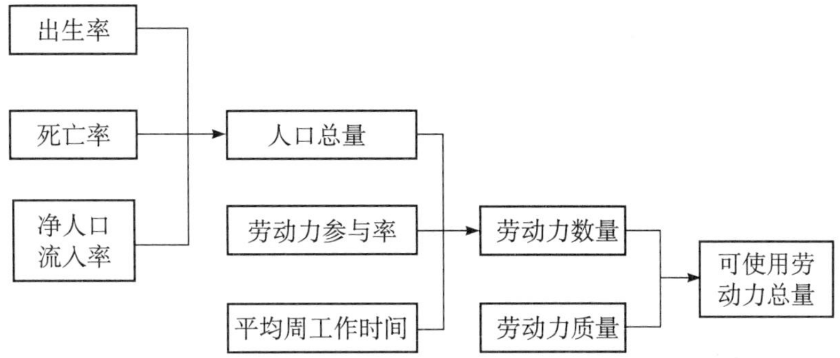

图2-1　经济中的劳动力供给总量

意愿。由于大部分国家规定，16岁为法定最低可就业年龄，因此，劳动力参与率通常是指在16岁及16岁以上人口中从事经济活动的人口（也称经济活动人口）所占的比重，即就业人口与失业人口之和在16岁及16岁以上人口总和中所占的百分比。但是在对劳动力参与率进行具体统计时，有些时候也会将统计的年龄标准降到15岁，比如，根据国际劳工组织的统计口径，劳动力参与率主要是指在15岁及15岁以上人口中从事经济活动的人口所占的比重。另一种说法是，16岁以上的总人口为潜在的劳动力人口，就业人口和失业人口的总和则为实际劳动力人口或经济活动人口，因此，劳动力参与率为实际劳动力人口与潜在劳动力人口之比。劳动力参与率的计算公式如式（2-1）所示，其中，16岁（或15岁）以上非被管制总人口是指有个人活动自由的劳动年龄人口，主要排除了监狱在押犯以及被强制住院的精神病人等特殊人口群体。表2-1中是某些国家在特定年份的劳动力参与率数据，其中包括总体数据和年龄分组数据。从表中可以看出，总体而言，2000—2016年，各国的劳动力参与率都有一定程度的上升，但各国15～24岁青年人的劳动力参与率普遍下降，而55～64岁老年人的劳动力参与率却普遍上升（而在20世纪的大部分时间里，大多数国家老年人的劳动参与率总体上呈现下降趋势）。25～54岁中年人的劳动力参与率在有些国家是上升的，在有些国家则是下降的，但总体保持稳定。青年人的劳动力参与率下降可能与年轻人受教育状况有一定的关系，毕竟这一年龄段的人相当多属于全日制学生，随着年轻人受教育时间的延长，劳动力参与率必然会逐渐下降。至于老年人的劳动力参与率出现的上述变化，我们将在第3章进行讨论。此外，需要指出的是，不同国家的劳动力参与率水平也差别很大，比如，丹麦、瑞典等北欧国家以及中国、英国、德国、加拿大、美国等国的总体劳动力参与率比较高，比如丹麦一直稳居80%左右，而印度、土耳其、南非的总体劳动力参与率只有50%～60%左右，这反映出在不同的国家，整个社会对工作的态度和习俗存在较大的差异。

$$\text{劳动力参与率}=\frac{\text{实际劳动力人口}}{\text{潜在劳动力人口}}\times 100\%$$

$$=\frac{\text{就业人口}+\text{失业人口}}{\text{16岁（或15岁）以上非被管制总人口}}\times 100\% \qquad (2-1)$$

表 2-1　若干国家特定年龄群体在选定年份的劳动力参与率（在各人口群体中所占百分比）

国家	总体（15～64 岁）			青年（15～24 岁）			中年（25～54 岁）			老年（55～64 岁）		
	2000 年	2007 年	2016 年	2000 年	2007 年	2016 年	2000 年	2007 年	2016 年	2000 年	2007 年	2016 年
英国	76.4	76.5	78.2	69.7	65.7	61.9	83.9	84.5	86.1	52.7	59.2	66.0
美国	77.2	75.3	73.0	65.8	59.4	55.2	84.0	83.0	81.3	59.2	63.8	64.1
法国	68.0	69.7	71.7	29.3	38.4	37.2	86.2	87.9	87.8	37.3	40.0	53.7
德国	71.1	75.6	78.0	51.5	52.0	49.3	85.3	87.2	87.4	42.9	57.2	71.3
意大利	60.3	62.4	64.9	39.5	30.8	26.6	74.3	77.5	77.5	29.0	34.5	53.4
澳大利亚	73.8	76.2	76.9	70.2	70.8	66.9	80.3	82.7	83.4	48.2	58.1	65.2
加拿大	76.2	78.3	78.1	64.4	67.0	63.7	84.8	86.6	86.5	50.9	60.0	65.8
日本	72.5	73.6	76.9	47.0	44.9	44.8	81.9	83.3	86.0	66.5	68.4	73.6
韩国	64.4	66.2	68.7	33.0	28.2	30.5	75.2	76.4	78.8	59.5	62.0	68.0
中国	82.3	—	77.4	67.9	—	57.4	90.5	—	88.0	59.4	—	59.7
印度	60.9	—	55.4	45.9	—	34.4	69.4	—	65.6	55.0	—	53.2
丹麦	80.0	80.1	80.0	70.7	70.6	66.2	87.9	88.9	87.4	58.2	61.0	70.6
芬兰	74.9	75.7	76.0	53.8	55.0	53.5	87.9	88.0	86.3	46.6	58.8	66.4
瑞典	79.0	79.1	82.0	52.9	52.1	54.7	88.2	90.0	90.9	69.3	73.0	79.8
希腊	63.8	66.5	68.2	39.0	31.0	24.6	78.1	81.8	85.5	40.5	44.2	44.9
墨西哥	61.7	63.4	63.6	51.5	48.4	44.2	68.6	72.0	73.7	52.4	55.6	56.1
西班牙	66.7	72.8	75.4	48.5	52.5	36.9	78.0	83.1	87.4	40.9	47.4	59.2
土耳其	52.4	49.8	57.0	42.5	37.7	42.4	59.6	58.2	66.5	37.2	28.3	35.6
俄罗斯	70.9	72.9	74.1	43.6	39.4	37.6	88.3	89.2	90.5	37.5	53.7	50.0
南非	59.1	57.2	58.7	31.5	29.3	26.4	76.5	74.5	75.8	47.2	44.8	43.4

资料来源：OECD Employment Outlook 2017，2017-06-13. 其中，中国和印度 2016 年的数据实际为 2015 年的数据。

周工作时间在实践中一般取决于劳动力需求方提出的具体要求，即雇主在法律允许的范围内有决定员工的周工作时间的自主权。然而，尽管通常是由雇主来决定工作的时间表，但是劳动者依然可以通过很多决策来实现自己的理想周工作小时数，比如，是从事全日制工作还是非全日制工作，是否从事兼职工作，从事何种类型的职业以及到哪一个组织中去工作等，劳动者实际上都是在制定自己的周工作时间决策。显然，在同样是做全日制工作的情况下，与需要完成职能管理类工作的管理岗位相比，从事一般事务性工作的办公室文员岗位每周所要求的工时数量会少一些。此外，不同的组织往往会提供不同的全日制工作和非全日制工作组合、不同的周工作时间表，在休假和带薪节假日政策方面也有不同的规定，这些也为劳动者选择自己的理想周工时数量提供了机会。因此，从长期来看，劳动力供给方在周工作时间方面是有一定自主权的。

不仅如此，由于劳动力市场上的竞争日益激烈，很多组织不得不考虑适当地根据员工的偏好来调整自己的工时政策，以此来吸引和留住自己需要的各类人才，这样，劳动力供给方对周工时数量的影响实际上是越来越大了。最后，周工时数量通常会随企业的经营波动以及经济周期所处的阶段而发生变化，例如，在企业经营的快速扩张时期以及经济高速增长时期，周工时数量往往会更多一些，而在企业订单减少或整个经济不景气时期，周工时数量则可能有所减少。表 2-2 为若干国家劳动者的年平均工作小时数。

表 2-2　若干国家劳动者在各年份的实际年平均工作小时数

国家	1979 年	1983 年	1990 年	2000 年	2007 年	2016 年
英国	1 813	1 711	1 765	1 700	1 677	1 676
美国	1 829	1 820	1 831	1 834	1 796	1 783
法国	1 832	1 712	1 665	1 535	1 500	1 472
德国	—	—	—	1 452	1 424	1 363
意大利	1 855	1 873	1 864	1 851	1 818	1 730
澳大利亚	1 834	1 791	1 780	1 779	1 712	1 669
加拿大	1 841	1 779	1 797	1 779	1 741	1 703
日本	2 126	2 095	2 031	1 821	1 785	1 713
韩国	—	—	—	—	—	2 069
丹麦	1 564	1 546	1 441	1 466	1 433	1 410
芬兰	1 869	1 823	1 769	1 742	1 691	1 653
瑞典	1 530	1 546	1 575	1 642	1 612	1 621
荷兰	1 556	1 524	1 451	1 462	1 430	1 435
葡萄牙	2 053	1 980	1 959	1 917	1 900	1 842
西班牙	1 954	1 848	1 763	1 753	1 704	1 695
希腊	—	—	2 084	2 108	2 111	2 035
墨西哥	—	—	—	2 311	2 260	2 255
俄罗斯	—	—	—	1 982	1 999	1 974

资料来源：OECD Employment Outlook 2017，2017-06-13.

二、劳动力供给行为分析的简单模型

从劳动者个人的角度来说，广义的劳动力供给决策包括两大类：一是是否工作，以及如果决定工作，愿意每周从事多少个小时的工作；二是一旦开始寻找工作，自己愿意从事何种职业以及到什么地区去就业。第一种决策称为狭义的劳动力供给决策，我们在这一节就来讨论这种单个劳动者的劳动力供给行为，主要涉及理想的工作时间数量的选择问题。第二种劳动力供给决策则涉及人力资本投资的问题，我们将会在第 6 章中介绍。

（一）劳动力供给行为分析：几个基本假设

劳动力供给（labor supply）可以定义为求职者在劳动力市场上表现出来的，在现行工资水平下提供劳动时间的意愿。然而，从本质上说，劳动力供给不仅是一个数量概念，也有质量内涵，即劳动者愿意且能够提供的劳动力的质量高低也是劳动力供给的一个重要方面。事实上，劳动力的异质性是劳动力市场最为重要的特征之一。社会上不仅有大量不同类型的劳动力分布在不同的技术、专业和职业以及岗位上，而且即使在同一职业或岗位上，甚至在同一工厂中并肩操作同一种机器的工人中，也没有两个人是绝对相同的。

尽管如此，仍然存在用一种劳动力替换另一种劳动力的可能性，当教育、培训和工作经验得到充分利用时，尤其是这样。此外，我们还可以用换算的办法在理论上将劳动力看作是同质的。比如，可以将劳动力市场上不同的个人所提供的小时工资率的差别，看成对劳动力质量差别的一种衡量。那么，通过将劳动力市场上获得报酬较高的劳动时间还原为等量的所获报酬最低的劳动时间，就能够把这种实际劳动时间变换为等值的时间。这样，我们就可以简单地用工时对劳动力供给进行衡量。

总的来说，简单的劳动力供给模型之所以不考虑个体劳动者之间的质量差异，将所有劳动者均视为是同质的，只是出于研究上的方便而进行的简化。在此前提下，简单的劳动力供给模型建立在以下几个基本假设基础之上：

（1）一个人只能将时间用于一件或两件事情：工作或者是享受闲暇。从理论上说，一个人可以支配的时间通常有三种用途：一是用于从事工作并获得相应的收入；二是用于从事愉快的闲暇活动并从中获得快乐和满足；三是用来从事家务劳动。由于家务劳动比较复杂，既具有生产活动的性质，又具有消费活动的特点，所以，在简单的劳动力供给模型中，暂时不考虑家务劳动的情况，只是假设一位劳动者的时间只能用于工作或者闲暇两个方面。由于劳动者把时间用于工作是可以获得报酬的，因此，一个人的时间有经济价值，如果此人将一个小时的时间用于享受闲暇而不是从事工作，他就损失了一个小时的市场工资，这便是闲暇的机会成本。

（2）一位劳动者如果从事工作，则可以获得一个不变的小时工资率。即劳动者如果愿意去劳动力市场上找工作，那么，他所能得到的工资率是稳定的，无论工作多少个小时，这个小时工资率都是保持不变的。换言之，在此市场工资率下，这位劳动者能够按照自己的愿望工作尽可能多的时间。通常情况下，一个人一天有 24 个小时的时间，剔除 8 个小时吃饭、睡觉以及其他维持自身生命活动的时间，他可以选择的工作时间在 0～16 个小时之间，相应地，他可以享受的闲暇时间为 16 个小时减去其工作时间。进而言之，一个人每天最长可以工作 16 个小时，最少可以一个小时也不工作（即 16 个小时全部用来享受闲暇），或者是选择工作时间和闲暇时间的其他组合，比如 12 个小时的工作时间和 4 个小时的闲暇时间，或者 6 个小时的工作时间和 10 个小时的闲暇时间，等等。

（3）闲暇和商品或服务的消费都具有边际效用递减的性质。在经济学中，效用（utility）是指从商品和服务的消费中所获得的满足程度，边际效用则是指从消费的最后一个单位的商品或服务中所获得的满足增加度。在进行劳动力供给决策时，劳动者存在两个方面的效用来源，一是闲暇，二是货币收入，其中，闲暇本身的消费可以直接带来效用，而货币收入并非效用的直接来源，但是货币收入在商品和服务价格一定的条件下，实际上代表了可以购买的各种商品或服务组合，劳动者可以通过消费这些商品或服务来获得效用。在这里，货币收入主要是指劳动者通过完成工作而获得的工资性收入，表现为市场工资率与工时数量的乘积。这里的一个基本假设是，劳动者在享受闲暇和消费用货币收入购买的商品或服务的过程中，随着任何闲暇或商品（服务）的消费量不断增加，新增加消费的一个单位的闲暇或商品（服务）所能够产生的边际效用最终会趋于递减。

（4）劳动者追求效用最大化。劳动者可以通过闲暇以及物品的消费来获得效用，其中对物品的消费需要通过工作时间来换取。因此，劳动者为了追求个人效用的最大化，就必须把自己每天的可用时间总量（16 个小时）在闲暇和工作（能获得货币收入）两种活动之间进行分配，即通过对货币收入（对应的是工作时间）和闲暇时间之间的组合进行调整来确保个人获得最大效用。然而，不同的劳动者从闲暇和货币收入中所获得的效用水平却并不相同，即与通过货币收入购买并消费商品和服务所带来的效用相比，有些人从闲暇的消费中获得更多的效用，而另一些人却相反，他们从货币收入中所获得的效用水平要高于他们从闲暇的消费中所获得的效用水平。这就涉及所谓的偏好（preferences）问题。偏好反映了劳动者在闲暇和货币收入（代表商品或服务）两者相互替代时，对这两种不同的效用来源所做的相对价值评价。因此，在基于个人效用最大化目标进行劳动力供给时间决策时，劳动者个人的偏好具有决定性作用。除此之外，对劳动者的效用最大化决策具有决定性作用的另一个因素是市场工资率，因为它决定了劳动者在单位时间内可以获得的货币收入。

（二） 无差异曲线、 预算约束线与工作-闲暇决策

在劳动力供给行为分析的简单模型中，劳动者的时间分配决策或者劳动力供给时间决策主要取决于两个要素，一是劳动者的个人偏好，二是劳动者所面临的市场工资率。其中前者在图形上用无差异曲线来描述，它体现了劳动力供给决策所受到的主观约束；后者用预算约束线来描述，它体现了劳动力供给决策所受到的客观约束。

1. 无差异曲线

在劳动经济学中，劳动者对闲暇和货币收入的偏好是用无差异曲线来表示的。如前所述，闲暇和货币收入（实际上是其购买的商品或服务）都能给劳动者带来满足感或效用，因此，这两类东西在某种程度上是可以相互替代的。如果一个人放弃了一些货币收入（即缩短一些工作时间），那么，此人的闲暇时间就增加了，如果放弃的货币收入给劳动者带来的效用损失恰好可以由闲暇时间的增加所带来的效用增加所弥补，这位劳动者的总效用水平就没有发生变化。因此，对于同一位劳动者来说，会有很多不同的闲暇时间和货币收入组合带来某一相同的效用水平。当我们在一个以每日闲暇时间为横轴，以每日货币收入为纵轴的坐标图中，将代表相同效用水平的各种闲暇时间与货币收入组合连成一条平滑的曲线时，便得到一条无差异曲线（indifference curve），又称为等效用曲线。图 2－2 中的 U_1 便是某个人的一条无差异曲线，U_1 上的每一个点所代表的闲暇时间和货币收入组合给这位特定劳动者带来的效用水平都是相同的。U_2 所代表的则是总效用水平更高的另一条无差异曲线。

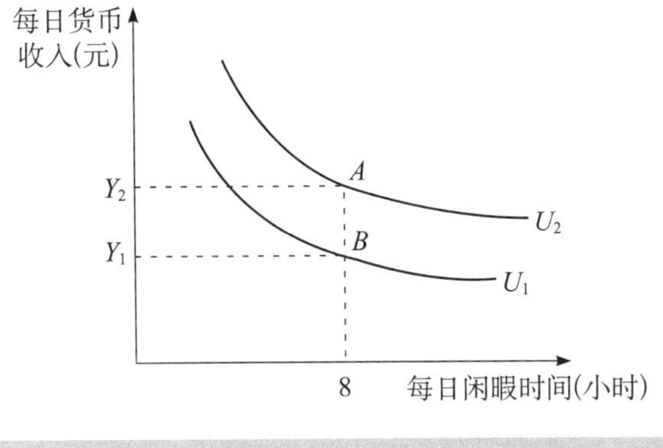

图 2－2　同一位劳动者的两条无差异曲线

从图形中可以看出，无差异曲线具有以下几个方面的特征：

第一，每个人都会有无数条无差异曲线，它们彼此相互平行，并且越远离原点的无差异曲线所代表的效用水平越高。

我们在图 2-2 中绘制了同一位劳动者的两条无差异曲线，但事实上，还可以绘制出无数条类似的无差异曲线。每一条无差异曲线所代表的都是能给这位劳动者带来某个总效用水平的闲暇时间和货币收入组合。如图 2-2 所示，同一位劳动者的若干条无差异曲线之间是相互平行的，不会相交，这是因为，一旦两条代表不同总效用水平的无差异曲线相交，这个交点所代表的同一个货币收入和闲暇时间组合就产生了两种不同的效用水平，对于同一个人来说，这种表述显然是自相矛盾的。

此外，越是位于右上方的无差异曲线所代表的效用水平就越高。我们从图中很容易看出来，A 和 B 是分别位于 U_2 和 U_1 上的两个点，它们分别代表着 U_2 和 U_1 的总效用水平。由于在每天的闲暇时间同样为 8 个小时的情况下，A 所对应的货币收入比 B 所对应的货币收入更高，而闲暇时间和货币收入都能给劳动者带来效用，所以很显然，A 所代表的总效用水平要高于 B 所代表的总效用水平。同样，在所对应的货币收入相同的情况下，U_2 上的点所对应的闲暇时间会比 U_1 上的点所对应的闲暇时间更长，从而效用水平更高。

第二，无差异曲线的斜率为负且凸向原点。

无差异曲线的斜率为负的原因在于，如果货币收入或闲暇时间当中的一项增加了，那么，为了保持效用水平不变，另一项就必须减少，即两者的变动方向是相反的。而无差异曲线凸向原点的形状则反映了这样一个基本假设，在货币收入水平较高时，闲暇时间较少，这时，一个人就会更看重闲暇时间，为了换取一部分闲暇时间，他可能愿意放弃较多的货币收入。相反，当一个人的货币收入水平较低，但是闲暇时间却相对充裕时，他可能为了获得货币收入的少量增加，愿意放弃较多的闲暇时间。如图 2-3 所示，我们来观察从 A_1 到 A_2 的变化以及从 A_3 到 A_4 的变化，A_1 属于货币收入较高而闲暇时间较少的点，A_3 属于闲暇时间较多而货币收入较低的点，由于这四个点都在同一条无差异曲线上，因此，它们所代表的效用水平是相同的。这里（Y_2-Y_1）的距离与（Y_4-Y_3）的距离是相等的，即在从 A_1 到 A_2 和从 A_3 到 A_4 发生变动时，相应的货币收入下降程度是相同的。从图中可以看出，面对同样的货币收入下降，当一个人处在 A_1 这一点上时，他只需要相对少量的闲暇时间增加（即 H_2-H_1）便可以维持原效用水平不变，但是当一个人位于 A_3 这一点上时，他却需要较大量的闲暇时间增加（即 H_4-H_3）才可以维持原效用水平不变。

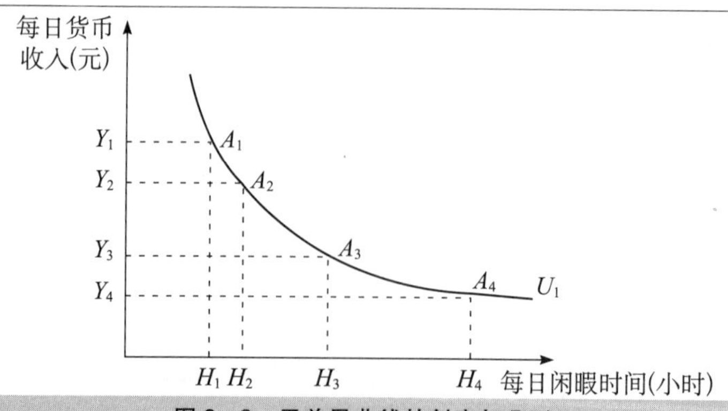

图 2-3　无差异曲线的斜率与凸形

无差异曲线呈凸形且左边比右边更陡峭实际上是边际效用递减假设的一种体现。当货币收入越高、闲暇时间越少时，闲暇时间的价值就越高，此时就需要有相对大量的货币收入增加才能弥补少量的闲暇损失；反之亦然。无差异曲线上任何一点的斜率即边际替代率（marginal rate of substitution，MRS）。边际替代率是指在效用水平一定的情况下，为了获得一个单位的闲暇时间增加所必须放弃的货币收入（或放弃一个单位的闲暇时间所必须增加的货币收入），其公式为 $MRS_{H,Y}=\Delta Y/\Delta H=-MU_H/MU_Y$。边际替代率沿着无差异曲线自左上方向右下方逐渐减小。

第三，不同人的无差异曲线形状存在差异。

如图 2-4 所示，无差异曲线形状陡直的人较为重视闲暇时间，闲暇时间对货币收入的边际替代率比较高；而无差异曲线形状较为平直的人较为重视货币收入，只要货币收入有一点增加，他们就愿意放弃相当一部分闲暇时间。此外，尽管同一个人的无差异曲线彼此不相交，但是如果将两个人的无差异曲线放在一张图上，则可能会相交，而且可以通过这种相交的图形看出两个人的偏好。

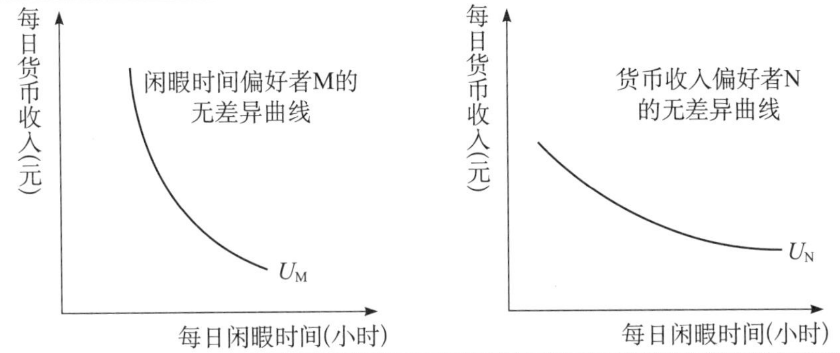

图 2-4　两种偏好者的无差异曲线

如图 2-5 所示，我们把图 2-4 中的两个人 M 和 N 的无差异曲线放在同一个图形中，两者在 A_1 处相交，在货币收入同样是从 Y_1 减少到 Y_2 的情况下，为了使总效用保持不变，M 需要得到的闲暇时间增加量为 H_3-H_1，而 N 需要得到的闲暇时间增加量则为 H_2-H_1，显然，$H_2-H_1>H_3-H_1$，也就是说，在货币收入出现同样下降的情况下，M 所需要的闲暇时间补偿数量要少于 N 所需要的闲暇时间补偿数量。换言之，M 认为闲暇时间更有价值，因此，我们说 M 是闲暇时间偏好者，而 N 是货币收入偏好者。

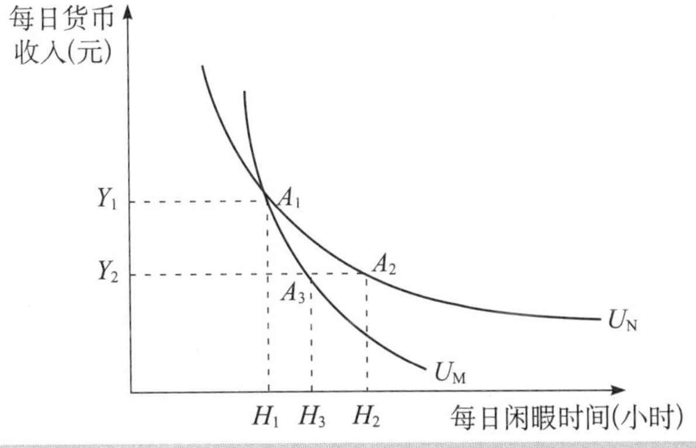

图 2-5　两种偏好者的无差异曲线对比

2. 预算约束线

我们在前面谈到，每个人的无差异曲线都有很多条，位于右上方的无差异曲线代表的效用水平高于位于左下方的无差异曲线，因此，在没有其他约束条件限制时，所有人都希望位于更靠上的无差异曲线上。然而，令人遗憾的是，人们不可能随意得到自己想要的效用水平，他们对效用水平的主观追求还会受到另一个客观条件的限制，这就是他们所面临的市场工资率。这个市场工资率决定了人们只能在一个能够支配的资源范围内追求个人效用的最大化。在劳动经济学中，工资率的约束作用是通过预算约束线（budget constraint）体现出来的。

在一个以每日闲暇时间为横轴，以每日货币收入为纵轴的坐标图中，这条两端分别位于横轴和纵轴上的直线便是预算约束线。这条直线所代表的含义是，假设一个人只能通过工作来获得货币收入，并且市场工资率是既定的（这里假定为每小时 10 元），那么，一旦此人每天的闲暇时间能够确定下来，那么其每天的工作时间（从而每日的货币收入）也就可以确定下来，这样便可以得到这个人的各种闲暇时间和货币收入组合。

如图 2-6 所示，横轴上从左到右逐渐变大的第一排数字代表的是每日闲暇时间（最短 0 个小时，最长 16 个小时）；横轴上从右向左逐渐变大的第二排数字所代表的是每日工作时间（最长 16 个小时，最短 0 个小时），上下两排数字之和为 16 个小时。一旦此人将所有 16 个小时全都用于闲暇，那么，其每天的货币收入就是零（图中的 D 点）；如果此人每天将 12 个小时用于闲暇（4 个小时用于工作），那么他的货币收入就是每天 40 元（图中的 C 点）；如果他把每天的 16 个小时全都用于工作（即闲暇时间为零），货币收入就是 160 元（图中的 A 点）。在这条直线上还有很多其他点，比如，代表每天享受 15 个小时的闲暇，同时获得 10 元收入的点，以及 3 个小时闲暇和 130 元收入的点，等等。

总之，在工资率一定的情况下，将一位劳动者可能达到或实现的各种闲暇时间和货币收入组合连起来，便构成了一条预算约束线。预算约束线斜率的绝对值即市场工资率，它表示增加一个小时的工作时间所带来的货币收入增量。此外，预算约束线实际上构成了劳动者在做工作时间决策时所面临的资源边界，位于这条预算约束线外侧或右上方的任何一种闲暇时间和货币收入组合都是不可能实现的。

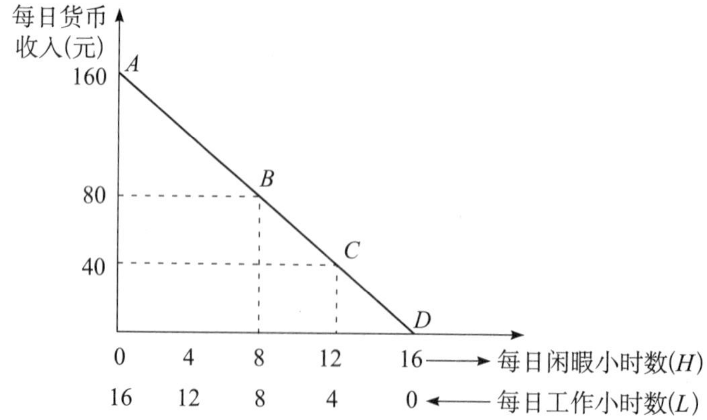

图 2-6 预算约束线

3. 工作-闲暇决策

我们知道，一个人有无数条无差异曲线，因此，从图 2-7 中不难看出，当我们把一位劳动者的无差异曲线与这条预算约束线合并在一张图上时，可以看到三种无差异曲线：第一种是与预算约束线相切的无差异曲线（U_0），第二种是高于预算约束线的无差异曲线（用 U_1 代表），第三种是低于预算约束线的无差异曲线（用 U_2 代表）。但劳动者的最终工作-闲暇决策点是无差异曲线和预算约束线相切的那一点，即图中的 B 点。

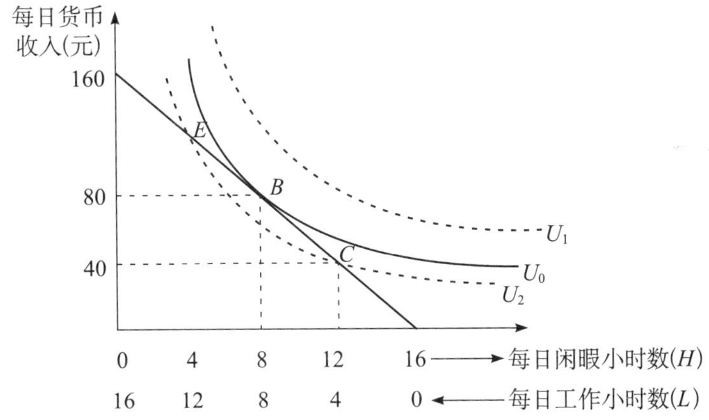

图 2-7 工作-闲暇决策

之所以如此，是因为高于预算约束线的无差异曲线 U_1 是劳动者无法达到的，其效用水平超出了劳动者的资源范围，而低于预算约束线的无差异曲线 U_2 尽管与预算约束线也有交点（E 点和 C 点，这两点都在预算约束线上），但是很显然，这两点所在的无差异曲线 U_2 所代表的效用水平低于 B 点所在的无差异曲线 U_0 所代表的效用水平。由于追求个人效用最大化的劳动者一定会在资源允许的范围内选择尽可能高的效用水平，所以，劳动力供给的最终决策点就是 B 点，在这里，我们看到，劳动者最终选择每天享受 8 个小时的闲暇，同时获得 80 元货币收入（每天工作 8 个小时，每小时的工资率为 10 元）。

不过，我们在图 2-7 中举的例子只是描绘了具有一种偏好的劳动者所做的工作-闲暇决策的情况，由于不同的劳动者可能会有不同的偏好，因此，即使在预算约束线相同的情况下，不同劳动者的无差异曲线与这条预算约束线的切点也会有所不同。如图 2-8 所示，其中，U_X 是图 2-7 中那位劳动者的无差异曲线，而 U_Y 和 U_Z 则是另两位劳动者的无差异曲线，在面临相同的预算约束的情况下，Y 和 Z 这两位劳动者所做的工作-闲暇决策显然与 X 不同，Y 和 Z 的无差异曲线比 X 要陡峭，这表明这两个人比 X 更偏好闲暇时间，所以最终 Y 选择每天享受 12 个小时的闲暇，工作 4 个小时，获得 40 元货币收入（C 点）。而 Z 这个人的无差异曲线由于太陡峭，即对闲暇时间的偏好过重，结果他发现自己最好是每天一个小时也不工作，享受 16 个小时的闲暇而没有货币收入的情况能够使他达到效用最大化（F 点）。当然，我们无法穷尽具有不同偏好的劳动者的无差异曲线与这条预算约束线相切的情况，实际上，劳动者的无差异曲线可能会与这条预算约束线的任何一点相切，除了图中 Y 和 Z 的情况之外，一定会有一些劳动者的无差异曲线与预算约束线相切于 B 点的左侧，这些劳动者会选择每天享受更少的闲暇时间，工作 8 个小时以上并获得更多的货币收入，比如工作 10 个小时（即只享受 6 个小时的闲暇），获得 100 元货币收入。

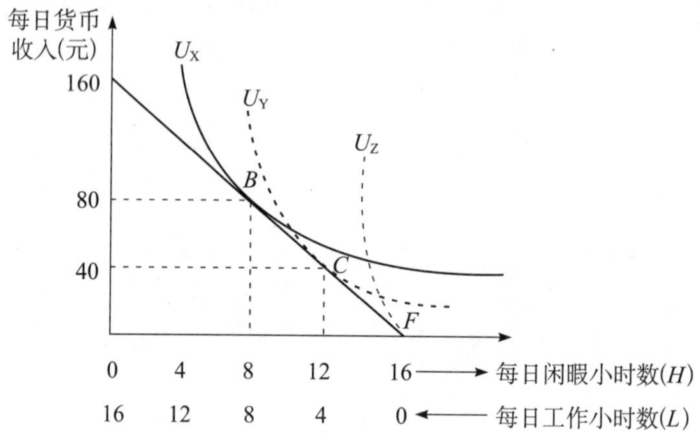

图 2-8 不同偏好者的工作-闲暇决策

正是由于在面对相同工资率水平的情况下，具有不同偏好的劳动者的理想劳动力供给时间是不同的，所以统一规定每天工作 8 个小时的工时制度不一定符合所有劳动者的意愿，比如，对于那些只想每天工作 5 个小时的劳动者来说，在 8 小时工时制度下，他们只能选择要么不工作，要么必须每天工作 8 个小时，在这种情况下，他们就没有机会实现个人的效用最大化。然而，要想让同一位雇主为员工提供多种工时制度选择，不仅管理成本极高，对很多组织来说也不现实。尽管如此，我们还是可以看到，一方面，越来越多的雇主开始在可能的范围内为员工提供相对灵活的工时制度安排；另一方面，有些雇主已经开始设计不同于传统的 8 小时工时制的新工时安排，员工即使不能在同一位雇主那里获得多种工时制度的选择，他们仍然可以通过选择雇主或者是一些新兴的职业来实现个人的效用最大化。

（三） 收入效应和替代效应及其对工作-闲暇决策的影响

劳动者的工作-闲暇决策并不是一成不变的，劳动者个人偏好的变化以及市场工资率的变化都会导致最佳决策点的变动，此外，除了劳动报酬之外的其他收入（非劳动收入）或财富来源等因素的变化，也会对劳动者的工作-闲暇决策产生影响。由于我们假定劳动者的偏好在短期内是稳定的，所以经济理论重点考察劳动者的非劳动收入（或财富）和市场工资率两个因素对劳动力供给决策所产生的影响。在对这种影响进行分析的过程中，经济学家分离出两种重要的效应，即收入效应和替代效应。

1. 收入效应

经济理论认为，如果一个人的收入增加，但是市场工资率却保持不变（偏好在短期内也是不变的），则他对闲暇时间的需求将会增加。相反，如果其收入下降，而市场工资率保持不变，则他对闲暇时间的需求会下降，从而导致工时数量存在上升的趋势。经济学将这种在工资率保持不变的情况下，由于收入变化所导致的对闲暇时间（或工作时间）的需求变化称为收入效应（income effect）。收入效应的一个基本逻辑是，假定闲暇时间的机会成本（市场工资率）保持不变，则随着收入的增加，人们希望获得更多的闲暇时间，从而减少工作时间。

由于闲暇时间和工作时间是相对的，而我们所关注的重点是劳动力供给，所以后面我们选择用劳动力供给条件来阐述收入效应。如果用数学公式表示，可以将收入效应定义为在工资率保持不变的情况下（$\overline{W}$），收入变化（ΔY）所引起的工时数量变化（ΔH）：

$$\text{收入效应}=\frac{\Delta H}{\Delta Y}\mid \overline{W}<0 \tag{2-2}$$

收入效应的符号之所以是负的，是因为在工资率不变的情况下，收入增加会导致工时减少，而收入下降会导致工时增加，即式（2－2）中的分子（ΔH）和分母（ΔY）的变动方向是相反的，因而收入效应为负。

现在假设图 2－7 中那个人的运气很好，得到了一笔与工作无关的收入，比如遗产、他人的馈赠或者彩票中奖。再进一步假定这种非劳动收入的数量相当于每天 50 元收入。这样，即使这个人每天工作零小时，每天的收入仍然能够达到 50 元；如果他每天的工作时间超过零小时，每天的收入就等于 50 元再加上额外挣到的工资性报酬（等于工资率乘以工时数量）。

对于此人的可支配资源增加的情况，我们可以用一条新的预算约束线（如图 2－9 中黑色实线所示）来表示。这条新预算约束线的两个端点分别是 N 点（工时数量为零，货币收入为 50 元）和 M 点（工时数量为 16 个小时，货币收入为 210 元——50 元非劳动收入加上 160 元工资性报酬）。需要指出的是，由于预算约束线的斜率反映的是市场工资率，而在此人的非劳动收入发生变化前后，市场工资率并没有变化，所以新旧两条预算约束线的斜率应当是相同的，因此在图 2－9 中，新旧两条预算约束线是平行的。

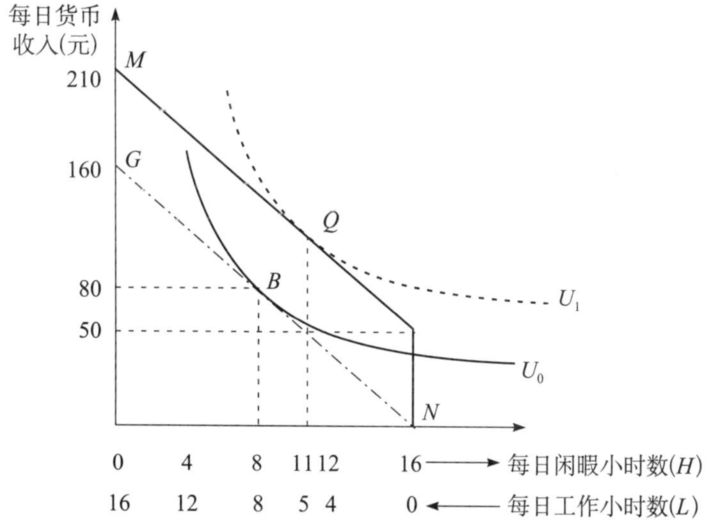

图 2－9　非劳动收入与收入效应

一开始的时候，预算约束线为 NG，这个人可以达到的最高效用水平是由 B 点决定的，即每天工作 8 个小时，但是在新的预算约束线 MN 出现之后，此人每天的最佳工作时间就变成 5 个小时（Q 点）。由于非劳动收入的出现并没有改变工资率，所以非劳动收入在这里就产生了一种收入效应，导致这位劳动者每天的工作时间减少了 3 个小时。这种情况与前面所得出的结论是一致的，即在收入（财富）增加但工资率保持不变时，一个人愿意获得更多的闲暇时间，同时减少工作时间。此外，我们在后面还会谈到，收入效应往往是和替代效应同时出现的，因此，这种因为非劳动收入增加而产生的收入效应又称为“纯收入效应”。

那么，诸如彩票中奖以及得到遗产等非劳动收入在现实中到底是怎样对当事人的劳动力供给意愿产生影响的？一些经济学家专门对此进行了研究。比如，彩票的出现使一些彩民一夜之间就成了百万、千万甚至亿万富翁，那么，在得到这种意想不到的并且常常是巨额的非劳动收入之后，这些中奖者的工作时间会发生变化吗？有人对中奖额度在 5 万美元以上的 1 000 位彩民的劳动力供给行为进行了详细研究，结果发现，将近 25%的中奖者（及其配偶）在一年之内脱离了劳动力市场，还有 9%的人减少了他们的工作时间，或者是辞去了第二职业。此外，彩票中奖的劳动力供给效应与中奖的金额大小相关。在中奖额度介于 5 万～20万美元之间的人中，只有 4%的人退出了劳动力市场，但是在中奖额度超过 100 万美元的人中，退出劳动力市场的人则占到将近 40%。[①] 另一项研究考察了 1982—1985 年间继承遗产的两个群体，一个是接受小额馈赠的群体（平均价值为 7 700 美元），另一个是接受大额馈赠的群体（平均价值为 346 200 美元），结果发现，接受小额馈赠的群体的劳动力参与率从 76%上升到 81%，而接受大额馈赠的群体的劳动力参与率却从 70%下降到 65%，更有意思的是，由于能够预见到自己将来会获得大额馈赠，这些后来实际得到大额馈赠的群体的劳动力参与率从一开始就比较低。[②]

小专栏 2-1

巨额彩票中奖对劳动力供给的影响

2007 年 9 月 10 日，美国“强力球”（Powerball）彩票的头奖获得者身份揭晓，他们是来自俄亥俄州的一名 65 岁的退休汽车工人康特罗和他的两个已经成年的孩子。康特罗在得知这一消息后激动地说道：“世界似乎颠倒了。”康特罗的两个孩子一个名叫莱妮，一个名叫大卫。两人都已 40 多岁，他们在得知自己中奖的消息后马上改变了对工作的态度。莱妮辞掉了在俄亥俄州代顿市邮局的工作，而大卫则干脆把自己打工的一个汽车配件厂的很多产品买了下来。

据悉，这是这种彩票 1998 年以来所开的最大金额的奖金。那年 7 月，13 名工人合买的一张彩票中了头奖，奖金是 2.95 亿美元。“强力球”彩票在美国大约 30 个州和首都华盛顿出售，由于中奖概率极小，头奖有时会累积到上亿美元。

资料来源：美国俄亥俄州退休工人中 3 亿美元大奖．重庆晨报，2007-09-12.

2. 替代效应

经济理论又表明，如果一个人的收入保持不变，而市场工资率上升了，则会导致闲暇时

① Roy Kaplan. Lottery Winners and Work Commitment：A Behavioral Test of the American Work Ethic. Journal of the Institute for Socioeconomic Studies 10，Summer 1985：82-94.

② Douglas Holtz-Eakin，David Joulfaian，and Harvey S. Rosen. The Carnegie Conjecture：Some Empirical Evidence. Quarterly Journal of Economics 108. no. 2，1993：413-435.

间的价格或机会成本上升，于是劳动者对闲暇时间的需求会趋于下降，工作的动机会增强。相反，在收入保持不变的情况下，市场工资率的下降将会导致闲暇时间的机会成本下降，从而导致人们愿意增加闲暇时间，弱化工作动机。总之，在收入不变的情况下，随着闲暇时间的成本发生变化，在闲暇时间和工作时间之间出现了相互替代，这便是替代效应（substitution effect）。

替代效应是在收入保持不变的情况下（$\bar{Y}$），工资率变化（ΔW）所导致的工时变化（ΔH），从理论上来说，收入不变时，工资率上升会导致劳动者用工作时间来替代闲暇时间，而工资率下降则会导致劳动者用闲暇时间来替代工作时间，即工资率的上升（下降）会伴随着工作时间的增加（减少），两者呈现同方向变化，所以与收入效应相反，替代效应的值为正。因此，替代效应可表示为：

$$替代效应=\frac{\Delta H}{\Delta W}\mid_{\bar{Y}}>0 \qquad (2-3)$$

在现实中可以直接观察到纯替代效应的情况很少，这方面的一个例子是 1980 年美国总统竞选期间一位总统候选人提出的一项计划，这项计划的内容是，在大致保持总体税负不变的前提下，提高汽油消费税，同时降低社会保障税（以劳动者的工资性报酬为基数征收）。由于汽油消费税的增加和社会保障税的减少相互抵消，所以人们的总体可支配收入并没有改变，但是，社会保障税的下降实际上意味着工资率的上升（当然汽油价格也上升了）。这样，该计划会给劳动力供给带来一种纯替代效应，即在收入不变的情况下，工资率上升了，从理论上来说，这项计划的效果是诱使人们工作更多的时间。

3. 工资率变化与收入效应和替代效应的共同作用

尽管在一些非常特殊的环境下可以观察到单独产生的收入效应或替代效应，或者是在实验室中创造出单纯的收入效应和替代效应，但是，通常情况下，这两种效应却是同时出现的，并且作用方向常常相反。

我们在前面讨论替代效应的时候提到，在收入不变的情况下，工资率的上涨会对劳动力供给行为产生替代效应，但事实上，当一个人面临市场工资率上涨时，他的收入会发生变化，这时不仅会出现替代效应，也会出现收入效应。工资率上升的收入效应是指一个人在工资率上涨之后所获得的财富（或潜在收入）增加。在个人的工作努力程度保持不变的情况下，其现在能够支配的资源比过去更多，比如，当小时工资率从 10 元上涨到 12 元之后，即使这个人继续保持每天工作 8 个小时，他现在每天所能获得的收入也比过去有所上涨（幅度为 $12\times8-10\times8=16$ 元）。这种收入增长的情况就会促使劳动者产生一种减少劳动力供给的意愿。

工资率的上涨还会产生替代效应，即由于工资率上涨，闲暇时间的机会成本上升了，这会推动劳动者用更多的工作时间来替代闲暇时间。由于在工资率上升的情况下，收入效应导致劳动力供给时间趋于减少，而替代效应又导致劳动力供给时间趋于增加，所以，两者的作用方向是相反的。因为最终的劳动力供给取决于收入效应和替代效应之和，所以我们无法从理论上推断出哪一种效应更强，即不能事先预测出工资率的上涨最终会导致劳动力供给时间发生正向还是负向的变化。总的来说，当工资率上涨的收入效应大于替代效应时，劳动力供给时间减少；相反，当工资率上涨的收入效应小于替代效应时，劳动力供给时间增加。而在工资率下降时，若收入效应大于替代效应，则劳动力供给时间增加；若收入效应小于替代效应，则劳动力供给时间减少。

关于工资率上涨的收入效应和替代效应对劳动力供给所产生的影响，也可以用图形来描述。假设劳动者能够获得的市场工资率从每小时 8 元上升到了 12 元。那么，在工作-闲暇决策图中，这种市场工资率变化所产生的一个直接影响就是，预算约束线的位置发生了变化，因为预算约束线的斜率等于市场工资率，所以，市场工资率上涨就意味着预算约束线的斜率增大。在图 2－10 和图 2－11 中，我们可以看到，初始的预算约束线为 *FM* 线，新的预算约束线则为 *FN* 线，新旧预算约束线在横轴上的端点 *F* 是重合的，但是在纵轴上的端点却是不同的。在初始预算约束线下，劳动者如果一个小时工作也不干，则在没有非劳动收入的情况下，其货币收入为零（*F* 点），如果工作 16 个小时，则收入为 128 元（*M* 点）。而在更高的市场工资率（即新预算约束线）下，如果劳动者仍然一个小时工作也不干，则在没有非劳动收入的情况下，其货币收入依旧为零（*F* 点），但是如果他工作 16 个小时，收入就是 192 元（*N* 点），而不是 128 元，这是因为现在的市场工资率变成 12 元/小时。

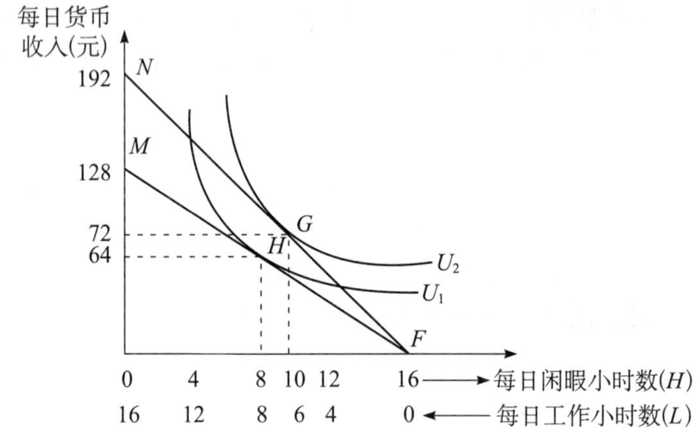

图 2－10　工资率上升：收入效应大于替代效应

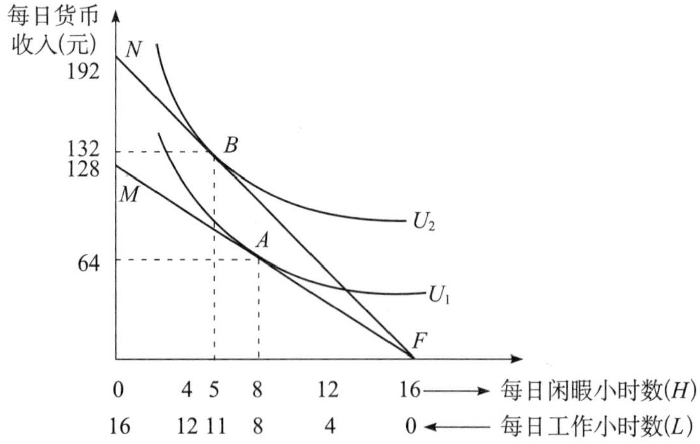

图 2－11　工资率上升：替代效应大于收入效应

我们知道，劳动者的最佳劳动力供给决策点取决于其个人的无差异曲线和预算约束线的切点，由于预算约束线的位置发生了变化，所以最佳决策点的位置一定会发生变化，但这种变化到底是会导致劳动者的劳动力供给时间增加，还是会导致其劳动力供给时间减少呢？从理论上我们知道，工资率的上涨会同时对劳动者产生收入效应和替代效应，即一方面，劳动者即使工作相同的时间也会变得更加富有；另一方面，劳动者将会面临更高的闲暇机会成本。在这种情况下，替代效应会促使人们工作更长时间，而收入效应则会促使人们减少工作时间，至于最终的劳动力供给时间是增加还是减少，则要取决于对于某一位劳动者来说，到底是哪一种效应占主导地位。正如图 2－10 和图 2－11 中所显示的那样，两位劳动者面临的初始市场工资率和新市场工资率（即新旧预算约束线）都是一样的，而且初始的劳动力供给决策点同样为工作 8 个小时，但由于两个人的无差异曲线的形状不同（图 2－10中劳动者的无差异曲线更为陡峭，显示此人偏好闲暇时间），所以在新的预算约束线下，两位劳动者的劳动力供给时间发生了不同的变化，图 2－10 中这位劳动者的决策点从原来的 H 点变为 G 点，闲暇时间从每天 8 个小时增加到每天 10 个小时，即劳动力供给时间减少 2 个小时。而在图 2－11 中另一位劳动者的决策点从原来的 A 点变为 B 点，闲暇时间从每天 8 个小时缩短到每天 5 个小时，即劳动力供给时间增加了 3 个小时。很显然，对于图 2－10 中的这位劳动者来说，工资率上涨的收入效应大于替代效应，而对于图 2－11中另一位劳动者来说，工资率上涨的替代效应大于收入效应。

图 2－10 和图 2－11 中所展示的是工资率上涨对劳动力供给的最终影响，我们还可以将这一影响过程加以分解，即分别考察工资率上涨对劳动力供给所产生的收入效应和替代效应。我们在图 2－12 中对图 2－11 的变动过程进行分解。首先来看收入效应，由于收入效应是指在工资率保持不变的情况下，财富的增加所引起的理想工时的变化，因此，为了分辨收入效应，我们提出这样一个假设，即图 2－11 中的这位劳动者是因为非劳动收入的变化，而不是因为工资率的变化到达新的无差别曲线（U_2）上的。然后来看其劳动力供给会发生怎样的变化。为了回答这个问题，我们首先将原有的预算约束线向右上方移动，这表示随着财富的增加，一个人所能够支配的闲暇时间和物品比过去有所增加，从而能够获得更高的效用水平。这条预算约束线在向外移动的时候，其原有的斜率保持不变——这使得工资率（每小时 8 元）保持不变。图 2－12 中的虚线描绘了这种假设的预算约束线移动的情况，它最终在 D 点上与无差异曲线 U_2 形成了一个新的切点。这种相切的情况表明，该劳动者在工资率没有变化的情况下得到了非劳动收入，从而足以达到更高的效用水平，在这种情况下，他将自己每天的工作时间从 8 个小时（A 点）减少到 7 个小时（D 点）。

其次来考察替代效应。如前所述，替代效应是指在财富保持不变的情况下，工资率变化对劳动力供给所产生的影响。我们也可以从图 2－12 中看到替代效应所产生的影响。这位劳动者的初始决策点是 A 点，工资率上涨给这位劳动者带来的纯收入效应导致其决策点从 A 点转移到 D 点，但是 D 点并非最终决策点，最终决策点是 B 点。因此，在图 2－12 中，由于纯收入效应而产生的中间决策点（切点 D）与最终决策点（切点 B）之间的工时数量差异，就是替代效应所产生的作用。在同一条无差异曲线上对不同的切点加以比较的做法，实际上就是以图形的方式来表达财富水平保持不变这样一种假设。因此，从图 2－12 中可以看到，工资率上涨给这位劳动者带来的收入效应导致其工作时间减少 1 个小时（从 A 点到 D 点的移动），而工资率上涨的替代效应则导致其工作时间增加 4 个小时（从 D 点到 B 点的移动）。最终，我们可以观察到的结果是，随着工资率从每小时 8 元上升到每小时 12 元，这位劳动者的日劳动力供给时间增加了 3 个小时。

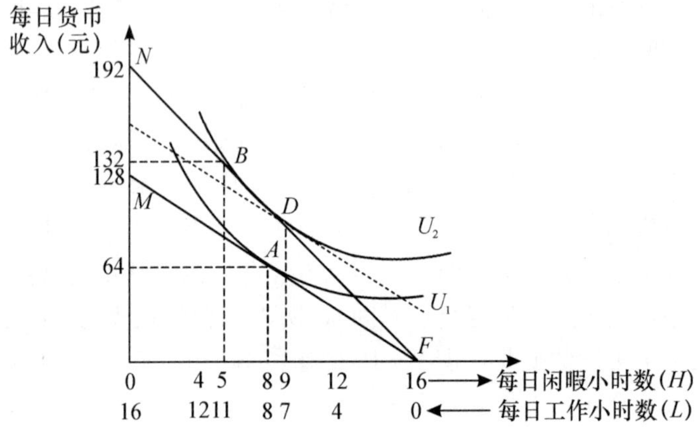

图 2-12 工资率上升的收入效应和替代效应分解

关于工资率上涨对劳动力供给所产生的收入效应和替代效应，经济学家做了很多研究。比如，有经济学家考察了纽约的出租车司机在车费上调之后的工时（体现在驾驶里程上）变化情况，结果发现，在小时工资率平均提高 19%的情况下，纽约的出租车司机的驾驶里程却缩短了 4%。显然，工资率上涨给纽约出租车司机带来的收入效应要超过替代效应。① 相反的证据也存在，有经济学家发现，工资率上涨不仅会使劳动者从闲暇时间中转移一部分用于工作，甚至会使其从睡眠时间中转移一部分用于工作。一项研究表明，睡眠在某种意义上可以看成是一种人们配置时间这种稀缺资源的活动之一，与市场活动一样。在睡眠时间达到生理要求的情况下，人的睡眠需求可以随着经济环境的变化得到相应的调整，即人的收入获取能力与睡眠时间之间存在一种负相关关系：受教育水平较高者睡眠时间更少，每多受 4 年教育，平均每周的睡眠时间减少大约 1 个小时。与此类似，工资率上涨 20%会导致睡眠时间下降 1%（或每周睡眠时间减少 34 分钟）。换言之，当工资率足够高时，做梦也变得越来越昂贵了。②

三、劳动力供给曲线与劳动力供给弹性

（一） 个人劳动力供给曲线的推导

我们在前面讨论了劳动者的劳动力供给时间是如何随着工资率的变化而发生变化的，如果我们的考察范围不仅仅局限于一次工资率变化对劳动力供给所产生的影响，而是将工资率的连续变化所产生的劳动力供给效应都在图形上描绘出来，便可以得到一条劳动者个人的劳

---

① Orley Ashenfelter, Kick Doran, and Bruce Schaller. A Shred of Credible Evidence on the Long-Run Elasticity of Labor Supply. Economica 77, October 2010: 637-650.

② Jeff E. Biddle and Daniel S. Hamermesh. Sleep and the Allocation of Time. Journal of Political Economy 98. no. 5. pt. 1, October 1990: 922-943.

动力供给曲线。

我们知道，工资率的变化在图形上表现为预算约束线的斜率的变化，因此，在图 2－13 中，我们假设初始预算约束线为 XY_1，然后，工资率不断提高，分别使预算约束线以 X 点为轴点，不断上升到 XY_2，XY_3，一直到 XY_5。在劳动者的无差异曲线没有变化，而工资率却不断提高（从而预算约束线的位置也不断升高）的情况下，预算约束线和无差异曲线之间的各个切点之间便呈现出一种变化的轨迹，把这种变化的轨迹用一条平滑的虚线连接起来，便是图 2－13 左图中的那条弧形曲线。由这条曲线的形状不难看出，随着工资率的不断上涨，一开始的时候，闲暇时间是不断减少的，但是到了某个点之后，闲暇时间又开始增加。这表明，在工资率达到某个水平之前，工资率上涨的替代效应大于收入效应，而在工资率超过某个水平之后，工资率上涨的收入效应就变得大于替代效应。

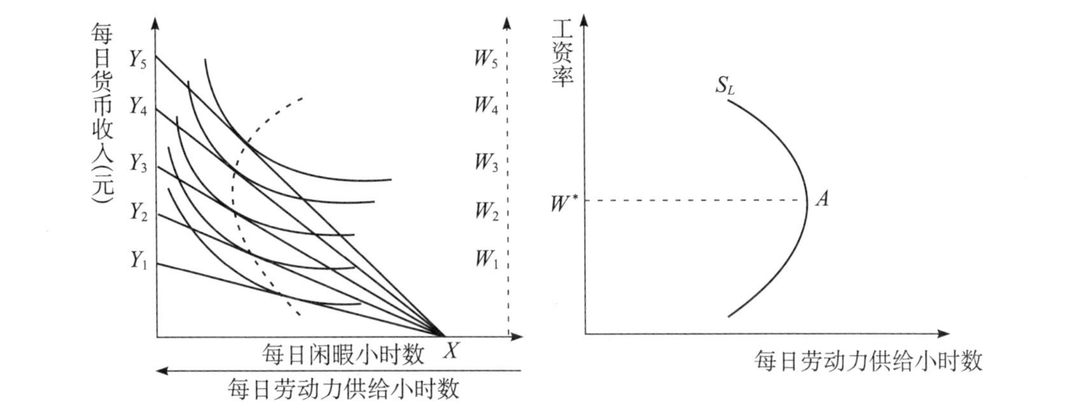

图 2－13　个人劳动力供给曲线的推导

由于劳动力供给所要考察的是在其他条件一定的情况下，每一种特定水平的工资率所对应的劳动力供给数量，因此，我们还需要对图 2－13 中的左图加以改造，以直观地反映出工资率和劳动力供给时间之间的关系。于是，我们将纵轴上的每日货币收入调整为相应的工资率（纵轴上的每日货币收入除以 16 个小时便很容易转化为工资率）。在横轴上，由于工作时间和闲暇时间的方向是相反的，而且两者之和为 16 个小时，因此，我们首先将横轴换成相应的劳动力供给时间，但由于横轴的箭头通常是朝右的，所以我们可以把纵轴的位置首先从左侧平移到右侧（左图中的虚线纵轴），然后以纵轴作为中心轴，将整个图形从左侧向右侧翻转，便可得到图 2－13 中右侧那张个人劳动力供给曲线图（经济学家习惯于把这条曲线称为“向后弯曲的劳动力供给曲线”）。

从个人劳动力供给曲线中我们不难看出，在工资率较低的时候，工资率的上涨会导致劳动力供给时间的增加，而当工资率水平上涨到一定程度（A 点所对应的 W^*）之后，工资率的上涨就会带来劳动力供给时间的减少。显然，在 A 点以下，工资率上涨的替代效应大于收入效应，而在 A 点以上，工资率上涨的收入效应就大于替代效应。在面临相同的工资率变化的情况下，具有不同偏好（即无差异曲线不同）的个人的劳动力供给曲线的基本形状是相同的，主要差别在于不同的劳动者其劳动力供给曲线的拐点（即 A 点）的位置不同，有些人在工资率较高的位置才会出现拐点，而有些人则可能在工资率较低的位置出现拐点。

（二） 市场劳动力供给曲线与劳动力供给弹性

1. 市场劳动力供给曲线的一般形状

市场劳动力供给曲线所反映的是在不同的工资率水平上，市场上可以得到的劳动力供给总量。因此，我们只要把单个劳动者的个人劳动力供给曲线横向相加，便可以得到市场劳动力供给曲线。也就是说，把每一种工资率水平上的个人劳动力供给时间相加，就可以得到在每一种工资率水平上的市场劳动力总供给时间。需要指出的是，市场劳动力供给曲线是一条如图 2－14 所示的那种自左下方向右上方倾斜的曲线，而不是像个人劳动力供给曲线那样会有一个拐点。主要原因在于，尽管每个人都有可能会在工资率达到某一水平时出现拐点，但就整个市场来说，一来很多人还没有达到拐点，二来工资率的上升会吸引新人进入劳动力市场，因此，市场劳动力供给曲线不会出现拐点，而是一直呈自左下方向右上方倾斜的形状。

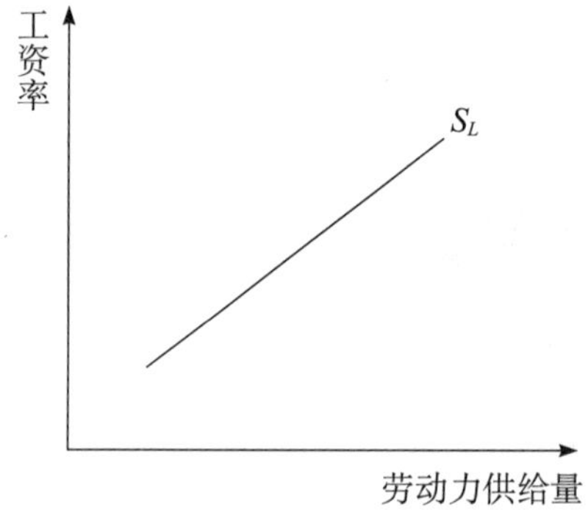

图 2－14 市场劳动力供给曲线的一般形状

从现实情况来看，这种形状的劳动力供给曲线是劳动者可以在行业和职业间自由流动的情况下所形成的行业（或职业）市场上的劳动力供给曲线。这种劳动力供给曲线所反映的是比较常见的行业市场劳动力供给状况。在劳动力可以在行业或职业之间流动的情况下，劳动者很容易根据各行业之间的工资率对比关系来调整劳动力供给，因而对于任何一个行业来说，若本行业的工资率高于其他行业，便会从其他行业吸引较多的人来提供服务；反之，若本行业的工资率低于别处，则愿意向本行业提供服务的劳动者便会减少，部分人流向其他行业。市场劳动力供给曲线向上倾斜，表明随着工资率的提高，劳动力供给有所增加，而工资率的下降必然导致劳动力供给的减少。

2. 两种特殊形状的劳动力供给曲线

在一些特殊情况下，市场劳动力供给曲线还会呈现出一些特殊的形状，比如图 2－15 中呈水平形状的劳动力供给曲线以及图 2－16 中呈垂直形状的劳动力供给曲线。这两种劳动力供给曲线实际上是一般市场劳动力供给曲线的两种极端情况，大部分市场劳动力供给曲线介于两者之间，只是相对来说是更接近水平形状还是更接近垂直形状。

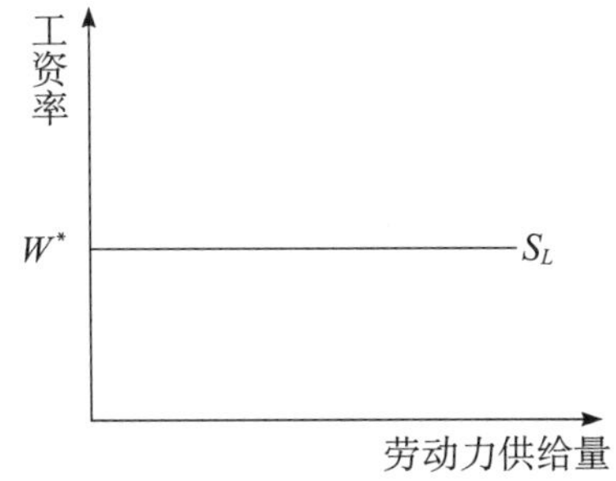

图 2－15　水平的市场劳动力供给曲线

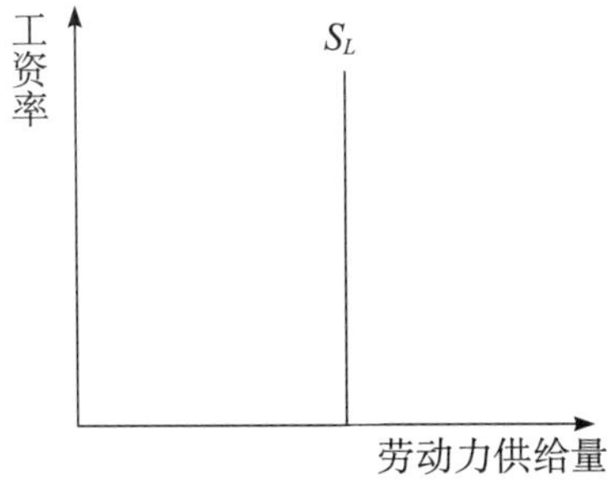

图 2－16　垂直的市场劳动力供给曲线

水平的劳动力供给曲线反映了这样一个事实，即在某一工资率 W^* 上，在市场上可以获得无限多的劳动力供给。一些发展中国家往往会经历这样一个特殊的阶段，即随着第二和第三产业的迅速发展，大量原来处于第一产业的劳动者在短期内向第二和第三产业大规模转移，这时这些国家的第二和第三产业便获得了似乎是用之不竭的劳动力，在某一工资率水平上，几乎可以得到需要的任何数量的劳动力。这时，其劳动力供给曲线便呈现出类似于图 2－15的水平形状。

此外，在完全竞争的劳动力市场上，单个企业所面临的劳动力供给曲线也是这种水平形状，这是因为，这时单个企业只是无数劳动力需求者之一，它是劳动力价格的接受者，而不可能控制市场工资水平。这种形状的市场劳动力供给曲线说明，当工资率为 W^* 时，劳动力需求者可以在劳动力市场上得到任意数量的劳动力供给；当工资率低于 W^* 时，劳动力供给等于零；当工资率高于 W^* 时，劳动力供给会无限多。这时，追求利润最大化的劳动力需求者当然不会出比 W^* 更高的价格来雇用劳动力。

垂直的劳动力供给曲线所反映的是这样一种情况，即无论工资率如何变动，劳动力供给量维持不变。这种情况主要出现在劳动力供给数量因为某种自然或者人为的原因而受到限制时。它主要与下面两种情形相关：其一，某一类劳动力需要经过长期的人力资本投资才能形成，虽然由于某种原因导致对这类人才的需求突然大量增加，从而工资率提高，但是，因为这种劳动力的培养需要一定的时间，不可能在短期内增加供给，所以往往市场上很难在很短的时间内得到这一类劳动力的供给，因而劳动力供给总量不能增加。换言之，这时劳动力供给状况是由过去而不是现在的经济刺激所决定的，劳动者适应新的经济刺激是需要一定时间的。这样就会在短期内形成一种类似于垂直形状的劳动力供给曲线。其二，这条曲线所描述的可能是一个充分利用了劳动力资源的经济社会的劳动力供给情况。在封闭条件下，如果一国的劳动者已经实现充分就业，那么即使工资率增加也不可能再增加劳动力供给。

3. 劳动力供给弹性

为了分析工资率变化对劳动力供给变化的影响程度，经济学家提出了劳动力供给弹性的概念。所谓劳动力供给弹性（wage elasticity of labor supply），是指劳动力供给的数量随着工资率变动而发生变动的灵敏程度，一般可以用工时数量变动百分比同工资率变动百分比之间的比率来表示（有时也可以用劳动力人数变化百分比来替代工时数量变动百分比）。其计算公式为：

$$\text{劳动力供给弹性}=\frac{\text{工时数量变动}\%}{\text{工资率变动}\%}=\frac{\text{工时变化值/初始工时数量}}{\text{工资率变化值/初始工资率}}\times 100\%$$

由于在通常情况下，工资率的上升总是会带来劳动力供给量的增长，因而劳动力供给弹性一般为正。当工时数量变动百分比大于工资率变动百分比时，劳动力供给弹性大于1，劳动经济学把这种情形称为劳动力供给曲线富有弹性；当工时数量变动百分比小于工资率变动百分比时，劳动力供给弹性小于1，这种情形称为劳动力供给曲线缺乏弹性；当工时数量变动百分比与工资率变动百分比相同时，则称劳动力供给曲线具有单位弹性，数值为1。在某种情况下，工资率变动可能不会带来工时数量的任何变动，如果出现这种情况，便可认为劳动力供给弹性为零，即劳动力供给曲线无弹性，这种情况在图形上表现为垂直的劳动力供给曲线；如果在某一特定工资率下劳动需求者可获得任意数量的劳动力，那么，此时劳动力供给弹性可视为无穷大，劳动力供给曲线具有无限弹性，这种情况在图形上表现为水平的劳动力供给曲线。

劳动力供给弹性的值可能为正也可能为负，它取决于工资率变化所产生的收入效应和替代效应之间的力量对比。此外，劳动力供给弹性的绝对值可能为零，也可能大于1、小于1或等于1。

第2节　劳动力供给理论与公共政策

一、标准工作日与加班工资

（一）标准工作日及其对不同劳动者的影响

在简单的劳动力供给模型中，我们假定劳动者在每天满足8个小时睡眠的基础上，可以自行选择每天愿意工作的小时数。然而，现实中却往往存在一个标准工作日的概念，即国家通常对劳动者每天工作的时间长度有一个基本的限定——每天工作8个小时。比如，中国的劳动法规定，除向国家劳动部门备案采用灵活工时制的特殊情况之外，劳动者每天的工作时间应为8个小时，如果劳动者每天的工作时间超出8个小时，则用人单位需要支付相当于正常工作时间1.5倍的加班工资。那么，这种对每天工作时间施加的限制会对劳动者的效用产生什么影响?

我们假定有三位劳动者，分别是小赵（Z）、小杨（Y）和小吴（W），三个人同样面临如图2-17那样的市场预算约束线，但因为每个人的闲暇（工作）偏好不同，所以无差异曲线的形状并不一致。在政府对每天的工作时间没有限制的情况下，小赵的劳动力供给最佳决策点为B点，即每天工作8个小时（享受8个小时闲暇）。小杨的最佳决策点则在A点，即每天工作13个小时（享受3个小时闲暇），小吴的最佳决策点则在C点，即每天工作4个小时（享受12个小时闲暇）。然而，如果三个人都必须按照法律要求每天工作8个小时，则小赵不受影响，但小杨和小吴都无法实现效用最大化，显然，U_{Y2}代表的效用水平低于U_{Y1}，而U_{W2}代表的效用水平也低于U_{W1}。由于小杨现在每天的实际工作时间为8个小时，而不是他愿意选择的13个小时，因此，他处于就业不足（under-employed）状态。小吴的情况恰好相反，他每天必须工作的时间即8个小时超出了他愿意选择的4个小时，因而处于就业过度（over-employed）状态。针对这种情况，小杨可能会设法通过从事兼职工作或第二职业的方式来弥补有偿工作时间的不足，而小吴则有可能通过请假等其他方式尽可能减少自己的实际工作时间。

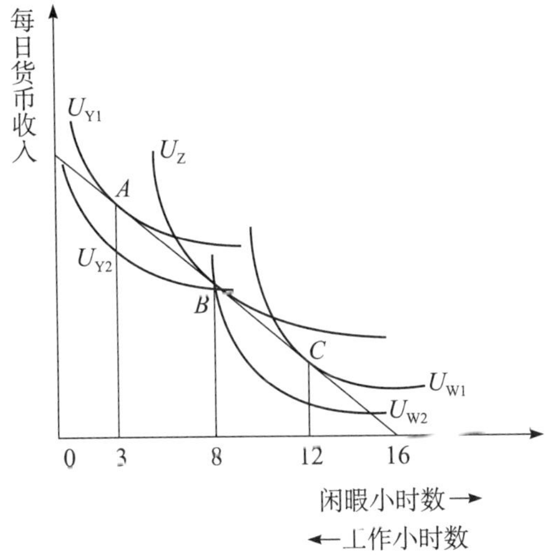

图2-17　标准工作日的影响

统一的标准工作日并不能让所有劳动者做出最佳劳动力供给选择，随着社会的发展，情况或许会有所改变。比如，随着各种新型工作方式的出现，再加上社会上的自由职业越来越多，劳动者自己选择合适的工作时间的情况日益增多。除了传统的出租车司机可以自行选择每天的工作时间之外，更多的网约车司机也加入这一行列。淘宝店主、微商以及一些通过微博、微信公众号和各种直播平台获得收入的劳动者，也完全可以掌控自己每天的工作时间。从长期来看，随着企业和劳动者双方都对灵活的工作方式和工作时间产生更大的需要，国家的相关法律可能会随之做出调整，以适应社会发展的需要。

（二）加班工资规定对劳动力供给的影响

类似地，在简单的劳动力供给模型中，我们不仅假定劳动者可以按照个人意愿自行决定每天的工作时间，还假定劳动者每天工作的每个小时所能够得到的工资率都是相同的。然而，后一种假设在现实中并不总是存在。正如我们前面讨论过的，我国劳动法规定，如果劳动者每天的工作时间超过 8 小时，则超出部分的工资水平按照 8 小时以内工资水平的 1.5 倍计算。那么，这种法律规定对劳动者个人的劳动力供给行为会产生怎样的影响呢？

如图 2－18 所示，在简单的劳动力供给模型中，预算约束线的形状为 HY_1，某劳动者的无差异曲线与其相切于 A 点，我们假定 A 点对应的 H_1 代表工作时间为 8 小时（闲暇时间也为 8 小时）的点。如果按照国家法律规定，劳动者每天的工作时间超出 8 小时，工资率必须按照正常工资的 1.5 倍计算，则在此图形中，预算约束线在 A 点之后就不是继续到达 Y_1，而是会上翘形成斜率为原预算约束线 1.5 倍的一条新的预算约束线，即从 A 点到达 Y_2。于是，在有了 1.5 倍加班工资的规定之后，预算约束线现在就变成了 HAY_2。此时，劳动者的无差异曲线与预算约束线相切于 B 点，而 B 点对应的闲暇时间 H_2 显然要少于 A 点对应的闲暇时间 H_1（相应地，工作时间更多了），显然，在实行 8 小时以后支付 1.5 倍加班工资的规定之后，劳动者的劳动力供给时间比过去更多了。

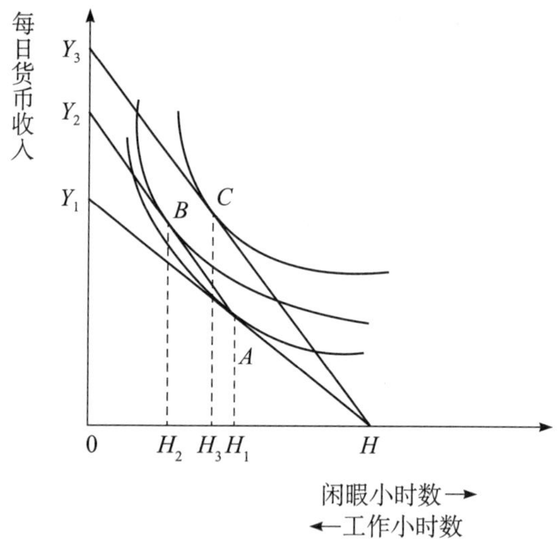

图 2－18　加班工资的影响

既然要求 8 小时之后支付 1.5 倍加班工资的做法能够激励劳动者提供更多的工作时间，有人或许会提出另一个可能会对劳动者的劳动力供给行为产生更大激励效应的设想，这就是，为了鼓励劳动者每天工作更长的时间，不仅只对 8 小时以上的工作时间提供 1.5 倍工资，只要员工在 8 小时以后继续工作，就把他们 8 小时以内的工资也提高到原来的 1.5 倍。那么，这种设想是否能够实现呢？在图 2－18 中，这种想法产生的预算约束线现在变成了 HY_3，而劳动者的无差异曲线与这条新的预算约束线的切点就变成了 C 点，很显然，C 点对

应的闲暇时间 H_3 比 A 点对应的闲暇时间 H_1 更少，即工作时间更多。这表明，这种激励制度仍然能够起到鼓励劳动者增加劳动力供给时间的作用。然而，C 点对应的闲暇时间 H_3 却比 B 点对应的闲暇时间 H_2 更多，即工作时间会更少，这表明，这种新的激励制度对劳动力供给产生的激励作用显然不如工作 8 小时以后才支付 1.5 倍加班工资的设计。那么，为什么会出现这种情况呢？原因在图 2-18 中可以清楚地看到，这就是 HY_3 这条预算约束线与 HAY_2 这条预算约束线中的 AY_2 部分是平行的，很显然，从 B 点到 C 点的过程实际上是一种纯粹的收入效应，而在工资率上涨的情况下，收入效应会导致劳动者的劳动力供给意愿被削弱。

当然，还可以考虑另一种工资设计方式，这就是使劳动者可以一直按照单一的工资率工作任意时间，但保证他们在工作 16 小时之后仍然可以获得与超过 8 小时之后再领取 1.5 倍加班工资的模式（即 HAY_2）完全相同的日收入。在这种制度下，新的预算约束线就是 HY_2。很显然，HY_2 的斜率比 HY_3 的斜率要小一些（即工资率更低一些），但却比 HY_1 的斜率要高一些（即工资率更高一些）。尽管我们在图上没有再绘制新的均衡点，但通过实际绘制的结果可以看出，这种制度对劳动力的劳动力供给意愿所产生的激励作用同样不如工作 8 小时之后支付 1.5 倍加班工资的做法。

二、保留工资与劳动力参与

（一） 保留工资的基本概念及其影响因素分析

劳动力供给理论的一个基本含义是，如果一位尚未进入劳动力队伍的人认为一个小时的边际闲暇价值为 X 元，那么，只有当市场工资率高于 X 元时，他才会愿意参加工作。在工资率达到或超过 X 元之前，他会"保留"自己的劳动力，经济学家称这种工资水平为保留工资（reservation wage）。换言之，保留工资代表劳动者因失去一个小时的闲暇时间而丧失的价值，它是使一个人愿意参加工作而必须达到的最低工资水平，如果市场工资水平低于保留工资水平，劳动者就不愿意去找工作。①

我们在图 2-8 中描绘了在市场工资率一定的条件下，无差异曲线过于陡峭的人可能会选择把 16 个小时全部用于闲暇而不去工作的情况。但是这并不表明此人永远不会去工作，相反，当工资率上升导致其无差异曲线与预算约束线开始出现切点时，这个人就会从不工作状态转入寻找工作的状态。如图 2-19 所示，某人的无差异曲线 U_0 与最初的预算约束线 M_0 是没有切点的，此人的最佳决策点在 B 点，即不工作时的效用是最大的。但是当市场工资率上升导致新的预算约束线 M_1 与水平更高的无差异曲线 U_1 产生切点时，此人的效用最大化点就转移到 A 点，这时，这个人的闲暇时间从 16 个小时减少到 14 个小时，即从完全不工作转变为每天工作 2 个小时。总之，能够诱使劳动者从不工作转入工作状态的临界工资水平即保留工资。

---

① Hans G. Bloemen and Elena G. F. Stancanelli. Individual Wealth, Reservation Wages, and Transitions into Employment. Journal of Labor Economics 19. no. 2, April 2001: 400-439.

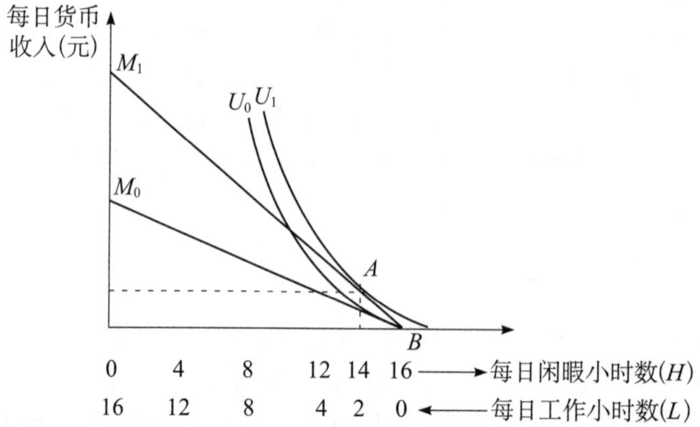

图 2-19 保留工资

不同的劳动者会有不同的保留工资水平，一个人的保留工资水平除了与个人对闲暇时间和工作的偏好有关，还与个人的非劳动收入状况有关。一个人的非劳动收入下降或者消失之后，其保留工资很可能会随之下降。如图 2-20 所示，图中的这个人原来有一笔相当于 BN 的非劳动收入，当市场工资率为预算约束线 BM_0 所示的水平时，其最佳决策点是不工作，要想让其愿意工作，市场工资率必须提高，比如达到预算约束线 BM_1 所示的水平，此时的最佳决策点是 C 点，即享受 13 个小时的闲暇，工作 3 个小时。但是如果因为某种原因，BN 这部分非劳动收入消失了，则在市场工资率仍然为 W_0 的情况下（预算约束线 BM_0 和 NM_2 是平行的，因而代表相同的工资率），此人的最佳决策点现在变成 D 点，即同样是享受 13 个小时的闲暇，工作 3 个小时。很显然，在无差异曲线不变的情况下，当存在非劳动收入时，保留工资一定是高于工资率 W_0 的，但是在非劳动收入消失之后，保留工资则低于或最多等于 W_0。从图中还可以看出，同样是想让这个人工作 3 个小时，在存在非劳动收入的情况下，他所要求的工资率一定高于没有非劳动收入时所要求的工资率（W_0）。

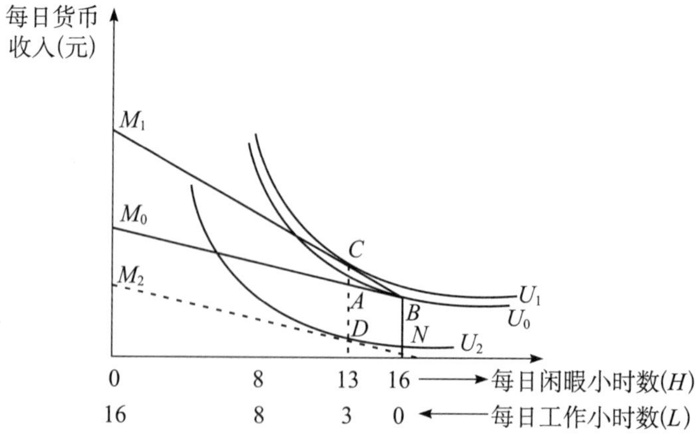

图 2-20 非劳动收入与保留工资

（二）保留工资的理论含义及其政策启示

通过对保留工资的定义及其图形分析进行考察，我们可以发现，保留工资具有以下几个方面的含义：

第一，如果市场工资率高于劳动者的保留工资率，则劳动者会参与劳动力市场；反之，他们就不会到市场上工作。因此，一个人关于是否参加工作的决策取决于市场工资率（雇主愿意为其 1 小时工作支付的报酬）和保留工资率（员工工作 1 小时需要得到的报酬）的对比关系。

第二，一个人的保留工资率越高，则其进入劳动力市场的可能性就越低。个人的保留工资率是由个人对工作以及闲暇时间的偏好以及非劳动收入等决定的。在相同的市场工资率下，闲暇偏好者的保留工资水平通常会高于工作偏好者。此外，非劳动收入的增加会导致保留工资的上涨，从而削弱劳动者参与劳动力市场的意愿，反之，保留工资则会下降。比如，在一个家庭中，妻子（和孩子）可以将丈夫（父亲）的收入作为非劳动收入，一旦因为某种原因导致这种非劳动收入下降或消失，妻子（和孩子）的保留工资可能就会下降，从而从不工作状态转变为参与劳动力市场。

第三，在保留工资率不变的情况下，一个人所能够获得的市场工资率越高，参加劳动力市场的可能性也就越大。因此，当工资率上升的时候，某一群体的劳动力参与率会上升。

综上所述，我们可以看出，一个人能够获得的工资率和其参加工作的可能性之间存在正相关关系，然而，正如我们在前面分析过的，工资率的变化对劳动者的工作时间产生的影响是模糊的（收入效应和替代效应的作用方向相反），这两者之间的区别需要加以注意。

保留工资的作用很容易从现实中找到例证，不仅如此，一些实证研究也发现了这方面的证据。比如，有人对 1996 年全美棒球联赛整个赛季中，某棒球场内小贩们的个体劳动力供给行为进行了研究。这些小贩在看台上兜售食品和饮料，他们的工资性报酬完全取决于他们每天的销售额，而且他们自行选择是否在某一场比赛中出来工作。在这个赛场上大约有 45 名小贩，他们平均每场比赛挣到的工资性报酬是 43.81 美元，其中收入最低的一场比赛是人均 26.33 美元，收入最高的一场比赛则达到人均 73.15 美元。这项研究对每场比赛中小贩们实际挣到的平均工资性报酬和决定到赛场来工作的小贩人数进行了比较。结果发现，工资性报酬平均增加 10 美元（相当于在 43.81 美元均值的基础上增加大约 1 个标准差），将会多吸引大约 6 名小贩来体育场工作。显然，小贩的行为表明，他们是有保留工资的，当他们需要决定是否到体育场工作时，他们会将自己的保留工资与预期可能得到的工资性报酬加以对比。[①]

从公共政策的角度来说，政府有时候希望通过某种干预措施吸引那些失业者或非劳动力到市场上找工作并提供劳动力，这时，对他们的保留工资的评估和判断就很重要。比如，我国曾经出现大规模的下岗失业人员，政府出台了一些政策，创造了一些工作岗位，但是，由于这些工作岗位所提供的工资水平不是太高，因此，一些岗位实际上没有人愿意干。一些新闻媒体就此出现批评下岗工人的评论，但从理论上来说，无论这些下岗工人的保留工资受到

---

① Gerald Oettinger. An Empirical Analysis of the Daily Labor Supply of Stadium Vendors. Journal of Political Economy 107. no. 2，April 1999：360－392.

哪些因素的影响，可以肯定的是，政府为这些岗位所确定的工资水平要低于大多数人的保留工资，劳动者作为一个理性的决策者，他们对于是否供给自己的劳动力显然有更为明智的判断。作为公共政策的制定者来说，必须将劳动者作为一个理性的决策主体来看待，而不能一厢情愿地认为劳动者应该怎样采取行动。

三、收入补偿计划及其劳动力供给效应

（一）百分之百补偿的收入补偿计划

一些社会保险计划，比如工伤保险以及失业保险，会对在一定时期内不能从事工作的劳动者提供一定的收入补偿。那么，这种收入补偿计划对于劳动者的劳动力供给意愿或行为会产生怎样的影响？

为了分析对那些不工作的人提供福利可能产生的后果，我们假定有这样一种工伤保险计划，即劳动者在受工伤之后，只要不重返工作岗位，他们就能够一直获得与受伤前完全相同的工资性报酬。而一旦他们重新回到工作岗位，哪怕只工作一个小时，他们也会被认定为正常劳动者，不能再继续享受工伤保险福利。我们在图 2－21 中分析了这种方案对劳动者的工作动机所产生的影响。如图所示，劳动者在受工伤之前的预算约束线是 DE，无差异曲线是 U_0，工作-闲暇决策点为 A 点，即在受伤之前的劳动力供给时间是 8 个小时，每日货币收入为 Y。此外，我们假定，劳动者在受工伤前后的无差异曲线以及预算约束线都没有发生变化。从图中可见，劳动者在受工伤之后所面临的预算约束线变成 BDE，而个人的效用最大化点为 B 点，即不工作的那个点。

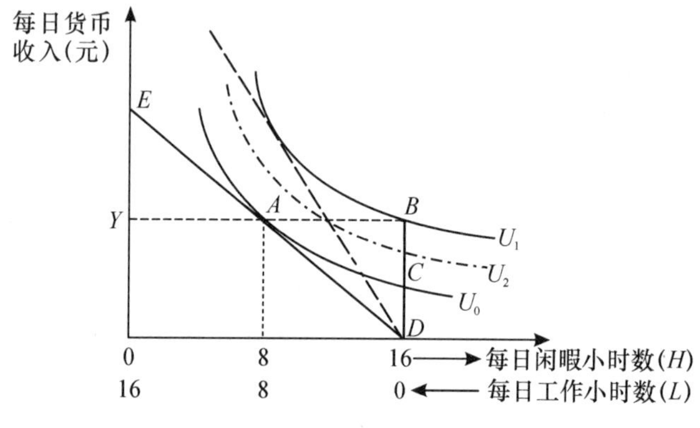

图 2－21　工伤保险的收入补偿水平确定

这样，我们就会发现，这个人在受工伤之后的总体福利水平反而提高了。因为他的每日货币收入可以保持与原来工作 8 个小时完全相同的水平，但是他现在连一个小时的工作也不用干（在图 2－21 中，这个人在受伤之后处在一个水平更高的无差异曲线 U_1 上，而不是原来的 U_0 上)。如果是这样的话，追求个人效用最大化的劳动者一定会想方设法使自己享受工伤保险福利的时间延长，这种状况显然不利于刺激劳动者尽快重返工作岗位。此外，从保留工资的角度来说，我们假定的这种福利计划实际上使劳动者的保留工资率提高到比他们受

工伤之前的工资率还要高的水平上。在图中，始于 D 点并与无差异曲线 U_1 相切的那条虚线的斜率就等于劳动者现在的保留工资率。显然，只有当工资达到或超过这一水平并且能够确保理想的工作时间时，该劳动者才愿意重新就业。

一项研究发现，收入补偿比例越高，劳动者重返工作岗位的积极性越低。美国肯塔基州在 1980 年 7 月 15 日将高工资劳动者能够享受的周最高工伤保险水平提高了 66%，工伤保险计划的其他内容没有做任何调整。而那些在这一天之前受工伤的劳动者却没有资格享受这种福利上调的好处，即使他们在 7 月 15 日之后仍然不能重返工作岗位。结果，在高工资劳动者中，在 7 月 15 日之前受工伤的劳动者不工作的时间通常有 4 周，而那些在 7 月 15 日之后受工伤的劳动者不工作的时间却有 5 周（时间要长 25%）。但是，在保险水平没有受到这次调整影响的低工资劳动者当中，他们在政策出台后不工作的时间却没有出现延长的情况。①

那么，怎样对劳动力提供收入补偿才算合理呢？一个比较恰当的补偿原则是等效用补偿——使劳动者受工伤之后的效用水平保持在原来工作时的水平上。从图 2-21 中我们不难发现，当工伤补偿水平为 CD 的时候，劳动者仍然可以处在原来的无差异曲线 U_0 上。其他任何超过 CD 的补偿水平都会使劳动者处于高于 U_0 的无差异曲线上（比如 U_2），从而对劳动者形成不工作的刺激。因此，为了既保证劳动者的效用损失最小，同时还能促使受伤者在身体康复的情况下尽快重返工作岗位，一种略低于 CD 的工伤补偿是最有利的。但令人遗憾的是，由于每一位劳动者的偏好即无差异曲线的形状不同，所以对于不同的人来说，CD 的长短也是不一致的，这样，要想找到一个对所有劳动者都是最优的工伤补偿水平就面临很大的困难。在这种情况下，在政策上所能采取的最好做法是，把不工作时福利水平确定为劳动者享受福利之前所得到的工资性报酬的一定比例，然后再运用其他手段鼓励那些在不工作时效用水平更高的人重返工作岗位。事实上，各国的工伤保险和失业保险都只能弥补劳动者所损失的工资性报酬的一定百分比，并且很多保险计划中，随着劳动者领取补偿的时间越长，收入补偿的比例会逐渐减少，最后甚至全部取消。这些都是为了促使劳动者尽快重返工作岗位。

（二） 负所得税计划与劳动力供给

欧美国家通常都有针对贫困家庭的收入补贴计划，即年收入在一定水平以下的家庭可以得到政府的最低收入保障。在这种福利计划的设计中经常会遇到的一个问题是，一旦获得了享受这种收入补贴的资格，很多人会变得依赖这种收入补贴，而不愿意去工作。那么，怎样才能让福利享受者愿意从不工作状态转入工作状态，从而摆脱所谓的福利陷阱呢？在这方面，劳动力供给理论能够为我们提供一些有益的思路。

由于有资格享受最低收入保障计划的家庭或劳动者往往都是就业能力较差的，他们即使去找工作，所得到的工资率也往往较低，而且常常不能得到全日制的就业机会，因此，如果在设计这种福利计划时规定，劳动者每从市场上挣 1 元钱，政府提供的收入补贴额度就减少 1 元钱，那么很多劳动者会发现，最明智的做法就是完全享受福利补贴，一个小时也不工作。只要他们通过工作挣到的钱比国家规定的最低收入保障水平高，一面工作、一面拿政府

---

① Bruce D. Meyer, W. Kip Viscusi, and David L. Durbin. Workers' Compensation and Injury Duration: Evidence From a Natural Experiment. American Economic Review 85. no. 3, June 1995: 322-340.

提供的介于最低收入保障水平和挣到的工资性报酬之间的差额这样一种做法，就不如他们完全享受国家补贴的做法更能够帮助他们实现效用最大化。因为，当一面工作挣钱，一面拿政府补贴的时候，他们的总收入并未发生变化（因为从工作中挣到的钱会被政府从福利中减去），但是他们的闲暇时间却减少了。这样，除非福利享受者在不享受福利之后，能够立即获得工资水平足够高、小时数足够长的工作，否则，即使有市场工作机会，他们也不会接受。而这些人找到这种机会的难度显然是非常大的。所以，要想在这种情况下诱使福利享受者愿意接受任何工作机会，从而逐步脱离完全依赖福利的状态，就必须使他们在工作的时候比不工作的时候所能够支配的收入更高。负所得税计划正是出于这种目的设计出来的一种计划。

所谓负所得税，一个非常重要的含义就是，福利享受者在通过工作获得一定的工资性报酬之后，并不会导致他们原来享受的政府收入补贴等量减少，相反，只是减少一部分。假如政府为劳动者提供的最低收入保障水平为每天 400 元，而劳动者通过接受某种工作能够从市场上每天挣得 50 元，这时候，政府提供的收入补贴不是直接减少 50 元，即只补贴 350 元，从而使劳动者的每日货币收入在工作后仍然是 400 元（50 元工资性报酬＋350 元补贴）；相反，政府提供的补贴减少额度仅仅是 50 元的 50%，这样，政府现在对这位劳动者的收入补贴额度就是 375 元（400 元－50 元×50%），再加上劳动者从市场上挣到的 50 元，他现在的每日货币收入就变成 425 元。显然，在负所得税计划下，劳动者只要工作，就一定比不工作的时候得到更多的可支配货币收入。

负所得税计划有三个基本要素：一是最低收入保障水平或基本福利水平（Y_b）。它是指政府对没有任何收入的个人或家庭所提供的公共补贴数量。二是福利丧失率或补贴降低率（t），这也就是所谓的负所得税税率。它表明在个人或家庭的工作收入增加以后，其基本福利水平将会以一种怎样的速度被削减，经济学家通常将其称为隐含税率（implicit tax rate）。若 $t=0.5$ 或 50%，则意味着每增加 1 元的收入，劳动者的基本福利就将丧失 0.5 元，其作用与收入所得税税率对个人收入所起到的作用是一样的。三是临界工资性报酬水平（Y^*）。这是指个人或家庭从政府获得的补贴水平恰好为零时的工资性报酬水平。当劳动者个人或家庭能够从市场上挣到这一水平的工资性报酬时，他们将彻底脱离政府的收入补贴计划，完全依靠自己的市场工作能力来获取经济收入。临界工资性报酬水平的高低取决于基本福利的规模大小以及福利丧失率。

假设劳动者个人或家庭能够从政府实际获得的补贴额为 P，可以得到以下公式：

$$P=Y_b-tY \tag{2-4}$$

再假设劳动者个人或家庭实际能够支配的总收入为 Q，可以得到以下公式：

$$Q=Y+P=Y+Y_b-tY=Y_b+(1-t)Y \tag{2-5}$$

举例来说，如果在某项收入补贴计划中，$Y_b=2\ 000$ 元，$t=50\%$，$Y=2\ 000$ 元，则 $P=1\ 000$ 元；而 $Q=2\ 000+1\ 000=3\ 000$ 元。

由于临界工资性报酬水平 Y^* 是得到的实际补贴额 P 为零时的工资性报酬水平，所以，由 $Y_b-tY=0$ 可以得到：

$$Y^*=Y_b/t \tag{2-6}$$

若 $Y_b=2\ 000$ 元，$t=50\%$，则 $Y^*=4\ 000$ 元。换言之，在这种福利计划下，劳动者个人或家庭如果能够通过工作挣到 4 000 元，他们就彻底摆脱了对福利补贴的依赖。

负所得税计划的作用可以从图 2-22 中看出来，图中的预算约束线 DF 代表的是市场工资水平，ED 代表的是政府的基本收入补贴水平 Y_b。很显然，在实施负所得税计划之前，劳动者个人或家庭即使不工作，也可以得到完全的政府补贴，他们所面临的预算约束线为 DEF，这时候，他们不工作比工作时的效用水平还要高，能够达到无差异曲线 U_1 所代表的效用水平。而在实施负所得税计划之后，劳动者个人及其家庭所面临的新的预算约束线就变成 DEP（EP 的斜率要小于 DF，因为它代表的是扣除负所得税之后的净工资率），这时，无差异曲线与新预算约束线形成了一个切点 A，而 A 点所在的无差异曲线 U_2 显然比 U_1 所代表的效用水平更高。由此可以看出，负所得税计划起到了诱使劳动者摆脱完全依赖福利的状态的作用。

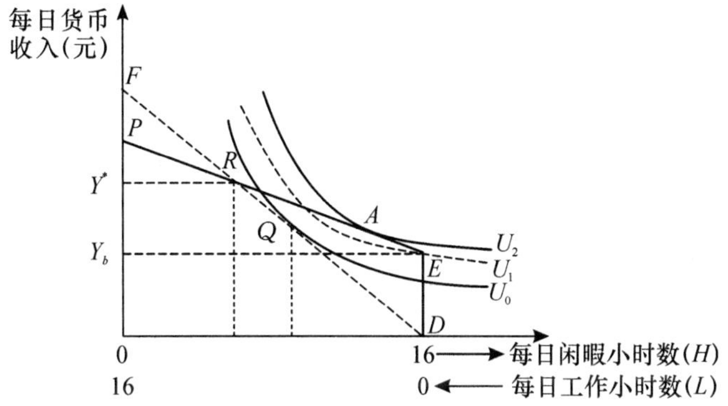

图 2-22　负所得税计划

在图 2-22 中，市场约束线 DF 和新的预算约束线 DEP 的交点 R 代表的就是临界工资性报酬水平 Y^*，很显然，超过 R 点之后，劳动者个人或家庭在彻底脱离福利计划，完全依靠工作来获得收入时，反而比依靠福利计划能够获得更多的可支配收入（RF 在整体上大于 RP）。在达到 R 点之前，介于新的预算约束线 RE 和市场预算约束线 RD 之间的部分为实际补贴数额。

小专栏 2-2

战时粮食征集政策对农业劳动力供给的不同影响

陷入战争之中的国家为了从农民那里获得必要的食物供给，常常采取强制性的粮食征集措施。毫无疑问，这种做法会对农民的劳动积极性产生巨大的影响。同样是采取粮食征集政策，具体的制度设计不同，对农民的劳动积极性的影响会有很大的差别。

1917—1921 年，俄国十月革命之后的内战时期，布尔什维克政府为了满足战时的需要，除了给农民留下生存所必需的食品之外，将他们的所有其他食物都强行征收走，以分配给士兵以及城市的居民。从图形上来看，这种政策对农民产生了一条预算约束线（见图 A 中的 ACY^*），由于在产出没有达到维持自身生存所需的收入水平（Y^*）之前，农民可以保留自己的产出，因此，在收入达到 Y^* 之前，农民面临的是市场工资率。但是，在收入超过这一水平之后，农民的净工资就变成零（CY^* 部分），因为这时的所有额外产出都会被政府拿去，因此，农民在战前所面对的预算约束线 AB 在此期间就变成了 ACY^*，其结果是，大多数农民都在 C 点附近实现自己的效用最大化。1917—1921 年间，俄国的种植面积平均下降了 27%，产量下降了 50%。

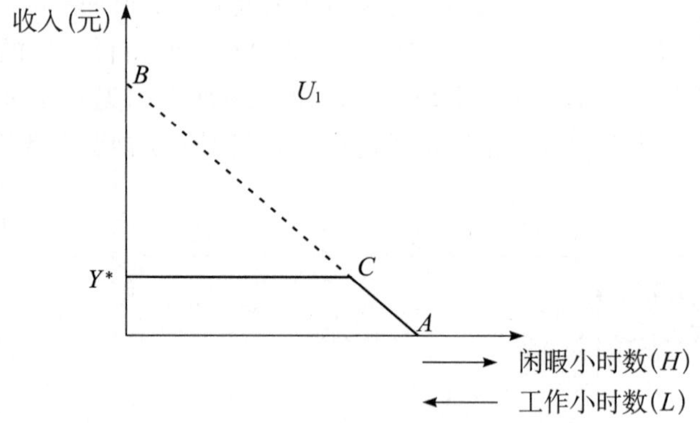

图 A　苏维埃俄国内战时期农民面临的预算约束线

而在第二次世界大战期间，日本在处理其食物需求时却采取了完全不同的另一种政策。它要求农民必须以很低的价格向政府出售一定数量的粮食，但允许农民以市场价格（高于政府收购价）出售超出这一定额之外的粮食。这项政策就将战前的预算约束线 AB 转变成图 B 中的 EFG。实际上，农民必须以低于市场工资（EF）的工资率为政府工作 AE 个小时，但是在此之后就可以去挣市场工资率了。这就保护了农民的生产积极性，它很显然造成一种促使日本农民增加总工作时间的收入效应。因此，尽管战争导致日本的资本和劳动力出现短缺，但是 1944 年日本的稻谷产量却要高于 1941 年。

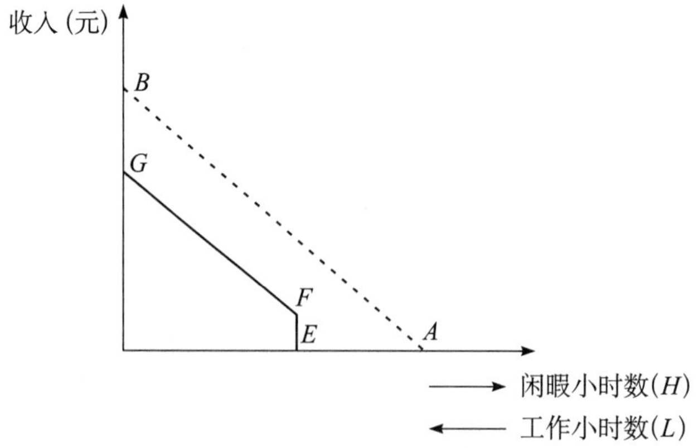

图 B　第二次世界大战时期日本农民面临的预算约束线

资料来源：Jack Hirshleifer. Economic Behavior in Adversity. Chicago：University of Chicago Press，1987：16 - 21，39 - 41.

◆ 本章小结

劳动力市场供给总量包括劳动力供给数量和质量两个方面。劳动力供给质量主要取决于劳动力队伍的身体健康状况以及受教育和训练的情况，而劳动力供给数量则取决于人口总量、劳动力参与率和平均周工作时间等因素。

劳动力供给行为分析的简单模型建立在几个基本假设基础之上，即人的时间只能用于工作或享受闲暇两种活动；劳动者的小时工资率不变；闲暇或商品（服务）消费的边际效用递减；劳动者追求的是效用最大化。在这种简单模型中，劳动者的劳动力供给时间决策发生在无差异曲线和预算约束线的切点上。

在其他条件不变情况下，工资率变化对劳动力供给时间的影响表现为收入效应和替代效应两种影响。工资率上升时，收入效应导致劳动力供给时间减少，替代效应导致劳动力供给时间增加，最终的劳动力供给时间取决于两种效应的力量对比。

个人劳动力供给曲线是一种向后弯曲的曲线，即劳动力供给首先随着工资率上升而增加，过了某一点之后，就开始减少。而市场劳动力供给曲线通常是自左下方向右上方倾斜的，在一些特殊情况下，可以是水平的或垂直的。

能够诱使劳动者从不工作状态转为工作状态的临界工资水平称为保留工资。换言之，只有当市场工资水平高于保留工资，劳动者才会参与劳动力市场。因此，劳动者的保留工资率越高，进入劳动力市场的可能性就越小。

工伤保险等社会福利计划的设计方式会对劳动力供给行为产生潜在的影响，设计者应当注意避免福利计划对劳动者形成不工作的激励。

◆ 关键术语

劳动力参与率（labor force participation rate，LFPR）
劳动力供给（labor supply）
效用（utility）
偏好（preferences）
无差异曲线（indifference curve）
边际替代率（marginal rate of substitution，MRS）
预算约束线（budget constraint）
收入效应（income effect）
替代效应（substitution effect）
劳动力供给弹性（wage elasticity of labor supply）
标准工作日（standard workday）
加班工资（overtime pay）
就业不足（under-employed）
就业过度（over-employed）
保留工资（reservation wage）
隐含税率（implicit tax rate）

◆ 复习与思考

1. 试列举影响劳动力供给总量的因素。
2. 请说明简单劳动力供给模型的几个基本假设。

3. 什么是工资率变化对劳动力供给产生的收入效应和替代效应?

4. 请以绘图方式推导出个人劳动力供给曲线并对曲线形状加以说明。

5. 何谓劳动力供给弹性?

6. 请说明市场劳动力供给曲线的几种可能情况。

7. 什么是保留工资? 保留工资的政策含义是什么?

8. 试举例说明劳动力供给理论对于社会福利政策设计的启示。

9. 小李每天能够从父母那里得到 50 元钱。同时，他在劳动力市场上的工资率是每小时 20 元（无论每天工作多少个小时工资率都不变），他每天最多能工作 16 个小时。小赵同样每天最多工作 16 个小时，她的工资率是，每天工作时间在 8 个小时以内是每小时 8 元，超过 8 个小时将得到正常工作 1.5 倍的工资。请绘制出小李和小赵每天面临的预算约束线。

第3章
劳动力供给模型的扩展

学习目的

读完本章之后，你应该能够：
1. 熟悉家庭生产理论的主要内容及其决策模型
2. 理解作为一种特殊家庭决策的家庭生育行为
3. 掌握经济周期中的劳动力供给行为变化
4. 掌握生命周期中的劳动力供给行为变化

第1节　家庭生产理论与劳动力供给

我们在第1章中讲述了劳动力供给理论的一个简单模型，即一个人只需要在工作和闲暇两种活动之间做出时间选择的情况。这一节我们将通过考虑三个方面的问题来重构劳动力供给理论：第一，人们在家中花的大多数时间都是用于生产活动，例如做饭和照顾孩子等，而不是用于闲暇。第二，对于那些与配偶共同生活的劳动者来说，他们在做出与从事有酬工作、家务劳动以及闲暇等有关的决策时，通常都要考虑其他家庭成员的主要活动及其收入状况。第三，正如从事有酬工作的时间与在家庭中的时间可以相互替代一样，在生命周期中的某个阶段从事有酬工作的时间，与在另一个阶段从事有酬工作的时间也是可以相互替代的。本节将对简单的劳动力供给模型进行上述修正，这种修正并不改变劳动力供给理论的基本结论或推论，但它丰富了劳动力供给理论。

一、家庭生产理论的主要内容

我们在上一章的简单劳动力供给模型中假设，一位独立的劳动力供给者只需要在工作和闲暇两种活动中做出时间选择即可，但是事实上，在一个家庭当中，人们所耗费的大多数时间都不是纯粹的闲暇时间，而是用于从事一些更接近工作的生产性活动，比如买菜做饭、洗衣服、修理房屋、打扫卫生、照顾孩子和老人等。

为了解家庭中的人们在现实中到底怎样分配他们的时间，我们可以参考表 3－1 中的数据，这张表中首先根据是否有孩子以及孩子的年龄大小，将家庭划分为三类，然后分别考察这三类家庭中的男性和女性在四大类活动中的时间分配状况，即从事有酬工作的时间（包括通勤时间）、从事家务劳动（household work）的时间（包括采购商品和服务的时间）、闲暇时间（包括从事志愿活动的时间）以及个人养护时间（包括睡觉和吃饭的时间）。从表中可以看出，第一，在所有的家庭中，男性在从事有酬工作时间、闲暇时间方面超过女性，而女性则在家务劳动时间以及个人养护时间方面超过男性。第二，孩子年龄较小的女性在家务劳动活动中花费的时间比孩子年龄较大的女性更多，而在从事有酬工作方面花费的时间更少。第三，随着孩子逐渐长大以至于离开家庭，男女之间在从事有酬工作时间和家务劳动时间方面的差距变得越来越小。第四，男性和女性的闲暇时间都会随着孩子年龄的增长而有所增加。第五，这三类家庭中的男性和女性在个人养护方面所花费的时间没有太大的差别，这种时间看来是人的一种基本生理需求。

表 3－1　　18 岁以上美国男性和女性的每周时间分配（2012 年）　　单位：小时

	家中有小于 6 岁孩子的家庭		家中有 6～17 岁孩子的家庭		家中没有 18 岁以下孩子的家庭	
	女性	男性	女性	男性	女性	男性
有酬工作	21	37	24	38	21	28
家务劳动	40	23	31	18	23	16
闲暇	30	35	36	39	45	49
个人养护	75	71	71	72	77	74

资料来源：U. S. Department of Labour，Bureau of Labour Statistics. American Time Use Survey—2012 Results. Table 8 at http：//www. bls. gov/news. release/atus. t08. htm.

既然家务劳动时间在有家庭的男性和女性的时间分配当中占有重要的比重，我们就需要建立一个能够将这种家务劳动时间考虑在内的更为现实的劳动力供给模型。在这方面，家庭生产理论（theory of household production）为我们提供了很好的分析视角。

家庭生产理论不再简单地把闲暇和商品以及服务的消费看成是效用的直接来源，相反，它把一个家庭所生产出来的家庭物品看成是效用的直接来源。即一个家庭买来商品或服务，再加上一些家务劳动时间，才能生产出可供家庭消费并产生效用的家庭物品。比如，用买来的蔬菜、主食以及能源，再加上准备和烹饪的时间，才能做出一顿晚饭；用各种营养品、服装、玩具以及和孩子在一起的时间，才能把孩子抚养成人；用买来的木材、油漆以及修理房屋的时间，才能把房屋修理好。

总之，家庭生产理论把家庭的时间分配划分为两大类，一类是工作时间，另一类是家庭生产时间。用在家庭生产方面的时间包括在家里做杂事或者在家里放松的时间，也包括尽管不在家里，但也是做家务或者放松的时间，比如去购物或者是看电影的时间。（为了分析的方便，将闲暇时间合并到家庭生产时间之中。个人养护时间由于几乎是刚性的，所以不需要考虑。）因此，一个家庭所要做出的选择就是多少时间用于工作，多少时间用于家庭生产。在做出选择的过程中，家庭需要按照逻辑回答以下三个问题：

第一，家庭需要消费什么样的家庭物品？比如，要不要在一起吃一顿晚饭？要不要来一次大扫除？甚至要不要生养一个或几个孩子？不同的家庭在做出这些决策时，往往存在一定的差异。它取决于对一个家庭来说，消费什么样的家庭物品能够实现效用最大化。

第二，家庭希望怎样生产这些家庭物品？即一个家庭准备采取何种方式来生产自己所需要的家庭物品。由于能够产生效用的家庭物品是通过将商品或服务（用货币收入买来的或用工作时间换来的）与家庭生产时间结合在一起生产出来的，因此，家庭物品的生产方式可以划分为两类，即时间密集型生产方式和商品密集型生产方式。时间密集型生产方式是指在生产家庭物品的时候，家庭生产时间所占的比重较大，而使用购买来的商品或服务的时间所占的比重较小。商品密集型生产方式则相反。比如，同样是全家一起吃一顿晚饭，既可以选择先购买蔬菜、肉类、水果等原料，然后回家洗菜、准备、烹饪的方法来实现，也可以直接到饭店中购买现成的餐食，然后全家一起享用，还可以选择去超市购买加工好的原料，然后回家做简单的加工。显然，这三种不同的晚餐生产方式所包含的家庭生产时间和商品或服务的比例是不同的，第一种偏向于时间密集型，第二种偏向于商品密集型，第三种则介于前两者之间。再比如，在抚养孩子时，既可以将外购的商品和服务数量控制在最少，自己待在家中照看孩子、给孩子准备饭菜，甚至自己为孩子做衣服；也可以自己在家庭生产活动中投入很少的时间，大量外购商品和服务，比如用货币购买儿童看护服务、现成的食物以及儿童服装等。

显然。在家庭物品的生产过程中，家庭生产时间和商品或服务（即工作时间）之间是存在替代性的。家庭一旦决定了家庭物品的生产方式，实际上也就决定了工作时间和家庭生产时间之间的比例。

第三，家庭成员之间如何分配各自在工作、家庭生产方面的时间？一旦决定了需要什么样的家庭物品以及家庭物品的生产方式，接下来，家庭还需要进行另一个决策，即男性和女性在工作和家庭生产两方面应当如何分配自己的时间。比如，是男性将全部时间都用于工作，女性将全部时间都用于家庭生产，或者是相反；还是男性和女性都将一部分时间用于工作，另一部分时间用于家庭生产。如果双方都在工作和家庭生产方面分配一些时间，那么，还需要回答这样一个问题：哪一方的时间更偏重工作，哪一方的时间更偏重家庭生产？从理论上来看，这一关于家庭内部分工的决策通常适用于比较优势原理。每一个家庭成员都应当采用相对效率最高（或者机会成本最小）的那种时间利用方式。由于家庭成员在年龄、性别、受教育程度、劳动力市场经验和非劳动力市场经验等方面存在差异，因而他们在不同的生产活动中的效率是存在差异的。

小专栏 3-1

家庭生产模型对身体肥胖的另一种解释

在美国，肥胖是一个主要的健康问题。20 世纪 70 年代末到 90 年代初，被认为肥胖的美国成年人所占的百分比从 14%上升到了 22%！肥胖现在已经成为第二大导致早期死亡的原因。有人估计，美国在 1995 年用于应对肥胖问题的成本（医疗成本加上生产率损失）就高达近 1 000 亿美元。除了与基因和其他家庭影响因素有关，肥胖人数的激增还跟其他因素有关吗？家庭生产模型指出，在像准备餐食这样一些家务劳动中花费的时间，会对偏好的变化以及收入效应和替代效应做出反应。当收入上涨而工资水平不变时，我们预期劳动者会用更多的时间来生产在家庭中消费的那些物品。然而，当工资率上涨而收入保持不变时，在家中所花费时间的机会成本就上升了，这就使得人们在家务活动中分配更少的时间，从而将更多的时间用于从事有酬工作。如果机会成本或者偏好的变化诱使更多的人（尤其是女性）去寻找工作，而在家务劳动中（包括准备餐食）花费较少的时间，那么我们可以做这样的预测：人们对方便食品的需求将会上升。

事实上，1972—1997 年间——工作的美国女性的百分比从 44%升至 60%——人均快餐店数量增加了一倍，人均全套服务餐厅数量也增加了 1/3。最近的一项研究发现，快餐店，尤其是提供富含卡路里的高热量食物的快餐店数量的增长，与肥胖人数的增长有着密切的关系。也就是说，这项研究发现，在保持个人特征不变的情况下，肥胖人数的增长更多出现在人均餐厅数量增长较快的地区。

此外，这项研究发现的一些证据还表明，收入效应和替代效应对肥胖所产生的影响与我们的预测是一致的。换句话说，家庭收入和时间的机会成本的变化显然会对肥胖产生影响，这个结论与下列解释相一致：在家做饭的时间的减少将会导致肥胖人数的增多。

在既定的地理区域内以及各种人口群体中——用性别、种族、婚姻状况、受教育程度等因素来定义，在各人口群体的工资水平保持不变的情况下，家庭收入越高的人出现肥胖的可能性越小。这一发现与这样一个假设是一致的，即收入效应会诱使人们在家里花更多的时间，而更少依赖那些容易导致肥胖的方便食品。然而，在收入保持不变的情况下，在小时工资率较高（工作时间较长）的地区和群体中出现肥胖者的可能性会增加。后一种发现表明，随着时间的机会成本上升，替代效应可能会诱使人们花更少的时间待在家里，而更多地依赖方便食品。

资料来源：Shin-Yi Chou，Michael Grossman，and Henry Saffer. An Economic Analysis of Adult Obesity：Results from the Behaviour Risk Factor Surveillance System. Journal of Health Economics 23，May 2004：565 - 587.

二、家庭生产决策的简化模型

为了考察上面所说的家庭决策过程，我们在这里举一个简单的例子加以说明。假设有一个只有一位母亲和一个孩子的家庭，母亲就是这个家庭中的唯一决策者。正如我们在第 1 节中假设的那样，这位母亲每天都需要 8 个小时的时间来进行必要的个人养护，这样她每天就只有 16 个小时可以用来从事有酬工作和家务劳动。在图 3 - 1 中，我们将这位母亲的全部可利用时间在横轴上表示出来，从左到右是家庭生产时间，从右到左则是工作时间。纵轴则是可以购买到的商品或服务的价值，在商品或服务的价格一定的情况下，它与每日货币收入的含义是一样的，这是因为每日货币收入决定了这位母亲所能够购买的商品或服务的价值。

此外，我们仍然假设这位母亲正在努力实现其个人效用的最大化。她可以通过消费家庭物品（干净的房子、美味的食品、快乐的孩子以及各种休闲活动）来获得效用，而为了生产出这些家庭物品，她要么花费家庭时间自己生产这些物品，要么通过赚钱从外部购买商品或服务，或者是两个方面的需要同时存在。总之，她必须以能够最好地满足其偏好的方式在有酬工作和家庭生产活动之间分配自己的时间。图 3 - 1 中的两条坐标轴实际上反映了这位母亲可以用来得到效用的两个来源，即横轴上的家庭生产时间以及纵轴上的每日货币收入（相当于商品或服务的价值）。

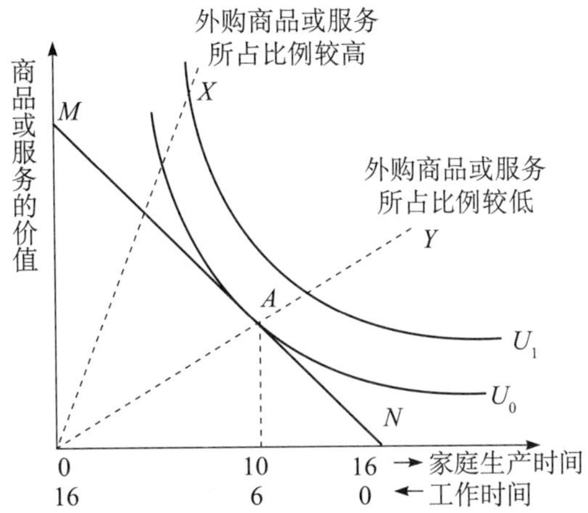

图 3-1　抚养孩子的家庭生产决策

这样，我们就可以看到，劳动力供给模型中的闲暇时间用家庭生产时间取代之后，对上一章第 1 节中所描述的模型并没有做出重大修改。在图 3-1 中，*MN* 是这位母亲所面临的预算约束线。*N* 点表示她把 16 个小时的时间全部用于家庭，什么工作也不做。*M* 点表示她把 16 个小时的时间都用于工作，而不在家庭中花费任何时间。这条预算约束线的斜率代表这位母亲在市场上所面临的市场工资率。*MN* 则代表了在工资率一定的情况下，这位母亲可能获得的商品或服务价值（工作时间）与家庭生产时间的所有组合。

图 3-1 中的无差异曲线与劳动者个人的无差异曲线的形状是类似的，这种向右下方倾斜的无差异曲线以图形的方式表达了这位母亲的个人偏好，它具有以下几个方面的特点。

第一，一条无差异曲线上的所有点代表的是各种不同的孩子抚养方式，即商品或服务与家庭生产时间之间的某种组合，并且在同一条无差异曲线上的所有点代表的孩子抚养方式所生产出来的家庭物品，都能给这位母亲带来相同的效用或满足感。此外，越是靠近右上方的无差异曲线所代表的效用水平越高。

比如，如果这位母亲获取资源的能力提高——这样她就可以从图 3-1 中的无差异曲线 U_0 移动到无差异曲线 U_1——她的效用水平还会增加。即无差异曲线 U_1 代表的效用水平高于 U_0 代表的效用水平，在所能购买的商品或服务价值相同的情况下，U_1 代表的家庭生产时间比 U_0 更长，而在家庭生产时间相同的情况下，U_1 代表的能够买到的商品或服务的价值更高。事实上，U_1 上的点可能在两个效用来源上都比 U_0 的水平更高。

第二，无差异曲线 U_0 和 U_1 的斜率都是负的，而且都凸向原点。斜率为负反映了这样一种假设，即在抚养孩子的过程中，家庭生产时间与外购的商品或服务价值之间是可以相互替代的。如果这位母亲的家庭生产时间减少，那么她可以通过增加外购的商品或服务的价值来保持从抚养孩子中得到的效用不变。

凸向原点的形状则反映了另外一个假设，即随着在抚养孩子方面分配的家庭时间逐渐减少，要想用外购商品或服务来替代家庭生产时间，同时使效用水平保持不变，会变得越来越困难。如果这位母亲在家中已经花了许多时间（比如做衣服），那么，用很少几件外购的商品（比如到商店去买衣服）就很容易替代她所花费的一部分家庭生产时间，同时保持效用不变。但是，如果她从一开始在家庭中所花的时间就很少，要想进一步减少她的家庭生产时间，则很难在保持效用不变的情况下，用外购的商品或服务来替代。比如，这位家长每天在家里跟孩子在一起的时间已经很少，要想再减少在家里的时间、增加工作时间，她可能需要外购价格非常高的儿童看护服务才能保持效用水平不变。在图 3－1 中，从原点引出的任何一条类似 OX 或 OY 的射线上，在抚养孩子这种生产活动中所购买的商品（或服务）价值和家庭生产时间之间的比率都是一个常量。相比较而言，当为抚养孩子而采用的家庭生产时间与外购商品或服务的组合位于射线 OY 上时，所采用的是外购商品或服务的比例较小而家庭生产时间较多的方式；相反，如果所采用的组合位于射线 OX 上，则在抚养孩子时所采用的是外购商品或服务的比例较大而家庭生产时间较少的方式。

第三，无差异曲线的斜率实际上反映了一个人在家庭物品的生产过程中，在家庭生产时间和外购的商品或服务之间如何做出权衡。如果无差异曲线非常陡峭，则说明这个人是偏好家庭生产时间的，即她更倾向于采用时间密集型方式来抚养孩子，额外的一个小时家庭生产时间对她而言价值很高。在这种情况下，要想令人满意地用外购的商品或服务来替代一个小时的家庭生产时间比较困难。相反，较为平缓的无差异曲线则反映了另外一种情况，即这个人是偏好商品或服务的，她更倾向于采用商品或服务密集型方式来抚养孩子，因此，她的家庭生产时间比较容易用商品或服务来替代，对她来说，额外的一个小时家庭生产时间并没有太大的价值。一方面，不同的人在抚养孩子的方式方面所具有的偏好不同，他们的无差异曲线的形状就会有所不同；另一方面，随着孩子的年龄变化，家长对孩子抚养方式的偏好（从而无差异曲线的形状）也会发生变化。

在这位母亲的预算约束线和无差异曲线都一定的情况下，能够使其效用最大化的孩子抚养决策与能够使其效用最大化的劳动力供给时间决策实际上是一样的。这个决策点就是此人的无差异曲线和她所面临的预算约束线的切点（即图 3－2 中的 A 点）。在这一点上，这位母亲的家庭生产时间为 10 个小时，工作时间为 6 个小时，如果其市场工资率为每小时 10 元，则她所采用的抚养孩子的外购商品或服务与家庭生产时间的组合为（60，10）。

同样如上一章所述，这一决策点会随着无差异曲线以及市场工资率（预算约束线的斜率）的变化而相应发生变化。首先，这位母亲的无差异曲线的形状可能会随着孩子年龄的增长而发生变化，比如，随着孩子渐渐长大，这位母亲可能会发现，用买来的商品或服务替代自己的家庭时间变得更加容易，因为合适的儿童看护服务更容易找到，或者是孩子上学以后就不需要在白天照顾孩子，这时，她的无差异曲线就可能变得比过去扁平（这意味着她更加偏好工作），她的决策点可能就会偏离原来的 A 点，转移到图 3－2 中的 B 点，此时，她抚养孩子的方式是 7 个小时的家庭生产时间和 9 个小时的工作时间（换取相应的商品或服务）。此外，对于那些在孩子小的时候尚未加入劳动力队伍的父母来说，这个时候更有可能开始提供劳动力供给。其次，如果这位母亲所面临的市场工资率发生变化，这种变化同样会使其家庭生产时间决策同时产生收入效应和替代效应，其中工资率上涨的收入效应导致她增加家庭生产时间，而工资率上涨的替代效应则导致她减少家庭生产时间，增加工作时间。至于最后到底是哪一种效应占优势，我们无法从理论上预见到。

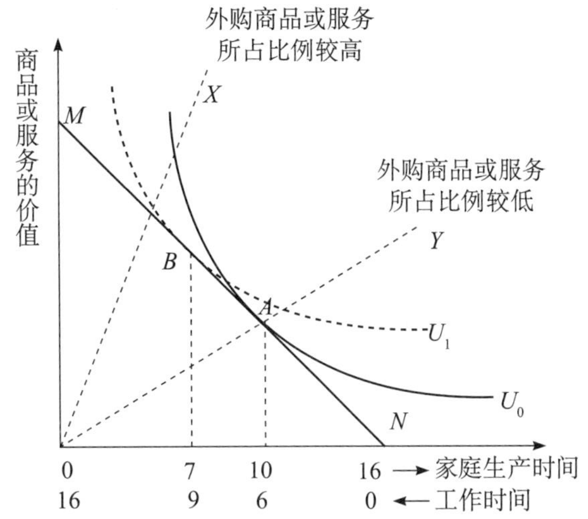

图 3-2　抚养孩子的家庭生产决策的变动

三、联合劳动力供给决策

在家庭生产决策的简单模型中，我们假设只有一位决策者，并且这位决策者所做的就是实现个人效用的最大化。然而，对于那些与配偶一起生活的人而言，就必须共同决定如何在工作和家庭生产活动之间分配各自的时间。这一决策过程可能会由于双方之间的感情关系而变得比较复杂，并且，他们在这方面的决策很大程度上会受到习惯的影响。因此，经济理论对这种联合劳动力供给决策（joint labor supply decisions）的分析很难做到非常完善。

到目前为止，在经济理论中已经建立起来的适用于已婚夫妇的正式决策模型可以分为两大类。最简单的一种模型是将适用于单一决策者的假设扩展到已婚夫妇，它要么假定夫妇双方有着共同的偏好，要么假定其中一人会进行所有决策。但这种简单模型与现实状况并不是十分相符。另一类模型假定夫妻之间是通过谈判来进行决策的。由于夫妻双方之间的谈判力量存在差异，所以在家庭决策过程中，有更多的资源获取机会的那一方会更有影响力。

然而，无论夫妻双方通过一个什么样的过程来做出时间分配决策，他们都会发现，无论是在工作中还是在家庭生产活动中，双方对需要完成的各种工作进行某种程度的专门化安排对整个家庭是最有利的。即一对夫妻需要回答这样一个问题：谁在从事家庭生产活动方面的效率更高一些？谁在从事工作方面的效率更高一些？由于夫妻双方各自从事家庭生产的损失分别与他们面临的市场工资率有关，而收益则取决于他们从抚养孩子当中得到的快乐以及本人在从事这项工作方面的技能水平高低，同时，女性的工资率一般低于男性，而且由于社会化方面的原因，妻子在抚养孩子方面的生产率更高，所以，这种比较优势的作用导致女性从事家庭生产活动多一些。当然，这种安排并非一成不变，随着工资率、收入以及家庭生产率的变化，从事家庭生产活动的时间分配情况也会随之发生变化。一项研究发现，当夫妻双方都工作时，他们每人每周在家务劳动方面所花费的时间会受他们两个人的相对工资率的影响，即随着妻子的工资率相对上升，丈夫承担家务劳动的时间会有所增加，而妻子从事家务劳动的时间则会有所减少。①

四、家庭生育行为分析

我们在前面讨论了家庭是如何做出孩子抚养方式的决策的，但是事实上，家庭在做出这一决策之前，首先要做出是否生育孩子以及生育多少个孩子的决策。家庭的生育决策会直接影响一个经济体中的劳动力供给总量，尤其是长期的劳动力供给总量。因此，考察家庭在孩子生育数量方面的决策是很有意义的。

关于家庭生育行为，最著名的论断恐怕要数人口学家马尔萨斯的论断了，马尔萨斯认为，当收入超过维持生存的均衡水平时，人们抛弃了道德约束，结婚时间更早，性生活更为频繁，结果导致人口规模上升。但是当人们发现没有足够的自然资源（如食物和燃料）来支撑他们的生存时，开始出现对稀缺资源的激烈竞争，导致收入下降。当收入下降到维持生存的均衡水平以下时，人们又开始调整自己的行为，结婚更晚，性生活更少。这样，人口规模就会下降，对稀缺资源的争夺也会得到缓解。但是这种情况不会长期持续，收入会慢慢提高到维持生存的均衡水平之上，于是新一轮的生育高峰又开始了。

很显然，马尔萨斯实际上认为收入总会回到维持生存的均衡水平，并且收入的增长会导致出生人数的增加，收入的下降则会导致出生人数的下降。他所强调的实际上是一种收入效应，即收入增加必然导致人们想要生育更多的孩子。但是，与马尔萨斯的生育模型恰恰相反的是，在现代经济中，随着人均收入的上升，生育率并没有出现上升，反而下降了，在很多发达国家，家庭越富裕，孩子的数量反而越少。这又如何解释呢？

从现代经济分析的角度来说，马尔萨斯仅仅看到了收入增长对生育数量所产生的收入效应，而没有看到，家庭生育行为不仅与收入有关，还取决于生育孩子的“价格”。显然，孩子是一件十分昂贵的“家庭物品”，除了衣食住行、教育等生活必需品的开支以外，还包括父母因退出劳动力市场或减少劳动力供给时间来抚养孩子而产生的机会成本。

这里，我们假定一个家庭的效用来源并非只是孩子这一种“家庭物品”，相反，对很多商品或服务的消费对于家庭来说同样可以产生效用，这时，一个家庭就不仅关心自己养育的孩子数量（N），而且关心自己所能够消费的商品或服务的数量（X）。于是，在生育的孩子数量和所能够消费的商品或服务数量之间所做的这种权衡，就构成了一个家庭的无差异曲线。此外，一个家庭在孩子数量和商品或服务数量之间的权衡还会受到收入的预算约束。如果一个家庭多养育一个孩子的价格是 P_N，而获得额外的商品或服务的价格是 P_X，那么，在家庭的资源总量一定的情况下，家庭可以选择的孩子数量和商品或服务数量的各种组合就是既定的。跟过去的分析方式一样，一个家庭所面临的预算约束线和无差异曲线的切点决定了其理想的生育数量。如图 3－3 所示，这个家庭最终确定的理想生育数量由 P 点决定，即这个家庭准备养育两个孩子。

① Joni Hersch and Leslie S. Stratton. Housework, Wages, and the Division of Household Time for Employed Spouses. American Economic Review 84. no. 2, May 1994: 120－125.

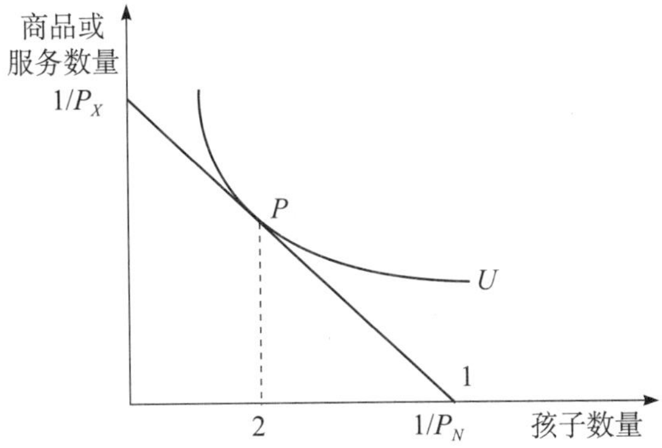

图 3-3　家庭生育数量决策模型

那么，一个家庭的收入增加或养育孩子的价格上涨将会导致家庭的最佳生育决策发生怎样的变化呢？首先，在商品或服务以及养育孩子的价格保持不变的情况下，家庭收入的上升会将预算约束线向外推移，从而对家庭的最优生育决策产生一种类似纯收入效应的影响。假定孩子属于“正常品”，那么家庭收入的上涨无疑会导致对孩子的需求数量增加。如图 3-4 所示，在家庭收入增加之后，这个家庭的最佳生育决策从原来的 P 点转移到 R 点，希望养育的孩子数量从 2 个变成 4 个。这种收入效应恰恰反映了马尔萨斯所说的收入与生育数量之间存在的正相关关系。

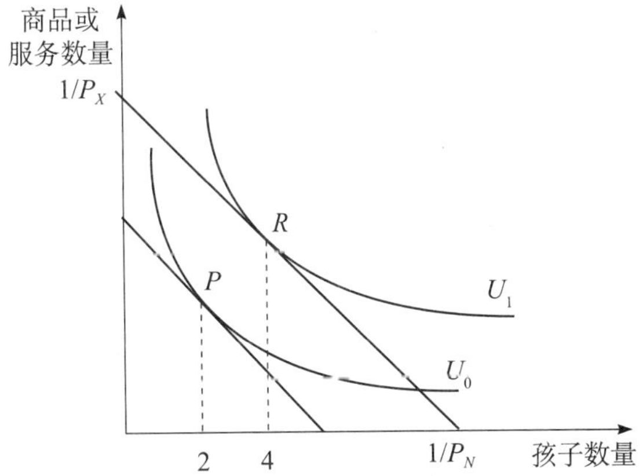

图 3-4　收入上涨与家庭生育决策

然而，收入效应仅仅说明了问题的一半，一个家庭的理想生育数量还要取决于养育孩子的价格。儿童用品的价格上涨、高等教育成本的增加以及夫妻双方主要负责抚养孩子的那一方的工资率上涨等，都会导致养育孩子的成本大大提高。同时，对孩子的期望也决定了不同的家庭会有不同的养育孩子的成本，家庭对孩子的期望提高，会导致增加大量的人力资本投资，从而提高养育孩子的成本。无论如何，当我们假定商品或服务的价格不变，而抚养孩子的成本上升时，图 3-4 中的预算约束线在横轴上的端点就会内移（由于 P_N 上涨了，所以 $1/P_N$ 必然减少）。这样，新的均衡点就是图 3-5 中的 Q 点，即这个家庭在养育孩子的成本上升之后，决定从原来养育 4 个孩子减少到只养 1 个孩子。其中，从 R 点到 P 点的变化是抚养孩子的价格上升所产生的收入效应，它导致养孩子的数量从 4 个减少到 2 个，而从 P 点到 Q 点的变化则是替代效应，它使最佳养育数量从 2 个进一步减少到 1 个。可见，抚养孩子的价格上升所产生的收入效应和替代效应在这里会同时导致家庭愿意养育的孩子数量下降。

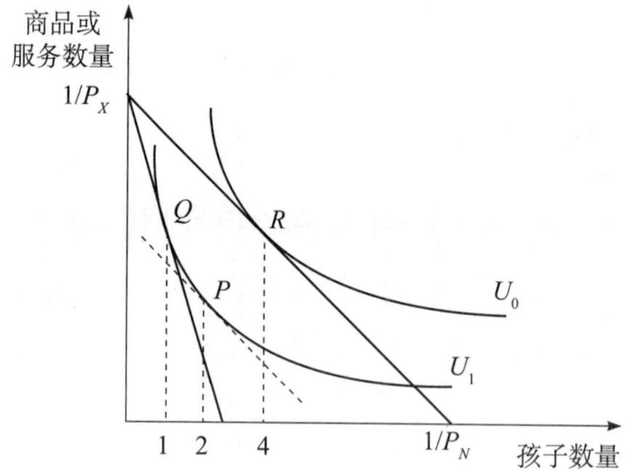

图 3-5　养育孩子的价格上涨与家庭生育决策

养育孩子的成本差异是导致很多发达国家或者收入较高的家庭养育孩子的数量较少，而落后地区或贫困家庭养育孩子的数量反而更多的一个重要因素。在很多高收入家庭中，父母的市场工资水平相对更高，对孩子的期望往往也更高，所以他们养育孩子的价格很高，养育孩子的数量愿望就不是那么强烈。而在农村和一些偏远地区，不仅父母的市场工资水平很低，对孩子的期望往往也不高，再加上很多孩子可以成为一种廉价的劳动力，很小的时候就可以对家庭收入做出一定的贡献，比如在一些地方，五六岁的孩子已经可以帮助大人做一些简单的工作了，所以他们反而愿意多养孩子。

马尔萨斯的错误就在于他只看到了收入和生育率之间的关系，而没有注意到家庭收入的增长是因为经济增长造成的，而经济增长同时还造成了养育孩子的价格上升。由于女性的生育率对养育孩子的价格变化反应非常敏感，因此，与经济增长相伴随的实际收入和工资率上升反而缩小了新增人口规模。

小专栏 3-2

“二孩政策”下的中国人口与生育率

2018 年 1 月 18 日，国家统计局发布的 2017 国民经济运行情况显示，2017 年我国全年出生人口 1 723 万人，人口出生率为 12.43‰。2016 年全年出生人口 1 786 万人，人口出生率为 12.95‰，相比之下，2017 年出生人口和人口出生率都有小幅下降。2017 年全年未能保持前一年出生人口数量和人口出生率的增长态势，使得部分专家对“全面二孩”政策的成效产生怀疑。不过，也有专家指出，“全面二孩”政策针对的目标是之前蓄积起来的有继续生育需求的育龄妇女，这部分蓄积量需要大概五年的时间才能得到完全释放，2018 年二孩出生数还将维持在 2017 年的水平，之后才会缓慢下降。2016 年和 2017 年，我国出生人口比“全面二孩”政策实施前的“十二五”时期年均出生人数分别多出 142 万人和 79 万人。出生率分别为 12.95‰和 12.43‰，与“十二五”时期相比，分别提高了 0.84 和 0.32 个千分点。

2017 年，我国一孩数量为 724 万人，比 2016 年减少 249 万人。而二孩数量则有了明显上升。2017 年的二孩数量比 2016 年增加了 162 万人。为何 2017 年一孩生育数量出现一定程度的下降？对此，专家解释道，由于我国人口年龄结构的变化，育龄妇女人数呈现逐年减少趋势，2017 年 15～49 岁育龄妇女人数比 2016 年减少 400 万人，其中 20～29 岁生育旺盛期育龄妇女人数减少近 600 万人。此外，随着经济社会发展，我国妇女初婚和初育年龄呈现不断推迟的趋势，这些因素使得 2017 年我国一孩数量出现下降。

专家指出，有生育条件的家庭生育意愿和生育行为会受到许多因素的影响和制约。调查显示，民众不打算再生育的原因主要是养育成本高、托育服务短缺、女性职业发展压力大等。此外，随着经济社会发展程度提升，群众对于自我实现的要求日趋提高，生育率下降是自然规律，一孩生育率也会随之下降。

目前，各界普遍关心我国未来人口发展走向。在我国长期实行计划生育政策的背景下，部分专家担心，我国生育高峰可能即将或已经到来，他们认为，人口生育率下降将会给经济社会发展带来不少负面作用，也会对现有的社会保障体系产生冲击。对此，国家卫计委相关负责人回应称，未来将做好出生人口监测预测，加强人口发展战略研究，促进生育政策和相关经济社会政策配套衔接，努力推动解决群众在生育养育方面的实际困难和后顾之忧，促进人口长期均衡发展。2017 年 2 月，国家卫计委印发《“十三五”全国计划生育事业发展规划》，其中明确要求，到 2020 年总的生育率要从 2015 年的 1.6 回升到 1.8 的水平，年均自然增长率保持在 6‰左右。

资料来源：李可愚，胡健．2017 我国出生人口和出生率双降，二孩数量首超一孩．每日经济新闻，2018－01－22.

第 2 节　经济周期与生命周期中的劳动力供给

一、经济周期中的劳动力供给

我们在前面分析了家庭的劳动力供给决策问题，并且指出，夫妻双方在工作和家庭生产方面的相对生产率决定了他们在这两种活动上的时间分配方式。那么，很显然，如果夫妻双方在这两种活动中的相对生产率因为某种原因发生变化，家庭的基本劳动力供给决策就有可能会改变。这种情况常常可以在经济衰退时期找到明显的证据。

假设在有些家庭中，丈夫的全部时间用于从事工作，而妻子的全部时间都用于家务劳动，那么，一旦因为经济衰退导致丈夫失业，这个家庭的劳动力供给决策就很可能会发生变化。

（一） 附加的劳动者效应

很显然，经济衰退时期，丈夫在工作中的生产率下降了，但是他在家庭中的生产率却并不会受到经济衰退的影响，所以他在工作中的相对生产率优势就受到削弱甚至会消失；相反，如果这位丈夫的妻子反而有可能找到有酬工作并获得工资性报酬，那么，这位妻子在工作中的相对生产率反而上升了。这时，为了保持原先的效用水平不变（假定这个家庭没有储蓄或其他财富），这个家庭很可能会做出这样一个决定，只要衰退持续下去，就应当让妻子出去找工作，丈夫则替代妻子从事原来由后者承担的家庭生产活动。丈夫仍然可以以等待被召回的失业者的身份继续留在劳动力队伍当中，但妻子开始出去找工作，这样，妻子就成为劳动力队伍中“附加”的一员。

当家庭中的主要收入获取者失去工作或工资被削减以后，其他的家庭成员（带孩子的女性或年轻人）将临时进入劳动力队伍，通过找工作来缓解家庭收入的下降。这种情况在经济学上称为“附加的劳动者效应”（added-worker effect）。附加的劳动者效应所产生的潜在作用类似于收入效应，即随着家庭收入的减少，家庭所能够消费的商品或服务也随之减少，人们相应地也就愿意从事更长时间的有酬工作。此外，对于丈夫之外的其他家庭成员来说，主要收入者的收入可以视为非劳动收入，现在，这一非劳动收入下降，其所产生的收入效应就是导致其他家庭成员的劳动力供给增加。

（二） 灰心丧气的劳动者效应

然而，在经济衰退时期，一种很正常的情况是，劳动者即使试图到市场上去找工作，他们所能够获得的预期工资率（市场工资率×找到工作的概率）也会大大下降。这是因为在劳动力供给大于劳动力需求的衰退时期，失业率的上升导致没有工作的人找到工作的概率大大下降，即便能够找到工作，市场工资水平也很可能已经大幅下降。预期工资水平下降很容易产生一种替代效应，使那些本来想到市场上去找工作的人（包括失业者和初次进入劳动力市场者）感到，找工作所带来的预期回报是如此之低，还不如把时间都用在家庭生产活动中，这样生产率更高一些。于是这些人倾向于继续滞留在劳动力市场之外。这种在衰退时期出现的状况——一些本来可以找工作的劳动者由于对在某一可行的工资率水平下找到工作变得非常悲观，因而停止找工作，临时成为非劳动力参与者——便是灰心丧气的劳动者（或失望的劳动者）效应（discouraged-worker effect）。

正如替代效应与收入效应的作用方向是相反的一样，灰心丧气的劳动者效应与附加的劳动者效应在作用方向上也是相反的。

（三） 两种效应的共同作用

如前所述，附加的劳动者效应和灰心丧气的劳动者效应都对劳动力参与率和劳动力队伍的规模产生影响，如果两种效应同时存在，它们的强弱对比就会直接影响到失业率的高低。一方面，在经济衰退时期，附加的劳动者进入劳动力市场很可能会导致政府公布的失业率数字上升，因为附加的劳动者进入将使找工作的失业人数增加；另一方面，如果灰心丧气的劳动者在失业之后退出劳动力市场，那么，找工作的失业者人数减少将会导致失业率的下降。那么，在经济衰退时期，到底哪一种效应占主导地位呢？

总的来说，大多数研究得出这样的结论，即灰心丧气的劳动者效应比较强，并且占据主导地位。① 换言之，在其他条件相同的情况下，劳动力队伍在经济衰退期倾向于萎缩，在经济复苏期则倾向于扩张。之所以灰心丧气的劳动者效应占主导地位，可能的原因包括：第一，总的劳动力参与率与失业率成反方向变化，附加的劳动者效应只会影响失业者，尤其会影响唯一获得工资性报酬的人失去了工作的极少数家庭，而灰心丧气的劳动者效应则会影响所有实际或潜在劳动者的家庭。第二，由于在衰退来临之前就从事工作的女性所占的比例已经很大，所以在她们身上出现附加的劳动者效应的机会越来越少，这种情况越来越多地发生在青少年身上。第三，随着失业保险福利计划的实施，附加的劳动者效应可能会受到进一步削弱。

如果灰心丧气的劳动者效应占据主导地位，则会导致所谓的隐性失业，即有些人本来是愿意工作的，但是由于衰退时期的工作岗位太少、工资水平太低，找工作变得没什么意义，所以他们不再找工作。这样，他们在政府的统计数据当中就不被计算为失业者。比如，2001年2月到2002年2月，美国官方统计的失业率从4.2%上升到5.5%，但是如果将灰心丧气的劳动者也计算为失业者的话，上述失业率将分别是4.5%和6.1%。换言之，尽管官方公布的失业率在这一时期仅仅上升了1.3个百分点，但是如果将隐性失业也考虑在内的话，失业率实际上升了1.6个百分点。正因为如此，人们对于是否应当将隐性失业数据包括在官方的失业率统计之中产生了很大的争论。② 有意思的是，在美国总统选举过程中人们有时也会为此展开辩论，比如，1992年美国总统竞选期间，克林顿竞选班子指责政府的失业人口统计掩盖了失业问题的严重性，因为一部分工人因为工作太难找而不再去找工作，尽管1992年10月公布的失业率是7.4%，但如果将隐性失业者考虑在内的话，失业率就会上升到8.2%。

二、生命周期中的劳动力供给

（一） 生命周期中的市场生产率与工时

我们在第2章的劳动力供给模型中分析了一位劳动者在某一时期需要做出的重要决策，即是否工作以及如果工作的话，每周准备工作多少个小时。很显然，同一位劳动者在生命周期（life cycle）的不同阶段，所面对的市场工资率是不断发生变化的（有时候无差异曲线也会发生变化），因此，他在一生中的不同阶段所做出的工作-闲暇决策肯定不会是完全一致的。事实上，正如夫妻双方进行关于工作和家庭生产活动的联合劳动力供给决策一样，在决定一个人在一生中的哪个阶段开始工作，以及在哪个阶段偏重工作，哪个阶段偏重家庭生产劳动或闲暇时，同样涉及对一个人在不同时间里的市场生产率和家庭生产率之间的比较。

---

① Julie Berry Cullen and Jonathan Gruber. Does Unemployment Insurance Crowd Out Spousal Labor Supply. Journal of Labor Economics 18. no. 3, July 2000: 546 - 572; Melvin Stephens Jr.. Worker Displacement and the Added Worker Effect. Journal of Labour Economics 20, July 2002: 504 - 537; Luca Benati. Some Empirical Evidence on the "Discouraged Worker" Effect. Economics Letters 70. no. 3, March 2001: 387 - 395; Paul Bingley and Ian Walker. Household Unemployment and the Labour Supply of Married Women. Economics 68, May 2001: 157 - 185; Hens G. Bloemen. Job Search, Search Intensity, and Labour Market Transitions: An Empirical Analysis. Journal of Human Resources 40, Winter 2005: 231 - 269.

② National Commission on Employment and Unemployment Statistics. Counting the Labor Force, 1979: 44 - 49.

由于在生命周期的不同阶段，一个人的市场生产率（用市场工资率来代表）和家庭生产率是不断变化的，因而人们在一生当中会不断调整自己在市场上的劳动力供给时间。在一个人刚刚成年的时候，他的市场生产率（从市场工资率上反映出来）一开始时很低，但是会随着年龄的增长而迅速提高，到了一定的阶段，其市场生产率就会保持在一定的水平而不再有明显的增长，到晚年时，人的市场生产率会有所下降，这一点如图 3－6（1）所示。这种模式广泛适用于各种不同的受教育群体，尽管他们的工资率变化轨迹在细节上会有所不同。

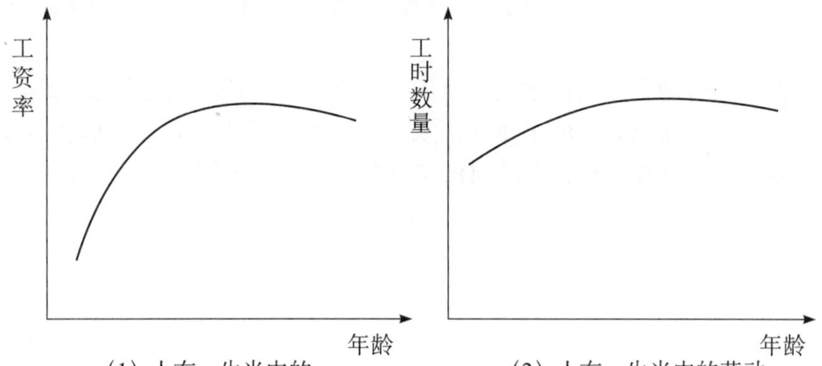

（1）人在一生当中的市场生产率变化轨迹

（2）人在一生当中的劳动力供给时间数量变化轨迹

图 3－6　生命周期中的工资率与劳动力供给时间变化轨迹

当一生中的预期工资率变化是可知的时候，劳动者就可以预测自己的终生财富以及在不同年龄的闲暇时间或家庭生产时间的成本。假定劳动者的家庭生产率随年龄增长的幅度并不是很大，那么，在预期终生财富不变的情况下，劳动者在面临预期的工资增长时，必然会增加自己的劳动力供给。这是因为，这种可预期的工资率增长会提高闲暇时间和家庭生产时间的成本，但是却不会增加预期的终生财富，所以这些在一生当中可以预期的工资率增长带来的只有替代效应，而没有收入效应。

从生命周期的角度来看，一个人在不同时期所面临的市场工资率不同，其劳动力供给水平也不同，市场工资率高时，劳动力供给水平也较高，反之则较低。因而，一个人在一生当中从事工作的时间变化曲线可能会如图 3－6（2）所示。人们在工资率相对较高的中年时会将较多的时间用于从事有酬工作，中年阶段（比如 25～50 岁）的大多数男性都会持续处于劳动力队伍之中，而已婚女性的劳动力参与率会随着年龄增长而上升。而在人们刚刚成年的阶段，会把大部分时间用于接受正规教育，用于工作的时间较少。到了晚年阶段，人们则会彻底退休或部分退休。正因为如此，时间密集型的闲暇活动消费通常发生在一个人刚刚成年以及晚年阶段。比如，在外出旅游的人当中，青年人和老年人占的比重很大，一个主要原因在于处于这些年龄段的人的时间机会成本比较低。

需要指出的是，上述模型假设工资率在一生当中所发生的变化是劳动者能够预期到的，如果劳动者面对的是未预期到的工资率变化，他们就会做出不同的反应。如前所述，预期到的工资率变化只会产生替代效应，因为它们并不会改变一个人的可预期终生财富（那些明显属于暂时性的工资水平上涨同样属于这种情况）。但是，未预期到的工资率变化却会导致劳动者修改自己对预期终生财富的估计，而这种变化会同时产生收入效应和替代效应。

（二） 生命周期中的劳动力参与率变动

劳动者的劳动力供给行为在不同年龄段是有所变化的，这种劳动力供给行为的变化并不仅仅指工时数量的变化，同时还涉及是否参与、何时参与以及何时退出劳动力市场活动的决策，这就是我们在第 2 章一开始时谈到的劳动力参与率问题，下面我们就来分析劳动力参与率在生命周期中的变化情况，尤其是女性和老年人的劳动力参与率的变化趋势。

从表 3－2 中可以看出，世界各国女性的劳动参与率总体是上升的，尽管少数国家保持稳定或有所下降，女性劳动力参与率上升比较明显的包括英国、法国、意大利、德国、日本、瑞典、韩国、希腊、土耳其以及墨西哥等，只有中国和印度出现较为明显的下降。其中，15～24 岁年龄段的世界各国女性的劳动力参与率大部分呈现下降趋势，25～54 岁年龄段的女性的劳动力参与率基本上是稳定上升的，其中，土耳其的变化最大，从 2000 年的 28.9%上升到 2016 年的 42%。55～64 岁年龄段的世界各国女性的劳动力参与率总体上呈现非常明显的上升趋势。

表 3－2　　若干国家女性的劳动力参与率（在各人口群体中所占百分比）

国家	全部（15～64 岁）			青年（15～24 岁）			中年（25～54 岁）			老年（55～64 岁）		
	2000 年	2007 年	2016 年	2000 年	2007 年	2016 年	2000 年	2007 年	2016 年	2000 年	2007 年	2016 年
英国	68.9	69.8	73.0	65.7	62.7	61.1	76.2	77.5	80.1	42.5	49.9	59.7
美国	70.7	69.1	67.3	63.0	57.2	53.8	76.7	75.4	74.3	51.9	58.3	58.4
法国	61.7	64.9	67.9	26.0	34.9	34.3	78.4	82.0	83.1	33.0	37.6	51.5
德国	63.3	69.4	73.6	48.2	49.0	47.4	76.9	80.6	82.7	33.5	48.9	65.9
意大利	46.3	50.6	55.2	34.3	25.4	22.8	57.9	64.1	66.8	16.1	23.4	41.7
澳大利亚	65.3	69.4	71.6	68.5	69.7	66.4	70.5	74.8	76.8	35.3	48.6	58.8
加拿大	70.4	74.2	74.4	62.9	66.5	64.0	78.5	82.1	82.2	41.4	53.3	60.3
日本	59.6	61.9	68.1	46.6	44.7	44.9	66.5	70.1	76.3	49.7	52.5	61.0
韩国	52.0	54.8	58.4	37.0	32.7	34.4	57.8	62.0	66.0	48.8	47.6	54.7
中国	76.7	—	70.3	67.8	—	55.1	84.0	—	80.4	47.2	—	48.3
印度	36.0	—	28.5	26.9	—	17.5	41.5	—	34.0	30.0	—	25.6
丹麦	75.6	76.4	77.2	67.8	69.1	67.3	84.0	85.3	83.8	49.0	55.1	66.4
芬兰	72.1	73.9	74.1	51.1	53.7	53.2	85.0	85.6	82.8	45.2	58.3	67.6
瑞典	76.4	76.8	80.2	51.2	52.6	55.4	85.6	87.1	88.4	65.9	69.6	76.9
希腊	50.5	54.8	60.4	36.2	27.5	22.9	62.0	69.2	77.7	25.4	28.2	33.6
墨西哥	41.0	45.4	47.0	36.3	35.1	31.2	45.4	52.3	55.5	28.0	33.4	37.5
土耳其	28.0	25.7	36.2	28.1	24.4	30.4	28.9	28.0	42.0	21.6	14.8	18.6
俄罗斯	66.2	69.2	68.9	39.7	36.0	33.2	85.3	86.6	86.7	27.8	44.2	41.3
南非	52.9	50.8	52.2	29.3	26.6	23.6	68.6	66.2	68.0	36.4	33.3	35.3

资料来源：OECD Employment Outlook 2017，2017－06－13. 其中，中国 2016 年的数据实际上是 2010 年的，印度 2016 年的数据实际上是 2012 年的。

从表 3－3 中可以看出，世界各国男性的劳动力参与率总体稳定，变化不大，各年龄组的劳动力参与率变化情况与女性基本一致，同样是 15～24 岁年龄段的劳动力参与率总体上呈现下降趋势，55～64 岁年龄段的劳动力参与率总体上呈现较为明显的上升趋势。

表 3－3　　若干国家男性的劳动力参与率（在各人口群体中所占百分比）

国家	全部（15～64 岁）			青年（15～24 岁）			中年（25～54 岁）			老年（55～64 岁）		
	2000 年	2007 年	2016 年	2000 年	2007 年	2016 年	2000 年	2007 年	2016 年	2000 年	2007 年	2016 年
英国	84.1	83.3	83.4	73.6	68.7	62.7	91.9	91.7	92.3	63.2	68.8	72.5
美国	83.9	81.7	78.8	68.6	61.5	56.5	91.6	90.9	88.5	67.3	69.6	70.2
法国	74.4	74.7	75.6	32.6	41.9	40.0	94.2	94.1	92.7	41.7	42.5	56.0
德国	78.9	81.8	82.2	54.7	54.9	51.0	93.4	93.8	92.0	52.4	65.8	76.9
意大利	74.3	74.3	74.8	44.6	36.0	30.2	90.6	91.0	88.2	42.7	46.2	65.9
澳大利亚	82.3	83.0	82.3	71.9	71.8	67.3	90.2	90.8	90.2	60.9	67.7	71.9
加拿大	81.9	82.4	81.8	65.8	67.4	63.5	91.0	91.1	90.9	60.7	67.0	71.4
日本	85.2	85.2	85.4	47.4	45.1	44.6	97.1	96.3	95.5	84.1	84.9	86.4
韩国	77.1	77.6	78.9	28.4	23.1	26.3	92.2	90.5	91.1	71.3	76.8	81.7
中国	87.8	—	84.3	68.0	—	59.6	96.8	—	95.4	70.8	—	71.0
印度	84.9	—	81.4	63.6	—	49.5	96.7	—	97.3	80.0	—	81.4
丹麦	84.2	83.7	82.6	73.4	72.0	65.0	91.7	92.3	90.8	66.7	66.9	74.9
芬兰	77.6	77.4	77.9	56.4	56.3	53.8	90.7	90.3	89.7	48.1	59.2	65.1
瑞典	81.5	81.4	83.9	54.4	51.5	54.0	90.7	92.9	93.3	72.6	76.4	82.6
希腊	77.4	78.4	76.2	41.7	34.4	26.4	94.4	94.6	93.2	57.3	60.9	57.3
墨西哥	84.7	83.8	81.8	67.7	62.6	57.2	95.2	95.2	94.2	79.3	80.2	77.8
土耳其	76.9	74.4	77.6	57.6	51.6	54.3	89.5	88.1	90.8	53.4	42.9	53.0
俄罗斯	75.9	76.9	79.8	47.5	42.7	41.8	91.4	92.0	94.4	50.6	66.3	61.7
南非	66.0	64.3	65.4	33.9	32.0	29.3	85.6	84.0	83.6	60.6	59.1	53.2

资料来源：OECD Employment Outlook 2017，2017－06－13. 其中，中国和印度 2016 年的数据实际上是 2015 年的。

（三）影响女性劳动力参与率的主要因素

总的来说，在过去的 60 多年时间里，国际劳动力市场上发生的一个最为显著的变化就是女性（尤其是已婚女性）的劳动力参与率大幅上升。以美国为例，直到 1950 年，美国已婚女性的劳动力参与率还不到 30%，但是到 1980 年这一数字就已经超过 50%，2000 年以来更是达到 60%～70%。另一个很明显的趋势是，在任何一个年份，已婚女性的劳动力参与率都低于单身女性，但是从长期发展趋势来看，已婚女性的劳动力参与率却是上升幅度最大的。那么，我们应当如何看待发达国家的女性尤其是已婚女性的劳动力参与率不断上升呢？

由前面的分析可以知道，已婚女性的劳动力供给决策实际上是与丈夫的劳动力供给决策联合做出的，丈夫的收入能力越强，已婚女性的劳动力供给动机就越弱，事实上，根据横切面或时点数据所得到的研究结论是，在其他条件一定的情况下，已婚女性的劳动力参与率随着丈夫收入的增加而下降。但是，这个结论只考虑到了丈夫的收入对妻子的劳动力供给行为所产生的影响，却忽略了其他一些因素对女性的劳动力供给行为所产生的影响。事实上，在导致女性尤其是已婚女性的劳动力参与率大幅上升方面，以下几个因素非常值得关注。

1. 女性的相对工资率上升

从长期看，女性在劳动力市场上所能够获得的实际工资率存在一种上升的趋势，而导致女性工资率上升的主要原因之一是女性的受教育程度总体上有所提高。如前所述，市场工资率的上升会对女性的劳动力供给动机同时产生收入效应和替代效应。然而，对于女性来说，工资率上升的替代效应很可能大于收入效应。这是因为，一方面，替代效应会很强，因为女性的工资率上升可能导致她们更容易用外购的商品或服务来替代家庭物品的生产，或者是用商品密集型家庭生产方式来取代时间密集型家庭生产方式，这些进一步将女性从家庭生产活动中解放出来。另一方面，收入效应会比较弱，这是因为女性原来的劳动力市场供给时间本来就很少，即使收入效应导致劳动力供给时间出现一些变化，其变化的绝对数量也会很小。对于那些原来就没有从事工作的女性而言，更不存在收入效应。在工资上涨的替代效应大于收入效应的情况下，一些过去不工作的女性开始进入劳动力市场，从而提高了女性的整体劳动力参与率。

2. 女性对工作的偏好和态度发生了改变

在西方国家，社会、政治、法律等方面的因素使女性转变了对待工作的态度和看法。一是 20 世纪 60 年代的女权运动导致女性的职业目标发生转变，从对家庭的高度投入以及对男性的依赖转变成对劳动力市场的重视。二是 20 世纪 60 年代左右，很多西方国家颁布了反歧视或同工同酬方面的法律，这些法律在某种程度上导致女性的市场工资率有所上升，从而使劳动力市场工作对女性更加具有吸引力。三是女性的受教育水平提高也导致她们的偏好发生了改变，即强化了她们的工作偏好。四是社会对女性工作的态度发生了变化，在一些国家和地区，过去认为已婚女性出去工作是丈夫无能的表现，所以社会对女性就业存在一种排斥的态度，而在第二次世界大战以后，已婚女性到市场上找工作开始受到鼓励。总之，这几个方面的情况导致女性的偏好改变，使她们的无差异曲线发生偏向工作的变化，这会强化女性的劳动力供给意愿，促使她们的劳动力参与率上升。

3. 家庭生产活动的生产率提高

从历史上看，女性总是承担着家庭生产的主要责任，然而，随着微波炉、吸尘器、洗衣机、烘干机、自动洗碗机、烤箱的普及，用购买来的商品替代家庭生产时间变得越来越容易。大型甚至超大型超市的发展使得人们可以在同一个地方购买各种家用物品，大型家用冰箱等食物储存设备的出现使家庭减少了购物的次数。这些年来，随着互联网以及配送技术和电子商务的不断发展，从网上购买包括餐食、服装在内的各种家庭物品变得越来越方便，各种便捷的上门服务项目越来越多，这些都减少了家庭自己生产很多家庭物品的需要，或者是大大缩短了家庭生产的时间。此外，越来越方便的儿童看护服务也为女性参与劳动力市场工作提供了很大的便利。

4. 出生率下降

生育和看护孩子是一项时间密集型的家庭生产活动，养育和教育孩子导致许多女性处于劳动力市场之外。尽管专门的儿童看护服务甚至家庭中的亲属、老人都可以替代女性完成一部分这方面的工作，但母亲对于儿童的作用和意义很难被其他人所取代，而且很多时候，儿童看护服务的成本非常高，很多女性宁愿退出劳动力市场，亲自来做这件事情，而不是花钱去购买这种服务。而随着出生率的下降，家庭所需要的养育孩子的时间大大减少。美国的统计数据表明，家中有婴儿的已婚女性的劳动力参与率为55%，但是当孩子到两岁时，她们的平均劳动力参与率会上升至60%。① 显然，孩子数量越多，已婚女性不仅重新回到劳动力市场上的时间越晚，可能性也越小。孩子数量越少，已婚女性不仅重返劳动力市场的速度更快，而且可能性更大。

5. 离婚率上升

现代社会的离婚率比过去有了很大的提高，这种婚姻的不稳定导致许多女性形成了建立以及维持与劳动力市场之间联系的动机，从而提高了她们的劳动力参与率。不过，也有人指出，离婚率（以及出生率）与已婚女性的劳动力参与率之间并不是单向的因果关系。比如，由于考虑到离婚之后一个人抚养孩子的难度比较大，所以在离婚的可能性上升的情况下，女性会决定只生育较少数量的孩子，这在客观上有助于女性参与劳动力市场活动，但是反过来说，孩子较少甚至不生孩子又会在一定程度上导致离婚的成本下降，从而使离婚变得更加容易。出生率也面临同样的情况，即一方面，出生率的下降导致女性劳动力参与率上升，另一方面，如果女性从一开始就准备从事或者一直保持在劳动力市场上的工作，那么，她们可能会提前做出只生育较少数量孩子的决策。换言之，出生率下降导致女性劳动力参与率上升，而女性劳动参与率的提高反过来也会促使孩子的出生率下降。

6. 工作机会增加

女性劳动力参与率自第二次世界大战以来不断提高，还与适合女性从事的岗位数量的增加有关。最近60年，很多国家的城市化水平提高，第三产业发展非常迅猛，这些变化不仅导致传统上女性占主导地位的工作无论在绝对数量上还是在相对数量上都有所上升，而且涌现出一大批适合女性从事的新型岗位或职业，比如各种呼叫中心的服务人员。在传统的工业化背景下，女性在很多岗位上都存在劣势，而服务业的发展却使女性的性别优势得到增强，再加上很多发达国家的企业开展离岸经营，即把很多生产加工性质的工作岗位转移到成本较低的不发达国家，男性的就业机会受到一定程度的影响，女性的就业机会反而不断扩大。最后，很多服务性工作所特有的灵活性，包括时间上的灵活性以及工作地点方面的灵活性，使得越来越多的工作可以变成非全日制的，这种工作岗位的出现对于女性尤其是已婚女性来说是非常有利的，因为这使她们很容易在工作和家务劳动之间保持平衡。此外，随着移动互联网技术以及人工智能的发展，男性占主导地位的一些工作岗位逐渐被机器人或人工智能所取代，而更不容易被取代的那些需要利用人的情感和人际交往技能的职业，比如学前教育老师、健康护理人员甚至医生等职业，反而更适合女性。

---

① U. S. Department of Labour, Bureau of Labour Statistics. Employment Characteristics of Families in 2006. USDL 07-0673, Wednesday, May 9, 2007: Table 6.

7. 弥补男性收入增长的不足

最近20年来，很多发达国家的男性的工资性报酬增长几乎处于停滞状态，而许多工资收入本来就不高的生产工人，在发达国家的很多企业采取离岸经营或者实施生产外包之后，收入更是大幅下降。一个家庭为了维持原有的生活水平，保持原有的生活方式，实现家庭收支平衡，很可能会采取夫妻双方均从事工作的做法，原来单纯从事家庭生产活动的女性现在可能需要出去找工作。这就产生了一种附加的劳动者效应。此外，一个家庭还有可能会与其他家庭进行对比，一旦有些女性进入劳动力市场，可能会刺激其他家庭的女性采取同样的做法，从而维持家庭之间的相对收入水平。①

最后，我们简单讨论一下中国女性的劳动力参与率问题。从表3-2中可以看出，中国女性的劳动力参与率在国际上属于最高的那一类，2000年高达76.7%，不过，此后有所下降，不仅青年女性的劳动力参与率大幅下降，中年女性的劳动力参与率同样出现下降，只有老年女性的劳动力参与率有所上升。关于中国女性劳动力参与率下降的原因有几种不同的解释：一种解释是，部分已婚女性由于丈夫的收入水平较高（妻子可以将丈夫的收入视为一种非劳动收入）而脱离了劳动力市场。事实上，近些年来，尤其是在大城市中比较常见的一种现象是，一部分已婚女性在市场生产率上升或者处于较大年龄时，选择回到家庭做"全职太太"或"全职妈妈"，她们做出这种选择的主要原因是给家庭尤其是孩子更多的照顾。我国实行的计划生育政策使城市家庭基本上只有一个孩子，所以孩子的数量对这些已婚女性的劳动力参与决策的影响不是很大，从实际情况来看，导致这些母亲放弃工作的最主要原因之一是父母考虑在子女教育方面投入更多的时间和精力，而在孩子较小的时候，这个责任往往落在作为母亲的女性身上。

另一些研究则认为，丈夫收入与女性劳动力参与率下降之间的关系不应当被高估，中国女性的劳动力参与率下降与就业机会减少有关。比如，姚先国等人的研究指出，在中国经济转型期间，女性的劳动参与率出现明显的下降，并且这种下降趋势在年龄较大以及受教育程度较低的女性群组中表现更为突出。但是丈夫的收入不能充分解释女性劳动参与率的变动。已婚妇女劳动参与率下降最大的家庭并不是丈夫的收入增长最快的家庭。1995—2002年间丈夫收入仅仅解释了整体已婚妇女劳动参与率变动的12%～87%，以及低收入家庭中已婚妇女劳动参与率变动的7.74%。与其说我国女性劳动力参与率的下降是家庭收入提高从而家庭重新分工的自主选择，不如说是严峻的就业形势所迫。②

目前，对我国女性的劳动力参与率可能产生影响的一个重要因素是中国生育政策的调整，即从2016年开始全面实施二孩政策。从一个家庭只允许生一个孩子，到现在可以生两个孩子，这种政策对女性尤其是已婚女性的劳动力参与率很可能会产生重要影响。一方面，孩子数量的增加无疑会增加家庭的经济负担，夫妇需要有更多的收入保持家庭的生活水平不下降，这样，原来一些从事家庭生产活动而不从事市场劳动的女性现在可能需要到市场上去从事有酬劳动，以补充家庭收入，这在一定程度上会导致已婚女性的劳动力参与率上升。另一方面，孩子数量的增加使得女性在家庭中的作用和价值提高。原来只有一个孩子的时候，完成孩子的生育以及早期抚养之后，随着孩子开始上学，女性可以重新回归劳动力市场，但

---

① David Neumark and Andrew Postlewaite. Relative Income-Concerns and the Rise in Married Women's Employment. Journal of Labor Economics, October 1998: 157-183.

② 姚先国，谭岚．家庭收入与中国城镇已婚妇女劳动参与决策分析．经济研究，2005（7）.

现在如果生二胎，则已婚女性在家庭中的时间很可能会延长，这无疑会导致已婚女性劳动力参与率的下降。至于对已婚女性的劳动力参与率产生相反影响的上述两种效应中，哪一种力量更大，还需要观察以及得到相关研究的支持。此外，二孩政策实施之后，企业对女性劳动者的需求也可能会发生一定的变化，即由于担心女性的连续生育行为对工作产生各种不利影响，一些企业倾向于用男性劳动者替代女性劳动者，而这可能会导致女性的就业遇到困难，削弱她们的劳动力供给动机，在一定程度上产生灰心丧气的劳动者效应，从而降低女性的劳动力参与率。

放开二孩政策对女性的劳动力参与率的影响并不完全局限于已婚青年和中年女性，对于我国老年女性的劳动力参与率也会以具有中国特色的方式产生影响。比如，一些老年女性可能需要或者愿意为自己的子女生育和抚养第三代提供帮助，她们中的一部分人采取为子女的家庭提供经济帮助的形式，而这有可能会促使一部分老年女性重新回到劳动力市场去从事有酬劳动。另一部分人则可能直接参与第三代抚养的过程，从而使自己的子女或儿媳等能够从事工作，这会导致一部分老年女性劳动者提前退休或放弃本来可以找到的工作机会，从而降低老年女性的劳动力参与率。

（四） 老年人劳动力参与率的变化

在老年人的劳动力参与率问题上，一个比较明显的趋势是先降后升。20 世纪 60 年代左右，发达国家中的 55～64 岁男性的劳动力参与率大约在 80%左右，到了 20 世纪末逐渐下降到 50%～60%。然而，正如在表 3-3 中可以看到的，进入 21 世纪以来，这一年龄段男性的劳动力参与率重新呈现出上升的总趋势。那么，我们应当如何看待这种老年人劳动力参与率的变化呢?

1. 20 世纪老年人的劳动力参与率稳步下降

从 20 世纪 60 年代到 2000 年左右，老年人的劳动力参与率之所以出现下降，主要是因为工资率和养老金两个方面的原因。

首先来看工资率。20 世纪后半期，随着经济增长和社会发展，老年人的工资率与过去相比不断提高，而工资率的上升既有可能带来收入效应，也有可能带来替代效应。若替代效应大于收入效应，则老年劳动者的退休年龄会延长，反之，退休年龄则会提前。但对老年人而言，收入效应通常明显大于替代效应。此外，老年人健康状况的下降使得他们的无差异曲线变得更为陡峭，即对他们来说，闲暇的重要性逐渐上升。这样，大部分老年人会选择在适当的时间退休，而不是继续工作很长的时间。

再来看养老金。养老金福利的变化也会对劳动者产生收入效应和替代效应，只不过这两种效应的作用方向是一样的。养老金福利的上升使劳动者退休时能获得一笔非劳动收入，这显然会对他们的劳动力供给产生一种纯收入效应，从而鼓励他们提前退休。此外，养老金福利的上升还降低了退休的成本或闲暇的价格（即继续工作可能获得的净工资率），这样，替代效应会进一步鼓励劳动者提前退休。所以，养老金福利的增加会促使劳动者提前退休。

到 20 世纪末，很多国家的社会保障覆盖面扩大，水平不断提高，社会保障福利的实际上升速度超过了工资，这些都增加了尽快退休的吸引力。此外，私人养老金计划的普及和水平不断提高进一步加剧了上述效应，随着参加私人养老金计划的老年劳动者的比例不断增大，劳动者提前退休的吸引力进一步增强。

2. 21世纪以来老年人的劳动力参与率呈现上升趋势

到了世纪之交的时候，很多因素开始发生变化，这使得很多发达国家的老年劳动力参与率又开始出现上升的势头。这些影响因素主要包括：

（1）人均寿命延长。随着经济发展水平的不断提高以及卫生医疗技术的不断改进，世界各国的人均寿命都在不断提高。美国男性的平均年龄自1970年以来增加了5岁，女性平均年龄则增加了3岁。中国国务院新闻办公室于2017年9月29日发表的《中国健康事业的发展与人权进步》白皮书指出，中国的人均预期寿命已经从1981年的67.9岁提高到2016年的76.5岁。很显然，寿命的延长意味着人们需要工作更多的年头来满足自己的退休收入需要，老年人的劳动力参与率与过去相比自然会有所上升。

（2）退休年龄推迟。由于人的寿命延长以及老龄化等方面的原因，世界各国都出现了推迟退休年龄的做法。比如，美国虽然从1986年就取消了强制退休的年龄规定，但原来社会保障制度规定的劳动者可以全额享受养老保险的年龄是65岁，这一年龄近些年来被推迟到67岁。如果劳动者在达到可以正常领取养老保险的年龄后继续工作，则每推迟一年退休，他们的养老金福利水平会上升8%。这在一定程度上起到了鼓励老年劳动者继续工作的作用。再比如，英国女性的退休年龄从60岁逐步提高，1978年4月以后出生的人的退休年龄将是68岁。中国目前正在研究延迟退休的相关办法，相关报告建议，从2018年开始，我国女性劳动者的退休年龄每3年延迟1岁，男性劳动者的退休年龄每6年延迟1岁，直至2045年同时达到65岁。

（3）退休收入增速放缓。在经济增长乏力甚至发生经济危机的情况下，社会保障福利的增长速度放缓，这导致一部分退休者的社会保障福利水平的实际购买力甚至有可能出现下降。这就会诱使一部分老年劳动者选择持续工作更多的年头，这样一方面可以增加自己的收入，另一方面还可以通过在一些企业制定的补充养老保险计划中延长缴费年限，使自己在退休之后获得更多的收入。

有趣的是，老年男性和女性的劳动力参与率之间很可能存在一种相互促进的作用。即当老年夫妻中的一方从事工作时，另一方的闲暇时间的效用可能会下降，因为两个人的闲暇具有一定的互补性，因而又会促使另一方同样从事工作。

◆ 本章小结

简单的劳动力供给理论只考虑单个劳动者的劳动力供给决策，假设劳动者的时间只能用于工作和闲暇两个方面。而家庭生产理论则将劳动力供给决策置于家庭的背景之中，认为家庭物品是家庭效用的直接来源，并且假定家庭的时间可以用于工作和家庭生产两个方面。家庭决策的主要内容包括：生产何种家庭物品？如何生产？家庭成员在家庭物品生产过程中如何分工？家庭生产理论有助于解释在孩子从出生到成长的不同阶段，母亲的劳动力供给行为变化以及家庭生育行为。

在经济不景气的时期，劳动者的劳动力供给行为会出现两种不同的效应，即附加的劳动者效应以及灰心丧气的劳动者效应，前者导致劳动力供给增加，而后者导致劳动力供给下降。从实际情况来看，后一种效应比前一种效应的作用更为明显。

劳动者在生命周期的不同阶段也会有不同的劳动力供给行为，如果劳动者能够预见到自己一生当中的工资率变化情况，则市场工资率高时，劳动力供给水平也较高，反之则较低。劳动力供给的生命周期特征有助于解释人在生命的不同阶段主要从事的活动的差异。

很多因素会影响女性劳动力参与率的变化，相对工资率上升、对工作的偏好增强、家务劳动的生产率上升、出生率下降、离婚率上升、工作机会增加、弥补男性收入增长的不足等，都有助于提高女性的劳动力参与率。

老年人的劳动力参与率主要受到他们的工资率以及养老金的影响，尽管工资率上升对老年人的劳动力参与率同样会产生收入效应（少工作或不工作）和替代效应（工作或多工作），但通常来看，老年人的工资率上升产生的收入效应大于替代效应，即有助于降低他们的劳动力参与率，而养老金福利水平的提高则有助于降低老年人的劳动力参与率。人均寿命延长、退休年龄推迟以及退休收入增速放缓等因素则会促使老年人的劳动力参与率上升。

◆ 关键术语

家务劳动（household work）

家庭生产理论（theory of household production）

联合劳动力供给决策（joint labor supply decisions）

附加的劳动者效应（added-worker effect）

灰心丧气的劳动者效应（discouraged-worker effect）

生命周期（life-cycle）

◆ 复习与思考

1. 试论述家庭生产理论的主要内容。
2. 请比较家庭生产模型与工作-闲暇模型的相同点与不同点。
3. 请结合家庭生产理论的相关内容解释家庭生育决策的主要内容，同时结合我国的实际情况对我国农村的家庭生育行为进行分析。
4. 请解释家庭中的联合劳动力供给决策问题。
5. 请解释劳动者生命周期中的劳动力供给行为变化。
6. 请根据你所了解的实际情况，分析影响我国女性劳动力参与率的因素。

第4章
劳动力需求理论

学习目的

读完本章之后，你应该能够：

1. 了解劳动力需求的性质以及影响劳动力需求的因素
2. 掌握竞争性企业的短期劳动力需求曲线的推导过程
3. 理解劳动力边际收益递减规律以及劳动力的边际收益产品等概念
4. 了解竞争性企业的长期劳动力需求
5. 掌握劳动力需求弹性的概念以及派生需求定理
6. 了解劳动力的交叉工资弹性

第1节　竞争性企业的短期劳动力需求

一、劳动力需求的性质

从宏观角度来说，劳动力需求是指在一定的市场工资率下，各行业的劳动力需求所形成的劳动力市场需求总量。从微观的角度来看，劳动力需求则是指在一定的市场工资率下，企业所需要的某种既定质量的劳动力工时数量或者人数。

一般来说，需求可以分为两种：一种是直接需求，即对那些能够直接满足人们需要的商品或服务的需求，比如对食品、服装、公共交通、邮政等的需求，人们对这些商品或服务的消费能够产生直接的效用或满足；另一种则是间接需求或派生需求（derived demand），即由于存在对某种能够给人们带来效用的最终产品的需求而间接导致的对生产这种产品的生产要素的需求。更形象地说，企业所扮演的是“中间人”的角色，它们之所以会形成对劳动力的需求，从根本上说是因为人们对产品和服务有需求。

由于劳动力属于一种生产要素，即生产产品或服务的一个因素，因而，对劳动力的需求（以及对同样是生产要素的资本的需求）就是一种间接需求或派生需求。正是劳动力需求的这种派生需求的性质导致它受到很多因素的影响或制约。

首先，劳动力之所以被企业所雇用，很多时候并不是因为这种劳动力本身能够给人们带来直接的效用或满足，而是因为这些劳动力生产出来的产品或者提供的服务能够给社会带来满足。因此，对劳动力的需求在很大程度上取决于人们对他们所生产出来的产品或服务的需求。也正因为如此，我们可以看到，劳动力需求往往会对产品需求的变动做出非常敏感的反应。比如在世界性的经济危机时期，许多产品的出口会下降，结果导致许多出口产品生产企业的劳动力需求下降，大量这类企业关门倒闭、降低工资，或者是减少劳动者的工作时间。相反，当社会对某种产品或者服务的需求大增的时候，生产这种产品或服务的企业或行业的规模会迅速扩张，劳动力需求也随之大幅上升。此外，产品或者服务的市场价格以及劳动者在生产某种产品或服务时的生产率本身也会对企业的劳动力需求产生重要影响。

其次，需要指出的是，派生需求是指对某种最终产品的需求引发的对生产它的生产要素的需求，而生产要素不仅包括劳动力，还有资本（即机器设备等生产资料）。由于劳动力在生产过程中通常需要与资本共同作用才能创造出产品，所以，企业对资本的需求（取决于资本的供给状况以及资本的价格）同样会对劳动力需求产生直接影响，这种影响主要体现在企业在生产产品或服务的过程中，是侧重采用资本占主导地位的生产方式，还是侧重采用劳动力占主导地位的生产方式，前者即我们通常所说的资本密集型生产方式，后者即劳动密集型生产方式。显然，在其他情况一定的条件下，在采取劳动密集型生产方式时，劳动力需求更大一些。

当然，实际的劳动力需求与企业对其他生产要素的需求是不同的，首先，当企业不需要某种资本时，它们可以通过报废、出售、转租等多种形式加以处置，但是企业对劳动力的使用具有租赁性质，它对劳动力只有使用权，劳动力的处置权属于劳动力的承载者即劳动者，因此企业不能通过变卖等形式对劳动力加以随意处置。其次，即使在能够提供相同的工资率的情况下，不同企业的工作条件、工作环境以及管理风格和组织文化等也存在差异，这就使它们所需的劳动力往往需要达到某些特定的标准，即使劳动者的知识、技能完全相同，企业也会去考察员工的价值观和工作动机等其他因素，即劳动力的生产率本身会受到环境以及个人因素的影响，这就使劳动力需求比企业对资本的需求更为复杂。最后，劳动力需求涉及很多社会和政治方面的考虑。企业所雇用的劳动者人数以及所支付的工资水平是许多经济政策的核心内容，最低工资、就业补贴以及对企业解雇员工的能力所施加的限制等，都会对劳动力需求产生非市场化的管制力量。以上这些内容，我们会在本书的其他相关章节中提及，这里，我们只考察比较简单的劳动力需求模型。

二、竞争性企业的短期劳动力需求曲线

（一）短期劳动力需求曲线推导的几个基本假设

与劳动力供给曲线推导时的情况一样，我们在推导竞争性企业的短期劳动力需求曲线时，同样需要几个基本假设。这些假设主要包括以下四个方面的内容：

（1）所有的劳动力都是同质的。我们在讨论劳动力供给时曾经谈到过这个假设，它是指劳动者的质量存在差异，几乎很难找到两个生产率完全一样的劳动者，不同劳动者之间的差异不仅包括知识、技能和经验方面的差异，还包括工作动机方面的差异。但是为了分析的方

便，我们往往忽略不同劳动者之间的这种异质性，而是假设他们的质量都相同。不过，劳动者的同质性假设在讨论劳动力需求时更为重要，这是因为我们在谈派生需求的时候提到过，劳动者在生产某种商品或提供某种服务的生产率方面所存在的差异会直接影响到企业对他们劳动力的需求。因此，如果我们不假设在某一既定的工资率下企业能够雇用到的劳动者具有相同的生产率或技术水平，分析就难以继续下去。

（2）企业在劳动力市场上和产品市场上都是价格的接受者。在现实中，企业在产品市场上的地位是不同的，它们可能处于垄断市场或寡头市场，也可能处在不完全竞争市场或完全竞争市场上。总之，它们对于自己所生产的产品或服务的价格具有不同的影响力。比如，有些企业在产品市场上属于垄断者，无论是由于某种自然原因导致的垄断，还是由于某种制度原因导致的垄断，产品市场上的垄断者都有能力控制产品或服务的价格。而在完全竞争的产品市场上，生产同类产品或服务的企业很多，一家企业很难控制甚至影响市场上产品或服务的价格，价格高于市场水平会导致该企业的产品需求下降甚至消失，价格低于市场水平又对企业不利，所以这种企业最好的做法就是按照市场价格为产品或服务定价。在劳动力市场上，企业同样既可以是垄断者（经济学上称为买方独家垄断），也可以是价格的接受者。作为劳动力市场上的垄断者的企业可以自己决定提供给劳动者的工资率，但是作为价格接受者的企业只能按照市场通行工资率水平向员工支付工资。这里，我们假定企业在作为卖方的产品市场上和作为买方的劳动力市场上都处于完全竞争的位置，即对产品或服务的价格以及劳动力的价格都只能采取追随策略，而不能进行控制。

（3）企业是利润最大化的追求者。劳动力需求理论的一个基本假设是，作为雇用劳动者的雇主来说，企业追求利润最大化（对于非营利组织来说，它们的目标通常是以成本最小化的方式实现所提供的服务最大化）。在追求利益最大化的过程中，企业只能通过改变它所能够控制的那些变量来实现自己的目标。正如假设（2）所界定的那样，企业所生产的产品或服务的价格以及它必须购买的资本以及劳动力等投入要素的价格分别是由产品市场和劳动力市场决定的，因而基本上不在企业的控制范围之内，所以，企业的利润最大化决策需要解决这样几个问题，即生产什么，在哪里生产，如何生产，增加还是减少产出。在现实中，前三个决策不经常变化，相关决策做出之后，通常会有一个较长时间的稳定期，企业真正需要在日常生产中不断做出的决策只有一个，这就是最后一个决策，即是应该增加产出，还是应当缩小产出。

根据经济学的一般原理，在需要不断决定自己的产出水平的过程中，一家追求利润最大化的企业只有在下面这种情况下才会愿意继续增加一个单位的产出：出售一个单位的额外产出所获得的收益增量，超过了生产这一单位产出所产生的成本增量。只要从新增的产出中所获得的边际收益超过它的边际成本，追求利润最大化的企业就会继续扩大产出。类似地，当生产的边际成本超过边际收益时，企业就希望缩减产出规模。当某一产出水平能够使企业的边际成本和边际收益相等时，企业的利润就实现最大化了，企业就不再对产出水平做出任何改变。

（4）企业利用资本和劳动力两种生产要素来从事生产，并且企业只能变更劳动力的投入数量，而无法变更资本的投入数量。我们在假设（3）中谈到，企业在日常生产中只能通过调整产出水平来实现利润最大化，而企业调整产出水平的方式则是改变生产要素的投入量。由于我们通常假设一家企业是用劳动力和资本这两种投入或生产要素的组合来生产产品或服务的，所以，在需要增加产出时，企业的做法就是增加劳动力和（或）资本的投入量；而在需要减少产出时，相应地减少劳动力和（或）资本的投入量即可。不过，从经济学的角度来看，资本的存量在短期中是不会发生变化的，因此，在短期中，企业的利润最大化决策最终归结为劳动力使用数量的增减，即企业通过劳动力工时数量或劳动者人数的增加或减少来调整产出水平，从而实现利润最大化。关于资本存量可变条件下的企业利润最大化决策的情形，我们将会在长期劳动力需求曲线的推导过程中讲述。

（二）边际收益递减规律与劳动力的边际收益产品

1. 生产函数

谈到企业通过生产要素的投入数量调整来增加或减少产出的问题，我们就不能不提生产函数（production function），生产函数所描述的是在生产技术水平一定的情况下，若干种生产要素的不同数量组合所生产出来的产品或服务的数量。在简单的生产函数中通常假定只有资本（K）和劳动力（L）两种生产要素。这样，生产函数便可以用下式来表示：

$$Q=f(L，K) \tag{4-1}$$

式中，K 表示资本数量；L 表示劳动力数量，准确地说，L 代表的是员工实际投入的工时数量，即员工人数乘以人均工时数量。从这一角度出发，企业雇用 20 个人每天工作 8 个小时，投入的工时数量为 160 个小时，这与雇用 40 个人以轮班的形式每天各工作 4 个小时的总工时数量是一样的。但是，这两种不同的用工方式对就业的影响是有区别的。我们在考察生产函数时通常将工时数量换算为所雇用的员工人数，而不去考虑其中的这种差别，也不考虑不同的劳动者之间在技术水平、受教育程度以及工作经验等方面的差异。

2. 劳动力的边际产出及其递减规律

由于在短期中企业能够使用的资本数量是无法改变的，因此，调整产出的唯一途径就是劳动力要素的增减。这时我们就必须考察在资本不变的情况下，劳动力数量的变化所产生的影响。在经济学中，我们将其他生产要素不变的情况下，一种要素的数量一点点增加对总产量所产生的影响称为边际产品或边际产出（marginal physical product，MPP 或 MP）。在这里，我们重点考察的是劳动力投入的边际产出问题，因此最常用的是劳动力的边际产出（marginal physical product of labor，MPP_L 或 MP_L），它是指在资本数量保持不变的情况下，仅仅由劳动力数量的变化（ΔL）带来的总产出的变化（ΔQ），因此，可以用式（4-2）来表述。

$$MPP_L=\frac{\Delta Q}{\Delta L} \mid \overline{K} \tag{4-2}$$

类似地，资本的边际产出（MP_K）被界定为：在劳动力数量一定的情况下，与一个单位的资本存量变化（ΔK）相联系的总产出的变化（ΔQ）：

$$MPP_K=\frac{\Delta Q}{\Delta K} \mid \overline{L} \tag{4-3}$$

在讨论劳动力的增加对产出的影响时，除了劳动力的边际产出，还有两个非常重要的概念，这就是劳动力的总产出和劳动力的平均产出。劳动力的总产出（total physical product of labor，TPP_L）是指一定数量的劳动力与固定数量的资本相结合所带来的总的产出量。劳动力的平均产出（average physical product of labor，APP_L）则是指在资本数量固定的情况下，所使用的每一单位劳动力所带来的平均产出量。

我们在表 4－1 中用数字的方式对这三个概念之间的关系加以说明。从表中可以看出，劳动力的总产出随着劳动者人数不断增加而呈上升趋势（尽管人员增加到一定的数量时会出现停滞甚至下降的情况），而劳动力的边际产出和平均产出则在人员数量刚开始增加的一段时间内呈现上升趋势，在人数增加到一定的水平时，便开始出现下降趋势（两者出现由升转降的点并不一致），这是由劳动力边际产品递减规律决定的，即在资本数量固定的情况下，随着可变数量的劳动力资源被不断地投入生产过程，在投入数量超过某一点之后，每一个单位的新增劳动力所带来的边际产出数量必然会呈现出一种递减趋势。

表 4－1　劳动力的总产出、边际产出以及平均产出

总雇用人数	总产出（单位）	边际产出（单位）	平均产出（单位）	边际收益产品（元）
0	0	—	—	—
1	11	11	11.0	22
2	27	16	13.5	32
3	47	20	15.7	40
4	66	19	16.5	38
5	83	17	16.6	34
6	98	15	16.3	30
7	111	13	15.9	26
8	122	11	15.3	22
9	131	9	14.6	18

注：本表假设资本数量不变，并且单位产品的价格为 2 元。

如果我们将劳动力每增加一个单位之后劳动力的总产出、平均产出以及边际产出分别用图形描绘出来的话，便可以得到一张如图 4－1 所示的关系图。从图中可以看出，劳动力的总产出曲线在劳动力的边际产出降到零的时候达到最大值，这是因为，在这一点上，如果继续增加一个单位的劳动力，则新增的劳动力所带来的不再是正的边际产出，而是负的边际产出。此外，从图中还可以看出，劳动力的边际产出曲线穿过劳动力的平均产出曲线的最高点。这一点可以通过对劳动力平均产出曲线求导来证明。

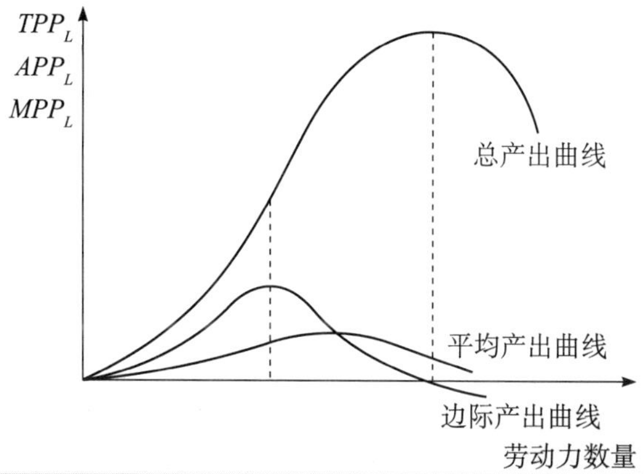

图 4－1　劳动力的总产出、平均产出以及边际产出的关系图

3. 劳动力的边际收益产品

对追求利润最大化的企业来说，它们真正关心的不是新增加一个单位的劳动力所能够带来的总产出增加量，而是这些产出增量能够带来的货币价值。换言之，这些新增的产出销售出去能够给企业带来多少销售收入。在经济学中，我们将这称为劳动力的边际收益产品（marginal revenue product of labor，MRP_L），即新增一个单位的劳动力能够为企业带来的货币价值增量。

很显然，劳动力的边际收益产品取决于两个因素，一是劳动力的边际产出数量，二是从新增加的每一单位实物产出中能够获得的收益，即产品的边际收益（marginal revenue，MR）。产品的边际收益主要取决于企业所在的产品市场的特点。如果企业处于一个完全竞争的产品市场，市场上存在许多竞争对手，企业对自己的产品价格没有控制能力，只能按照市场价格销售自己的每一个单位产出，这个时候产品的边际收益就等于产品的市场价格（P）。这时劳动力的边际收益产品等于劳动力的边际产出数量乘以产品的边际收益（见式（4－4））。例如，如表 4－1 所示，当劳动力从 1 个人增加到 2 个人的时候，由于增加第二个人而增加的产出即边际产出为 16 个单位，且产品市场是完全竞争的，单位产品的价格为 2 元，所以第二个人所带来的边际收益产品等于 32 元（16×2）。

$$MRP_L = MP_L \cdot P \qquad (4-4)$$

然而，如果企业所生产的是一种与其他企业存在差异的产品，从而在自己的产品市场上有某种程度的垄断能力，那么，这时它只有不断降低产品的价格，才能使产品的销售量有额外的增加（企业所面临的自左上方向右下方倾斜的产品需求曲线实际上也就是企业生产的这种特殊产品的市场需求曲线）。在这种情况下，企业不仅需要降低额外增加的这些产出的销售价格，而且必须降低所有已经生产出来的产出的价格，因此，对于产品市场上的垄断者来说，与一个单位新增产品的销售相联系的边际收益是低于而不是等于产品价格（即 $MR<P$）。这时劳动力的边际收益产品的公式为：

$$MRP_L = MPP_L \cdot MR \qquad (4-5)$$

类似地，企业的资本的边际收益产品在一般情况下可以表示为 $MPP_K \cdot MR$，在产品市场是完全竞争的情况下，也可以表示为 $MPP_K \cdot P$。

小专栏 4－1

一家酒店的员工招募决策

美国的一家连锁酒店过去总是雇用那些愿意接受最低工资水平的年轻人来从事客房预订工作。他们的主要工作是接听客人打进来的电话，然后登记他们的预订要求。但是有一年，由于劳动力市场的原因，这一年龄段中有经验的工人的工资开始上涨。面对较大的工资成本上升压力，这家酒店决定重新审视到底应当为这些工作岗位挑选何种类型的员工。

酒店之所以主要在青年人中进行招募，主要是因为他们愿意接受很低的工资。这些员工几乎没有什么工作经验或特殊技能。酒店的管理人员很清楚，这种工作对智力的要求并不高，并且实际工作成果在一定程度上与个人的关系不是很密切。然而，如果客房预订中心能够以稍高一点的工资雇用到生产率稍高的员工，那么人工成本适当地上涨就是合理的。酒店的高层管理人员意识到，这种需要长时间坐在办公室里的工作可能最适合较为年长的人。此外，有工作经验的员工很容易雇用到，即使将培训及其他方面的成本都计算在内，需要支付给这些有经验的员工的工资也仅仅比现在的这些年轻员工稍高一点。

酒店经过分析发现，如果把生产率界定为平均通话时长和客房预订次数两项内容，那么年长的员工在接听电话时所用的谈话时间较长，但他们争取到客人预订的次数也更多。一项实证分析揭示出，年长的员工有更高的生产率，而他们给酒店带来的成本增加却并不多。更重要的是，尽管他们与潜在客人的通话时间较长，但打进电话者中预订房间的人所占的比例也更高，这远远弥补了他们多用的那部分通话时间。由于有经验的年长员工的工资与产出之间的比率更低，所以他们是成本效益最高的劳动力。不仅如此，这家酒店还发现，年长员工的流动率要大大低于年轻员工，所以如果把培训成本等一次性费用分摊到员工的整个工作周期之中，年长员工的人工成本实际上比年轻员工还要低。

资料来源：William McNaught and Michael Barth. Are Olders Workers Good Buys? A Case Study of Days Inns of America. Sloan Management Review，Spring 1992.

（三）竞争性企业的短期劳动力需求曲线

1. 竞争性企业的利润最大化劳动力条件

我们在前面分析了企业新增加使用一个单位的劳动力所产生的边际收益产品，显然，这是从新增一个单位的劳动力中所能够获得的价值增值。然而，企业不仅关心劳动力的边际收益产品，而且关心新增加雇用一个单位的劳动力会给自己带来多少额外的成本或费用，这便是劳动力的边际成本（marginal expense of labor，ME_L）或边际费用。

如果企业是在一个竞争性的劳动力市场上运行，那么，它们对于自己必须支付的工资水平是没有控制力的（即企业是“工资接受者”），这时，劳动力的边际费用就等于市场工资率。换言之，在竞争性劳动力市场上运行的企业所面临的劳动力供给曲线是一条位于通行工资率之上的水平直线，这意味着，企业想要多雇用一个小时的劳动力，它们所必须增加的额外成本就等于市场工资率 W，即

$$ME_L = W \tag{4-6}$$

然而，如果企业在劳动力市场上是垄断者的话，它们就会对自己支付的工资率具有一定的控制力，这个时候劳动力的边际费用就不等于市场工资率，事实上，这时企业支付的工资率反过来决定市场工资率。关于这种复杂的情况我们将在第 5 章中加以讨论，现在基于企业在产品市场和劳动力市场上都是竞争者的假设来推导企业的劳动力需求曲线。

根据经济学的一般原理，对于追求利润最大化的企业来说，只要它从新增一个单位的劳动力使用中能够获得的价值增值（劳动力的边际收益产品）超过由于增加雇用一个单位的劳动力所产生的成本（劳动力的边际费用），就是有利可图的，就应该继续增加劳动力的雇用；如果劳动力的边际收益产品低于劳动力的边际费用，那么，减少劳动力的使用量显然更符合利润最大化的原则。因此，只有当企业所雇用的劳动力人数使得劳动力的边际收益产品和劳动力的边际费用相等，再额外雇用一个单位的劳动力便会使劳动力的边际收益产品低于劳动力的边际费用，企业便实现了利润最大化。用公式来表达，企业利润最大化的劳动力条件为：

$$MRP_L = ME_L \tag{4-7}$$

在我们当前所做的竞争性产品市场和竞争性劳动力市场假设之下，$MRP_L = MPP_L \cdot P$，

而 $ME_L=W$，因此，我们也可以将能够使利润最大化的劳动力投入水平表示为：

$$MPP_L \cdot P=W \tag{4-8}$$

式（4－8）的含义是，企业实现利润最大化的劳动力条件是：增加雇用一个单位的劳动力给企业带来的价值增值正好等于雇用这位劳动者所需要支付的工资水平。这是根据货币单位条件对企业利润最大化的劳动力条件所做的表述，我们还可以用实物数量条件加以表述，即将公式的两边都除以产品价格 P，从而得到：

$$MPP_L=W/P \tag{4-9}$$

式中，MPP_L 为劳动力的边际产出；分子（W）是单位劳动力的货币价格；分母（P）是单位产品的货币价格，因此，比率 W/P 就意味着劳动者的工资实际能够买到的产品数量或劳动者的"实际工资"。对于式（4－9），我们可以这样解释：当劳动者所获得的工资能够买到的产品数量恰好等于他所生产出来的产品数量时，企业在劳动力的使用方面便达到了利润最大化条件。

2. 竞争性企业的短期劳动力需求曲线的推导

我们在上面分析了企业利润最大化的劳动力条件为 $MPP_L=W/P$，并且在图 4－1 中描绘了劳动力的边际产出曲线，这样，便可以把企业的利润最大化决策用图形加以表述。如图 4－2 所示，企业为了实现利润最大化，必须寻找能够使 MPP_L 和 W/P 相等的点，在图中我们可以看到，在实际工资为 $(W/P)_0$ 时，能够使 $MPP_L=W/P$ 成立的点一共有两个，即图中的 A 点和 B 点。那么，这是否意味着企业有两个利润最大化的决策点呢？显然不是，因为如果企业的雇佣行为止步于 A 点，即只雇用 E_2 个单位的劳动力，企业实际上并未实现利润最大化，因为，介于 E_2 和 E_0 之间的这些劳动者一旦被雇用，他们所创造出来的边际产出大于他们所得到的实际工资，因而这些人对于企业来说是非常有利可图的，拒绝雇用这些人必然会使企业损失很大一部分利润，所以，企业最终的利润最大化决策点只会出现在劳动力边际产出曲线下降的部分。换言之，在实物条件下，劳动力边际产出曲线的下降部分即劳动力需求曲线。

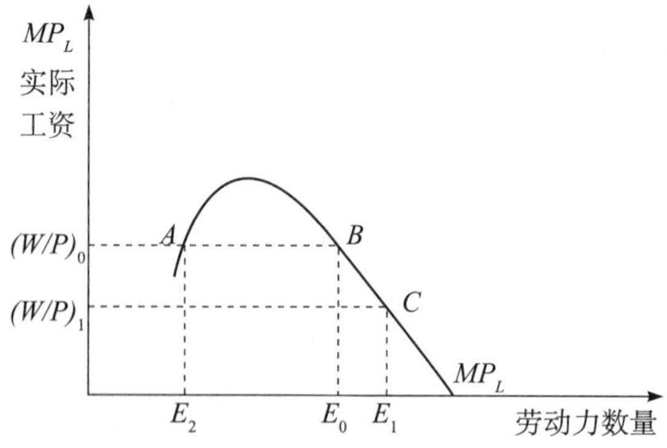

图 4－2　短期劳动力需求（实物条件）

很显然，如图 4－2 所示，如果产品价格和劳动力的边际产出不变，而货币工资水平下降，则企业的最佳决策点会从 B 点下降到 C 点，这会使企业愿意雇用的劳动者人数从 E_0 增加到 E_1。换言之，工资率越低，企业的劳动力需求量越大；同理，工资率越高，企业的劳动力需求量越小。这是短期劳动力需求曲线的一个基本特征。

事实上，我们很容易将图 4-2 中对利润最大化的劳动力条件所做的实物描述转化为货币描述，这是因为，在完全竞争的产品市场上，产品价格在短期内是不变的，因此，要把劳动力的边际产出曲线转化为劳动力的边际收益产品曲线，只需用 MPP_L 乘以 P 即可，这不会改变曲线的形状，只是改变了曲线的高度而已。这样，我们便可以得到如图 4-3 所示的短期劳动力需求曲线。由于企业必然会在劳动力边际产出曲线（从而在相应的边际收益产品曲线）下降的部分做出劳动力使用决策，因而在图 4-3 中我们仅仅保留了下降部分的曲线。显然，工资率和企业雇用的劳动力数量之间存在一种负相关关系。

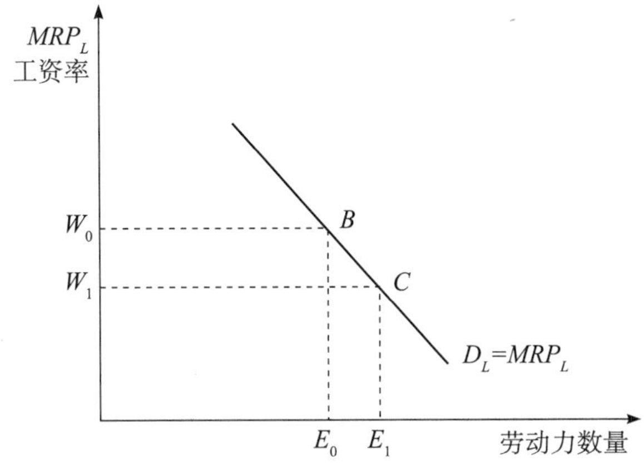

图 4-3　短期劳动力需求（货币条件）

用数学方法来表示，劳动力需求既是实际工资的函数（式（4-10）），也是货币工资的函数（式（4-11））。

$$D_L = d(W/P) \tag{4-10}$$

$$D_L = d(W) \tag{4-11}$$

此外，我们还可以用如表 4-2 所示的劳动力需求表对劳动力需求状况加以描述。

表 4-2　假设的某企业的劳动力需求表

工资率（元/小时）	劳动力需求量（人）
10	220
11	200
12	180
13	160
14	140
15	120
16	100
⋮	⋮

第2节　竞争性企业的长期劳动力需求

我们在分析竞争性企业的短期劳动力需求时，曾假定企业拥有一定数量的资本，而且其资本的数量不会随工资率的变化而改变。然而，生产要发展，企业不可能永远不增加劳动力以外的其他生产要素，所以在长期中，企业不仅可以通过调整它所使用的劳动力数量，而且可以通过调整资本的使用数量来对工资率的变化做出反应。这时，企业就可以通过同时调整劳动力和资本的使用数量来实现自己的利润最大化目标。

一、成本最小化与利润最大化

（一）等产量线及其特征

我们在前面谈到生产函数时曾经指出，通常情况下，企业可以采取不同的资本和劳动力数量组合来生产出同一数量的产品。这种情况可以用等产量线（isoquant curve）加以描述。等产量线的形状如图4-4所示，其中，横轴代表的是劳动力数量，纵轴代表的是资本数量，从外形上来看，等产量线与无差异曲线很像，事实上，它具有与无差异曲线类似的几个特征，比如，斜率为负，凸向原点，外侧的等产量线所代表的产量要高于内侧的等产量线，代表不同产量的等产量线不能相交等。图中Q_1所代表的是200个单位的产量，Q_1上的A，B，C三个点所代表的是不同的资本和劳动力数量组合，但它们所生产的产品数量都是200个单位。Q_2上的D点和Q_3上的E点与Q_1上的B点所使用的劳动力数量都是一样的（即L_1），但是所使用的资本数量越来越多，所以，产量水平也越来越高。

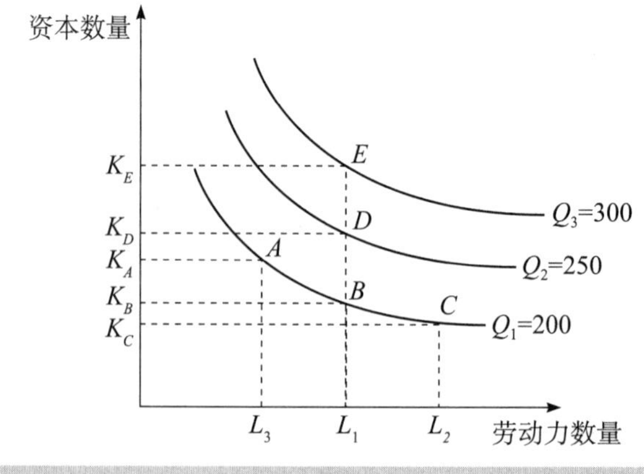

图4-4　等产量线

等产量线上的每一点的斜率在经济学上称为边际技术替代率（marginal rate of technical substitution，MRTS）。边际技术替代率是指在技术水平保持不变的条件下，为了维持相同的产出水平，每增加一个单位的劳动力所能够替代的资本数量。准确地说，应当是劳动力对资本的边际替代率。可以用以下公式来表述：

$$MRTS=\frac{\Delta K}{\Delta L} \mid \overline{Q} \tag{4-12}$$

或

$$MRTS_{LK}=-(\Delta K/\Delta Q)/(\Delta L/\Delta Q)=-\Delta K/\Delta L \tag{4-13}$$

由于劳动力数量和资本数量的变动方向是相反的，即一方增加必然导致另一方减少，所以边际技术替代率的符号为负。此外，由于 $MP_L=\Delta Q/\Delta L$，$MP_K=\Delta Q/\Delta K$，于是，我们发现在边际技术替代率和劳动力的边际产出之间存在如下关系，即劳动力对资本的边际技术替代率等于劳动力的边际产出与资本的边际产出之比：

$$MRTS_{LK}=-(\Delta Q/\Delta L)/(\Delta Q/\Delta K)=-MP_L/MP_K \tag{4-14}$$

根据等产量线的形状我们不难发现，劳动力对资本的边际技术替代率是递减的，即当劳动力沿着等产量曲线对资本进行替代时，每一个单位的劳动力所能够替代的资本数量是逐渐递减的。比如，在图 4-4 中，从 A 点到 B 点再到 C 点的替代过程中，(L_1-L_3) 和 (L_2-L_1) 是相等的，即劳动力数量的增加幅度是一样的，但是，等量的劳动力数量变化所能够替代的资本数量却是在减少，从图中可以看出 $(K_B-K_C)<(K_A-K_B)$。等产量线上的边际技术替代率的下降速度反映了两种投入之间的相互替代程度。如果两种生产要素是完全相互替代的，则等产量线为一条直线；如果是完全互补的，则为一条两边分别平行于横轴和纵轴的直角线；大部分是介于两者之间的有一定曲率的曲线，曲率越大，边际技术替代率下降越慢，反之则越快。很明显，等产量线左上方的部分代表的是偏向资本密集型的生产方式，右下方所代表的则是偏向劳动密集型的生产方式。

此外，由等产量线我们还可以看出短期内劳动力边际产出递减规律。如图 4-5 所示，我们使资本的使用量保持在 K_0 的水平上（即维持短期内资本数量不变），然后考察在使产出数量从 200 个单位增加到 250 个单位，再增加到 300 个单位的过程中，同等的产出数量变化所要求的劳动力数量增加幅度的变化情况。图中显示，当产出数量从 200 个单位增加到 250 个单位时，需要增加的劳动力数量为 (L_2-L_1)，而当产出数量从 250 个单位增加到 300 个单位时，需要增加的劳动力数量则为 (L_3-L_2)，很显然，$(L_2-L_1)<(L_3-L_2)$。也就是说，随着劳动力对资本的替代，同样是增加 50 个单位的产量，越到后来，劳动力对资本的替代难度越大。这实际上证明了在资本数量不变的情况下，随着劳动力使用量的增加，产出的增量会越来越少，即存在劳动力边际产出递减规律。

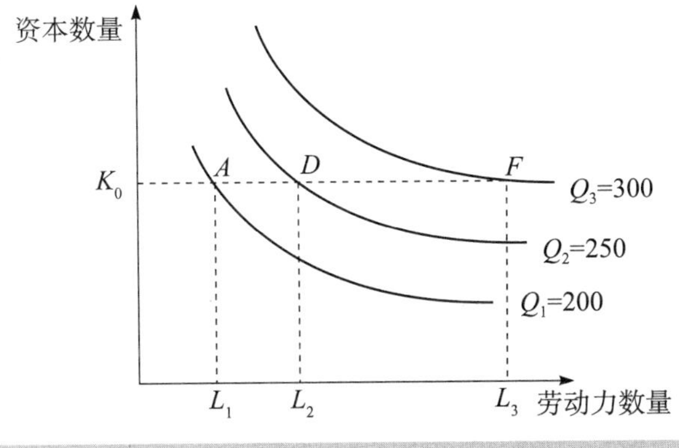

图 4-5　劳动力边际产出递减规律

（二） 等成本线与企业面临的预算约束

既然可以采用各种不同的技术（即不同的资本和劳动力组合）来生产相同的产量，那么，追求利润最大化的企业将如何选择使用何种技术来生产某个既定的产量？比如说，假定企业现在需要生产的产量水平为图 4－4 中的 Q_1，即 200 个单位的产出，那么，此时企业应当采用哪一种生产要素组合或者生产技术呢？在这种情况下，仅有等产量线是不够的，企业还必须考虑资本和劳动力的价格以及不同的资本和劳动力数量组合给企业带来的生产成本的高低。

在资本和劳动力的价格一定的情况下，企业在某一总成本下所能够买到的各种劳动力和资本数量组合便是等成本线（isocost curve）。从数学上来说，在劳动力和资本的价格一定的情况下，一定数量的总成本可以买到的各种劳动力和资本数量组合可以用下列线性公式来表示：

$$C=w\cdot L+r\cdot K \tag{4-15}$$

式中，C 代表总成本；w 代表单位劳动力的价格；r 代表单位资本的价格。由此公式可以看出，等成本线代表了企业在一定的预算约束下所能够买到的各种劳动力和资本数量组合。而通过将式（4－15）转化为式（4－16），我们可以发现，等成本线的斜率即资本和劳动力的价格之比。

$$K=-w/r\times L+C/r \tag{4-16}$$

等成本线的形状如图 4－6 所示，图中一共有两条等成本线 C_0 和 C_1，其中 C_1 所代表的总成本要大于 C_0。等成本线在横轴上的端点等于总成本除以单位劳动力的价格，在纵轴上的端点等于总成本除以单位资本的价格，显然，等成本线的斜率为劳动力价格与资本价格之比。

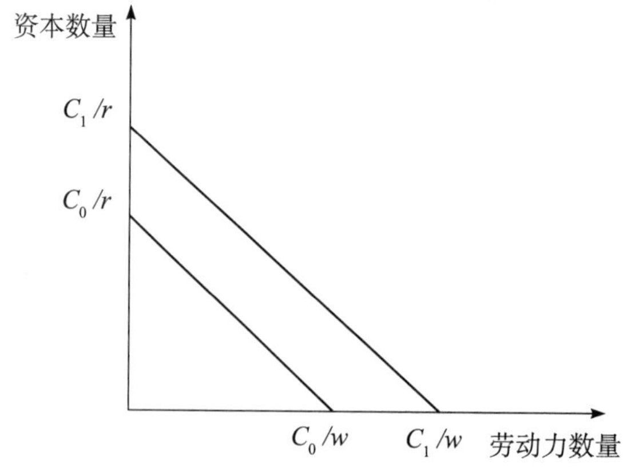

图 4－6 等成本线

（三） 成本最小化条件

等产量线告诉我们可以生产某一既定数量产出的所有劳动力和资本数量组合，而等成本线则告诉我们哪些劳动力和资本数量组合具有相同的成本。因此，如果企业打算生产某一既定数量的产出，我们便可以通过这两个条件找到能够使企业实现成本最小化的那种生产方式。

如图 4－7 所示，假定企业需要生产的产量为 200 个单位，图中一共有三条等成本线可供选择。等成本线 K_1L_1 首先可以排除，这是因为尽管这条等成本线是三条线中成本最低的，但是很遗憾，这一成本与代表 200 个产出单位的等产量线 Q_1 没有任何交点或切点；也就是说，在这一预算约束线上，企业所购买的任何一种劳动力和资本数量组合都无法生产 200 个单位的产出。等成本线 K_3L_3 尽管与等产量线 Q_1 存在两个交点，因而有能力购买生产出 200 个单位的劳动力和资本数量组合，但令人遗憾的是，它的成本显然太高了（与 K_2L_2 相比）。事实上，在能够生产出 200 个单位的所有劳动力和资本数量组合中，等成本线 K_2L_2 和等产量线 Q_1 相切的那一点 M 是其中成本最低的一个点；换言之，M 点是企业生产 200 个单位产出的成本最低点。

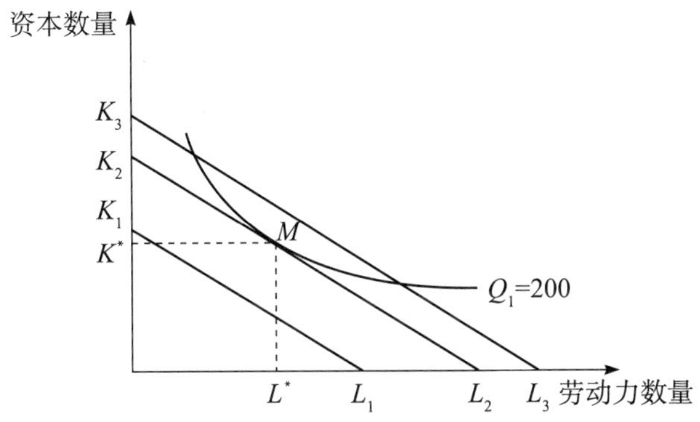

图 4－7　既定产出的成本最小化

等产量线与等成本线在 M 点相切，意味着两条曲线在 M 点的斜率是相等的，即 $MRTS_{LK}=w/r$，其中 $MRTS_{LK}$ 为边际技术替代率，它是等产量线的斜率；w/r 为等成本线的斜率，为劳动力价格和资本价格之比。又因为根据式（4－14）知 $MRTS_{LK}=-MP_L/MP_K$，所以我们可以得到如下关系式：

$$MRTS_{LK}-w/r=-MP_L/MP_K \tag{4-17}$$

于是

$$MP_L/w=-MP_K/r \tag{4-18}$$

用（$\Delta Q/\Delta L$）和（$\Delta Q/\Delta K$）分别替代上式中的 MP_L 和 MP_K，可以得到：

$$(\Delta L/\Delta Q)\cdot w=-(\Delta K/\Delta Q)\cdot r \tag{4-19}$$

由式（4－18）我们可以得出这样一个结论，即如果企业在配置劳动力和资本两种生产要素的组合时，能够做到花在任何一种生产要素上的最后一个单位货币所带来的产出增量都是相同的，便可实现成本最小化。举例来说，假如劳动力的边际产品是 20 个单位，而工资率为 10 元，这就意味着花在劳动力上的最后一元钱所生产出来的产品为 2 个单位。与此同时，如果资本的边际产品为 40 个单位，而资本的价格为 20 元，那么花在资本上的最后一元钱所生产出来的产品也是 2 个单位。此时企业即可实现成本最小化。

从与式（4－18）等价的式（4－19）中，我们可以得出另一个相似的结论，即要想实现成本最小化，就必须确保仅用增加劳动力的方式来生产最后一个单位的额外产出时的成本，与仅用增加资本的方式来生产最后一个单位的额外产出时的成本相等。如果这两种成本不相等，那么企业还可以通过下列途径降低总成本：增加可以较为便宜的方式提高产出的那种要素的使用量，同时减少另一种要素的使用量。在总产出保持不变而成本却仍然可以降低的任何一点，都没有实现成本最小化。

（四） 利润最大化条件

我们在上面分析了企业的成本最小化条件，那么成本最小化决策是否等于利润最大化决策呢？事实并非如此，这是因为，成本最小化并不能保证企业实现利润最大化。成本最小化决策所讨论的是如何运用最低成本来实现某一特定产出数量的问题。但这个产出数量又是如何确定的呢？追求利润最大化的企业并不会以生产某一产出水平作为自己的终极目的，相反，它会选择能够实现利润最大化的最优产出水平。它的真实决策等式是最终产出的边际成本等于边际收益。这样，在利润最大化企业的决策等式中就必须有产品价格因素。根据我们在竞争性企业的短期劳动力需求中所分析过的内容，企业如果希望实现利润最大化，它必须满足的劳动力条件是：劳动力的边际成本等于劳动力的边际收益，即 $MPP_L \cdot P=w$，这一条件可以转化为下式：

$$P=w/MPP_L \tag{4-20}$$

与此同时，企业还必须满足资本使用的最优化条件，换言之，想要实现利润最大化，企业还必须使资本的边际成本等于其边际收益，即 $MPP_K \cdot P=r$，这一条件可以转化为下式：

$$P=r/MPP_K \tag{4-21}$$

由式（4-20）和式（4-21）我们可以得出结论，要想实现利润最大化，企业必须同时满足最优劳动力条件和最优资本条件，即

$$w/MPP_L=r/MPP_K=P \tag{4-22}$$

或

$$MPP_L/w=MPP_K/r=1/P \tag{4-23}$$

由式（4-22）和式（4-23）可以看出，利润最大化条件必然能够满足成本最小化条件，但是成本最小化却并不一定能够保证利润最大化。换言之，成本最小化是利润最大化的必要条件但不是充分条件。

二、竞争性企业的长期劳动力需求曲线

我们知道，在短期内，劳动力需求曲线所要考察的是不同的工资率水平所对应的劳动力需求量。同样，要想推导出长期劳动力需求曲线，我们也必须考察在长期内不同的工资率水平所对应的劳动力需求量。

（一） 成本固定时工资率变化对成本最小化决策点的影响

首先我们来考察一下在企业所能够支配的总成本不变的情况下，工资率发生的变化对劳动力需求所产生的影响。如图 4-8 所示，M 是初始的成本最小化决策点，初始的等产量线为 Q_1，初始的等成本线为 KF。假定现在由于某种原因，劳动力的工资率上涨了，而资本的

价格却保持不变。很显然，在这种情况下，等成本线在纵轴上的端点不会发生变化，但是在横轴上的端点却会内移，即从图中的 F 点内移到 E 点。这是因为，劳动力价格的上涨使总成本全部用于购买劳动力时，所能够买到的劳动力数量有所减少。从图中可以看出，等成本线从 KF 变成 KE 的结果是，在总成本保持不变的情况下，企业现在所能够生产的最大产量从 Q_1 减少为 Q_2，新的均衡点从 M 点变成 H 点，相应的劳动力需求量从 L_1 减少到 L_3。

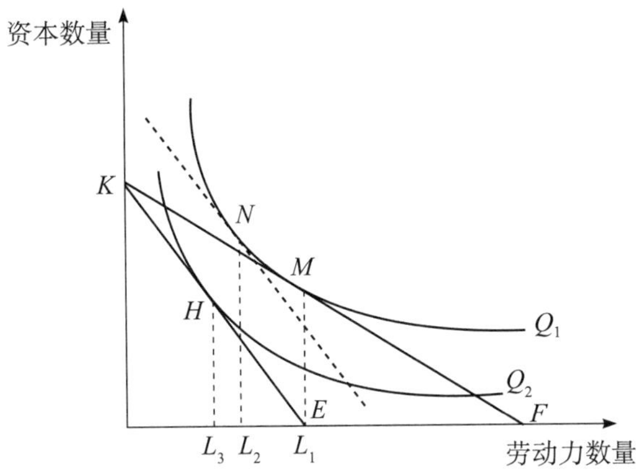

图 4-8　工资率变化的替代效应和规模效应

如果把新的均衡点从 M 点变成 H 点的过程加以分解，我们便可以发现，工资率的上涨对劳动力需求会同时产生两种效应，即替代效应和规模效应。

所谓替代效应（substitution effect）是指在产出保持不变的情况下，因劳动力的相对价格发生变化而导致的劳动力需求量或企业雇佣量的变化情况。它说明了工资率变动会通过作用于生产过程中资本和劳动力的相对投入比例来影响劳动力的需求量。很显然，在其他条件（技术、资本供给条件、产品价格等）不变的情况下，如果劳动力价格（即工资率）上升，而另一种生产要素（即资本）的价格没有发生变化，那么，劳动力价格相对于资本价格就上升了。在这种情况下，雇主势必会更多地依赖资本来进行生产，而更少地使用劳动力，即出现资本替代劳动力的现象，从而导致企业向更为资本密集型的生产方式转变。在图 4-8 中，工资率上涨的替代效应表现为均衡点从 M 点转移到 N 点，即劳动力需求量从 L_1 减少到 L_2。当然，工资率的下降同样会导致替代效应，只不过在其他条件不变而工资率下降的时候，劳动力的价格相对于资本价格而言有所下降，这会导致追求利润最大化的雇主用劳动力来替代资本，结果造成劳动力需求量的上升。

规模效应（scale effect）又称为产出效应（output effect），是指在其他条件（尤其是生产技术）一定的情况下，工资率变化会对企业的总生产成本产生影响，进而导致企业扩大或减少总产出，而产出规模的变化又会使得企业的劳动力需求量发生相应变化。它说明了工资率变动通过作用于生产规模或产出规模，进一步影响劳动力需求量的过程。假如其他条件不变而仅仅是工资率上升，那么，工资率的上升就意味着企业的成本上升，这会导致企业为了消化生产成本的上升而提高产品销售价格。但产品销售价格的提高显然会导致消费者减少此种商品的消费数量。在这种情况下，企业为了不亏损，就不得不缩减生产规模，而生产规模的缩减就意味着企业要降低雇佣水平，即劳动力需求量减少。简而言之，工资率上升导致生产规模缩减，而生产规模缩减又会导致劳动力需求量下降。在图4-8中，工资率上涨的规模效应表现为均衡点从 N 点转移到 H 点，即劳动力需求量从 L_2 减少到 L_3。同样，工资率下降也会导致规模效应的出现，只不过在其他条件不变的情况下，工资率的下降会导致企业规模的扩大，而企业规模的扩大又会导致劳动力需求量的上升。

综合以上分析，我们不难看出，在其他条件不变的情况下，工资率变动所产生的规模效应和替代效应的作用方向都是相同的，即工资率上升的规模效应和替代效应都导致劳动力需求量下降；而工资率下降的规模效应和替代效应都导致劳动力需求量上升。因此，在其他条件不变的情况下，工资率上升必然导致劳动力需求量下降，而工资率下降必然导致劳动力需求量上升。无论是在长期中还是在短期中，工资率的变动方向与劳动力需求量的变动方向都是相反的。

（二）打破总成本不变的假设

我们在上面分析工资率变化在长期中的替代效应和规模效应时，假设企业所能够控制的总成本是不变的，但是这种假设无法确保企业实现利润最大化，事实上，在工资率发生变化前后，企业很难在保持与过去相同的成本支出规模的情况下实现利润最大化。工资率的上涨导致企业的边际产出成本上升，即现在生产一个单位的额外产出所需要的成本上升了，这种情况会导致企业的最优产出数量发生变化。从图形上来说，企业未必会在工资率上升之后将在纵轴上的端点控制在原来的位置（K 点），即死守 KE 这条等成本线。相反，企业会首先根据新的生产要素成本情况来确定一个有利于实现利润最大化的产出数量，然后再根据一条与 KE 平行的等成本线来确定自己的利润最大化均衡点。比如，决策点可能是图4-9中的 G 点。

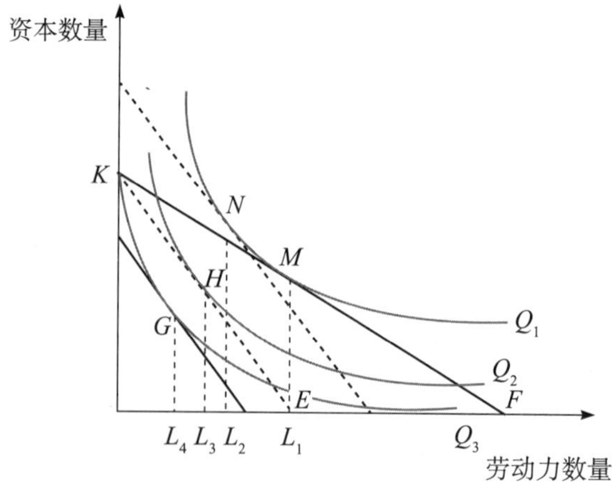

图4-9　利润最大化企业对工资率变化的反应

总之，尽管我们可以确定，其他条件保持不变，工资率上涨一定会导致劳动力需求量下降，但是我们却不知道资本的使用量会增加还是减少，这要看工资率上涨对资本的使用量所产生的替代效应和规模效应的相对大小，如果替代效应大于规模效应，则资本使用量上升，反之，资本使用量就会下降。

（三）长期劳动力需求曲线的形状

从上面的分析可以看出，无论是否维持总成本不变的假设，工资率变动的替代效应和规模效应对劳动力需求的作用方向都是相同的（唯一的差别在于规模效应的大小），即在长期内，工资率上升的替代效应和规模效应都使劳动力需求量减少，而工资率下降的替代效应和规模效应都使劳动力需求量增加。因此，长期劳动力需求曲线的形状仍然是自左上方向右下方倾斜，其斜率为负。只不过在长期中，企业面对工资率变化时的劳动力需求量变动幅度比短期中更大，因为工资率变动的替代效应和规模效应能够得到充分的实现，因此，企业的长期劳动力需求曲线在形状上通常要比短期劳动力需求曲线更为平坦。

三、工资率以外的其他因素对劳动力需求量的影响

我们在讨论工资率变化对劳动力需求量所产生的影响时，是基于这样一个假设，即产品需求、资本供给条件以及可利用的技术等是不变的。那么，如果影响劳动力需求的这些非工资率条件发生了变化，情况又将如何呢？这里，我们主要讨论产品需求变化和资本价格变化对劳动力需求所产生的影响。

（一）产品需求变化对劳动力需求量的影响

假定某个特定的行业（比如家用空调市场）出现了产品需求上升的情况，因此该行业中的企业能够在商品价格不变的条件下销售出去更多的产品，如果该行业可以利用的技术以及资本和劳动力供给的条件不变，那么对利润最大化目标的追求必然会使该行业中的企业扩大生产规模。在这种情况下，企业就愿意在同等的工资率条件下雇用比过去更多的劳动力。因此，在其他条件不变的情况下，产品需求上升所产生的规模效应会导致同等工资率水平下的劳动力需求量增加，它表现为企业的劳动力需求曲线平行外移；相反，在其他条件不变的情况下，产品需求的下降会导致企业缩减生产规模，降低劳动力需求，从而同等工资率水平下的劳动力需求量减少，它表现为企业的劳动力需求曲线平行内移。

如图 4－10 所示，企业原来的劳动力需求曲线为 D_0，当市场工资率为 W_0 时，企业的劳动力需求量为 E_0。假如由于出口扩大的原因导致产品需求增加，企业的劳动力需求曲线外移到 D_1，同样是在市场工资率为 W_0 的情况下，企业的劳动力需求量扩大到 E_1；相反，如果因为出口萎缩的原因导致产品需求减少，劳动力需求曲线可能会内移到 D_2，在市场工资率仍然为 W_0 的情况下，企业的劳动力需求量减少到 E_2。

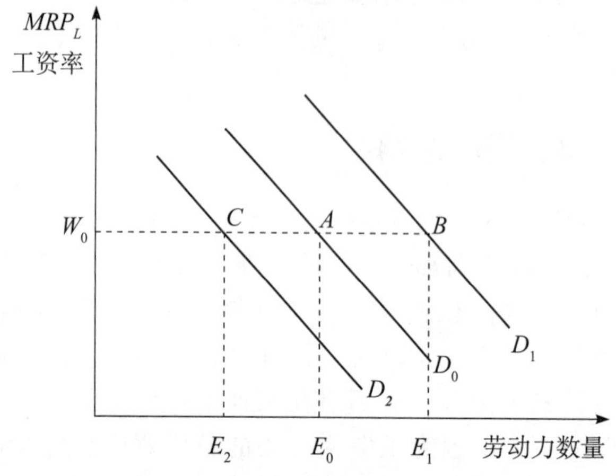

图 4-10 产品需求变化对劳动力需求量的影响

需要注意的是，由于我们假设产品需求发生变化而其他有可能会对劳动力需求产生影响的因素没有发生变化，尤其是资本价格和劳动力价格没有发生变化，所以，产品需求的变化通常只会对劳动力需求量产生规模效应或产出效应，而不会产生替代效应。

（二） 资本价格变化对劳动力需求量的影响

产品需求变化对劳动力需求量的影响比较简单明了，资本价格变化对劳动力需求量的影响则较为复杂。正如在其他条件不变的情况下，工资率的变化对劳动力需求会产生替代效应和规模效应一样，资本价格的变化同样会对劳动力需求产生替代效应和规模效应。只不过，它们的作用方式有所不同。

首先来看替代效应。当其他条件不变而资本价格下降时，资本与劳动力的相对价格就发生了变化，即资本的价格变得更加便宜。在这种情况下，企业会倾向于用资本替代劳动力，从而减少对劳动力的需求。具体表现为，在与原来相同的工资率水平上，企业的劳动力需求量下降了。它在图形上表现为劳动力需求曲线平行内移。同样的道理可以推导出，资本价格上升所产生的替代效应会导致劳动力需求上升。

然后来看规模效应。当其他条件不变而资本价格下降时，企业的生产成本会随之下降，生产成本的下降会刺激企业扩大生产规模，从而引发劳动力需求的上升，即在与原来相同的工资率水平上，企业的劳动力需求量上升了。它在图形上表现为劳动力需求曲线平行外移。同理，资本价格上升所产生的规模效应会导致劳动力需求下降。

从以上的分析中不难看出，在其他条件不变的情况下，资本价格变化对劳动力需求所产生的替代效应和规模效应在作用方向上是相反的，即资本价格上升的规模效应导致劳动力需求下降，其替代效应却导致劳动力需求上升；而资本价格下降的规模效应导致劳动力需求上升，其替代效应却导致劳动力需求下降。因此，资本价格变化对劳动力需求的最终影响取决于哪种效应的力量更大。如果资本价格上升的规模效应大于替代效应，则最终的劳动力需求量将下降；反之则上升。如果资本价格下降的规模效应大于替代效应，则最终的劳动力需求量将上升；反之则下降。

四、行业或市场的劳动力需求曲线

单个企业的劳动力需求曲线说明了企业在每一工资率水平上所愿意雇用的劳动力数量。而某一行业的劳动力需求曲线则是从所有单个企业的劳动力需求曲线中推导出来的，但它并不是单个企业劳动力需求曲线的简单相加。

单个企业的劳动力需求曲线的含义是：在其他条件（主要是产品的市场价格以及其他企业的劳动力需求）不变的情况下，工资率上升导致劳动力需求下降；工资率下降则导致劳动力需求上升。对于单个企业而言，因增加使用劳动力而带来的产品增量对于整个市场上的产品供给来说是微不足道的，因而不会改变产品的市场价格。然而，如果在一个竞争性行业中，所有的企业在面临工资率下降的情况下都增加劳动力需求，从而导致这个产品市场上的总产出增加，那么，产品的市场价格就会发生变化。此时，每一个企业所面临的劳动力的边际收益产品曲线也就是劳动力需求曲线都会在原来的基础上出现内移。

如图 4－11 所示，D_1 是某企业初始的劳动力需求曲线，D_2 是行业生产规模扩大后该企业的劳动力需求曲线，行业生产规模扩大导致劳动力的边际收益产品下降，因而 D_1 内移到了 D_2。从图中可见，工资率从 W_0 下降到 W_1 并没有导致该企业沿着原来的劳动力需求曲线将劳动力需求量增加到 E_1，而是从原来的 E_0 增加到 E_2，不及到 E_1 的幅度大。这样，与简单地将这些企业原来的劳动力需求曲线（比如 D_1）平行相加得到的市场劳动力需求曲线相比，把变化后的单个企业的劳动力需求曲线（即 D_2）重新相加得到的实际市场劳动力需求曲线不仅外移幅度更小，而且更为陡峭。实际的市场劳动力需求曲线在这种情况下如图中的 D_0 所示。总之，对于整体的行业或经济而言，劳动力需求曲线仍然是以单个企业的劳动力需求曲线为基础得出的，所以它也是自左上方向右下方倾斜的，即市场劳动力需求曲线是实际工资率的一个负斜率函数。

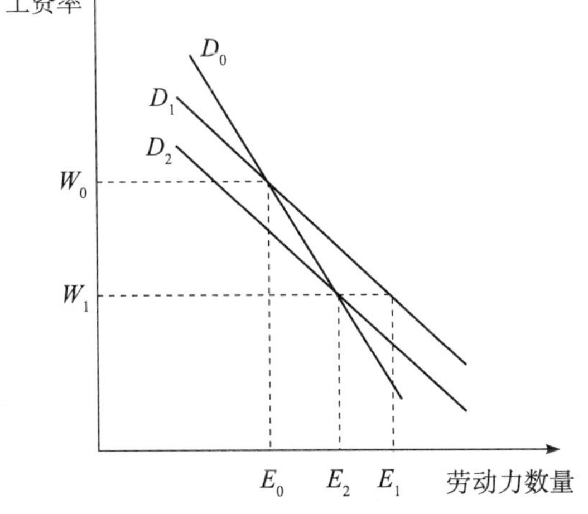

图 4－11　行业劳动力需求曲线

第3节　劳动力需求弹性

一、劳动力需求的自身工资弹性

我们在前面分析了劳动力需求量会随着工资率的变化而发生变化，若其他条件不变，则工资率上涨导致劳动力需求量下降，而工资率下降带来劳动力需求量的上涨。但是，仅仅知道这种变化的方向还不够，很多时候我们还必须了解劳动力需求量的变动对工资率变动做出反应的敏感性。这就涉及劳动力需求的工资弹性问题。由于一种劳动力的需求不仅会对本类劳动力工资率的变化做出反应，而且会对其他类型劳动力的工资率变化做出反应，因此，在研究劳动力需求的工资弹性时，我们会分别对劳动力需求的自身工资弹性和劳动力需求的交叉工资弹性进行考察。下面首先来分析劳动力需求的自身工资弹性（the own elasticity of demand for labor）。

（一）劳动力需求的自身工资弹性的衡量

劳动力需求的自身工资弹性（η_{ii}）是指某种劳动力的工资率（W_i）变化1%所引起的此种劳动力的需求量（E_i）发生变化的百分比。用公式表示为：

$$\begin{aligned}\eta_{ii} &= (\Delta E_i/E_i)(\%)\ /\ (\Delta W_i/W_i)(\%)\\ &= (\Delta E_i/\Delta W_i)\times(W_i/E_i)\end{aligned}\tag{4-24}$$

由于劳动力需求曲线是向右下方倾斜的，即工资率变动方向同劳动力需求变动方向是相反的，因而劳动力需求的自身工资弹性的值为负。不过，由于劳动力需求的自身工资弹性所考察的主要是劳动力需求变动对工资率变动的反应敏感性，因此经济学通常重视的是弹性的绝对值。劳动力需求的自身工资弹性可以划分为三种情况：一是富有弹性的情况。当劳动力需求的自身工资弹性的绝对值大于1时，工资率上升1%所引起的劳动力需求量下降的幅度大于1%，此时的劳动力需求称为富有弹性。二是缺乏弹性的情况。当劳动力需求的自身工资弹性的绝对值小于1时，工资率上升1%所引起的劳动力需求量下降的幅度小于1%，此时的劳动力需求称为缺乏弹性。三是单位弹性的情况。即工资率上升1%所引起的劳动力需求量下降的幅度同样为1%。此时的劳动力需求称为单位弹性。

在对劳动力需求的弹性进行估计时，可以采用所谓的工资总额规则（total wage bill rules），也就是说，在劳动力需求富有弹性时，工资率的变化会导致工资总额出现反方向变化，而当劳动力需求缺乏弹性时，工资率的变化会导致工资总额呈同方向变化。举例来说，当劳动力需求富有弹性时，工资率上升必然会导致工资性报酬总额（工资率×雇佣数量）出现下降，两者出现反方向变化。之所以出现这种情况，是因为在劳动力需求富有弹性时，劳动力需求数量的下降速度将会超过工资率的上升速度。相反，当劳动力需求缺乏弹性时，之所以会出现工资率上升，工资性报酬总额也随之增加的情况，原因就在于当劳动力需求缺乏弹性时，劳动力需求数量的下降速度要小于工资率的上升速度。如果劳动力需求曲线为单位弹性，则当工资率上升时，此类劳动力的工资总额不会发生任何变化。

（二）劳动力需求的自身工资弹性的比较

直观来看，形状平缓一些的劳动力需求曲线要比形状较为陡峭的劳动力需求曲线有更大的自身工资弹性。比如，以图 4－12 中的两条劳动力需求曲线 D_1 和 D_2 为例，D_1 的形状较为平缓，D_2 的形状则较为陡峭。我们通常会说 D_1 的自身工资弹性比 D_2 要大。这是因为，无论从哪个工资率水平开始发生变化，既定的工资率变化在 D_1 上所产生的劳动力需求量变化都要大于在 D_2 上产生的劳动力需求量变化。我们以两条曲线的交点 A 为例（对应的工资率和劳动力需求量分别为 W_0 和 E_0），尽管 A 点同时位于两条劳动力需求曲线上，但是在 D_1 上的 A 点和在 D_2 上的 A 点的自身工资弹性却并不相同。在工资率同样从 W_0 提高到 W_1 的情况下，在 D_1 上所发生的劳动力需求量变化为（E_0-E_2），而在 D_2 上发生的变化却是（E_0-E_1），显然，（E_0-E_2）＞（E_0-E_1），根据劳动力需求的自身工资弹性的计算公式不难发现，D_1 上的 A 点比 D_2 上的 A 点的弹性更大。与此类似，如果对工资率水平相同的 D_1 和 D_2 上的任何两点加以比较，我们都可以发现，D_1 上的点比 D_2 上的点更具有弹性。

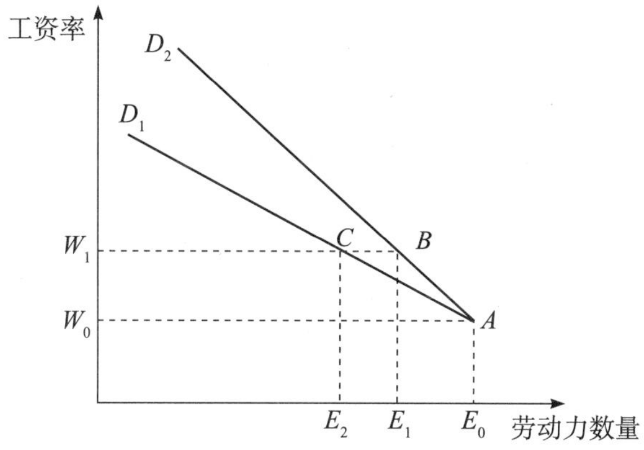

图 4－12　两条劳动力需求曲线的弹性比较

需要注意的是，我们在上面对两条劳动力需求曲线的弹性进行的比较只是一种相对比较。严格说来，任何一条劳动力需求曲线并非只有一个弹性，相反，任何一条劳动力需求曲线通常都会有自己的富有弹性区域和缺乏弹性区域。从式（4－24）中我们可以看出，一条劳动力需求曲线的自身工资弹性主要取决于两个因素，一是劳动力需求曲线的斜率（即公式中的 $\Delta E_i/\Delta W_i$），二是 W_i/E_i。显然，同一条直线型劳动力需求曲线上所有点的斜率都是相同的，不同的仅仅是 W_i 和 E_i 之间的比值。

如图 4－13 所示，图中有一条斜率的绝对值为 1 的直线型劳动力需求曲线，另外有一条从原点出发的 45°虚线 OP，两者有一个交点 Q。很显然，在 Q 点上，W_i 和 E_i 是相等的，因此，在这一点上，$W_i/E_i=1$。由于这条劳动力需求曲线的斜率的绝对值为 1，所以，Q 点的劳动力需求的自身工资弹性是单位弹性。位于 Q 点左上方的劳动力需求曲线上的所有点则是富有弹性的，原因是，对于所有这些点来说，W_i 总是大于 E_i，因此，$W_i/E_i>1$，在斜率的绝对值为 1 的情况下，这些点的弹性显然大于 1。同理，位于 Q 点右下方的劳动力需求曲线上的所有点都是缺乏弹性的。总的来说，直线型劳动力需求曲线实际上在某些区域是富有弹性的，在某些区域则是缺乏弹性的，并且左上端的那些点的自身工资弹性要高于右下端的那些点的弹性。

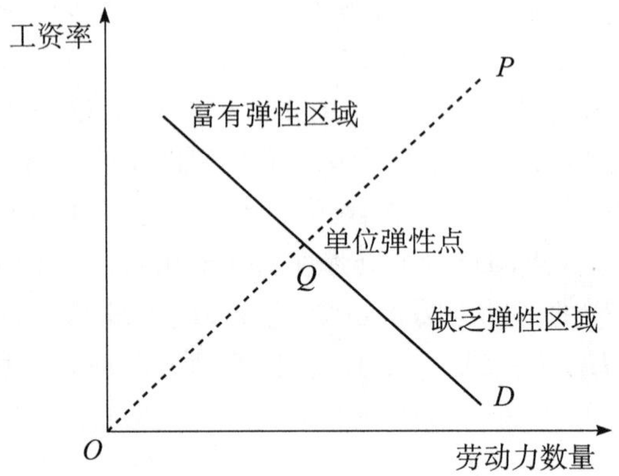

图 4-13　劳动力需求曲线上各点的需求弹性

劳动力需求的自身工资弹性的现实意义在于，如果一种劳动力需求的自身工资弹性较大，那么，这种劳动力的工资率一旦上涨 1%，其雇佣量就会面临大于 1%的下降，从而对这一类劳动力的就业造成损失；反之，如果一种劳动力需求的自身工资弹性较小，那么，这种劳动力的工资率上涨 1%，其雇佣量的下降会小于 1%，这样，工资率上涨对这一类劳动力的就业就不会造成太大的损失。换言之，自身工资弹性较小的劳动力的工资水平上涨会导致这类劳动力的整体工资性报酬总额上升；相反，自身工资弹性较大的劳动力的工资水平上涨会导致这类劳动力的整体工资性报酬总额下降。显然，劳动力的自身工资弹性越小，越有利于他们争取工资水平的上涨。

二、派生需求定理

到底哪些因素会影响一种劳动力需求的自身工资弹性呢？在经济学中，影响劳动力需求的自身工资弹性的因素被总结为希克斯-马歇尔派生需求定理（Hicks-Marshall Rules of Derived Demand），这些定理是以两位著名的英国经济学家约翰·希克斯和阿尔弗雷德·马歇尔的名字命名的。

（一）派生需求定理的主要内容

派生需求定理认为，若其他条件相同，则劳动力需求在以下几种情况下具有较高的自身工资弹性：一是消费者对此类劳动力所生产的产品的需求具有较高的价格弹性；二是很容易用其他生产要素来替代此类劳动力；三是其他生产要素的供给是富有弹性的；四是此类劳动力的成本在总成本中所占的比重较高。下面我们分别来阐述影响劳动力需求的自身工资弹性的这四个方面的因素。

1. 最终产品需求的价格弹性

第一条派生需求定理涉及市场对劳动力所生产的最终产品的消费需求问题，它主要体现在最终产品需求的价格弹性上。所谓最终产品需求的价格弹性，是指产品价格变动 1%所导致的产品需求量变动的百分比。在其他条件相同的情况下，产品需求弹性越大，价格变动引起的产品需求量变动就越大，由于产品价格的变动方向和产品需求量的变动方向是相反的，因此，如果产品价格上升，则产品需求弹性越大，消费者的产品需求量的下降幅度就越大。

最终产品需求的价格弹性对劳动力需求的自身工资弹性的影响是通过规模效应体现出来的。这里的基本逻辑是，工资率上升会导致生产成本上升，进而推动产品价格上涨，而产品价格上涨通常会导致消费者的产品需求量下降，这就迫使企业缩减生产规模，而生产规模的缩减无疑会导致劳动力需求量的减少。在这一逻辑链条中，产品需求的价格弹性越大，则规模效应越强，工资率上涨带来的劳动力需求量的减少幅度就越大。换言之，产品需求弹性越大，相应的劳动力需求的自身工资弹性也就越大。

通过上面的分析，我们不难得出这样几个结论：

其一，在其他条件相同的情况下，企业的劳动力需求比行业（或市场）的劳动力需求更加富有弹性。这是因为一家企业的产品很容易被其他竞争性企业的产品所代替，一旦一家企业因为工资率上涨导致生产成本上升，进而产品价格上升，其产品被替代的可能性就会很大，继而销售量下降，生产规模缩小，这必然会导致劳动力需求的下降。但是在不同行业之间，产品相互替代的难度比较大，或者根本就不可能相互替代。

其二，垄断企业的劳动力需求比竞争性企业的劳动力需求弹性更小。这是因为，垄断者所面对的产品需求曲线本身就是市场或行业需求曲线，因为它们是某个特定市场上的唯一产品销售者。根据上面的讨论，行业或市场的劳动力需求比单个企业的劳动力需求弹性更小，所以，垄断企业比竞争性企业的劳动力需求弹性要小。

其三，长期劳动力需求曲线比短期劳动力需求曲线的工资弹性更大。这是因为，在长期中用其他产品替代当前劳动力所生产的产品的程度更高，换言之，在产品市场上，产品的需求价格弹性在长期中更大一些。在短期内，要么一时无法找到某种产品的较好替代品，要么消费者的消费习惯需要慢慢改变，但是，经过一段时间之后，能够替代某种产品的新产品很有可能被开发出来，同时消费者开始逐渐熟悉和习惯使用新的产品。

2. 其他生产要素的替代能力

当某种劳动力的工资率上升时，企业倾向于用相对便宜的其他生产要素（可以是资本，也可以是其他类型的劳动力）对其进行替代。但是如果对这种劳动力进行替代的难度很大，如某项工作必须由人来做，任何机器都无法代替人工，那么，要想生产一个单位的产品就必须使用一定数量的劳动力。再比如，某种劳动力掌握着非常特殊的技能，很难找到能够替代他们的人，在这种情况下，一种劳动力的工资率上升所产生的替代效应就很难发挥作用，劳动力需求的减少只能来自规模效应。相反，在很容易替代一种劳动力的情况下，替代效应就能发挥作用，从而与规模效应共同促使劳动力需求量因工资率的上升而出现更大幅度的下降。因此，若其他条件相同，其他生产要素对某种劳动力的替代越容易，这种劳动力需求的自身工资弹性就越大。

不过，对一种劳动力进行替代的可能性一方面取决于技术上能否实现，另一方面取决于法律或工会集体合同中所做的一些具体规定。比如，政府通常规定公共游泳池必须配备一定数量的救生员，工会可能在集体谈判合同中约定在一列火车上工作的人员必须达到最低定员标准等。这些限制性的要求就降低了相关劳动力需求的自身工资弹性。此外，企业在长期中对某种劳动力进行替代的可能性会上升或者难度下降。由于资本在短期内是无法增加的，因而在短期中用资本替代劳动力的难度很大，替代效应无法发挥作用，但是在长期中，不仅有可能扩大既有资本的使用量，而且可能会有一些新的机器设备被发明出来，用于替代劳动力。比如，自动交换机对传统的电话接线员的替代以及远程监控系统对通信线路值守人员的替代等。再比如，一个地区在短期中可能难以找到充分的其他劳动力来替代现有劳动力，但是在长期中，移民以及其他流动劳动力的出现就使得用其他劳动力来替代当前劳动力变得更加容易。这是导致长期劳动力需求的弹性大于短期劳动力需求的另一个重要原因。

3. 其他生产要素的供给弹性

其他生产要素的供给弹性类似于劳动力的供给弹性，是指某一类生产要素的价格变动1%所导致的此类生产要素的供给量变动的百分比。某种生产要素的供给弹性如果较大，那么其价格变动所引起的供给量变动也会较大。因此，一旦一种劳动力的工资率上升，企业就会试图用其他生产要素来替代这种劳动力，这就会导致企业对其他生产要素的需求上升，这时，如果其他生产要素的供给量很容易增加，即供给弹性较大，那么企业用其他生产要素来替代当前劳动力便很容易，当前劳动力的需求有可能大幅下降。但是在有些时候，其他生产要素的供给量却必须在价格大幅上升的情况下才可能出现小幅增加，即它们的供给弹性很小，由于很难用一种相对合理的价格获得其他生产要素，企业难以用其他生产要素对当前劳动力进行替代，这时，劳动力的工资率上涨就不会导致其需求量出现较大幅度的下降。总之，在其他条件相同的情况下，能够对当前劳动力进行替代的其他生产要素的供给弹性越大，当前劳动力需求的自身工资弹性就会越大。

在长期中，能够对当前劳动力进行替代的其他生产要素的供给弹性往往会变得更大，比如，如果企业对能替代劳动力的资本的需求明显上升，那么资本（机器设备等）的生产企业很可能会扩大产能规模，从而以一个相对合理的价格向市场供应大量的资本设备。再比如，尽管在短期中某种技术劳动力的供给可能并不是很充分，即供给弹性不大，但是在长期中，一方面，大量劳动者会因为较高工资水平的吸引而通过教育训练使自己成为技术劳动力；另一方面，其他地区甚至国家的技术劳动力有可能会涌入，使技术劳动力供给变得更加富有弹性。这种状况会使对当前劳动力进行替代的其他生产要素的供给变得更加富有弹性，这是长期劳动力需求的弹性大于短期劳动力需求的另一个原因。

4. 产品总成本中劳动力成本所占的比重

某种劳动力成本占总成本的比重也是影响劳动力需求的自身工资弹性大小的主要因素。在其他条件相同的情况下，假设这种劳动力成本最初在产品总成本中所占的比重是30%，如果工资率上升10%，总成本将上升3%（30%×10%），但如果最初比重是70%，则工资率上升10%，总成本将上升7%。由于在后一种情况下企业被迫更大幅地提高产品价格，这会导致企业的销量更大规模下降，产出量和劳动力需求量的下降幅度会更大。事实上，后一种情况所导致的规模效应和替代效应更大。因此，某种劳动力成本在总成本中所占的比重越大，这种劳动力需求的自身工资弹性越高。

不过，需要指出的是，派生需求定理的这最后一条并不是绝对正确的，它忽略了其他要素对当前劳动力进行替代的可能性，因而在有些情况下并不成立。比如，尽管当前劳动力成本在总成本中所占的比重较小，但是如果其他劳动力能够很好地对当前劳动力进行替代，则这种劳动力的工资率即使上升一点，也会导致其需求量大幅下降，即这种劳动力需求的自身工资弹性较高。反之，尽管某种劳动力的成本在总成本中占较大的比重，但是如果他们很难被其他劳动力所替代，那么这种劳动力需求的自身工资弹性未必比在总成本中所占比重较小时更大。

综上所述，工资率变化对劳动力需求量变化的影响主要是通过规模效应和替代效应两个方面体现出来的，而希克斯-马歇尔派生需求定理中的四条均是围绕这两种效应的作用展开的。

（二） 派生需求定理的应用

我们在前面已经指出了派生需求定理可以解释长期劳动力需求比短期劳动力需求的自身工资弹性更大的问题，除此之外，它还可以用来解释市场经济条件下的工会行为及其所产生的后果。

工会通过集体谈判对企业施加影响的目标是多元化的，努力提高工会会员的工资，同时增加工会会员的工作保障性是其中最重要的两个目标。然而，工会所面临的劳动力需求的自身工资弹性却会对工会的目标构成约束。具体来说，在其他条件相同的情况下，劳动力需求的自身工资弹性越大，工会在尽可能保障其成员就业安全的情况下为他们争取到工资增长的能力就越弱。这是因为，当劳动力需求曲线富有弹性时，与工资率上升的百分比所对应的就业量下降的百分比会很大，这时如果工会硬性要求企业提高工资，必然会使工会会员的就业量出现更大幅度的下降。

基于以上分析，我们可以得出以下几个方面的结论：

(1) 在劳动力需求无弹性的市场上，工会能够为其成员争取到的工资增长是幅度最大的；更现实地说，劳动力需求的自身工资弹性越小，工会能够为工会会员争取到工资增长的机会就越大。

(2) 工会会首先选择在劳动力需求无弹性或弹性较低的市场上组建组织，在劳动力成本所占比重较小的情况下，工会成功的可能性较大。比如，有证据表明，相对于一般的行业工会而言，像电工工会和木工工会这样一些以小群体劳动者为组织对象的工会（即同业工会）在获取工资增长方面更有可能成功。

(3) 工会将努力采取措施以降低其会员的需求工资弹性，或者是抵制任何可能会导致其会员的需求工资弹性上升的技术变革（即阻止企业采用以资本替代劳动力的技术）。比如，排字工人工会就曾长期阻止将计算机排字设备引入印刷行业。

(4) 工会会力图抵制那些可能与工会化企业所生产的产品产生竞争关系的其他产品。通过限制消费者获得同类的其他产品，工会实际上降低了自己所生产的相关产品的需求价格弹性。比如，美国汽车工人联合会就是支持美国政府制定政策阻止或至少延缓日本汽车进入美国市场的一股最主要力量，美国的彩电业工会也曾经游说政府对中国的彩电进口实行反倾销措施。

(5) 工会还会力图通过提高其他投入要素（比如非工会劳动力）的价格来阻止雇主对工会会员进行替代。比如，美国的《戴维斯-贝肯法案》(Davis-Bacon Act) 就要求公共财政资助项目的承包商必须向建筑工人支付所谓的通行工资率。通行工资率常常被界定为工会集体谈判确定的工资率，根据这一法案的要求，即使承包商所雇用的劳动者并未加入工会，也必须给这些劳动者支付工会所确定的工资率。工会之所以支持这样的立法，是因为它提高了雇主用其他投入来替代工会劳动力的成本。此外，工会还会积极地推动政府制定水平更高的最低工资标准，从而阻止雇主把工厂搬迁到工资水平更低的地区。

从实践来看，市场经济国家中的工会的力量受到了不同程度的削弱，因为工会会员的劳动力需求的自身工资弹性现在变得更高。导致这种情况出现的三个方面的原因是：

其一，发达国家从低成本国家进口的产品越来越多，这些产品与发达国家的工会会员所生产出来的产品构成了竞争关系，导致工会会员生产出来的产品的需求价格弹性非常大，这使得工会会员的劳动力需求的弹性上升（派生需求的第一定理）。

其二，很多发达国家的企业为了获得低成本的劳动力，将工厂迁往海外，即实行离岸经营，这就导致企业更容易直接用外国丰富的低成本劳动力对国内的高成本工会劳动力进行替代（派生需求的第二和第三定理）。

其三，随着政府对很多行业的管制措施被解除，企业之间的竞争更加激烈。在受到管制的情况下，很多企业几乎处于垄断地位，很容易将由于工资率上涨而产生的成本以更高价格的形式转嫁给消费者，但是，随着市场放开和竞争加剧，企业无法再通过这种方式来消化人工成本的上涨，于是，劳动力需求的自身工资弹性上升。比如，美国政府到 1978 年才解除对航空业的管制，在此之前，许多航空公司在所经营的航线上都没有竞争对手，即便是不同的航空公司在同一航线上运营，政府也禁止它们利用降价的方法来展开竞争，这时，民航飞行员的劳动力需求的自身工资弹性就非常小，飞行员工会在推动飞行员的工资大幅上涨时，无须担心飞行员的就业水平受到明显冲击，所以飞行员的工资水平很高。但是在政府解除对航空业的管制之后，各航空公司之间的竞争日益激烈，飞行员的劳动力需求变得更加富有弹性，许多航空公司成功地削减了飞行员的工资。

小专栏 4-2

中国彩电出口遭遇美国工会阻击

对于许多美国人来说，田纳西就像家一样，很多人在年轻时听的乡村歌曲都是从田纳西飘出来的。可现如今田纳西东北角那个只有两万人的小镇格林维尔却不知要给多少中国工人带来伤感。这一切源于那个 56 年来一直是格林维尔不可分割的一部分的五河电子公司。公司首席执行官汤姆·霍普生说，他父亲为这个工厂工作了 20 多年，他自己也在五河工作了 25 年。2002 年，五河电子已经成为小镇的最大雇主。不过，从 2000 年开始一切似乎都改变了。“2001 年公司还雇用着 1 850 位员工，可一年之后就下降到了 1 450 人，在 2003 年的顶峰时期也只剩下 1 250 人，9 条生产线被削减为 3 条。”霍普生缓缓的语调中透出丝丝凄凉。“假如我们不能做出任何有效的举动，今年年底我们就会关门。在过去的 55 年中，我们工厂为社区提供了 1 500～3 000个工作机会，如果工厂倒闭，对社区将是一场灾难。”霍普生在前不久美国国会针对中国彩电涉嫌在美国市场倾销举行的一次听证会上这样说。

2003 年 5 月 2 日，美国五河电子公司和国际电子业兄弟会（IBEW）及国际电子产品、家具和通信工会（IUE-CWA）联合向美国商务部和国际贸易委员会就中国出口美国的普通彩电提起反倾销申诉。IUE-CWA 作为拥有 15 万在职和退休产业工人的工会，在本案中代表五河电子公司和位于阿肯色州的另一家工厂。作为此次上诉方之一，IUE-

CWA重申，来自国外的彩电以低于市场价非法销售导致它们的市场份额急剧下滑，结果大批工人失业。而总部位于华盛顿特区的IBEW则在美国和加拿大的公用事业、建筑、电信、广播、制造乃至铁路行业拥有超过78万名会员，是最大的工会组织之一，在本案中代表其他一些相关公司的产业工人。

根据有关此案的部分公开材料，IBEW的国际代表约翰逊说："当来自中国和马来西亚的不公平贸易产品冲击美国国内市场时，我们的工人便失业了。2002年11月14日，夏普停掉了在田纳西州孟菲斯市的工厂中的电视生产线，500名员工失业，所幸的是，夏普的这个工厂还在生产太阳能产品以及微波炉产品，只是它的员工已经不及彩电生产未移出美国之前的一半。"2004年1月，由于产业的不确定性，制造纯平彩电的东芝工厂也临时解雇了部分IBEW的会员。

由于欧盟已经有针对中国和马来西亚生产的彩电的反倾销税，所以美国成了中国和马来西亚的彩电生产商的重要目标市场。约翰逊说，本案中更为重要的事情是对彩电零部件供应商的影响，如共有20 000名受雇于玻璃供应商的员工也部分地依赖美国彩电工厂的继续运营。IBEW表示，目前有大约3 000名会员在美国的汤姆逊和东芝电视工厂工作，但是仅在过去的两年中，就有3 000名彩电产业工会会员由于过量进口而丢掉了工作，而在彩电的原材料和部件等上游产业有7 000名工人失去工作。IBEW所代表的夏普工厂已经停止了显像管的生产，汤姆逊和东芝及飞利浦工厂也因大屏幕彩电市场受到巨大冲击而缩小了规模。

生产RCA牌彩电的汤姆逊公司来自法国，它在美国的两家工厂雇用了2 500名IBEW工会会员生产屏幕和显像管。该公司位于印第安纳州的工厂从1949年开始生产显像管，在20世纪70年代后期曾经雇用4 000名员工，但现在却面临着生存危机。"生产规模削减了1/3，500名以前主要生产21寸以上彩电的员工失业。"

2003年5月2日，美国商务部收到五河电子公司和IUE-CWA、IBEW提交的申诉状。5月19日，马来西亚一家公司就申诉方的产业支持提出了质疑，第二天，中国的四川长虹公司也提出了同样的质疑。11月23日，美国商务部做出初裁，此后中国的康佳、长虹、TCL和厦新又提交了新的证据，中国的另一家彩电出口商苏州飞利浦公司和三家进口中国彩电的美国公司以及中国机电产品进出口商会也提交了案情陈述，在长虹、康佳和TCL公司的要求下，美国商务部于2004年3月3日举行了一次听证会。

然而，2004年5月14日，美国商务部认定在美销售的中国彩电低于成本价销售后，国际贸易委员会最后投票裁定：美国的相关产业受到了中国彩电倾销的实质性损害，决定对从中国进口的彩电征收惩罚性关税。悲剧不可避免地发生了。

资料来源：段德峰．中国彩电输掉美国市场内情：美两大工会出手阻击．21世纪经济报道，2004-05-26.

三、劳动力需求的交叉工资弹性

（一）劳动力需求的交叉工资弹性的衡量及其作用过程

如果在生产过程中同时使用两种以上的生产要素，则一种生产要素价格的变化往往会引起另一种生产要素的需求量发生变化，相对于生产过程中所使用的一种劳动力来说，另一种生产要素可以是资本，也可以是另一种劳动力。无论是资本价格的变化，还是另一种劳动力价格的变化，都会对当前劳动力的需求量产生影响。劳动力需求的交叉工资弹性主要着眼于考察一类劳动力的价格变化对另一类劳动力的需求量所产生的影响。

所谓劳动力需求的交叉工资弹性（the cross elasticity of demand for labor），是指某一种劳动力的工资率变化1%所导致的另一种劳动力需求量变化的百分比。其计算方法如式（4-25）所示。它与式（4-24）很像，唯一的不同在于，在式（4-24）中所描述的是一种劳动力的工资率变动对这种劳动力的需求量所产生的影响；而在式（4-25）中所描述的是一种劳动力（i）的工资率变动对另一种劳动力（j）的需求量所产生的影响。

$$\eta_{ij} = (\Delta E_j / E_j)(\%) \ / \ (\Delta W_i / W_i)(\%) = (\Delta E_j / \Delta W_i) \times (W_i / E_j) \qquad (4-25)$$

劳动力需求的交叉工资弹性的值是正还是负，具有非常重要的意义。如果两种劳动力的交叉工资弹性为正值，则意味着一种劳动力的工资率提高会促使另一种劳动力的就业量增加，这说明两者之间是一种总替代关系（gross substitutes）。如果两种劳动力的交叉工资弹性为负值，则意味着一种劳动力的工资率提高会促使另一种劳动力的就业量减少，这说明两者之间是一种总互补关系（gross complements）。下面我们将对这两种关系进行更深入的考察。

一种劳动力价格的变化对另一种劳动力的需求量所产生的影响同样是通过规模效应和替代效应实现的。不过它与劳动力的工资率变化对自身需求发生作用的方式不同，它们的作用方向相反。

我们假设在生产过程中需要同时使用甲、乙两种劳动力。现在乙种劳动力的价格没有变化，甲种劳动力的工资率上涨了。显然，甲种劳动力的工资率上升会同时产生规模效应和替代效应。首先，甲种劳动力的工资率上升导致企业的总成本上升，从而给企业带来一种缩小规模的动力，这会导致企业对甲种劳动力和乙种劳动力的需求量同时下降（规模效应）。其次，甲种劳动力的工资率上升会导致它的相对价格上升，从而给企业带来一种用乙种劳动力来替代甲种劳动力的动力，结果，企业对甲种劳动力的需求量下降，对乙种劳动力的需求量上升（替代效应）。这样，甲种劳动力的工资率上涨所产生的规模效应导致乙种劳动力的需求量下降，而其替代效应导致乙种劳动力的需求量上升。显然，甲种劳动力的工资率上涨对乙种劳动力需求量发生作用的两种方式是方向相反的。

这时，如果乙种劳动力的需求量最终是下降的（尽管乙种劳动力与甲种劳动力的相对需求比例会上升，但其绝对需求量是下降的），则表明甲种劳动力的工资率上升对乙种劳动力的需求量所产生的规模效应大于替代效应，此时，我们便可以说甲、乙两种劳动力之间存在一种总互补关系。反之，若甲种劳动力的工资率上升，而乙种劳动力的需求量上升（不仅乙种劳动力与甲种劳动力的相对需求比例上升，其绝对需求量也上升），则表明在甲种劳动力和乙种劳动力之间存在一种总替代关系，此时，甲种劳动力的工资率上涨对乙种劳动力的需求量所产生的规模效应要小于替代效应。

总之，当一种生产要素的价格变化最终导致另一种生产要素（其价格保持一定）的需求量呈现反方向的变化时，我们称这两种生产要素之间存在总互补关系。当一种生产要素的价格变化最终导致另一种生产要素（其价格保持一定）的需求量呈现同方向的变化时，则称这两种生产要素之间存在总替代关系。

需要特别指出的是，如果两种生产要素之间是互补关系，则它们一定是总互补关系。因为两种生产要素互补就意味着在生产过程中必须同时使用它们，减少一种要素的使用量也就意味着要减少另一种要素的使用量。在这种情况下，就不存在替代效应，只有规模效应，而且这两种要素之间必然为总互补关系。

但是，当两种生产投入要素之间是相互替代关系时，却不一定是总替代关系，这是因为这时替代效应和规模效应同时发挥作用，两种要素之间最终是什么关系，要看哪一种效应更大，规模效应更大就是一种总互补关系，替代效应更大就是一种总替代关系。这种情况我们可以用图 4－14 来展示，当 i 和 j 两种生产要素在生产过程中是相互替代关系的时候，如果生产要素 i 的价格上升导致生产要素 j 的需求下降，则规模效应大于替代效应，两者是总互补关系；相反，如果生产要素 i 的价格上升导致生产要素 j 的需求随着上升，则替代效应大于规模效应，两者是总替代关系。

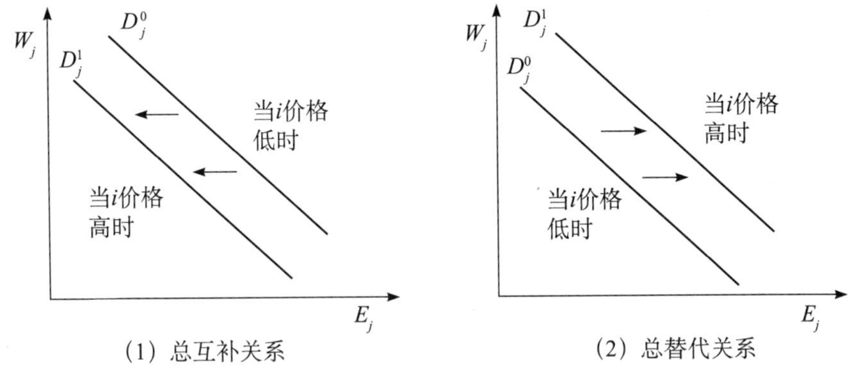

图 4－14 总替代关系与总互补关系图示

（二）资本-技能互补假设及其政策含义

在实践中，一个争论很大的话题是技术进步对就业的影响。技术进步的一个重要影响是使资本的价格下降，而资本价格下降必然会导致企业用资本替代劳动力。因而，很多人担心技术进步会对劳动者的就业产生不利影响。但是正如我们在上面所谈到的，技术进步是否会导致资本替代劳动力，关键要看两者之间到底是总替代关系还是总互补关系，即资本价格下降导致某一类劳动力需求的交叉工资弹性的符号是正还是负。如果某种特定的劳动力在生产过程中与资本是相互替代的，并且资本价格下降的规模效应比较弱，那么资本和这种劳动力之间便是一种总替代关系，资本价格下降倾向于减少对这种劳动力的需求。然而，对于那些和资本没有密切替代关系的劳动力而言，规模效应可能会占主导地位，劳动力和资本之间可能是一种总互补关系，资本价格下降倾向于增加对某种特定类型劳动力的需求。

一般性的结论是：与技术工人和资本之间的关系相比，非技术劳动力和资本在生产过程中更有可能是相互替代的。研究发现，技术劳动力和资本在生产过程中是互补的。由于互补的生产要素之间一定是总互补关系，所以技术变革更可能导致对技术劳动力的需求上升，而不是对非技术劳动力的需求上升。①

① David Autor，Lawrence Katz and Alan Klan Krueger. Computing Inequality：Have Computer Changed the Labor Market? Quarterly Journal of Economics 113. no. 4，November 1998：169－213.

但是，我们并不能就此做出判断，认为技术变革对非技术劳动力一定是一种威胁。这是因为，即使是那些在生产过程中相互替代的要素仍然有可能是总互补关系（只要规模效应足够大），资本对劳动力的替代可能会摧毁某些非技术岗位，但是与之相伴随的规模效应又可以创造出其他一些非技术岗位。

然而，技术变革确实给有些劳动者带来了成本，一些人由于工作岗位被资本替代，不得不重新找工作并承担与此相关的成本，其中包括工资损失、暂时性失业，或者是掌握新的技能等。但是，由于技术创新也强化了对其他劳动者的需求，并且导致成本下降以及消费者可选择的产品类别的增加，因此，对于一个国家或社会来说，如果有人从技术变革中受益，有人因为技术变革受损，但是受益者获得的收益超过受损者遭受的损失，那么社会就需要建立一种补偿机制来弥补受损者的损失，从而促使社会的整体福利状况得以改善。需要注意的是，一个国家对实物资本投资提供补贴的政策（比如投资税收减免政策），会对不同群体中的劳动者产生不同的效果，因为这种补贴所导致的资本价格下降往往会使技术劳动力的需求量上升，而非技术劳动力的需求量下降。此外，技术进步对收入分配的公平性也会产生重大的影响，很显然，技术进步有利于技术劳动力而不是非技术劳动力。在这种情况下，国家就必须通过各种措施来弥补技术进步受损者所遭受的损失，通过提供政府补贴的培训或技能升级计划等方式来设法缓解他们的整体福利下降的状况。

◆ 本章小结

劳动力需求是一种派生需求，因此劳动力需求会受到劳动者所生产的产品或服务的市场需求的变化以及参与产品或服务生产的其他生产要素的价格等的变化的影响。

竞争性企业的短期劳动力需求曲线推导建立在几个基本假设的基础之上，即企业只能调整劳动力这种生产要素而无法调整资本这种生产要素的使用量；劳动力是同质的；企业在产品市场和劳动力市场上都是价格的接受者；企业追求利润最大化。

根据劳动力边际收益递减规律可以推导出，劳动力的总产出曲线在劳动力的边际产出为零的那一点达到最大，劳动力的边际产出曲线穿过劳动力的平均产出曲线的最高点。

在长期中，企业可以同时通过对劳动力和资本两种生产要素的使用来实现利润最大化，因此，工资率的变化对劳动力需求会产生规模效应和替代效应，并且这两种效应对劳动力需求量产生的影响是一致的。

在其他条件不变时，产品需求上升会导致劳动力需求增加，反之则导致劳动力需求下降。资本价格变化同样会对劳动力需求产生规模效应和替代效应，资本价格下降的规模效应导致劳动力需求上升，而替代效应导致劳动力需求下降，最终结果取决于两种效应的力量对比。

劳动力需求的自身工资弹性是指某种劳动力的工资率变化 1% 导致这种劳动力的需求量变化的百分比。派生需求定理解释了影响劳动力需求的自身工资弹性的因素，即最终产品需求的价格弹性越大，其他生产要素的替代能力越强、供给弹性越大，劳动力成本在总成本中占的比重越大，则劳动力需求的自身工资弹性越大。

◆ 关键术语

派生需求（derived demand）

生产函数（production function）

边际产出（marginal physical product，MPP 或 MP）

劳动力的边际产出（marginal physical product of labor，MPP_L 或 MP_L）

劳动力的总产出（total physical product of labor，TPP_L）
劳动力的平均产出（average physical product of labor，APP_L）
劳动力的边际收益产品（marginal revenue product of labor，MRP_L）
边际收益（marginal revenue，MR）
劳动力的边际成本（marginal expense of labor，ME_L）
等产量线（isoquant curve）
边际技术替代率（marginal rate of technical substitution，MRTS）
等成本线（isocost curve）
替代效应（substitution effect）
规模效应（scale effect）
产出效应（output effect）
劳动力需求的自身工资弹性（the own elasticity of demand for labor）
工资总额规则（total wage bill rules）
劳动力需求的交叉工资弹性（the cross elasticity of demand for labor）
总替代关系（gross substitutes）
总互补关系（gross complements）

◆ 复习与思考

1. 劳动力需求的性质是什么？哪些因素会对企业的劳动力需求产生影响？
2. 什么是劳动力需求弹性？试举例说明派生需求定理的内容。
3. 试说明推导短期劳动力需求曲线的几个基本假设。
4. 请结合实际说明产品市场变化对劳动力需求量的变化会产生何种影响。
5. 请结合资本价格变化对劳动力需求量的影响分析技术进步对就业的影响。
6. 什么是劳动力需求的交叉工资弹性？
7. 请比较短期劳动力需求曲线与长期劳动力需求曲线的异同。
8. 某公司雇用的员工人数与公司每天能够生产出来的产品数量的对应关系如下表所示。请说明该公司劳动力的边际收益产品是多少。假设一件产品的售价为 10 美元，则该公司劳动力的边际收益产品又是多少？如果每一位员工每天的工资标准是 80 元，那么，这家企业雇用多少员工能够实现利润最大化？

员工数量	产品数量
1	10
2	18
3	23
4	27

9. 假定护士的劳动力需求函数为 $L_D = 5\,000 - 20W$，其中，L 代表护士人数，W 代表护士的工资水平。当 $W = 100$ 元时，护士的劳动力需求的自身工资弹性是多少？护士的劳动力需求在这一点上是富有弹性还是缺乏弹性？当 $W = 200$ 元时，情况又是怎样的？

第5章
劳动力市场均衡与非均衡

学习目的

读完本章之后，你应该能够：

1. 掌握劳动力市场均衡的内涵及其图形表示
2. 熟悉劳动力供求的变化对劳动力市场均衡的影响
3. 理解垄断以及买方独家垄断条件下的劳动力市场均衡
4. 理解阻碍劳动力市场均衡达成的摩擦力
5. 理解工薪税、工资补贴政策以及最低工资立法等公共政策对劳动力市场均衡的影响

第1节　劳动力市场的均衡与非均衡

一、劳动力市场均衡的形成

（一）劳动力市场均衡的含义

我们在第2章和第4章中分别分析了劳动力供给和劳动力需求的情况，我们知道，市场劳动力供给反映的是在其他条件不变的情况下，相对于某一既定的市场工资率，劳动者愿意而且能够提供的劳动力数量。市场劳动力需求则是在其他条件不变的情况下，相对于某一既定的市场工资率，市场上的所有企业愿意而且能够雇用的劳动力数量。我们还知道，若其他条件相同，则市场工资率越高，劳动力需求量越少，但是劳动力供给反而越多；反之，市场工资率越低，劳动力需求量越大，劳动力供给却越少。显然，市场劳动力供给和市场劳动力需求都是工资率的一个函数，那么，我们能否找到一个使市场上的劳动力供给和劳动力需求正好相等的市场工资率呢？如果能够找到这样一个工资率，我们便说劳动力市场达到了均衡，这一工资率便为均衡工资率。在这个时候，市场上既不存在失业，也不存在劳动力短缺，即市场上所有愿意在这一工资率水平上参加工作的人都能找到工作，而企业的所有职位

空缺也都有人填补。

均衡本来是一个物理学概念，它是指某一物体在同时受到两个或两个以上力的作用，但合力为零时所处的状态。经济学借用“均衡”一词来指经济系统在承受各种外力的情况下保持平衡时的一种状态。而劳动力市场均衡（labor market equilibrium）则是指市场上的劳动力供求相等，从而市场出清的一种劳动力市场状态。这一节我们首先来考察在完全竞争条件下劳动力市场均衡的一般状况。

借助劳动力供给曲线和劳动力需求曲线，我们可以直观地了解劳动力市场均衡的含义。如图 5-1 所示，S 为劳动力供给曲线，D 为劳动力需求曲线，S 与 D 的相交之处 A 点即为劳动力市场均衡点，A 点所对应的 W_0 和 E_0 分别为均衡市场工资率和均衡就业量。在图中，我们还标出了两个不同于 W_0 的工资率，即 W_1 和 W_2，其中 W_2 高于 W_0，而 W_1 则低于 W_0。从图中可以看出，在工资率处在低于均衡市场工资率的 W_1 水平上时，劳动力需求量超过劳动力供给量（两者之间的差额为图中 FE 线段在横轴上所对应的劳动力数量），这时会出现劳动力短缺现象，企业之间必须在劳动力市场上展开竞争。为了吸引更多的员工，企业这时就必须提高工资率，从而推动整体市场工资水平上升。在工资率上升之后，会出现两种情况：一是更多的人愿意进入这一市场来求职（从 F 点沿着劳动力供给曲线向 A 点扩张）；二是随着工资率的上涨，企业需要雇用更少的员工（从 E 点沿着劳动力需求曲线向 A 点收缩）。最后，劳动力供求的共同变动结果是在到达 A 点后实现均衡，到这一点之后，劳动力供求双方没有再做进一步变动的必要。

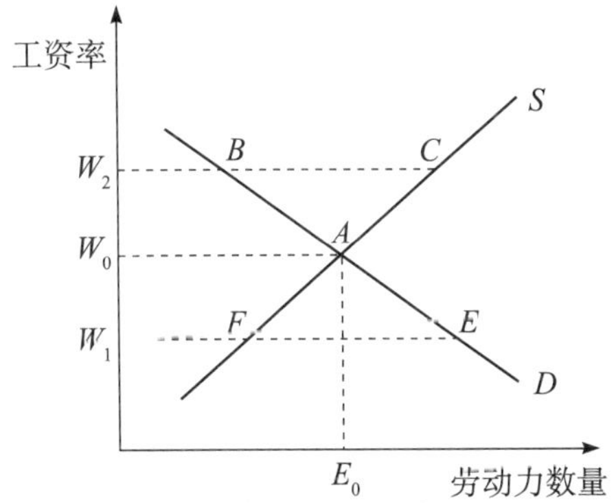

图 5-1　劳动力市场均衡

然而，如果由于某些原因，工资率上升到 W_2，那么劳动力的供给量将超过需求量（供给过剩数量为图中线段 BC 在横轴上对应的劳动力数量）。此时，企业需要雇用的劳动力数量少于劳动力的供给数量，因此并非所有希望就业的人都能找到工作，于是就会出现劳动力过剩，一个职位可能会有许多求职者来竞争。企业在这种情况下就会认识到，即使降低工资率，它们仍然能够得到足够数量的合格求职者来填补职位空缺，此外，如果工资率有所下降，企业愿意雇用更多的人。随着工资率的下降，一些人为了获得工作岗位愿意接受这一已经降低的工资率，另一些人则会离开这一市场，要么是彻底退出劳动力市场，要么是到其他劳动力市场（甚至可能是到国外劳动力市场）上去求职。因此，随着工资率从 W_2 逐步下降，劳动力的供给和需求逐渐走向均衡，当工资率下降到 W_0 时，劳动力市场便达到均衡状态，此时既无劳动力供给过剩，也不存在劳动力需求过剩。

（二） 企业的劳动力雇佣数量决策

在完全竞争的劳动力市场上，一旦均衡市场工资率或出清工资率 W_0 确定下来，它便成为每一位雇主和劳动者都必须面对的市场通行工资率；换言之，工资率是由市场上的总体劳动力供给和总体劳动力需求两个方面的力量决定的，每一位市场参与者都是这一劳动力价格的接受者。在这种情况下，单个企业所面临的劳动力供给曲线就不同于市场劳动力供给曲线，因为这时，任何一家企业只要支付均衡市场工资水平，它便可以得到自己想要的任何数量的劳动力供给。即单个企业所面临的劳动力供给曲线是一条在均衡市场工资水平上与横轴平行的直线。而单个企业的劳动力需求曲线则是本企业的劳动力的边际收益产品曲线向下倾斜的那部分。单个企业的劳动力供给和劳动力需求恰好相等的点便决定了企业的最终劳动力雇佣数量。

如图 5-2 所示，图 5-2（1）是对劳动力市场均衡的描述，市场劳动力供求的共同作用是确定了一个均衡市场工资率 W_0 以及一个均衡雇佣量 E_0，在这一劳动力市场上的所有企业都按照 W_0 支付工资，并且总雇佣量 E_0 等于市场上的每一家企业在这一工资水平上的雇佣量总和。图 5-2（2）中描绘的则是在这一市场上的一家典型企业（企业甲）的劳动力需求曲线和劳动力供给曲线。由于该企业的劳动力需求曲线为 $D_甲$，劳动力供给曲线为 $S_甲$，所以该企业在市场工资率下最终雇用的劳动力数量为 $E_甲$。

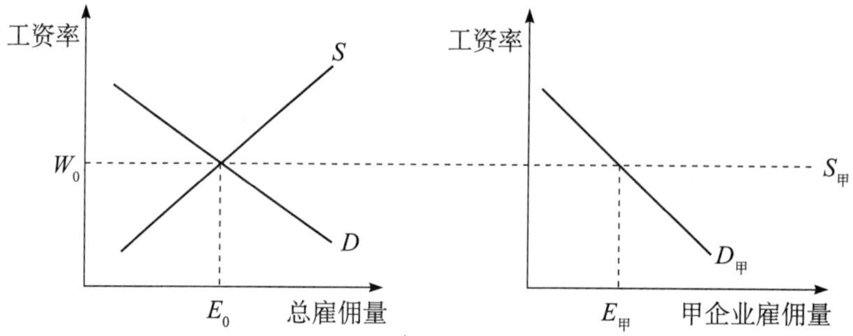

（1）劳动力市场均衡　　（2）企业雇佣量决策

图 5-2　劳动力市场均衡与单个企业的雇佣量决策

二、劳动力市场均衡的破坏与重建

劳动力市场达到均衡并不意味着均衡工资率和均衡雇佣量从此就不再发生任何变动，相反，由于达成劳动力市场均衡的两个重要条件即市场劳动力供给曲线和市场劳动力需求曲线都会因为各种原因而发生变化，所以，劳动力市场均衡是很容易被打破并且很快得到重建的，这时就会出现新的均衡工资率和新的均衡雇佣量。事实上，劳动力市场均衡就是在不断建立、不断被打破，然后再重新建立这样一种循环中持续运行的。

下面我们首先考察劳动力供给曲线和劳动力需求曲线移动对劳动力市场均衡所产生的影响，然后分析两条曲线同时移动时可能会出现的情况。

（一）劳动力需求曲线移动对市场均衡的影响

在劳动力市场均衡的图形中，我们看到的劳动力需求曲线的位置高低是在假设劳动力所生产的产品的价格、其他生产要素的价格、劳动力的生产率等诸多因素不变的情况下确定下来的。而在短期和长期中，所有这些因素都有可能会发生变化，因而，劳动力需求曲线很可能会发生向上或向下的平行移动，这种移动必然会对劳动力市场均衡产生影响。

劳动力需求曲线的移动方式有两种，一是向左或向下移动，二是向右或向上移动，向左移动意味着在工资率不变的情况下，劳动力需求量减少了，向右移动则意味着在工资率不变的情况下，劳动力需求量增加了。劳动力需求曲线的这两种移动方式对劳动力市场均衡的位置所产生的影响如图5－3所示。

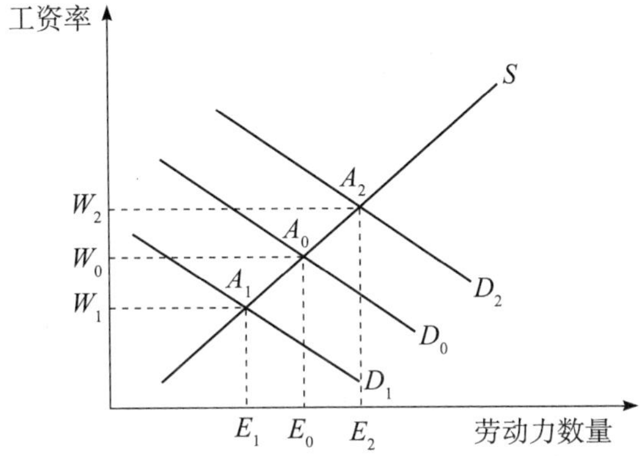

图5－3　劳动力需求曲线移动对均衡的影响

图中，S 为劳动力供给曲线，我们假定它保持不变，D_0 为初始劳动力需求曲线，A_0 为初始均衡点，D_2 为 D_0 的右移线，D_1 为 D_0 的左移线。从图中可以很明显地看到，当劳动力供给曲线不变，而劳动力需求曲线右移时，新的均衡点 A_2 所对应的均衡工资率 W_2 和均衡雇佣量 E_2 都比初始均衡点 A_0 所对应的均衡工资率 W_0 和均衡雇佣量 E_0 要大，这说明均衡工资率和均衡雇佣量都随劳动力需求曲线右移而有所上升。反之，当劳动力供给曲线不变而劳动力需求曲线左移时，均衡工资率和均衡雇佣量会同时下降。显然，劳动力需求曲线右移对于提高工资率和就业量都是有好处的。

那么，到底哪些因素会对劳动力需求曲线的左移或右移产生影响呢？常见的因素主要有以下几个方面：一是产品需求的变化。劳动者所生产的产品的市场表现无疑会影响劳动力的边际收益产品，即产品价格的上升会导致劳动力的边际收益产品上升，这会导致劳动力需求上升，体现为劳动力需求曲线的右移。反之，产品价格下降会导致生产这种产品的劳动力的需求曲线左移。二是劳动者的生产率。在产出增加不影响产品价格的情况下，劳动者的生产率提高同样会导致劳动力的边际收益产品上升，从而促使劳动力需求上升。三是其他生产要素的价格。若资本等其他生产要素与某种劳动力之间是一种总互补关系，则其他生产要素价格的上升会导致相同工资率下的劳动力需求下降；若为总替代关系，则其他生产要素价格的上升会导致劳动力需求上升。四是雇主数量。在每一家企业所雇用的劳动力数量不变的情况下，由于新的企业出现等原因所导致的雇主数量增加，显然会带来劳动力需求上升，从而促使劳动力需求曲线右移。

由于提高工资和扩大就业水平是每个国家的政府都积极追求的目标，所以扩大产品需求、提高劳动者的生产率、降低与劳动力存在总互补关系的其他生产要素（尤其是资本）的价格以及增加企业数量（招商引资）等，往往会成为这些政府努力的方向。

（二）劳动力供给曲线移动对市场均衡的影响

我们在上面分析了在劳动力供给曲线不变的情况下，劳动力需求曲线的移动对劳动力市场均衡的影响。这里我们反过来考察一下，在劳动力需求曲线不变的情况下，劳动力供给曲线的移动对劳动力市场均衡的影响。

同理，劳动力供给曲线的移动方式也有两种，劳动力供给曲线右移表示在每一种工资率上的劳动力供给量都增加了，而劳动力供给曲线左移则表示在每一种工资率上的劳动力供给量都减少了。劳动力供给曲线的左移或右移对劳动力市场均衡的影响如图 5-4 所示。

图 5-4 中，D 为劳动力需求曲线，它一直保持不变，S_0 为初始的劳动力供给曲线，A_0 为初始均衡点，S_1 为 S_0 的右移线，S_2 为 S_0 的左移线，A_1 和 A_2 分别为 S_0 右移和左移之后形成的新的劳动力市场均衡点。从图中可以看到，S_0 右移后的均衡点 A_1 所对应的均衡工资率 W_1 小于初始均衡点 A_0 所对应的均衡工资率 W_0，而 A_1 所对应的均衡雇佣量 E_1 大于初始的均衡雇佣量 E_0，这说明，劳动力需求曲线不变而劳动力供给曲线右移必然导致均衡工资率下降和均衡雇佣量上升。类似地，当劳动力需求曲线不变而劳动力供给曲线左移时，则会出现均衡工资率上升（$W_2>W_0$）及均衡雇佣量下降（$E_2<E_0$）。我们在前面分析过，若劳动力供给曲线不变，劳动力需求曲线右移会同时带来均衡工资率和均衡雇佣量的上升，这明显有利于劳动者总体福利状况的改善。但是在这里我们看到，若劳动力需求曲线不变，劳动力供给曲线右移只能带来均衡雇佣量的上升，均衡工资率却在下降，因此，劳动力供给曲线右移并不一定带来劳动者总体福利的改善。

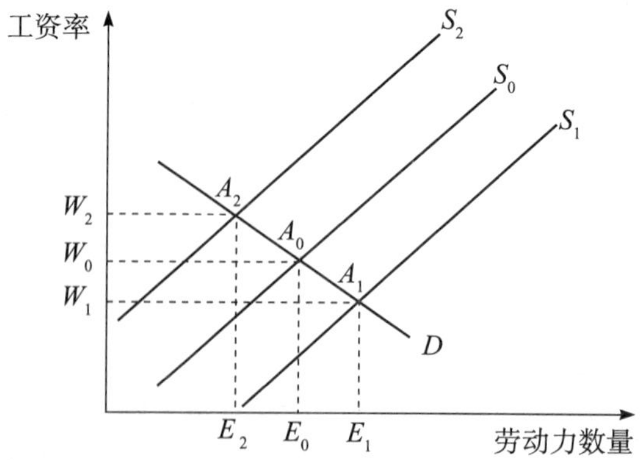

图 5-4　劳动力供给曲线移动对均衡的影响

我们同样需要分析一下哪些因素会导致劳动力供给曲线左移或右移。常见的影响因素包括以下几个：一是其他职业或地区的市场工资率水平。如果其他职业或者地区的市场工资率上升，则有可能导致当前劳动力市场上的劳动者流动到其他劳动力市场上去，从而造成当前劳动力市场上的供给曲线左移（同一种工资率水平上的劳动力供给量减少）。二是非劳动收入。社会福利等普遍性的非劳动收入水平上升同样会导致劳动力的供给曲线左移，即减少在同一种工资率水平上的劳动力供给量。三是劳动者的整体工作-闲暇偏好。社会的发展会导致全体劳动者的整体工作-闲暇偏好发生某种程度的变化，如果劳动者变得更加偏好闲暇，则劳动力供给曲线会发生左移。四是工作的非工资特征。如果在工资水平不变的情况下，工作中的其他非工资条件改善了，则劳动力供给可能会有所增加，从而推动劳动力供给曲线右移。五是劳动力供给总量的变化。这种情况主要是指由于移民或劳动力流动等因素导致劳动力供给增加，即在与原来相同的每一种工资率水平上，现在有更多的劳动力供给，这同样表现为劳动力供给曲线右移。

小专栏 5-1

日本遭遇43年来最大用工荒

路透社2017年10月3日报道称，面对就业市场上的劳动力供给处于几十年来最紧缺的状态，日本服务企业出现招聘和留人困难，因而越来越多地采取非常规手段来缓解这一问题。它们可能促使家庭主妇就职，或吸引退休人员重新回到工作岗位。在一些情况下，这意味着要为一些员工提供更好的工作环境以及提高薪酬。另外，还有一些企业减少所提供的服务，比如缩短营业时间，或者推迟扩张计划。

日本2017年8月的失业率处于23年来的低位（2.8%），这得益于经济增长，以及迅速老龄化的社会中劳动年龄人口减少。日本央行10月2日发布的季度短观调查显示，反映劳动力短缺的企业比例为1992年以来最高。在路透社于6月进行的调查中，超过80%的企业表示它们预期劳动力短缺将迫使经营者在未来几年限制所能提供的服务规模。

劳动力短缺可能延缓经济发展速度，甚至抑制一些经济活动，从而打击日本实现阶段性可持续增长的信心。然而，由于经济处于接近充分就业的状态，企业不得不设法寻找新的劳动力来源。麦当劳日本快餐连锁店表示，将把兼职岗位的目标对准家庭主妇，以扩大除年轻人以外的核心员工来源。有职业调查研究中心对超过4 000名有小孩的已婚妇女进行调查。结果显示，逾半数有小孩的家庭主妇有工作意愿，但找不到适合的工作。她们担心每天工作时间过长，可能无法兼顾家务。

企业开始出现改善工作条件以留住或吸引员工的迹象，比如Doutor Nichires Holdings公司就向其咖啡连锁店的某些临时雇员发放了遣散费。在日本这个正式与临时员工的薪资及工作条件差距颇大的国家，这种做法相当罕见。此外，包括皇家控股有限责任公司与日本麦当劳在内的部分餐饮业者开始取消24小时营业制。对于这个以提供全天候便利与服务而自豪的行业来说，这种做法远远称不上是企业的优先选项。

资料来源：王惜梦．英媒：日本企业遭遇“用工荒”．参考消息，2017-10-05.

（三）劳动力供求曲线同时移动对市场均衡的影响

我们在前面分析了劳动力供求双方中的一方不变，而另一方发生变动时，劳动力市场均衡可能会受到的影响。但是，影响劳动力需求变动的因素和影响劳动力供给变动的因素很可能同时发生作用，有些因素甚至会同时引起劳动力供求双方发生变化，这时候，劳动力市场均衡所受到的影响可能就不像前面两种情况那样简单清楚了。

下面我们以人口及劳动力的增长为例加以说明。一方面，在消费水平不变的情况下，人口和劳动力的增长会引起消费品需求增加，从而导致劳动力需求增加，促使劳动力需求曲线右移；另一方面，人口和劳动力的增加必然会使劳动力供给增加，从而推动劳动力供给曲线右移。在这种劳动力需求和劳动力供给同时扩大，劳动力供求曲线同时右移的情况下，劳动力市场均衡的位置变得不确定了。尽管可以肯定两者的共同作用是导致均衡雇佣量的上升，但均衡工资率是比原来有所上升还是下降却变得不确定了。这是因为，若另一方的情况不发生变动，劳动力需求的扩大和劳动力供给的扩大都会带来雇佣量的扩大，因而劳动力供求曲线同时右移会促使均衡雇佣量扩大，这一点是肯定的。然而，在另一方的情况不发生变动时，劳动力需求的扩大会带来工资率的上升，劳动力供给的扩大则会带来工资率的下降，此时的最终均衡工资率高低就取决于这两种作用的力量对比，其结果可能是上升，也可能是下降。当劳动力需求曲线的移动幅度更大时，均衡工资率上升；而当劳动力供给曲线的移动幅度更大时，均衡工资率下降。

如图 5－5 所示，D_0 为市场初始劳动力需求曲线，S_0 为市场初始劳动力供给曲线，A_0 为初始均衡点。我们假设因为某种原因，劳动力供给曲线 S_0 右移到 S_1 的位置，劳动力需求曲线 D_0 右移到 D_1 的位置，此时会形成新的劳动力市场均衡点 A_1。我们可以看到，新的均衡点所对应的均衡雇佣量（E_1）大于初始的均衡雇佣量（E_0），而新的均衡工资率（W_1）则高于初始的均衡工资率（W_0）。但是，如果劳动力供给曲线右移的幅度更大，从 S_0 的位置右移到 S_2 的位置，从而形成新的均衡点 A_2，结果就会有所不同。从图中可以看到，新的均衡点所对应的均衡雇佣量（E_2）依然大于初始的均衡雇佣量（E_0），但是新的均衡工资率（W_2）却低于初始的均衡工资率（W_0）。所以，劳动力供给曲线和劳动力需求曲线同时右移会带来均衡雇佣量的上升（A_1 点和 A_2 点都位于 A_0 点的右侧），但是均衡工资率的变动方向为正还是为负并不确定。

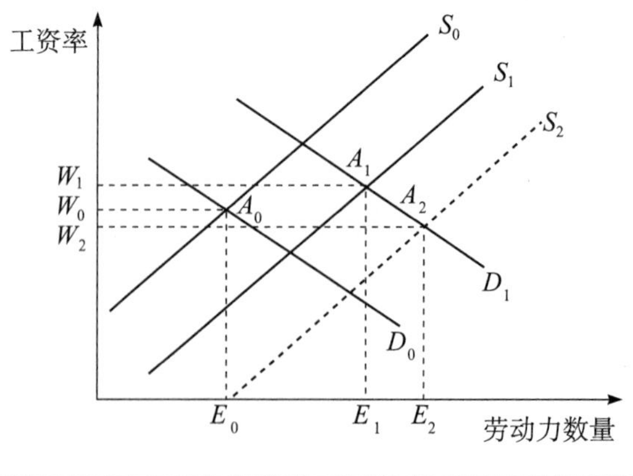

图 5－5 劳动力供求曲线同时右移对均衡的影响

根据同样的分析方法，我们可以得出这样的结论：若劳动力供给曲线和需求曲线同时左移，均衡雇佣量必然下降，但是均衡工资率的升降并不确定；若劳动力需求曲线右移，劳动力供给曲线左移，均衡工资率必然上升，但均衡雇佣量的升降并不确定；最后，若劳动力需求曲线左移，劳动力供给曲线右移，均衡工资率必然下降，但均衡雇佣量的升降并不确定。

三、不完全竞争条件下的劳动力市场决策

我们在上面分析劳动力市场均衡时，一直持有这样一种假设，即企业是在完全竞争的产品市场和劳动力市场上经营的，它们无论是在产品市场上还是在劳动力市场上都是价格的接受者，既不能控制产品价格，也不能控制工资。但是，除了这种情况之外，有些企业在产品市场上是垄断者，还有一些企业在劳动力市场上是垄断者。这时企业在劳动力市场上的决策会是怎样的呢？下面我们对此加以分析。

（一）垄断条件下的企业雇佣决策

1. 产品市场上的垄断者的劳动力需求曲线与供求均衡

根据经济学的一般知识我们知道，产品市场上的垄断者具有一个重要特点，它的产品需求曲线本身就是产品的市场需求曲线。为了出售新增产品，不仅必须降低最后一个单位产品的价格，而且需要降低之前生产出来的其他各个单位产品的价格。这意味着产品市场上的垄断者从每增加的一个单位产出中所获得的边际收益（*MR*）实际上是低于产品价格（*P*）的。我们在上一章中讨论追求利润最大化的完全竞争性企业的劳动力需求曲线时曾经指出，劳动力需求曲线实际上就是企业的劳动力的边际收益产品曲线向下倾斜的那一部分，而劳动力的边际收益产品的计算公式为：

$$D_L = MRP_L = MR \times MP_L \tag{5-1}$$

如果企业在产品市场上是完全竞争者，则式（5－1）中的 $MR=P$，但是对于产品市场上的垄断者来说，$MR<P$，所以，一方面，产品市场上的垄断者的劳动力需求曲线与竞争性企业一样会受边际产出递减规律的影响；另一方面，它还会受到产品价格递减规律的制约。在这种情况下，产品市场上的垄断者的劳动力需求曲线仍然会呈现出自左上方向右下方倾斜的趋势，只不过它的劳动力需求曲线会位于完全竞争者的劳动力需求曲线的左下方，并且形状更加陡峭。如图 5－6 所示，图中的 MRP_L 代表的是产品市场上的完全竞争者的劳动力的边际收益产品曲线（即劳动力需求曲线 D_L）；而 MRP'_L 代表的是垄断者的劳动力的边际收益产品曲线（即劳动力需求曲线 D'_L）。

由于一位产品市场上的垄断者在某个特定类型的劳动力市场上的雇佣量只占很小的比重，因此，从这个意义上来说，它在劳动力市场上仍然是一个价格接受者，即在雇用劳动力的时候，它必须与劳动力市场上的所有其他企业进行竞争，并且必须支付通行的市场工资率。我们假设这种市场工资率为 W_0，这时，产品市场上的垄断者所面对的劳动力供给曲线为图 5－6 中的 S_L。无论是对于产品市场上的完全竞争者还是垄断者而言，W_0 这一工资率都是它们雇用劳动力的边际费用，并且它们都要按照劳动力的边际收益产品等于边际成本的利润最大化原则来进行决策。从图 5－6 中我们可以很清楚地看到，在面对相同的劳动力供给时，产品市场上的垄断者与产品市场上的完全竞争者所支付的工资水平是相同的，但是前者所雇用的劳动力数量（E_1）却比后者（E_0）要少。

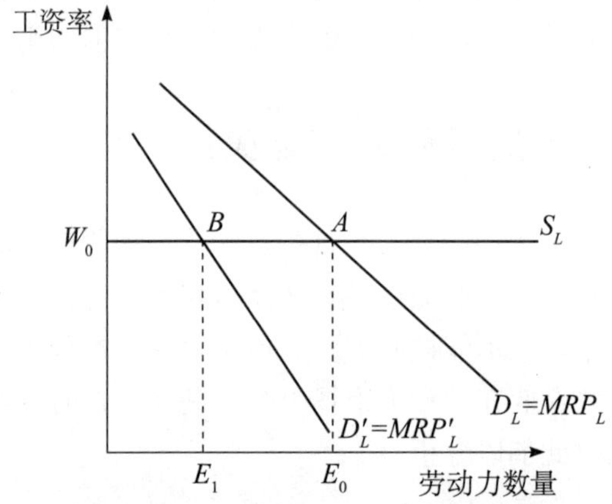

图 5-6　垄断者的劳动力市场均衡

2. 关于产品市场上的垄断者所支付的市场工资水平的争论

图 5-6 中的情况表明，产品市场上的垄断者如果在劳动力市场上是完全竞争者的话，那么，它所支付的工资率与完全竞争企业是完全相同的。但是这种假设在现实中往往面临很多挑战。大多数人都怀疑产品市场上的垄断者所支付的工资水平高于竞争性产品市场上的企业所支付的工资。近些年来，我国公众对电信、石化、电力等垄断行业的高薪酬就提出了强烈的质疑。事实上，尽管垄断者在一定程度上是受到政府管制的，即政府不允许它们利用自己的特殊地位来赚取垄断利润，但是政府却很难阻止它们提高员工工资，然后将因此导致的生产成本上升转嫁给消费者。垄断企业的管理者之所以存在支付较高工资的动机，原因之一在于这种支付高工资的能力会使垄断企业有可能雇用到能力更强、形象更好或具有一定特点的人来为自己工作，从而提高它们的效用水平。

然而，关于垄断企业所支付的工资水平是否更高仍然缺乏确凿的证据。有些研究认为，对于具有相同教育水平和工作经验的员工而言，那些在企业数量相对较少的行业中经营的企业所支付的工资确实比竞争企业更高。但另一些对被管制的垄断企业的工资水平所进行的研究却得出了不同的结论。

（二）买方独家垄断条件下的企业雇佣决策

1. 买方独家垄断的概念及其特征

买方独家垄断（monopsony）是指劳动力市场上的垄断者，严格来说，是指在某一特定的劳动力市场（如偏远地区的煤矿或种植基地）上仅仅存在一个劳动力购买者这样一种情形。产品市场上的垄断者能够影响或控制产品的市场价格；而劳动力市场上的买方独家垄断者则可以影响或控制劳动力市场上的工资水平。与产品市场上的垄断者不得不降价才能销售更多商品类似的是，劳动力市场上的买方独家垄断者为了新增加雇用一个单位的劳动力，不得不一次次地提高工资，因为只有这样才能从其他劳动力市场吸引劳动者。进而言之，与作为工资接受者以及面临水平形状的劳动力供给曲线的完全竞争企业不同，买方独家垄断者所面临的是一条自左下方向右上方倾斜的劳动力供给曲线，即整个市场劳动力供给曲线。

需要指出的是，我们所分析的买方独家垄断并不是严格意义上的只有一位雇主的情况，实际上，只要符合企业所面临的劳动力需求曲线是向右下方倾斜的这一条件即可。因此，即使是在面临竞争的劳动力市场上，也会出现买方独家垄断的局面。其中的一个原因是，即使是在完全竞争的劳动力市场上，劳动力的流动也是有成本的。因此，一家企业如果要增加劳动力雇佣量，它所支付的工资可能就不仅仅是市场上的通行工资，它必须支付较高的工资来弥补劳动者在原企业的收入损失以及在流动过程中所产生的各种成本（关于这方面的问题我们会在第 6 章中讲述），这样，劳动力供给曲线就变成倾斜的了。

2. 买方独家垄断者的雇佣决策过程

劳动力市场上的买方独家垄断者在进行劳动力雇佣决策时，依然需要遵循劳动力的边际收益产品等于劳动力的边际费用或边际成本这一利润最大化原则。因此，通过考察买方独家垄断者的劳动力的边际收益产品及边际费用曲线的情况，便可以理解其决策过程。

首先，我们假设买方独家垄断者在产品市场上是竞争的（劳动力市场上的买方独家垄断与产品市场上的垄断可能同时发生，也可能是分离的，但同时发生的可能性非常小），这样，它的劳动力的边际收益产品曲线就与一般的完全竞争者的劳动力的边际收益产品曲线没有什么区别，也是向右下方倾斜的。不过，这里需要指出的是，对于劳动力市场上的竞争者来说，劳动力的边际收益产品曲线也就是企业的劳动力需求曲线。但是，在买方独家垄断的劳动力市场中，却不存在这家企业的劳动力需求曲线，这是因为，只有在工资率为外生变量的情况下，才会存在劳动力需求曲线。而对于买方独家垄断企业来说，利润最大化的雇佣水平以及与其相联系的特定工资率都是由企业自己决定的，所以不存在企业随着工资率的变动来调整自己的劳动力雇佣量的问题。

我们再来看买方独家垄断企业的劳动力的边际费用。我们曾经讨论过，如果企业只要支付市场通行工资水平就可以吸引足够的额外劳动者到企业中工作，即企业所面对的是一条水平形状的劳动力供给曲线，劳动力的边际费用就等于市场工资率。然而，当企业所面对的是一条向右上方倾斜的劳动力供给曲线时，除非它能够对前后雇用的同一类劳动力支付各不相同的工资水平（即属于完全歧视型的买方独家垄断厂商），否则，它所雇用劳动力的边际费用就会超过工资率。这是因为，非歧视型的买方独家垄断厂商必须对所有的劳动者都支付相同的工资率，它每多雇用一位员工，除了要支付给这位员工一个较高的工资率，还必须向之前雇用的所有其他员工支付同样的更高水平的工资率。举例来说，假定一家买方独家垄断企业每小时支付 10 元的工资可以雇用 10 位员工，如果它想雇用 11 位员工，就必须按照每小时 12 元来支付工资。这样，在雇用 10 位员工时，企业的劳动力成本就是每小时 100 元（10 人×10 元/小时），但是当它雇用 11 位员工时，其劳动力成本就变成了每小时 132 元（11 人×12 元/小时）。显然，雇用最后这位新员工的成本即劳动力的边际费用就是每小时 32 元，这远远超过了每小时 12 元的工资率。

那么，劳动力的边际费用超过工资率这样一种情况，会给买方独家垄断者的雇佣决策和工资率决策带来何种影响呢？我们可以通过图 5－7 来进行分析。在图中，买方独家垄断企业有一个常规的 MRP_L 曲线，但它的劳动力供给曲线却是向右上方倾斜的，这种劳动力供给曲线描绘了企业在每一工资率水平上所能够雇用到的劳动力数量。此外，图中还有一条买方独家垄断企业在雇用劳动力时的边际费用曲线，这条曲线位于劳动力供给曲线的上方，这意味着在每一既定的雇佣量水平上，买方独家垄断企业的劳动力的边际费用都要超过工资率。我们知道，为了实现利润最大化，任何企业——包括那些在买方独家垄断市场上的企业——在雇用劳动力时，最终都会停止在劳动力的边际收益产品（MRP_L）与劳动力的边际费用（ME_L）相等的那一点上。因此，买方独家垄断企业的雇佣决策点是图中的 A 点，即 MRP_L 和 ME_L 相交的那一点，这一点决定了买方独家垄断企业的雇佣数量为 E_0。但是为了雇用这么多的劳动力，企业却不必支付相当于 W' 的工资水平，因此，决定有多少人愿意提供 E_0 这么多劳动力的是劳动力供给曲线，从图中可以看到，企业只要支付工资率 W_0 就能够雇用到自己需要的劳动力 E_0。

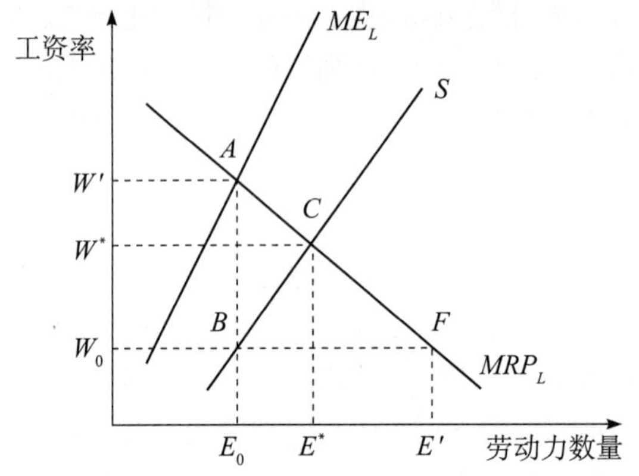

图 5-7　买方独家垄断企业的雇佣决策

如果图 5-7 中描绘的是完全竞争的劳动力市场，则市场的均衡工资率是 W^*，市场的均衡雇佣量是 E^*。所以，我们可以得出这样的结论，买方独家垄断企业所确定的雇佣量和工资率都分别低于完全竞争劳动力市场的均衡雇佣量和均衡工资率。

此外，我们还可以看出，对于利润最大化的买方独家垄断者来说，MRP_L 是高于而不是等于工资率。两者之间的差距有时候称为独买性剥削，即劳动者实际创造的市场价值与他们的工资率之间的差额。

四、劳动力市场的非均衡

需要注意的是，我们在本节中所讲述的劳动力市场均衡以及市场出清工资的达成在理论上是可行的，在实践中却不一定能够实现，或者是不一定能够很快实现。这是因为，在现实的劳动力市场上存在着各种各样阻碍劳动力市场均衡实现的因素，其中既包括劳动力市场信息的不完善，也包括劳动力供求双方在劳动力市场上都有可能会面临的摩擦力。

（一）劳动力市场信息不完善

总的来说，劳动力市场本身的信息不完善以及由此导致的搜寻成本和调整成本使得纯粹的劳动力市场均衡在现实中往往无法实现。在如图 5-1 所示的那种简单的劳动力市场均衡模型中，我们假定劳动力市场上的信息是充分的，企业和劳动者获得劳动力市场信息是速度很快而且没有成本的，此外，从一个劳动力市场均衡点向另一个劳动力市场均衡点的过渡和调整同样是没有时间和经济成本的。然而，现实情况却并非如此。

在现实中，劳动力市场信息的获得不仅需要花费一定的时间，而且需要付出一定的经济成本，这就使得劳动力供求双方在寻找对方的时候都有可能面临搜寻成本。比如，由于搜寻成本的存在，一些企业并不清楚均衡市场工资率到底应该是多少，它们给员工支付的工资有可能高于均衡市场工资率，也有可能低于均衡市场工资率。劳动者在找工作的时候并不清楚目前得到的工作所提供的工资水平是否与均衡市场工资水平相符。也就是说，劳动力供求双方感知到的或预测的工资不可能是一个单一的市场均衡工资，同一种劳动力很可能同时存在多种不同的市场工资水平，这些工资水平很可能形成一种类似于正态分布的那种工资水平分布。

此外，即使在长期中劳动力供求双方能够逐渐搞清楚市场均衡工资水平到底是多少，他们也不可能在一瞬间完成自身的劳动力供求行为调整，这个调整过程不仅非常缓慢，而且通常不可能完全调整到位。下面我们会分别就劳动力需求方和劳动力供给方在劳动力市场上可能遭遇的摩擦力进行分析。

（二）劳动力需求方遇到的摩擦力

1. 企业必须支付市场通行工资率吗

我们在进行竞争性劳动力市场分析时，一直假设雇主必须支付的工资率是由市场确定的，如果支付的工资水平低于市场通行工资水平，那么，这位雇主所雇用的员工就会立即辞职，转到支付通行工资水平的其他企业中去工作。类似地，如果企业支付市场通行工资水平，那么，它可以在市场上雇用到自己需要的全部劳动力。处在竞争性产品市场上的企业被视为工资接受者（而不是工资决定者），因而它们的劳动力市场决策只涉及使用多少劳动力和资本的问题。但是在现实中，企业不仅会向员工支付工资，而且会提供福利以及其他一些员工认为有价值的报酬，比如良好的工作环境甚至便利的交通条件。即使有些企业支付的工资水平略低于市场工资率，但是由于在其他方面能够为员工提供有价值的报酬，这些企业并不会失去自己的劳动力尤其是不会失去所有的劳动力。

此外，一些企业为了激励员工的工作积极性，会有意提供高于（而不是等于）市场通行工资水平的工资率，即效率工资（参见第 8 章），但是这种做法并未降低企业在产品市场上的竞争力，反而通过吸引高素质员工、强化员工的工作动机以及降低监督成本起到了提高企业竞争力的作用。出现这种情况的原因在于，在现实中，劳动力并不是同质的，而是存在明显的质量差异。

最后，政府颁布的最低工资立法等法律法规实际上也阻止了企业根据劳动力市场均衡情况来支付市场通行工资率。事实上，绝大部分时候，最低工资水平高于真正意义上的市场通行工资水平。另一个在市场经济国家中对企业支付的工资产生影响的非市场力量是工会，工会往往会通过集体谈判迫使雇主将工资确定在高于市场通行工资率的水平上。

2. 企业可以自由调整雇佣量吗

在竞争性劳动力市场分析中，我们假设企业可以随时雇用到自己需要的劳动力，同时可以随时解雇自己不需要的劳动力。但事实上，雇用和解雇劳动力都不可能在不付出成本的条件下实现。企业在雇用劳动者的过程中需要支付很多成本，包括搜寻成本以及对劳动者进行筛选的成本，比如发布招聘广告的费用，印制公司介绍以及求职表格的费用，对求职者进行资格审查、评价和筛选的费用，企业中负责雇佣工作的人员所花的差旅费等办公费用以及这些人员的机会成本等。有些公司甚至会通过外聘专业招募甄选机构、购买专业化的甄选测试工具等方式来完成雇佣工作，这些也都属于雇佣成本。此外，在雇用劳动者之后，企业往往还需要对劳动者进行各种在职培训，从而产生相应的培训成本。

从解雇的角度来说，一方面，解雇员工的做法可能会被视为对员工不公平，从而影响企业未来在市场上招募员工的能力，同时可能会影响留用员工的生产率；另一方面，政府往往以立法的形式要求企业在解雇员工时必须支付遣散费或提供其他补偿条件，这也会增加企业解雇员工的成本。这些情况都会对企业的解雇行为产生内在和外在制约，使解雇员工不是一项可以一蹴而就的零成本交易。所以企业的裁员或解雇行为是非常谨慎的。

（三）劳动力供给方遇到的摩擦力

劳动力市场的供给方即劳动者在调整自己的行为时同样会面临各种摩擦力。

1. 劳动力可以零成本地自由流动吗

竞争性劳动力市场模型建立在这样一个假设基础之上：同一职业中拥有相同技能的劳动者会得到相同的工资（即“单一价格定律”），达到这一状态的一个根本原因在于，员工可以在不需要任何时间延迟，且不需要付出任何成本的条件下从为一个雇主工作转变到为另一位雇主工作。这样，一家企业目前所支付的工资水平哪怕低于市场工资水平一点点，都不会有任何劳动者来求职，它的所有员工会立即跑到支付市场工资水平的其他企业中去工作。

然而，在现实中，劳动力流动确实是有成本的，其中不仅包括寻找就业信息的成本，而且包括因为离开原来的雇主而失去的很多经济或非经济收益，比如福利的损失或者与感情很好的同事不能经常在一起等。此外，从为一位雇主工作转变到为另一位雇主工作，往往还涉及在原来企业学习到的技能失效，以及需要重新接受培训以掌握新的技能的成本。事实上，如果劳动者在不同的雇主之间可以自由流动，那么，他们在不同地区之间、在同一企业内部以及在不同行业工作时，就不应该存在太大的工资差别。因为那些发现自己在低工资企业中工作的劳动者会辞职，向支付高工资的企业转移，哪怕这意味着必须改变自己的居住地或者是所从事的行业。然而，我们在现实中很容易看到工资差别的存在，这表明劳动力流动是有成本的，因此在某种程度上是受到限制的。

2. 劳动者对工资率敏感吗

对于普通百姓来说，劳动收入是最为重要的购买力来源，所以劳动者往往不愿意冒失去工资性报酬的风险，即使他们认为雇主所支付的工资水平低于市场水平，他们也不会马上辞职去寻找能支付更高工资的雇主。此外，如前所述，劳动者在找工作的时候，工资并非唯一的考虑因素。福利水平、交通便利程度、企业所在的地区、能否兼顾家庭等，也是劳动者的重要考虑因素。

最后，完全竞争的劳动力市场理论认为，一旦市场上的劳动力供给大于劳动力需求，市场工资率就会趋于下降，这不以劳动者方面的意志为转移，但是在现实中，却存在明显的工资刚性或工资黏性现象，即劳动者不愿意接受工资水平的下降。这种情况也导致企业在削减工资的时候不会毫无顾忌，必须考虑劳动者的感受。除非迫不得已，大多数企业不会轻易削减工资，即使市场上出现了劳动力供给超过劳动力需求的情况。

总之，劳动力市场上的供求双方都会发现，改变自己的劳动力供求行为实际上会产生很多的成本，这些成本可以视为导致劳动力市场出现摩擦的一部分原因。在本书的后面几章中，我们会涉及其中的一些内容，这里就不做过多的解释了。

第 2 节　劳动力市场均衡理论与公共政策

一、工薪税以及工资补贴政策

世界各国政府都广泛地通过税收的方式为像社会保障计划这样的社会计划提供资金，而在征税时，政府往往要求雇主以员工薪酬总额为基数来缴纳税金。此外，一些国家或地方政府为了让社会上处于不利地位的某些特殊群体（比如青年失业者或长期失业者等）有更多的机会实现就业，还会采取为他们提供工资补贴的做法。那么，这些对劳动力市场的外部干预手段会对劳动力市场均衡产生什么影响呢？下面我们分别加以分析。

（一） 工薪税与劳动力市场均衡

从理论上说，像失业保险、养老保险等这样一些社会保障方面的措施是为了让雇主和员工共同承担劳动者在一些特殊情况下可能遇到的风险，是对劳动者有利的一种社会计划。在有些社会计划中，比如养老保险计划，往往需要雇主和员工双方都缴纳工薪税（income tax），即劳动者也需要按照本人薪酬的一定比例来缴纳相应的税收，而在失业保险和工伤保险计划中，通常只要求雇主根据它们所雇用员工的工资性报酬（通常会有一个应税收入上限）的一定百分比向政府缴纳工薪税。下面我们分别来分析面向雇主和员工征收的工薪税分别会对均衡雇佣量和均衡工资率产生何种影响。

1. 面向雇主征收的工薪税

对于政策制定者来说，需要了解的一个很重要的信息是，通过向雇主征税为各种社会计划筹集资金的做法是否真的对劳动者有利？面向雇主开征新的工薪税或者是提高已有工薪税的水平会提高企业的雇佣成本，这是否会导致企业的劳动力需求减少？下面，我们通过图形来对这一问题加以分析。

我们现在只考虑政府要求雇主缴纳工薪税所产生的影响，并且假定政府要求雇主按照工作时间缴纳一笔固定税金（T），而不是按照薪酬总额的一定百分比来纳税。如图 5－8 所示，S 代表市场劳动力供给曲线，D_0 是初始的市场劳动力需求曲线，这条曲线所描述的是在政府不征收工薪税的情况下企业的理想雇佣量。在这种无外部干预的情况下，劳动力市场均衡点为 A 点，此时员工得到的工资等于均衡工资率 W_0，均衡雇佣量为 E_0。然而，在政府开始征收工薪税之后，雇主除了要支付员工 W_0 的工资，还要额外向政府缴纳 T 元的税收，这样，企业要想雇用一个小时的劳动力，就必须比不征税时额外多支付 T 元的工资成本，这种情况实际上等于企业雇用一个小时劳动力所得到的边际收益产品在原来的基础上减少了T元，在图5-8中表现为征税后的市场劳动力需求曲线从原来的D_0内移（或下移）到D_1，其中，D_0和D_1之间的垂直距离为T元，这就是针对雇用一个小时的劳动力所征收的工薪税数额。这样，在政府征收工薪税之后，随着市场劳动力需求曲线的变动，劳动力市场均衡点就由原来的市场劳动力供给曲线S和新的市场劳动力需求曲线D_1来决定。这时，新的均衡点为B点，均衡工资率为W_1，均衡雇佣量为E_1。

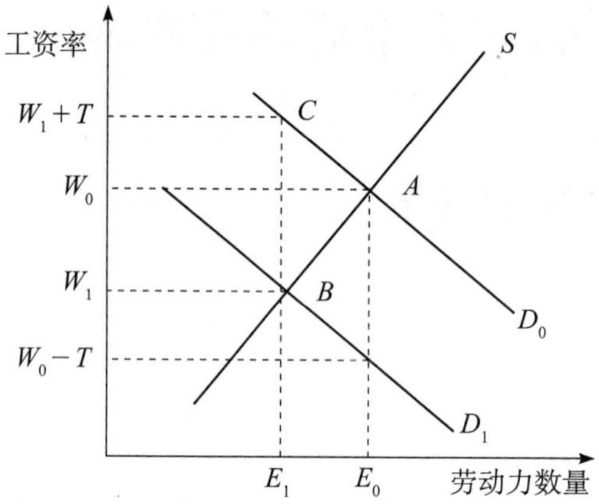

图5-8　面向雇主征收的工薪税的影响

在没有征税之前，雇主支付的工资率以及员工得到的工资率都是W_0，在征收工薪税后，员工实际拿到的工资率为W_1，而雇主实际承担的人工成本是W_1+T。通过前后对比不难发现，在征税之后，员工实际得到的工资率从原来的W_0下降到W_1，而雇主实际支付的工资水平则从原来的W_0上升到W_1+T，员工做出的牺牲和雇主做出的牺牲加起来正好等于政府征收的工薪税数额。这一数额在图5-8中即CB段所示，其中，C点和A点之间的垂直距离为雇主实际承担的工薪税成本，而A点和B点之间的垂直距离则为员工实际承担的工薪税成本。此外，员工所承担的与工薪税有关的成本不仅限于工资水平的下降，他们实际上还承担了雇佣量减少的成本，因为在新的条件下，他们的就业量从原来的E_0减少到现在的E_1。很显然，虽然政府在为筹集社会计划所需的资金时仅仅面向雇主征收工薪税，但劳动者实际上以更低的工资率和更少的就业量的形式承担了其中的一部分成本，雇主尽管承担了部分成本，但却不是全部。

那么，以政府名义向雇主征收的工薪税中，到底有多大比例的成本会被转移给员工呢？从图5-8中我们不难看出，这取决于市场劳动力供给曲线对工资率变动做出反应的敏感程度，即市场劳动力供给曲线对工资率的变动越不敏感，市场劳动力供给曲线越陡峭，则雇主能够将工薪税成本转移给劳动者的幅度就越大（此时的就业量损失越小）；反之，市场劳动力供给曲线对工资率的变动越敏感，市场劳动力供给曲线越平坦，则雇主将工薪税成本转移给劳动者的幅度就越小（此时的就业量损失越大）。在极端情况下，市场劳动力供给曲线可能是垂直的，这时，雇主可以将全部工薪税负担都转移给劳动者，但是劳动者的就业量却不受任何影响。

2. 面向员工征收的工薪税

我们知道，在很多社会计划中，劳动者同样需要缴纳工薪税，那么，这种情况对劳动力市场均衡又会产生何种影响？我们可以用同样的方法加以分析。

如图 5－9 所示，S_0 代表的是面向劳动者征收工薪税之前的市场劳动力供给曲线，D 是市场劳动力需求曲线，由于我们假设工薪税只是面向员工征收的，所以市场劳动力需求曲线在征收工薪税前后并没有发生变化。因此，在无外部干预的情况下，劳动力市场均衡点为 A 点，此时员工得到的工资等于均衡工资率 W_0，均衡雇佣量为 E_0。现在，政府开始面向劳动者征收工薪税，我们假设劳动者根据实际获得的工资率来决定自己的劳动力供给，这就意味着市场劳动力供给曲线从原来的 S_0 内移（或上移）到 S_1，S_0 和 S_1 之间的垂直距离为 T 元，即政府针对一个小时的劳动力供给所征收的工薪税数额。这样，在征收工薪税之后，随着市场劳动力供给曲线的变动，劳动力市场均衡点就由新的市场劳动力供给曲线 S_1 和原有的市场劳动力需求曲线 D 来决定。此时，新的均衡点为 B 点，均衡工资率为 W_1，均衡雇佣量为 E_1。

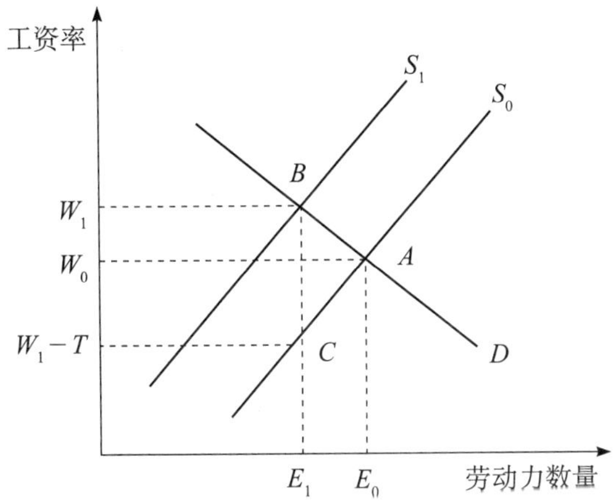

图 5－9　面向劳动者征收的工薪税的影响

通过对 A 点和 B 点的对比，我们可以看出，在没有征税之前，员工得到的工资率是 W_0，在征收工薪税后，员工实际拿到的工资率为 W_1，表面上看，征税之后，员工的工资率不仅没有下降，反而从原来的 W_0 上升到 W_1，但是，员工实际拿到的工资却下降了。这是因为，W_1 是雇主实际支付的工资水平，但是劳动者不可能全额获得这一工资率，因为他们还需要缴纳相当于 T 元的工薪税，所以，在征税之后，员工实际拿到的工资率是 W_1-T，我们从图中不难看出，$W_1-T<W_0$。因此，可以得出这样的结论，名义上面向劳动者征收的工薪税实际上是由雇主和员工双方来共同承担的，图 5－9 中 B 点和 C 点之间的垂直距离即工薪税数额，其中，W_1-W_0 部分即 B 点和 A 点之间的垂直距离，是由雇主承担的，劳动者所承担的为 $W_0-(W_1-T)$ 部分，即 A 点和 C 点之间的垂直距离。不仅如此，面向员工征收的工薪税同样会导致员工的雇佣量下降，即从原来的 E_0 减少到现在的 E_1。

类似地，政府名义上面向员工征收的工薪税会有多大比例转移给雇主，则取决于市场劳动力需求曲线对工资率变动做出反应的敏感程度，即市场劳动力需求曲线对工资率的变动越敏感（总体弹性越大），市场劳动力需求曲线越平坦，则工薪税成本被转移给雇主的程度就越低（此时的就业量损失会更大）；反之，市场劳动力需求曲线对工资率的变动越不敏感，市场劳动力需求曲线越陡峭，则工薪税成本被转移给雇主的程度就越高（此时的就业量损失会更小）。

综上所述，我们可以发现，无论工薪税的征收对象是雇主还是劳动者，都会导致工薪税的货币成本在雇主和劳动者之间的分摊，并且劳动者的实际工资率以及雇佣量都会有所下降。当某种工薪税同时面向雇主和劳动者征收时，其总体效果是类似的，只不过雇主和劳动者之间的分摊比例不同，雇佣量的下降幅度有所不同而已。

（二）就业补贴与劳动力市场均衡

为了解决某些目标人群（如长期失业者、青年失业者或其他弱势人群）的失业问题，一些国家实施了所谓的就业补贴计划。这种做法与向雇主征收工薪税相反，政府向雇用特定失业人员的雇主支付一定数额的工资补贴（wage subsidy）。其目的是降低企业雇用这些失业人员的成本或边际成本，借此扩大这些人的就业机会。至于实际向雇主支付工资补贴的形式则是多样的，既可以采取现金支付的形式，也可以采取税收减免的形式，即直接降低企业需要缴纳的工薪税税率或减免雇主需缴纳的一定数量的其他税收——这种税收减免的额度往往根据雇主雇用的特定劳动者的实际工时数的一定比例来确定，无论如何，税收减免都起到了降低雇主雇用劳动力的成本的作用。

那么，这种向雇用目标人群的雇主提供就业补贴的做法会对劳动力市场均衡以及工资率和就业产生何种影响呢？

首先，我们从理论上加以分析。我们假定企业每雇用一个小时的某种劳动力，国家会提供 T 元的经济补贴，那么，这实际上等于使一个小时的这种劳动力所创造的所有边际收益产品增加了 T 元，在图形上就表现为劳动力需求曲线的平行右移或上移，移动的垂直距离为 T 元。这种情况与图 5－8 中的情况很类似。如图 5－10 所示，图中的 D_0 是这种劳动力没有得到补贴情况下的初始的需求曲线，S 是这种劳动力的市场供给曲线，初始市场均衡点为 A 点，在这种劳动力得到补贴之后，其市场需求曲线就上移到了 D_1，新的劳动力市场均衡点就变成了 B 点。从图中可以看出，在得到补贴之后，这种劳动力的工资率及雇佣量都会有所上升。劳动者得到的利益一方面表现为雇佣量的扩大（从原来的 E_0 增加到现在的 E_1），另一方面表现为工资水平的上升，即工资率从原来的 W_0 上升到 W_1。与此同时，雇主也得到了相应利益，从所支付的工资水平的角度来看，尽管表面上看，雇主现在支付的工资水平比没有就业补贴时更高（$W_1>W_0$），但是，雇主实际支付的工资成本却下降了，这是因为，在员工得到的 W_1 这一工资率中，雇主实际支付的其实只是 W_1-T 这部分，其余的 T 元工资实际上是政府支付的补贴（这时的雇佣量是 E_1）。所以，政府提供的就业补贴实际上是在雇主和劳动者之间进行分享的，除了雇佣量（也就是就业量）的上升之外，员工实际上享受到了 W_1-W_0 这部分补贴，即 B 点和 A 点之间的垂直距离，而雇主则分享到了 $W_0-(W_1-T)$ 这部分补贴，即 A 点和 C 点之间的垂直距离。与前面我们对征收工薪税的情况所做的分析一样，到底是雇佣量受这种就业补贴的影响更大，还是工资水平受到的影响更大，以及到底是雇主分享的就业补贴比例更大，还是员工分享的就业补贴比例更大，最终都取决于市场劳动力供给曲线的形状。

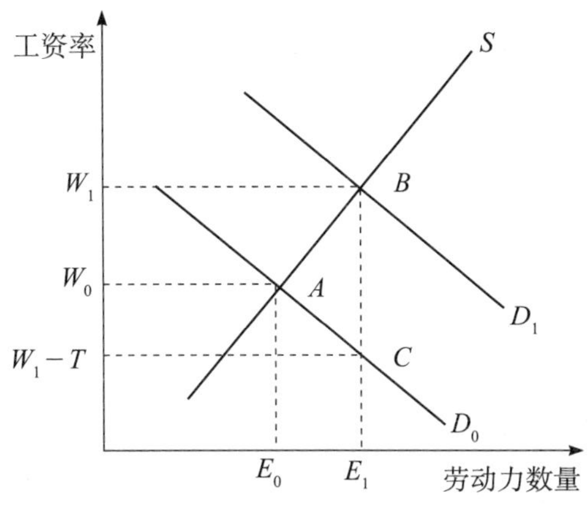

图 5－10　就业补贴的影响

我们再从实践的角度来考察，美国政府在 1979—1995 年间就实施过这种针对目标群体的工资补贴计划，即目标岗位税收减免计划（the Targeted Jobs Tax Credit Program），从这种计划的实际情况来看，促进就业的效果不是很明显。美国的这一计划是针对处于不利地位的青年人、残疾人以及福利领取者实施的，它向雇用这些类型的劳动者时间长达一年以上的雇主提供税收减免。从执行的结果来看，通过这一计划提供的工作岗位平均存续时间只有半年，同时，这一计划为雇用规定对象的雇主带来的成本节约程度大约为 15%。尽管有研究发现，这种目标岗位税收减免计划对处于不利地位的青年人的就业起到了一定的积极作用①，但这种计划的总体效果不佳，其中一个主要问题是，政府要求该计划的参与者必须达到的资格要求往往表明这些劳动者具有较低的生产率，因此雇主对这些劳动者并不是很感兴趣，即使雇用他们可以得到政府的就业补贴。

就业补贴政策通常被作为一种积极的劳动力市场计划加以实施。除了美国之外，阿根廷、波兰、匈牙利等国同样实施过此类计划。尽管这类计划有很多支持者，但是依然存在很多争论，一些主要的反对观点包括：那些得到工资补贴的人即使没有这些补贴也可能找到工作；企业可能会通过雇用这些能够得到补贴的劳动者，来替代那些不能得到补贴的劳动者，从而造成净就业效应为零的结局；雇主可能会把能得到补贴的劳动者当成廉价劳动力，一旦政府的补贴结束，雇主就会辞退他们。

二、最低工资立法的经济影响

在当今大多数市场经济国家中普遍实行了最低工资（minimum wage）制度。这是一种劳动力市场管制措施，其内容是政府通过立法或其他行政规定的方式，禁止雇主在雇用劳动力时支付低于某一工资水平的工资率。最低工资制度最早产生于 19 世纪末的新西兰、澳大

① 因为该计划在 1989 年做了调整，将 23～24 岁年龄段的青年人排除在外，结果导致这一年龄段的弱势青年人的就业水平下降了 7%以上。这表明，就业补贴计划对这些青年人的就业还是有促进作用的。Lawrence F. Katz. Wage Subsidies for the Disadvantaged//Richard B. Freeman and Peter Gottschalk. Generating Job：How to Increase Demand for Less-Skilled Workers. New York：Russell Sage Foundation，1998：21－53.

利亚，后来，英、法、美等资本主义国家结合本国的实际情况，建立了各自的最低工资制度。例如，美国联邦政府在1938年通过的《公平劳工标准法》中正式确立了普遍适用的最低工资制度。[①] 各国规定的最低工资可以从表5-1中看到，与各国全日制劳动者的平均工资相比，法国、澳大利亚、土耳其、德国、葡萄牙、英国、加拿大、韩国的最低工资水平较高，均达到40%或以上，其中法国接近50%。日本、西班牙、美国、墨西哥则较低，其中美国只有25%。再来看看最低工资与全日制劳动者的工资中值之比，土耳其达到76%，法国和葡萄牙分别达到61%和59%，美国依然最低，只有35%，较低的墨西哥和西班牙均达到37%，日本为40%。

表5-1　若干国家最低工资与全日制劳动者平均工资及工资中值之比（2016年）

国家	最低工资/平均工资	最低工资/工资中值
英国	0.41	0.49
美国	0.25	0.35
法国	0.49	0.61
德国	0.42	0.47
澳大利亚	0.45	0.54
加拿大	0.4	0.46
日本	0.35	0.4
韩国	0.4	0.5
墨西哥	0.29	0.37
葡萄牙	0.42	0.59
西班牙	0.31	0.37
土耳其	0.43	0.76

资料来源：OECD Statistics. https：//stats. oecd. org/Index. aspx? DataSetCode=MIN2AVE#.

我国在1984年承认国际劳工组织1928年通过的《制定最低工资确定办法公约》，但直到1993年才由原劳动部制定《企业最低工资规定》，1994年《中华人民共和国劳动法》的颁布最终以国家法律的形式确立了我国的最低工资制度，原劳动和社会保障部在2004年颁布并实施了《最低工资规定》。目前，我国所有的省、自治区、直辖市均已建立了最低工资制度。

最低工资制度的宗旨在于保护劳动者的利益，适度保障劳动者的基本生活。然而，自最低工资制度诞生之日起，无论是理论界还是在实践中，对这一制度的争论就没有停止过，争论的焦点在于，这种制度到底是有利于促进那些受到影响的劳动者的福利状况改善，还是有损他们的整体福利。下面，我们从理论和实践两个方面对这个问题加以讨论。

---

① 早在1912年，美国马萨诸塞州就成立了一个委员会，公布了一项非强制性的针对女性和儿童的最低工资标准。之后的8年中，又有13个州和哥伦比亚特区进行了最低工资立法。

（一）最低工资立法的经济影响：理论分析

1. 最低工资对劳动力市场的影响：基本模型

从理论上来说，政府所确定的最低工资可能出现三种情况：第一种情况是，政府制定的最低工资水平低于某一类劳动力的市场工资水平；第二种情况是，政府的最低工资水平恰好等于某一类劳动力的市场工资水平；第三种情况是，政府的最低工资水平超过某一类劳动力的市场工资水平。下面我们对这三种情况分别进行分析。

如果出现第一种情况，即政府制定的最低工资水平低于某一类劳动力的市场工资水平，那么这种最低工资立法实际上毫无意义，对劳动力市场不会有任何影响。如果雇主按照法定最低工资水平来雇用劳动力，则它们不可能雇用到使自己达到利润最大化水平的劳动力数量，它们仍然必须按照市场均衡工资率来支付工资。事实上，知识技能水平相对较高的劳动者的市场工资水平绝大部分都是超过法定最低工资水平的，他们的工资和就业不大可能受到最低工资立法的影响。真正受最低工资影响的是那些知识技能水平相对较低的劳动者，这部分劳动者尽管在各个市场经济国家中所占的比重不同，但是在各个国家的劳动力队伍中所占的比重通常不会太大。以美国为例，2007 年，只有 26.7 万名劳动者的小时工资正好等于联邦政府规定的最低工资水平，还有 150 万人的工资性报酬低于最低工资水平。所以，实际上只有这 170 多万工资水平正好等于或低于最低工资水平的劳动者会受到最低工资水平的影响，这些人在美国按小时领工资的劳动者中只占 2.3%，在美国人口中只占 0.56%，他们主要是从事食品准备与服务类、农林渔类、个人看护与服务类，以及建筑和地面清洁维护类等体力工作的劳动者。

有鉴于此，我们不需要考虑第一种情况，只需要考虑第二种和第三种情况。如图 5 - 11 所示，A 点描述了在没有政府最低工资制度干预之前的某一类劳动力的市场均衡情况，此时的市场劳动力供给曲线为 S，市场劳动力需求曲线为 D。均衡工资率和均衡雇佣量分别为 W_0 和 E_0。假定在其他条件没有变化的情况下，政府颁布了最低工资立法，如果此时出现的是第二种情况，即法定最低工资水平恰好等于某一类劳动力的市场工资率，则最低工资制度不会对劳动力市场产生任何影响，所以第二种情况也不是我们分析的重点。重点在于第三种情况，即法定最低工资水平超过某一类劳动力的市场工资率。

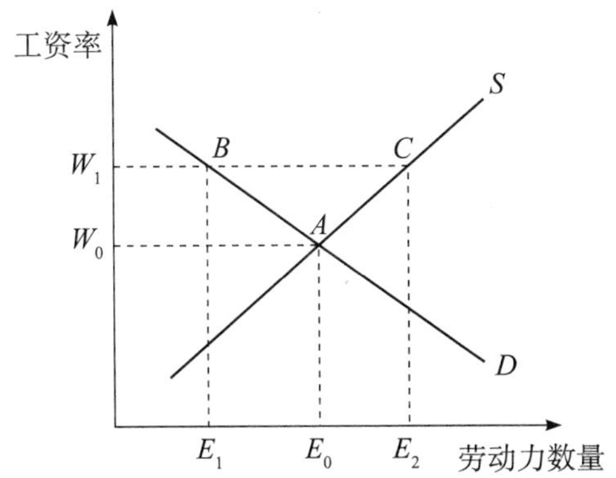

图 5 - 11　最低工资与劳动力市场均衡

从图5-11中可以看出，假定政府规定的最低工资水平为高于市场均衡工资率W_0的W_1，劳动力市场的均衡就会被打破，出现一种非均衡的状态，这时候会出现供大于求的情况（$E_2>E_1$），同时，尽管一部分能够继续就业的劳动者的工资率确实上升了（$W_1>W_0$），但是他们的就业人数却减少了（$E_1<E_0$）。很显然，如果这些受到影响的劳动者的雇佣量下降百分比大于他们的工资水平上涨百分比，即他们的劳动力需求曲线是富有弹性的，那么这些劳动者的工资性报酬总量将会因最低工资制度的出现而下降，这意味着这一类劳动者的整体福利水平下降了；相反，如果最低工资制度导致某一类劳动者的工资性报酬总量上升，则从整体上来说，这一类劳动力的福利改善了。

此外，从理论上来看，实施最低工资立法的结果就是，在受到影响的劳动者中形成了一部分劳动者以另一部分人的工作岗位被牺牲为代价来换取工资上涨的局面。这导致这些劳动者中能够继续就业的那部分人获得了最低工资制度所带来的利益，但是另一些人却会因此而失去工作，这就在同一类劳动者中造成了更大的两极分化。

2. 最低工资立法对非覆盖部门的溢出效应

我们在上面分析最低工资立法对劳动力市场的影响时，假定任何雇主在雇用任何一位劳动者时都必须遵守这一法律规定。然而在现实中，最低工资立法的管辖范围并不是全体劳动者，往往存在例外。比如，在美国，年收入在50万美元以下且不从事任何州际贸易的公司可以不受最低工资立法的约束，此外，那些能够在工作中得到小费的劳动者，比如餐馆服务员等，只要小费收入和基本工资相加能够达到最低工资水平即可，因此，雇主支付给这些劳动者的基本工资仍然可能会低于最低工资水平。此外，在各个国家可能都存在不遵守最低工资立法的违法行为，由于在任何一个国家中，企业或雇主的数量太多，在政府的监管力量非常有限，对遵守最低工资立法的情况进行深入调查的成本较高的情况下，政府主管部门很难保证一定会对不遵守最低工资立法的雇主进行调查和查处，这就在事实上形成了未被最低工资立法覆盖的部门。因此，在评估最低工资立法对劳动力市场的影响时，必须考虑到这种法律对这些未被覆盖部门所产生的溢出效应。

具体来说，我们假定知识技能水平较低，从而工资水平较低的劳动者所在的劳动力市场被分割为两个部分，在被最低工资立法覆盖的这部分劳动力市场中，雇主支付给员工的工资不能低于最低工资水平，而在未被最低工资立法覆盖的另一部分劳动力市场中，雇主则可以随着市场条件的变化来自由调整自己支付的工资。我们再假定这两个市场上的劳动力供给总量是相对固定的，并且在不存在最低工资立法的情况下，劳动者可以在这两个部门之间自由流动，因而两个市场的初始工资水平是一致的（事实上就是一个市场）。

随着被覆盖部门受到最低工资立法的约束，凡是能够在这个市场上实现就业的低技能劳动者的工资水平都会比过去有所提高，因此，大家都愿意在这个部门工作。然而，由于我们在上面分析过的原因，当被覆盖部门的工资水平上升之后，这个市场上的雇主的雇佣水平会下降（尽管愿意提供劳动力的人数反而更多了）。在被覆盖部门出现劳动力供大于求的情况下，一部分在被覆盖部门无法实现就业的劳动者不得不到未被覆盖部门寻找工作，其结果是未被覆盖部门的劳动力供给曲线外移或右移，在未被覆盖部门的劳动力需求没有变化的情况下，劳动力供给曲线的外移必然会导致未被覆盖部门的均衡工资率进一步下降（尽管雇佣量会有所扩大），这进一步拉大了被覆盖部门和未被覆盖部门中原本属于同一类劳动力的劳动者之间的工资水平差距。在这种情况下，还可能会出现另一个有趣的现象，这就是一部分一时无法在被覆盖部门就业的劳动者宁愿等待可能得到的被覆盖部门的工作，也不去未被覆盖部门找工作，结果会产生等待性失业。

（二）最低工资立法的经济影响：实证检验

由于担心实施最低工资立法对就业产生影响，经济学家对其实际影响开展了多项研究，但是，不同的经济学家所得出的研究结论却存在差异，反对最低工资立法的研究结果和支持最低工资立法的研究结果在数量上似乎不相上下。福勒和史蒂文森指出，2000 年，有 45.6%的美国经济学家同意这样一个观点，即最低工资提高了非技术劳动力和青年劳动力的失业率，还有 27.9%的经济学家在一定前提条件下认同这一观点。① 而在 2006 年就最低工资问题进行政策问询时，美国经济学家正好分成两半，差不多一半的经济学家认为应当取消最低工资，少一点的另一半经济学家认为应当增加最低工资。只有非常少的经济学家持中间观点。

此外，尽管大家认为，就业受最低工资影响最为明显的应该是青年人，因为这个群体的工资水平通常比较低，但是在最低工资水平上涨对青年人的就业到底产生了怎样的影响方面，各项研究却并未达成一致的结论。② 比如，在一项关于最低工资立法的就业影响的著名研究中，研究者考察了新泽西和宾夕法尼亚两个州的快餐店用工数量受最低工资立法影响的情况。1992 年 4 月 1 日，新泽西州将其最低工资水平提高到每小时 5.05 美元，这是美国当时各州中的最高水平。而与其相邻的宾夕法尼亚州却并未调整最低工资水平，仍然保持在联邦政府规定的 4.25 美元这一水平上。这就构成了一个“自然实验”。研究者重点研究了这两个州的快餐店的用工数量变化情况，以考察最低工资水平变化对雇佣量所产生的影响。结果显示，在新泽西州的一个典型的快餐店中，最低工资水平提高之后，平均雇用人数反而增加了 0.6 人（从平均 20.4 人上升到平均 21.0 人）。而宾夕法尼亚州的快餐店却因宏观经济原因导致平均雇用人数下降 2.1 人（从平均 23.3 人减少到平均 21.2 人）。剔除大家都遇到的宏观经济影响之后，最低工资水平的提高导致新泽西州的快餐店的平均雇用人数相对于宾夕法尼亚州快餐店净增了 2.7 人。这一研究结果似乎证明了最低工资水平的调整不会给青年人的就业带来负面影响（快餐店雇用的大多数是青年人）。

但是对这一研究结果，很多人提出了反对意见，主要包括：第一，可能存在抽样误差的问题，即这些数据并不能代表全部情况。第二，快餐店不能代表全部情况。因为快餐店的生产技术导致其人员使用数量相对固定，所以最低工资水平提高对用工人数的影响并不体现在单个快餐店当中，而是体现在企业停止增开分店以及关闭不盈利的分店的决策上。此外，最低工资还有可能会导致雇不起人的夫妻店倒闭，这反而会促使大连锁店的生意红火。第三，这种事前事后的对比研究很可能会受到时滞因素的影响。最低工资的作用很可能需要一到两

---

① Dan Fuller and Doris Geide-Stevenson. Consensus among Economists: Revisited. Journal of Economic Review. vol. 34. no. 4，2003：369－387.

② Youcef Ghellab. Minimum Wages and Youth Unemployment. ILO Employment and Training Papers，1998：26；Minimum Wages and Youth Employment in France and the United States. Cornell，May 1997. http：//instruct1. cit. cornell. edu/～jma7/minimum-wages-youth. pdf.

年才能看出来，因此，过于迅速的研究未必能够得出正确的结论。[①]

小专栏 5－2

美国第一部联邦最低工资立法的就业效应

当美国联邦政府的第一部最低工资立法于 1938 年 10 月 24 日付诸实施时，人们认为它会对南方的经济产生巨大影响，因为美国南方的工资水平比其他地区要低得多。南方最大的制造业之一是机器针织业，针对这一行业所做的一项研究证实了这样一种预测。

尽管最低工资规定适用于机器针织业，但是一直到 1940 年，该行业中还有近1/3劳动者的工资低于最低工资立法规定的每小时 25 美分的标准（后来的新标准是每小时 32.5 美分）。一项对 97 家公司进行的纵向研究表明，尽管在这一时期，该行业的总体产品需求以及生产水平是在不断上升的，但是原来一直处于上升态势的就业却出现下降，其中南方工厂的雇佣量下降了 5.5%，而北方工厂的同期雇佣量却上升了 4.9%。更有意思的是，在那些原来支付的工资比法定最低工资水平要低的工厂中，雇佣量下降了 17%，而在那些过去支付的工资本来就比较高的工厂中，雇佣量却基本上没有发生什么变化。

最低工资立法通过之前，在这些工厂中存在用转换传送针织机（能够使某些特定类型的工作实现自动化）来替代手工传送针织机的现象。最低工资立法似乎加速了这一进程，在最低工资立法开始实施的最初两年里，手工传送针织机的使用量下降了 23%，而转换传送针织机的使用量则上涨了 69%，完全自动化生产设备的使用量增长了 10%。此外，这些工厂使用机器设备的密集程度也比过去大大提高。许多工厂还增加了夜班，而这些不得不上夜班的劳动者并未拿到额外的工资。最后，在最低工资立法实施之后的两年时间里，机器针织品的进口数量上升了大约 27%。

资料来源：Andrew J. Seltzer. The Effects of the Fair Labor Standards Act of 1938 on the Southern Seamless Hosiery and Lumber Industries. Journal of Economic History 57. no. 2，June 1997：396－415.

（三） 最低工资立法：实践考虑

或许正是由于对最低工资立法的就业效应没有确定的结论，所以很多国家的政府在提高最低工资水平方面都很谨慎。比如，美国联邦政府在 1938 年的公平劳工标准法中引入了最低工资的概念，当时确定的最低工资标准是每小时 25 美分，此后尽管不断提高最低工资的水平，但是由于调整的仅仅是货币最低工资水平，所以随着物价的上涨，名义最低工资水平的上涨并不意味着实际最低工资水平的上涨。事实上，如果将最低工资水平换算成现值，我们就会发现，最低工资的实际水平在很多年份中是下降而不是上升的。[②] 此外，按照最低工

① David Neumark and William Wascher. Minimum Wages and Employment：A Case of the Fast-Food Industry in New Jersey and Pennsylvania：Comment. David Card and Alan B. Krueger. Minimum Wages and Employment：A Case of the Fast-Food Industry in New Jersey and Pennsylvania：Reply. American Economic Review 90. no. 5，December 2000：1362－1420.

② http：//en. wikipedia. org/wiki/List _ of _ U. S. _ minimum _ wages.

资计算的年收入水平与贫困线年收入标准的比例也在下降，自美国于 1959 年开始制定贫困线以来，基于最低工资计算的年收入基本上相当于贫困线年收入标准的 2/3 左右，这一比例在 1968 年曾经达到 90%的峰值，20 世纪 70 年代初和整个 80 年代以及进入 21 世纪以来，这一比例出现明显的下降趋势，最终于 2006 年达到最低谷，只有 50%左右。[①] 尤为值得一提的是，1997—2007 年间，美国联邦政府甚至连名义最低工资水平都没有调整过，受通货膨胀因素的影响，最低工资的实际价值降到此前 50 年以来的最低点，2007 年政府才最终同意分三步逐步将最低工资水平提高到 7.25 美元，这一最低工资水平在 2009 年正式成为法定的最低工资标准，直到 2018 年初，美国联邦政府的最低工资标准又是将近十年未做调整（见表 5-2）。

表 5-2　　美国历年的最低工资水平调整及其现值　　单位：美元

年份	1939	1945	1950	1956	1965	1967	1968	1969	1970
最低工资	0.30	0.40	0.75	1.00	1.25	1.00	1.15	1.30	1.45
现值	4.7	4.84	6.78	8	8.62	6.52	7.19	7.71	8.12
年份	1971	1974	1975	1976	1977	1978	1979	1980	
最低工资	1.60	1.90	2.00	2.20	2.30	2.65	2.90	3.10	
现值	8.59	8.38	8.08	8.41	8.26	8.84	8.69	8.18	
年份	1981	1990	1991	1996	1997	2007	2008	2009	
最低工资	3.35	3.80	4.25	4.75	5.15	5.85	6.55	7.25	
现值	8.01	6.33	6.79	6.59	6.98	6.14	6.62	7.36	

当然，考虑到同一个国家的各个地区的经济发展水平以及物价水平的不同，各国一般都允许各个地区在国家规定的最低工资标准的基础上自行制定最低工资标准。美国也不例外，2010 年，美国有 15 个州的最低工资标准高于美国联邦政府的规定，其中华盛顿州的最高，为每小时 8.55 美元。在 1997—2007 年这十年未调整联邦政府最低工资标准期间，很多州都对最低工资标准进行了调整。2018 年伊始，美国有 18 个州再次上调了最低工资标准。8 个州根据生活成本自动上调了最低工资标准，还有 11 个州根据已经通过的立法或公民表决提案（ballot initiative）的结果上调了最低工资。

最后，需要注意的是，我国已经开始正式实施最低工资制度。我们认为最低工资立法对整个社会来说是有一定的积极意义的，但即使是在发达国家，最低工资立法对劳动力市场尤其是就业到底会产生怎样的影响，也没有一个清晰的结论。何况中国的资源状况以及经济发展阶段和发展水平与欧美等发达国家存在很大差异，尤其是中国的低技能劳动力的供给曲线相对来说非常富有弹性，因此工资水平的变动会对中国低技能劳动力的就业产生更大的影响。再加上有效实施最低工资制度会对政府产生非常大的压力，所以，综合各种情况考虑，我们不能盲目照搬发达市场经济国家的实证研究结果尤其是具体实践，而是必须充分考虑中国国情，将最低工资设置在一个适当的水平上，同时加强关于最低工资水平对劳动力市场尤其是就业的影响的研究。

① http：//oregonstate. edu/instruct/anth484/minwage. html.

小专栏 5-3

劳动力市场为什么不均衡

2011 年 9 月，美国亚拉巴马州出台了新的移民法案，旨在赶走非法劳工并缓解美国人的就业压力。于是几万个工作岗位空了出来，但这些岗位的工作内容主要是在杂乱的客房里整理床铺，在阴冷的厂房里收拾鱼肉，在炎热的菜地里摘西红柿。大部分美国人拒绝接受这些工作。那么，为什么美国人不干粗活？是他们太娇气了，还是劳动力市场出了问题？

在工厂里加工鲶鱼不仅辛苦而且枯燥，作为 Harvest Select 鱼肉加工公司的董事长，兰迪·罗德斯比任何人都清楚其中的艰苦。多年来，罗德斯一直找不到愿意为了少得可怜的工资（还没福利）到这个阴冷潮湿的厂房中一天干 10 个小时以上的美国人，因此他的员工大多数是危地马拉人。而在新法案开始生效的当天，罗德斯就发现自己的很多员工都不见了。罗德斯的公司一下空出了 158 个岗位，但根本没人来应聘，现在必须找人帮他解决这个问题。

没人干活的原因并不是真缺人。亚拉巴马州的失业人数很多，就在罗德斯的工厂所在镇，失业率就高达 18.2%，相当于全美平均失业水平的两倍。而这项新的移民法案的最大亮点就是可以提供就业机会，共和党州长罗伯特·宾利说，外籍劳工从美国人手中抢走了工作。可是亚拉巴马人并不稀罕这些新腾出来的就业机会，很多雇主认为这个法案是个笑话，希望将其废除。他们认为，外籍劳工没有从任何人手中抢走东西，他们干这些工作是因为美国人不愿意干。

在失业问题如此严重的时候仍然有很多工作机会无人问津，对于以前的人来说，干那些又苦又脏又累的工作通常是他们人生的起步，可是对于现在的美国人来说并不是这样。几十年来，亚拉巴马州的工业从这些逆来顺受的外籍劳工身上获得了不少好处。州政府也对工资水平、工作环境以及入境身份等问题睁一只眼闭一只眼。现在，这么多的外籍劳工被赶走了，工作岗位也空了出来，可企业却必须和美国工人做斗争，因为即使现在的经济形势如此糟糕，工作如此难找，他们抱的希望依然很大。亚拉巴马州工商业协会主席汤姆·瑟蒂斯说，我觉得不存在劳动力短缺的问题。他现在正干着一份怎样才能让那些愤怒的雇主平静下来的苦差事。瑟蒂斯说，我们正处于商业模式过渡阶段，无论是使用流动工人的农场主，还是使用非法劳工的其他行业，它们的商业模式都必须改变。

美国人不干又脏又累的工作，是因为他们太娇气了吗？为什么在这种萧条的时候，失业者还是拒绝接受这些工作岗位呢？反过来说，为什么农场或者公司希望用这么低的工资（还不提供福利）让人们干一份筋疲力尽的季节性工作呢？在这种极端情况下，如果人们拒绝接受这些工作，可能并不完全是那些不接受工作的人有问题，也许是市场出了问题。

瑟蒂斯已经厌倦了雇主们的抱怨。他说，不要告诉我亚拉巴马人不能摘西红柿是因为劳动强度和炎热的天气，你去炼钢厂、铸造厂还有其他行业看看，很多人都是在这样的条件下工作的。不同的只是在炼钢厂和铸造厂工作的人们可以得到福利和很好的收入。

新移民法案生效后几周，几百名美国人开始摘西红柿，34 岁的杰西·杜尔就是其中之一。他说，这里的工资不高，摘一篮子西红柿才挣 2 美元，可这总比无所事事要好。杜尔非常强壮，可他还是对工作的辛苦感到吃惊。他说，不是谁都可以做这份工作，我正在慢慢适应。可是工作三个星期后，他变得越来越沮丧，因为和他一起来的七个人只剩下两个人，很多人认为做这种工作就像做奴隶一样。

美国人是这些年才有这样一种概念的，即农场里和食品加工厂的工作应该由外籍劳工来做。20 世纪 40 年代，亚拉巴马州和其他地方的农业工人大都是美国人。第二次世界大战期间，美国和墨西哥签订协议，临时输入一些劳工来缓解用工压力，结果 450 万墨西哥人来到了美国，最初他们都是在加利福尼亚的农场或果园工作。1964 年，他们几乎遍布美国所有的州，很多人有了绿卡，成为永久居民，但他们继续从事农业工作。土生土长的美国人开始远离田地。专门研究移民问题的普林斯顿大学社会学家道格·梅西说，农业工作已经被打上外籍劳工的印记，一旦这个领域被外籍劳工统治，这种印象就很难消除。梅西说，美国人不愿意从事这些工作，不仅因为工作辛苦且报酬低，而且因为他们觉得做这种工作低人一等。这和工作本身没有关系，在一些国家，人们拒绝接受美国人抢着干的一些工作，比如在欧洲，汽车制造是外籍劳工干的工作，可在美国，却是本国人在干。

在亚拉巴马州，这个转换过程非常缓慢。尽管外籍劳工从事农业和食品加工业已经有 40 多年的历史了，但是在 1990 年，只有 1.1%的人口是在国外出生的。当年的人口普查中，在拉丁美洲和北美洲以外出生的只有 8 072 人，但是到 2000 年，就有 75 830 名拉丁美洲人。到 2010 年，这个数字翻了一番，拉丁裔占人口的 4%。亚拉巴马州实施的 24 亿美元的家禽养殖计划触发了拉丁美洲人的第一次移民潮，很多公司认为这个州良好的气候、丰富的水源、缺少监管和反工会的政策是非常理想的商业环境。周围受过良好教育的美国人都转移到了这个州中迅速发展的航空部门和服务行业，还有些人离开了亚拉巴马州，去西部和北部寻找办公室的工作或者是时间固定、收入高、安全的制造业工作，在仅仅 10 年时间里，曾经的白人社区就有 34%的人是拉丁裔。到 2000 年，伴随着城市建筑热潮，南方种植业的发展和蒙哥马利西部鲶鱼加工业的扩张，拉丁裔移民开始转移到其他州。在危机爆发前，人们并没有反移民情绪，可现在控制着亚拉巴马州的共和党人却将他们招来的移民视为敌人。

Harvest Select 的厂房外飘着一面大旗，上面写着：招工，欢迎应聘。自从新移民法案生效后，这面旗子就一直挂着。罗德斯说，他明白美国人为什么不喜欢这些工作，他们不愿意为了最低工资去切鱼片，他只是不知道以后该怎么做。他说公司真的无法提供每小时 13 美元的工作，因为海外的竞争者付的工资更低，公司的生存空间正在被挤压。

移民法案生效的当天，州农业部长约翰·麦克米伦的电话就被打爆了，人们在电话里询问他们以后怎么办。麦克米伦说他也不知道该怎么回答这些问题。他的同事——州劳资关系主任汤姆·瑟蒂斯面临的问题更多，因为除了农业，他还要关注其他行业，尤其是建筑业和医院的用工缺口。州长宾利说这个法案通过后，将产生更多的就业机会，瑟蒂斯的工作就是落实这个政策。

亚拉巴马州建筑业联合会主席杰·列德说，如果失业的人不接受建筑业或者家禽饲养业的工作，那么官员们就必须帮企业找到外籍劳工，可是他们现在都跑了。麦克米伦和瑟蒂斯整天和雇主们沟通，想办法找工人，可是结果却让人灰心。麦克米伦说，不管怎么努力，外籍劳工留下的空缺都无法被填满。一些大的农场准备重新种玉米和大豆，因为这些作物不需要太多人力，一些小的农场只能减产，最终很可能无法维持。9 月底以来，麦克米伦和他的副手不停地参加州农场主的各种会议，人们都痛恨这个新法案。几个星期前州参议员斯科特·比森介绍这个新的移民法案时，愤怒的史密斯丢给他一个篮子，然后说："你来摘西红柿。"可是比森拒绝了，他说，我摘西红柿不能改变或者证明任何事。

当政治家和雇主激烈辩论的时候，有些人看到了机会。19岁的迈克尔·马多纳多每天早上4点半起床，然后去Harvest Select工作。他说自己喜欢这份工作，经理称赞他是个好工人。不过因为现在人手短缺，他下周准备要求涨工资。马多纳多说："我会告诉他们如果多付一点，我就继续工作，否则我就去别的州干。"

资料来源：Elizabeth Dwoskin. Why Americans Won't Do Dirty Jobs. Business Week，November 9，2011.

◆ 本章小结

劳动力市场均衡是指劳动力供给和劳动力需求正好相等时的一种状态，这时会形成一个均衡市场工资率和一个均衡雇佣量。这时，既不存在劳动力过剩现象，也不存在失业现象。均衡工资率确定之后，竞争性企业便可以根据这一工资率决定实现利润最大化的雇佣量。

劳动力供给和劳动力需求的任何一方或者双方同时发生变动，会导致原有的劳动力市场均衡点被打破，新的均衡点形成，从而出现新的均衡工资率和均衡雇佣量。

在企业属于产品市场上的垄断者或者是属于劳动力市场上的买方独家垄断者的情况下，企业的劳动力市场决策有其独特性。

劳动力供给和需求双方在劳动力市场上的行为都会产生摩擦力，比如，劳动力的流动不是没有成本的，企业不能在不付出成本的情况下随意调整雇佣量，这些摩擦力的存在会使得现实中的劳动力市场均衡更难以达成。

工薪税可以针对雇主征收，也可以针对员工征收，但是无论在哪一种情况下，工薪税所产生的成本实际上都是以一定的比例在雇主和员工之间分摊，并且导致员工的实际工资率和雇佣量下降。

一些政府为了解决某些特定人群劳动者的失业问题，针对他们实施了工资补贴计划，其目的是降低雇主雇用这些劳动者的成本，但是对于这种政策所产生的实际就业促进效果，仍然存在很多争论。

最低工资立法对劳动力市场所产生的影响取决于最低工资水平与劳动力市场均衡工资水平之间的关系，从理论上来说，高于市场均衡工资水平的最低工资会导致部分劳动者失去工作。同时，最低工资的实施会对未被覆盖部门的劳动力市场均衡产生影响。

◆ 关键术语

劳动力市场均衡（labor market equilibrium）

买方独家垄断（monopsony）

工薪税（income tax）

工资补贴（wage subsidy）

最低工资（minimum wage）

◆ 复习与思考

1. 请说明劳动力市场均衡的含义。
2. 请通过图形分析劳动力供求曲线同时移动对劳动力市场均衡的影响。

3. 在产品市场垄断而劳动力市场完全竞争的情况下，企业的劳动力市场决策是怎样的?

4. 买方独家垄断企业的劳动力市场决策是怎样的?

5. 试说明劳动力需求方和劳动力供给方在劳动力市场上可能遇到的摩擦力。

6. 请结合工薪税对劳动力市场的影响说明我国在实施社会保障制度时需要注意的相关问题。

7. 请分析最低工资立法的经济影响以及我国实施最低工资制度时应注意的问题。

8. 假设市场上高级技工的劳动力供给函数是 $L_S = 2\,000 + 35W$，其劳动力需求函数是 $L_D = 10\,000 - 15W$，其中 L 代表高级技工数量，W 代表其工资率。请分别绘制高级技工的劳动力供给曲线和劳动力需求曲线，并指出在这一劳动力市场上的均衡工资率和均衡雇佣量分别是多少。假设在任一既定的工资水平上，另外有 2 000 名劳动者愿意接受高级技工的工作，请绘制出新的高级技工的劳动力供给曲线，同时寻找新的均衡工资率和均衡雇佣量。

第6章
人力资本投资理论

学习目的

读完本章之后，你应该能够：

1. 了解人力资本投资理论的主要内容及其理论与现实意义
2. 掌握人力资本投资的成本与收益分析模型
3. 理解高等教育投资决策的基本模型及相关社会现象
4. 了解高等教育的信号模型
5. 掌握一般培训与特殊培训的区别及相关投资决策
6. 掌握劳动力流动的基本模型以及劳动力流动的影响因素

第1节　人力资本投资理论

一、人力资本投资理论的基本内容

（一）人力资本投资理论的发展及其意义

在前面分析劳动力供给和需求时，为了便于分析劳动力供给和劳动力需求的基本原理，我们曾假定所有的劳动者都是同质的，即他们在劳动力市场上所能提供的知识、技能和经验（从而生产率）是无差别的，而这在现实中显然是不真实的。这种情况引起了经济学家的研究兴趣，他们试图去考察劳动者在获取劳动力市场技术和能力方面存在的差别，以及由此带来的个人收入差别情况。在这一过程中，人力资本投资分析方法成为一种主要的理论工具。

实际上，两个世纪以前，英国经济学家亚当·斯密就注意到：一个国家的资本在一定程度上包括社会全体成员的能力。由于获得能力是要花费费用的，所以它可被看作是在每个人身上固定的、已经实现了的资本。这种能力成为个人财富的一部分时，也就成为社会财富的一部分。然而，令人遗憾的是，亚当·斯密的这个见解被后来追随他的经济学家忽略了。资本这个概念一直被限制在生产非人力因素的工具上。直到 20 世纪 50 年代，人力资本的概念才作为新的发现重新问世。

在 20 世纪 50 年代正式提出人力资本概念以及人力资本投资理论的是美国著名经济学家西奥多·舒尔茨（Theodore Schultz）。舒尔茨主要从事的是农业经济学和发展经济学领域的研究。他在研究的过程中发现，从 20 世纪初到 50 年代，美国农业产量的增加和生产率的提高主要不是来源于土地、劳动力和资本的数量增加，而是来源于人的知识、能力和技术水平的提高。此外，第二次世界大战以后出现的经济分析数量化方法通过对国民收入的详细估算发现，国家投入的各种资源（包括自然资源、实物资本以及劳动力）的增长并不能完全说明国民收入的增长，也就是说，在国民收入的增长中有一部分“剩余”无法得到解释，在这种情况下，传统的经济理论受到严峻的挑战。这个时候，舒尔茨提出了人力资本投资的概念。他在 1960 年出任美国经济学会会长时所做的演讲的主题即人力资本投资，该演讲系统地阐述了人力资本投资的理论体系，从而对经济增长的动力做了全新的解释。此后，围绕人力资本投资理论出现了大量的研究，舒尔茨也因对发展经济学和农业经济学的贡献而获得了 1979 年的诺贝尔经济学奖。

舒尔茨在人力资本投资方面得出的几个基本结论是：第一，经济增长和发展取决于物力资本和人力资本两个方面的投资，并且人力资本的投资收益率往往高于物力资本的投资收益率，因而对经济增长的贡献更大。第二，国民收入的大约 1/5 来自物力资本，4/5 来自人力资本。人力资本的增长导致源于劳动的收入在国民收入中所占的份额上升，源于财产的收入所占的份额下降，因此，人力资本增加有利于社会各阶层收入的均等化。第三，提高人口质量是经济增长的关键，教育、医疗保健、劳动力流动等方面的公共政策对发展中国家的经济增长具有极大的重要性。第四，人类对未来是乐观的，因为决定人类前途的并非空间、土地和其他自然资源，而是人的技能和知识，是人类处理各种复杂事务的能力。

另一位对人力资本投资理论做出重大贡献的是美国经济学家和社会活动家加里·贝克尔，他是 1992 年的诺贝尔经济学奖获得者。贝克尔对人力资本投资的主要贡献在于，他对人力资本的形成、正规学校教育、在职培训投资以及年龄收入剖面曲线等进行了分析，提出了估算人力资本投资的若干方法，并且运用统计资料进行了实证检验，此外，他还将在职培训划分为一般在职培训和特殊在职培训。

小专栏 6-1

人力资本与战后重建

第二次世界大战末期，日本广岛遭受原子弹袭击，城市中 70%的建筑物被摧毁，30%的人被炸死。爆炸发生后，幸存者纷纷逃离城市。然而，在三个月之内，2/3 的幸存者又返回城市。由于在空中爆炸的原子弹并没有破坏城市的地下公用系统，所以仅在一天之内，幸存地区的电力供应就恢复了；两天之内，铁路服务也开始恢复；电话服务则在一周之内重新启动。相当于广岛工业生产总量 3/4 的工厂（其中大多数都因在城市外围和郊区而未遭破坏）在 30 天内恢复正常运行。

德国的汉堡出现了相似的情况。1943 年的七、八月份，盟军对原本有 150 万人口的城市进行了为期 10 天的狂轰滥炸，结果，该城市大约一半的建筑物被摧毁，3%的人被炸死。尽管其供水系统受到严重破坏，但在最后一次空袭过去的几天之内，电力和煤气供应就全面恢复了，电报系统在4天内恢复了运营。一周之后，中央银行重新开门，企业开始正常运转，邮政服务在空袭之后的12天内恢复了运营。《战略轰炸调查》报告指出，仅仅在5个月之内，汉堡的生产力就恢复到被轰炸之前的80%。

有经济学家针对这些城市从灾难中复苏的速度和成功程度得出了两点结论："第一，在一国或一个地区的实际财富中，与在其人口中积累下来的知识和技能所占的比重相比，可见的物力资本所占的比重是很小的；第二，在一国或一个地区的人口当中蕴藏着巨大的能量，这种能量在正常的时候并没有被激发出来，但是一旦遇到像灾难这样一种特殊环境，这种能量就可以利用起来。"

资料来源：Jack Hirshleifer. Economic Behavior in Adversity. Chicago：University of Chicago Press，1987：12-14，78-79.

人力资本是一个与物力或物力资本相对应的概念。这一概念的提出打破了传统经济学将生产要素简单地划分为劳动力和资本的限制，打破了劳动力同质的假设，代表对人的经济价值的新认识。在传统的西方经济理论中，资本一般仅仅是指厂房、机器设备等各种有形的物质生产要素，而人力资本理论却认为，上述资本的概念是不完整的，它实际上只是物力资本的范畴，完整的资本概念应该包括物力资本和人力资本。人力资本投资理论的出现更好地揭示了经济增长的来源，也丰富了国际贸易理论等其他一些经济理论，此外，它的出现还推动了教育经济学、卫生经济学、家庭经济学、犯罪经济学、人力资源会计等相关经济管理学科的产生，对于我们认识人类的很多行为以及社会现象都起到了非常积极的作用。

（二）人力资本与人力资本投资的基本含义

人力资本（human capital）的概念将人力即人的劳动能力储备也视为一种资本，一种"被生产出来的生产手段"。它是体现在劳动者身上的资本，是作为一种特殊的生产性资本储备蕴涵于人身上的知识、技能、经验以及健康等的存量总和。而人力资本的价值则取决于其内含的知识、技能、经验以及健康等在劳动力市场上所能够得到的报酬数量。人力资本的概念改变了对财富的传统定义，这是因为，人们日益认识到，一个社会的财富总量应当包括人力资本和非人力资本两部分。其中人力资本包括在教育、培训以及劳动力迁移等此类投资活动中积累下来的所有投资的价值，而非人力资本则是一个社会储备的各种自然资源、建筑物以及机器的存量。人力资本的财富价值在很多国家和地区超出非人力资本的财富价值。比如，据估算，1994年北美人均财富总量大约为32.6万美元，其中的76%表现为人力资本形式。[①]

那么，人们是如何获得人力资本的呢？这就要通过进行人力资本投资（human capital investments）来实现。投资本来是指某人希望在一定时期之后能够从中获得补偿的一笔初始性成本支出。人力资本投资同样具有这种特点，因为劳动者在接受正规教育、在职培训的同时，不仅需要直接付出一部分成本，还要放弃一部分工作收入。因此，人力资本投资的特征和物力资本投资的特征是一样的，就是它的未来导向性，即像其他投资一样，人力资本投

① Arundhati Kunte，Kirk Hamiltom，John Dixon，and Michael Clemens. Estimating National Wealth：Methodology and Results. Working Paper. Environment Department. World Bank，January 1998：Table 1.

资的利益发生在未来，并且通常情况下，这些投资会在一段时期内持续不断地带来利益，但是投资的成本产生在当前。换言之，人力资本投资同样需要将一些本来可以用于现时消费的稀缺资源用于投资，以增加未来的生产能力，从而获得更多的经济收益，提高未来的生活水平。因此，人力资本投资可以被定义为任何能够用来提高人的生产能力从而提高人在劳动力市场上的收益能力的初始性投资。

显然，一位劳动者要想获得人力资本，最常见的途径是接受教育和培训，其中包括在实际工作过程中发生的学习。此外，劳动者通过向能够使他们的生产率提高的地区和工作岗位流动来提升自己的知识技能储备在劳动力市场上的价值，这种流动本身同样需要在当前付出成本，同时在未来获取收益，因此它也属于一种人力资本投资。最后，一个人的身体健康状况也会对其在劳动力市场上的收入能力产生影响，而在健康方面进行的投资同样需要付出大量的成本，所以各种用于改善营养水平以及身体健康状况的投资同样属于人力资本投资。由于人力资本投资既可以指用于积累和增加人力资本的投入，也可以指人力资本投资活动本身，所以，我们可以认为，人力资本投资是指一切能够提高劳动者的知识、技能、经验、健康水平以及既定人力资本储备利用效率的经济行为或相关开支。

此外，我们还可以从一个人的生命周期的不同阶段来考察人力资本投资的情况。一般来说，一个人在一生当中的人力资本投资活动大概可以划分为三个阶段，每个阶段的侧重点会有所不同。首先是一个人从出生后直到学龄前的早期儿童时代。这一阶段的人力资本投资主要取决于儿童的父母、家庭或抚养人的资源状况，他们为儿童提供的指导，儿童所处的家庭氛围、文化环境以及学龄前教育状况等。这些因素会影响一个人成年以后的语言能力、数学能力、对待学习的态度、总体健康状况以及寿命，同时可能会对一个人的性格等心理因素产生影响。这些不仅会进一步影响儿童未来的人力资本投资状况，还会影响他们的人力资本投资在未来劳动力市场上的收益水平。其次是青少年时期以及刚刚成年阶段。达到学龄之后，一个人的绝大部分人力资本投资活动就是上学，即通过接受小学、中学以及大学等正式的学校教育这样一种形式来学习各种知识和技能，从而为进入劳动力市场供给劳动力并获取人力资本投资收益做好准备。最后是进入劳动力市场之后的阶段。在这一阶段，人力资本投资活动主要是通过在职培训、接受成人教育或其他特定的培训项目来实现的。与前两个阶段不同，这一阶段的人力资本投资不仅仅局限于一个人的父母、家庭以及个人，企业或者雇主也在劳动者的人力资本投资活动中扮演着非常重要的角色。

小专栏 6-2

男女的体重与薪酬有关吗?

佛罗里达大学（University of Florida）的贾吉（Timothy A. Judge）主持的一项研究分别对 11 253 名德国居民和 12 686 名美国居民进行了调查，结果发现，体重比标准少 25 磅①的瘦削女性平均每年要比体重正常的女性多挣 15 572 美元。而体重超过平均水平的女性则会受到减薪惩罚，只不过幅度要小一些——这可能是因为她们在体重超标之前就已经违背了关于理想女性外表的社会规范并付出过相应的代价。体重比标准多 25 磅的女性平均每年比体重正常的女性少挣 13 847 美元。

① 1磅=0.45 千克。

男性也会因违背关于理想男性外表的社会规范而受到惩罚，具体方式却与女性恰好相反。瘦削的男性要比体重正常的男性每年少挣 8 437 美元。他们会在体重增长的过程当中得到持续的回报，直到体重达到肥胖症标准为止。其中一项调查显示，平均来说，男性薪资的最高点竟然出现在体重多达 207 磅的时候。此项研究针对上述两种情形所做的解释之一是，体形比较理想的人可能会有更出色的工作表现，因为他们能对他人施加更大的影响，完成更多的工作。

与此同时，据《纽约时报》(*New York Times*）的报道，乔治·华盛顿大学（George Washington University）的经济学家完成的另一项研究也对肥胖的代价进行了分析，结论是女性肥胖的代价（包括医疗支出之类的直接代价，也包括薪资减少和工作效率降低之类的间接代价）比男性要高。肥胖的男性每年要多支出 2 646 美元，而肥胖的女性每年则要多支出 4 879 美元，几乎是前者的两倍。

资料来源：Cable，D. and Judge，T. A. When It Comes to Pay，Do The Thin Win? The Effect of Weight on Pay for Men and Women. Journal of Applied Psychology，2011，96（1)；Roni Caryn Rabin. Disparities：Obesity Costs Women More，Study Finds. New York Times，2010-09-27.

小专栏 6-3

教育投资与经济增长的关系

有学者以国家统计局发布的 1952—2003 年的数据为基础，对我国教育投资与经济增长之间的关系进行了分析，结果表明，我国的教育投资与经济增长之间存在十分明显的双向因果关系，即一方面，国内生产总值（GDP）的增长促进了教育投资的增加，另一方面，教育投资的增加又是推动 GDP 增长的原因。1952—2003 年间，我国的教育投资对经济增长的贡献率约为 24.4%。特别需要指出的是，在实施以市场为导向的经济改革以后，教育投资对经济增长的贡献率有了明显的提高，从改革前的 22.8%上升到改革后的 29.7%，提高了约 7 个百分点。

资料来源：范柏乃，来雄翔．中国教育投资对经济增长贡献率研究，载《浙江大学学报》（人文社会科学版），2005，35（4).

二、人力资本投资分析模型

（一）人力资本投资的成本与收益分析

1. 人力资本投资的成本与收益

当一家企业投资于物力资本时，它实际上获得了一些可望在未来一段时间里持续增加其收益的资产。人力资本投资具有类似的特点。当人力资本投资者（父母、企业或整个社会）为教育和培训支付费用时，必然期望通过这些投资活动提高被投资者的知识和技能水平，最终增加其未来收入。然而，人力资本投资同物力资本投资一样，并不是支出越多越好。在进行物力资本投资的时候，人们必须考虑投资的成本以及预期的收益状况，当投资成本等于预期投资收益时，再追加投资便会成为低效或无效投资。对人力资本投资来说，道理是一样的。不过，相对于物力资本投资而言，无论是人力资本投资的成本还是收益都更复杂。

首先来看人力资本投资的成本。总的来说，人力资本投资中可能会产生的成本有三部分：一是实际投入的成本或直接费用。包括学费、资料费等各种直接支出的用于接受教育培训等的费用。二是机会成本或间接费用。它是指一个人在进行人力资本投资期间由于不能工作或不能从事全日制工作而不得不放弃的工资性报酬。三是心理成本。学习以及接受培训不仅面临一定的困难，而且比较枯燥、沉闷，甚至还可能产生无法完成教育培训项目的心理压力，这些都会使接受人力资本投资的人产生一定的心理损失。其中，我们可以将前两部分成本概括为货币成本，而心理成本则属于一种非货币成本。以上大学为例，上大学的直接成本主要表现为因上大学而必须支付的学费、书本资料费、学习用品费以及必要的实习费用，甚至还包括因一次考试不合格而一次或多次补考的费用。通常情况下，住宿和伙食费不算在上大学的直接成本中，因为无论是读大学，还是到劳动力市场上去就业，住宿和吃饭的费用对每个人来说都是必需的。上大学的机会成本则表现为一个人因上大学而不得不放弃的收入，在数量上等于此人如果在高中毕业后不上大学而是直接去劳动力市场上就业所能够赚得的劳动收入。至于上大学的心理成本则是显而易见的，学生在上大学期间往往要承受学习以及考试等带来的精神压力或心理负担。对于某些人来说，这种压力是非常大的。

其次，让我们来看人力资本投资的收益。人力资本投资的预期收益最主要的表现是在未来能够获得更高水平的工资性报酬，这是一种经济收益或货币收益。人力资本投资同样会带来相应的心理收益。比如，更好的职业、更高的工作满意程度以及更高的社会地位等。同样以上大学为例，上大学的收益表现在货币收益和非货币收益两个方面。其中，货币收益是指完成大学教育者在未来的职业生涯中所获得的超过未上大学者的终生收入部分，它在数量上等于大学毕业生与当初素质相当但是却没有上大学者之间在终生收入上的差别。上大学的非货币收益则包括社会地位或声誉的提高，对各种娱乐活动欣赏能力的提高，更为美满的婚姻等。

2. 人力资本投资的成本与收益分析中的折现问题

从表面上看，在不考虑人力资本投资的心理成本和心理收益的情况下，比较容易计算出人力资本投资的成本和收益，从而判断一项人力资本投资是不是有价值的投资。然而，这里存在一个技术性问题，这就是人力资本投资的成本是在当前产生的，而这些投资所产生的回报却具有延迟性，是在未来若干年中持续产生的。这时我们就不能把这些产生于未来不同年份的货币收益进行简单加总，以此来计算人力资本投资的总收益。这是因为，货币在不同的时间点上有不同的价值，在未来的不同年份中所产生的收益即使在数字上是相同的，它们的实际价值也不一样，因此，要使比较有意义，就必须对成本和收益都按某一共同时点上的货币价值来衡量，比如都按当前的货币价值来衡量。对未来的货币进行折算的过程称为折现或贴现，而未来的一定数量的货币被折算出来的当前价值则称为现值（present value）或折现值（discount value）。

通俗地讲，贴现或折现问题的核心就是，未来的一笔钱不如同样数额的当前的一笔钱值钱，因而要将未来的一笔钱打个折扣才能换算出这笔钱在当前的价值。之所以会出现这种情况，主要是因为存在利率因素。即如果人们把一笔钱用于投资而不是在当前消费掉，他们就可以根据一定的利率获得利息，从而在未来获得比本金更多的财富。而投资之所以应当获得利息，主要是因为人们更倾向于当前消费而不是未来消费，因为当前消费更加具有确定性。

因此，如果某个人放弃了当前消费，将消费延迟到未来，那么这个人就是做出了牺牲，应当因此得到补偿，这笔补偿便是利息。而用来计算利息的重要因素——利率则可以看成是人们的时间偏好率，利率水平的高低直接决定了未来的一笔钱能够换算成当前的多少钱。

举例来说，假如当前的利率为 10%，某个人现在借出去 100 元，则此人在一年后可得 110 元，其中的 100 元是原来的本金，增加的 10 元是利息。可以用以下公式来表示这种关系：

$$B_1=B_0(1+r) \tag{6-1}$$

式中，B_0 表示货币的现值；B_1 表示 B_0 这么多的货币在一年之后的价值；r 表示利率。$(1+r)$意味着这笔没有用于消费而是用于投资的钱不仅可收回其原值或本金，还可以获得利息。当然，反过来，我们也可以说，在利率为 10%的情况下，一年以后得到的 110 元（B_1）的现值是 100 元（B_0）。这时，我们只需要将式（6-1）做一个转换即可：

$$B_0=\frac{B_1}{1+r} \tag{6-2}$$

根据式（6-1）的原理，我们可以类推出一笔当前的投资（B_0）在两年之后的货币价值（B_2）（利率一直保持在 r 的水平上），即 B_0 在第一年年底就变成 $B_0(1+r)$，然后第二年年初再用 $B_0(1+r)$ 来进行投资，于是到了第二年年底，这笔钱便变成 $B_0(1+r)(1+r)$，由此我们得到下列等式：

$$B_2=B_0(1+r)(1+r)=B_0(1+r)^2 \tag{6-3}$$

依此类推，一定数量的当前货币在 n 年之后的价值即

$$B_n=B_0(1+r)^n \tag{6-4}$$

与式（6-2）类似，我们同样可以将 n 年之后的一笔货币（B_n）的现值（B_0）折算出来：

$$B_0=\frac{B_n}{(1+r)^n} \tag{6-5}$$

（二） 人力资本投资决策的基本原理

作为一种投资，人力资本投资和物力资本投资的原理是一样的，这就是投资的收益不能低于投资的成本。如前所述，由于投资收益来自未来的若干年，从而形成一种收益流，因此，在对投资收益和投资成本进行比较时，必须以现值为基础。这种对一笔人力资本投资的合理性进行衡量的方法称为现值法。现值法是在确定折现的利率或贴现率的前提下，考察一笔人力资本投资的总成本和总收益在折现之后的情况。这里所使用的利率 r 的值通常可参考较为稳定的银行利率或其他物力资本投资的收益率。

首先，根据我们在前面对收益折现问题的讨论，可以把一笔人力资本投资在未来 n 年中的收益折现之后加总，即

$$B=B_1/(1+r)^1+B_2/(1+r)^2+B_3/(1+r)^3+\cdots+B_n/(1+r)^n \tag{6-6}$$

其次，为简便起见，我们将当期的人力资本投资总成本用 C 来表示。在这种情况下，只要将未来收益的现值与当期成本进行比较，便可以知道进行人力资本投资是否值得。即当且仅当以下公式成立时，进行一笔人力资本投资才是有意义的：

$$B=B_1/(1+r)^1+B_2/(1+r)^2+B_3/(1+r)^3+\cdots+B_n/(1+r)^n>C \tag{6-7}$$

另一种同样可以用来对一笔人力资本投资的合理性进行衡量的方法是从现值法中衍生出来的，称为内部收益率法。内部收益率法不事先规定贴现率或利率，相反，它首

先假定人力资本投资的未来收益经过某种利率或贴现率 r 的贴现之后，恰好等于投资的总成本，然后求出这个利率或贴现率 r。而恰好使人力资本投资的收益现值与成本相等的那个贴现率 r 就是内部收益率，又称为投资收益率。内部收益率法的主要思路是考察未来各个年份中可以获得的货币收益在经过多大程度的贴现之后等于投资的成本。很显然，内部收益率越高，则表明一笔人力资本投资所得到的回报越高，投资合理的可能性也就越大。通常情况下，我们会首先使式（6－7）的两端数值相等，求出 r 的值，然后将其与其他形式投资的回报率（如银行利率等）加以比较。如果这种投资的内部收益率高于其他投资的回报率，人力资本投资计划就是合理的，否则，就没有必要进行投资。

小专栏6－4

到美国上大学需要花多少钱?

在学费方面，美国公立大学的学费分本州和外州（含国际）学生，而私立大学则一视同仁，个别学校甚至会向国际生单独收费，比外州生还高。以著名私立大学杜克大学2012—2013年的费用情况为例，每年上大学需要支付的费用包括：学费（44 101美元）、住宿费（6 140美元）、伙食费（5 630美元）、书本日用杂项（3 472美元），共计59 343美元。因此，如果到美国留学，每年开学之前先要交给学校5万～6万美元才有机会进入美国的校门。

在个人消费方面，主要包括机票等旅行费用、非移民身份文件（含签证）费用、手机和上网等费用、汽油和行车保险费、医疗和人身保险费等。这方面的情况因人而异，差别很大，但一些基本的开支是不可避免的。

此外，美国大学最新的趋势是奖学金和助学金日趋减少，而且学费每年都在不断攀升，在过去的一学年里，美国公立大学的学费平均增长了9%，其中加州竟高达21%。而非营利性的私立大学也提高了4%，由于私立大学学费的基数比较大，这4%的绝对值不是个小数目。

考虑到以上各种因素，在美国读四年大学下来，30万美元是一个保守的数字，这还是万事顺利、孩子比较节俭的情形下的数字。此外，美国大学遵循的是“宽进严出”的原则，几乎每所大学都有一定的淘汰率（drop out rate），尤其是第一学年过后，有些学校的淘汰率为20%～30%，有些甚至高达50%。

另外，还有学生测算了在加州大学伯克利分校读本科的总体费用。其中包括：(1) 学费。2017年的学费是4.2万美元，大约折合29万元人民币（加州大学的学费每年涨5%）。(2) 住宿以及餐饮。一般的住所加水电和网费等需要1 200美元，每日餐饮需30美元左右，偶尔需要改善生活或聚餐，两项加起来大约为2 300美元，约合1.6万元人民币，一年为19万元人民币。(3) 每年旅游、购物等支出为1万元人民币，如果有车的话，每年需要另外花费大约3万元人民币。加起来，在伯克利上一年大学大约需要支出50多万元人民币。

资料来源：http：//edu.qq.com/a/20160117/028558.htm，https：//zhidao.baidu.com/question/1885255635329691948.html.

第 2 节　教育投资

一、高等教育投资决策模型

（一）关于是否上大学的基本决策模型

1. 决定是否上大学时的成本和收益比较

很多人在其一生当中都会遇到一个非常重要的决策，这就是是否应该上大学。尽管上大学的决策涉及个人、家庭以及社会等多方面的考虑，但是毫无疑问，上大学从根本上来说是一种经济决策，因此，与任何一种人力资本投资一样，决定是否上大学的人都需要考虑上大学的成本和收益。如前所述，接受高等教育会产生直接成本、机会成本以及心理成本，同时也会带来经济收益和心理收益。但是由于对心理成本和心理收益进行衡量比较困难，因此，在我们这个关于上大学决策的简单模型中，暂时先忽略心理方面的因素。

如图 6－1 所示，曲线 H 代表的是一位 18 岁的高中生毕业后不去上大学，而是立即就业情况下的终生工资性报酬流曲线。曲线 U 代表的则是这位高中生在毕业后先去上四年大学然后再到市场上去就业情况下的终生工资性报酬流曲线。从图中可以看出，高中毕业生和大学毕业生的终生工资性报酬流曲线在 M 点相交，在此之前，高中毕业生一直有工资性报酬，并且随着年龄增长而逐渐升高。而大学毕业生在 22 岁即毕业之前没有任何工资性报酬，在大学生刚刚开始工作的时候，他们会得到工资性报酬，但是得到的工资性报酬水平有可能会低于高中毕业生（当然也很可能会高于高中毕业生），这主要是因为他们缺乏工作经验，处在接受培训以及适应工作的阶段，因而实际生产率没有得到充分的发挥。

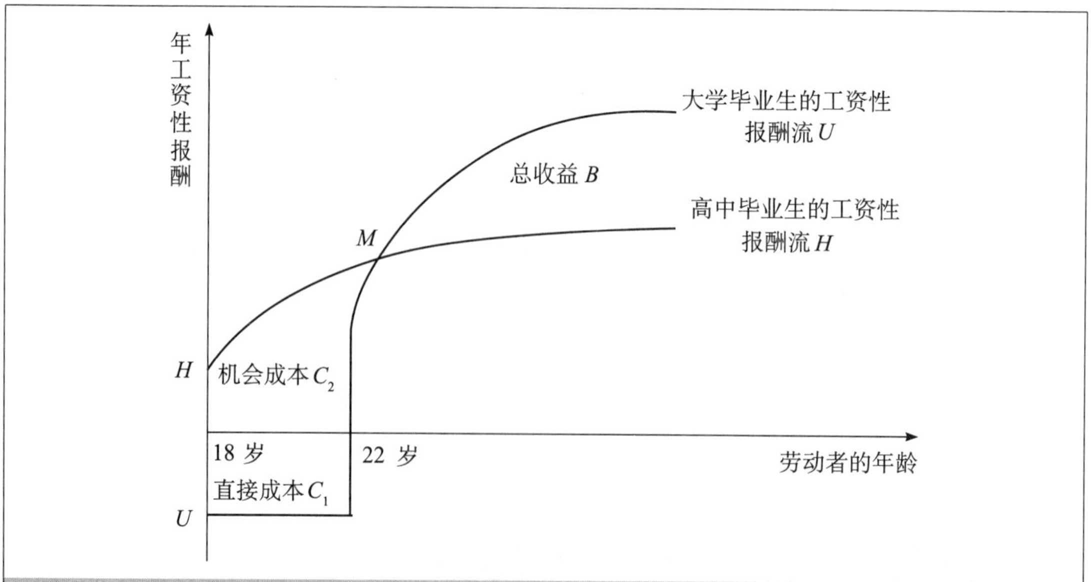

图 6－1　关于是否上大学的决策模型

但是在 M 点之后，大学毕业生的工资性报酬就开始超过高中毕业生。在 M 点之后出现的大学毕业生的工资性报酬超过高中毕业生的那个区域就构成了大学毕业生接受高等教育所产生的总收益（假定已经换算为现值）。而在 M 点之前，大学毕业生所承担的接受高等教育的成本包括两部分：一部分是直接支出的学费以及其他与接受高等教育直接相关的成本，即图中的直接成本 C_1 部分。此外，大学毕业生由于接受高等教育，一方面导致在最初的四年中因无法工作而损失了四年的工资性报酬，另一方面，还可能因为刚开始工作时因继续接受培训等原因导致工资性报酬在最初的一年或几年中低于已经有几年工作经验的高中毕业生。严格来说，这两部分成本都属于接受高等教育的机会成本，即图中的 C_2 区域。

最后，根据上一节中阐述的人力资本投资决策的基本原理，我们可以判断，如果上大学的收益现值超过上大学的成本，上大学就是值得的。即如果图中的 B 部分的面积大于 C_1+C_2 部分的面积，一个人上大学就是值得的，否则，从经济上来说是没有意义的。

2. 从上大学的成本收益分析中得到的几个基本推论

尽管我们指出，人们在做是否上大学的决策时，理论上应当计算经过折现之后的上大学的总收益和总成本并进行对比，但是，正如人们所做出的大多数经济决策并非经过严密计算一样，实际上大部分个人或家庭在进行高等教育投资决策时，只是做了粗略的估计或大体的判断。尽管如此，我们仍然可以从上述上大学的成本收益分析中得出以下几个推论，分别涉及图 6－1 中提到的上大学的成本（包括直接成本和机会成本）、上大学的收益以及对上大学的未来收益进行折现的程度等因素。需要指出的是，这些推论不仅适用于高等教育，而且适用于培训等其他一些人力资本投资活动。

第一，在其他条件相同的情况下，投资后的收入流越长，则上大学的净现值越可能为正，从而上大学的可能性更大。

在上大学的成本等其他条件一定的情况下，很显然，一个人上大学越早，在其一生中能够获得这种人力资本投资收益的时间就会越长，这会扩大图 6－1 中总收益区域的面积，从而使上大学所得到的净现值（即总收益的现值减去总成本的现值）更高。这种情况有助于解释为什么上大学的主要是年轻人，为什么年轻人更有可能流动和进行地理上的迁移。同时，这种情况也有助于部分解释当前在许多市场经济国家中出现的同等质量的男性和女性之间的工资差别。在许多情况下，女性的劳动力参与往往是不连续的，在完成正规教育之后，大多数女性通常都是先工作一段时间，然后离开劳动力市场一段时间去结婚、生养孩子，在孩子上学之后再重返劳动力市场。这种劳动力市场活动中断的现象实际上减少了女性上大学以及进行其他人力资本投资之后的收益年限，从而使其从上大学等人力资本投资活动中得到的净现值比相同条件的男性低。这种情况不仅有可能会弱化女性的人力资本投资动机，而且可能是导致雇主在对员工进行在职培训时，更倾向于对男性员工进行投资的原因之一。

第二，在其他条件相同的情况下，上大学的成本越低，愿意上大学的人就会越多。

我们知道，上大学的经济成本主要包括直接成本和机会成本两部分，如果上大学的收益和其他条件不变，但上大学的直接成本或机会成本下降了，那么，上大学的净现值就会上升，这样就会使原来觉得上大学无利可图的一些人也能够从投资中获益，于是会有更多的人愿意去上大学。从直接成本方面来看，首先，很多国家的政府都为学生上大学提供无息或低息贷款，这样就会降低那些不得不借钱上大学的人所必须支付的利息，从而降低上大学的直接成本。其次，很多大学会为学生提供部分或全部奖学金，这部分资助水平的上升以及覆盖面的扩大，同样能起到降低上大学的直接成本的作用。最后，在美国等国家，公立大学的学费往往低于私立大学，选择上公立大学同样有助于降低上大学的直接成本。

从机会成本方面来看，首先，整个社会的经济增长水平和所处的阶段会影响人们上大学的机会成本。通常情况下，当经济处于衰退期时，高中毕业生不仅找到工作的可能性更小，即使找到工作所能够赚得的收入也更低，这样就会使上大学的机会成本下降，从而有更大比例的高中毕业生愿意上大学。反之，在经济高速增长期，高中毕业生中愿意上大学的人所占的比例会有所下降。通过对美国等一些国家的高中毕业生注册上大学的人数比例进行观察，很容易发现人们上大学的意愿与经济周期之间确实存在这种明显的联系。其次，我们在上一条推论中提到的上大学往往是年轻人这样一种现象，同样与上大学的机会成本有关，这是因为，从图 6－1 中可以看出，劳动者的收入随着年龄的增长而不断上升，这样，劳动者的年龄越大，他们的市场工资水平就会越高，这就意味着他们上大学时需要放弃的收入即机会成本就会更高，在其他条件相同的情况下，他们从上大学或接受培训等人力资本投资中可得到的净现值比年轻人要低。最后，接受高等教育投资的人的能力也会影响上大学的机会成本。能力强者不仅有可能用更少的时间完成高等教育，而且有可能在上大学期间从事一些勤工俭学活动，从而降低上大学的机会成本。

这里需要指出的是，尽管我们在图 6－1 中并未考虑上大学的心理成本和心理收益，但这部分内容在决定是否上大学时也有非常重要的意义。比如，能力较强的人完成大学学业较为容易，所承受的心理成本往往也比较低。再比如，一个人的家庭背景、父母的期望以及家庭所能够提供的心理和其他方面的支持等，也会影响一个人上大学的心理成本以及心理收益。

第三，在其他条件相同的情况下，大学毕业生与高中毕业生之间的工资性报酬差距越大，愿意投资于大学教育的人相对来说就会越多。

我们在第一条推论中已经提到，在其他条件不变的情况下，图 6－1 中的总收益区域面积的扩大更有利于人们做出上大学的决策，只不过在第一条推论中我们讨论的是通过延长工资性报酬的收入流来扩大这一面积，这里我们谈到的同样是这一区域面积的扩大，只是这种扩大是通过大学毕业生在 M 点之后的各年度中的工资性报酬超过高中生的幅度更大来实现的。造成这种差距扩大的原因有很多，比如，大学毕业生的工资性报酬上涨，而高中毕业生的工资性报酬没有变化甚至下降，或者是两者的工资性报酬都在上升，但是大学毕业生的工资性报酬上升幅度更大。大学毕业生的绝对工资性报酬水平变化则取决于大学毕业生所在劳动力市场上的供求状况，很多国家的经验表明，大学生刚毕业时的工资性报酬水平确实是经常波动的，它取决于供求双方的力量对比。

比如，在我国刚刚开始实行市场经济的 20 世纪 90 年代初期，就出现过新的“读书无用论”，即很多家长尤其是农村的家长不愿意让孩子高中毕业后去上大学，而是让他们直接参加工作。因为这些家长看到的一个客观情况是，市场经济的发展使不上大学就能够从事的很多工作也能带来比较高的收入，而很多大学生毕业后要么找不到工作，要么找到工作之后挣到的工资还不如已经工作几年的高中毕业生，因此，他们对大学毕业生和高中毕业生之间的未来工资性报酬差距产生了缩小的预期。然而，经过几年的发展，越来越多的家长开始意识到，大学毕业生和高中毕业生之间的工资性报酬差距在现实中逐渐拉大，于是，他们对高等教育进行投资的动机又逐渐增强。

需要指出的是，进行上大学的投资决策时，人们所依据的并不是上大学与不上大学之间的真实工资性报酬差别，因为这些差别要到未来才会出现，在决策时是不可能事先知道的（尽管有时可以参考一些平均数据）。因此，人们通常都是依据自己对两种学历的未来报酬差别所做的预期来做出是否上大学的决策。然而，令人遗憾的是，这种预期有时候是对的，有时候却可能是错误的。另外，上大学的总收益是指一个人在接受大学教育之后的终生职业生涯中获得的超过高中毕业生的工资性报酬，如果仅仅根据大学刚刚毕业的几年中所得到的工资性报酬状况来判断上大学是否值得就会出现误差。然而，同样令人遗憾的是，在现实中，很多人恰恰是依据大学毕业生与高中毕业生之间的短期工资性报酬差别来推算两者之间的终生工资性报酬差别。

第四，在其他条件相同的情况下，在计算上大学的未来收益时所使用的贴现率越高，上大学的可能性就越小。

在图 6－1 中无法描绘的影响上大学等人力资本投资决策的一个重要因素是贴现率，即一个人对上大学的未来工资性报酬收入的实际价值打折扣的程度。很显然，对于有些人来说，由于他们对现期消费的偏好是如此强烈，以至于同等数量的未来收益能够给他们带来的满足感会大大下降，这些人通常不会为了获得未来的更大利益而放弃眼前利益。用经济学的语言来说，这些人的贴现率是非常高的。很显然，对于贴现率较高的人而言，上大学的未来工资性报酬必须足够高才能使他们的人力资本投资净现值为正。

尽管人们在进行上大学等人力资本投资决策时所使用的贴现率跟个人的人格特点以及诸多心理因素有关，因而很难确定，但是，一个合理的推测是，那些在高等教育方面具有较高投资意向的人，在其他行为方面同样更愿意以在当前做一些牺牲的方式获得未来的收益。事实上，某些医学统计数据为这种推论提供了支持，比如，一些研究发现，人们的受教育程度与他们的健康状况之间存在很强的统计相关性，而且是正相关。对这种现象的一种解释是，上大学的人往往是那些在投资决策时贴现率较低的人，因而他们更有可能养成有远见的、健康的生活习惯，同时可能会选择更有利于健康的饮食，更清楚地意识到健康方面存在的风险，更多地使用预防性药物，更有可能不抽烟或少抽烟以及不酗酒等。

（二）关于上大学的合理年限决策

我们在上面分析了关于是否上大学的决策模型及其主要影响因素，然而，很多时候，人们除了要做出是否上大学的决策，还要做出到底上多少年大学的决策。比如，有人上两年制大学或三年制大学，有人上四年制大学，另一些人则一直上到硕士毕业或博士毕业。那么，人们到底是怎样围绕应当上多少年大学来做决策的呢？这里，我们用一个简单的模型来进行分析。

对于任何人来说，能够达到效用最大化的高等教育投资数量都是由边际收益等于边际成本的那个点决定的。正如我们曾经谈到的劳动力边际收益递减规律一样，我们假定一个人从大学教育中所能够获得的边际收益也是递减的，即上大学的时间到了一定的年限，每多上一年大学所能够获得的终生工资性报酬增长幅度是递减的。这样，我们就可以绘制出一条如图 6－2 所示的边际收益曲线。此外，我们又假定，每追加一年的大学教育投资所需要付出的边际成本（比如说，因每多上一年学而增加的学费、学习用品费、放弃的工资性报酬以及心理成本等）是不变的，如图中的 MC_0 所示。那么，对于图 6－2 中的这个人来说，他的最佳受高等教育年限就是由 MR 和 MC_0 相交的那一点决定的，此时这个人最好是上 U_0 年的大学。

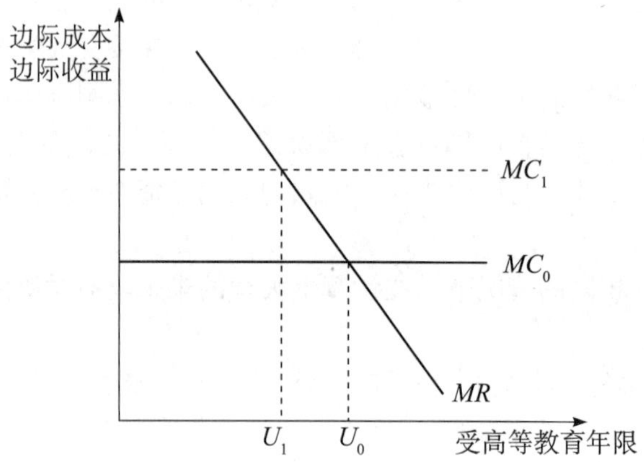

图 6－2　最佳受高等教育年限的决定

很显然，对于不同的人来说，上大学的边际成本不可能是完全相同的，对于那些学习能力强的学生来说，上大学的边际成本显然会低一些，而对于那些学习特别费劲的学生来说，他们在完成更多的高等教育年限方面所需要付出的边际成本实际上会高一些。在这种情况下，不同的人最好选择不同的上大学年限，比如，对于上大学的边际成本如图 6－2 中的 MC_1 所示的那种人来说，他们最好选择只接受 U_1 年的高等教育，因为再多上一年大学的边际收益将会低于边际成本。很显然，在边际收益一定的情况下，边际成本较高的人愿意上大学的年限会少一些。

此外，多上一年大学的边际收益同样会因人而异。在接受了同样数量和质量的高等教育的情况下，那些能力强的人很可能比能力较差的人挣到更多的工资性报酬。很显然，在上大学的边际成本一定的情况下，那些能够从每多上一年大学中获得更高边际收益的人更有可能上更长年限的大学。

二、教育投资的收益估计

（一）教育投资的社会收益

教育不仅能够产生较高的私人收益，还能带来较高的社会收益或外部收益，这种收益是指并非完全由人力资本投资者本人享受，而是整个社会都能够得到的那些利益。教育投资的社会收益主要表现在以下几个方面：

第一，教育投资直接导致国民收入的增长以及社会财富总量的增加，进而提高整个国家和社会的福利水平，这无疑会使整个社会受益。

第二，教育投资有助于提高劳动者的整体知识、技能水平，从而提高劳动者在不同工作之间转换的灵活性，降低失业率，减少失业福利支出。

第三，教育在某种程度上还能起到预防犯罪的作用，从而减少社会在打击犯罪方面的支出。这是因为，一方面，教育过程能够向受教育者传递遵守法律法规的信息，另一方面，教育会提高劳动者的终生工资性报酬水平，这就使得因犯罪而受到处罚的机会成本上升。

第四，较高的教育水平有助于提高政策决策质量和决策效率。尤其是对于公共部门来说，这些部门尤其是政府工作人员的受教育水平提高，有助于他们做出更为明智、妥当的决策，从而对整个社会产生更多积极的影响。

第五，受教育水平较高者往往会对下一代的健康以及受教育状况产生良好的影响。因此，上一代人的受教育水平在某种程度上会对下一代社会劳动者的整体素质、工作动机等产生直接的影响。

第六，教育水平的提高还有助于提高整个社会的道德水平和信用水平，降低社会以及经济中的交易费用，提高市场运行效率。从某种意义上来说，教育有助于提高社会的整体人文素质和道德水准，增加人与人之间、人与组织之间以及组织与组织之间的相互信任程度，而相互信任程度的提高必然会降低整个社会的运行成本，增加整个社会的收益。

事实上，正是由于教育有巨大的外部性，或者无法将教育的收益完全私人化，因此，从社会的角度来说，教育的私人投资水平总是不足的，所以世界各国政府以及各种社会组织对教育都极为重视，对教育尤其是义务教育进行了大量的投资。很多国家的义务教育都是完全免费的，美国、日本等国公立学校的中小学生上学期间的午餐由学校以很低的价格提供，低收入家庭孩子的午餐则是完全免费的。各国政府之所以对义务教育进行很多的投入，原因之一就是，在义务教育所产生的收益中，社会收益所占的比重可能更大。而且，义务教育的实施起到了引导家庭和个人继续进行高等教育私人投资的作用。总之，一个社会必须注意在人力资本投资和物力资本投资之间进行平衡，以使人力资本投资的社会收益率与物力资本投资的社会收益率达到平衡。

（二） 教育投资的私人收益估计偏差

尽管教育投资的社会收益客观存在，而且对一个社会来说非常重要，但要想估计教育投资所产生的社会收益是十分困难的。那么，对教育投资的私人收益的估计是不是就没有问题呢？事实上，尽管很多经济学家都试图对高等教育投资的私人收益情况进行估算，但是在这一过程中存在以下三个方面的偏差：

1. 高估偏差

高估偏差，也称为能力偏差，是指经济学家在对教育投资的回报率进行估计时，很可能会过高地估计一个人从教育投资中所获得的收益，把工资性报酬当中不应归于教育的部分也认为是教育做出的贡献。这里主要涉及一个人的能力问题。如前所述，不同的个人在能力方面的差异会直接影响他们未来可能获得的工资性报酬水平，而那些上学年限长和上学年限短以及上大学和不上大学的人之间，可能从一开始就存在能力上的差异，实际上，那些本来就聪明、勤奋和积极的人更有可能接受更多的正规学校教育，他们即使不像其他人那样接受更多的正规教育，其生产率（从而工资性报酬水平）仍然可能会高一些。比如，虽然大学毕业生的工资性报酬通常会比高中毕业生高出一部分，但这并不完全是高等教育的作用，因为即使这些大学生没有上大学，由于他们的能力本来就更强，即使他们高中毕业后就参加工作，他们的工资性报酬也会比那些实际没上过大学的人更高。

为了将能力对教育投资的经济收益所产生的影响分离出来，一些研究者尝试运用智力或能力测试分数来控制这种能力差异，但这些测试手段本身在对人的天生能力进行测量方面是存在缺陷的，因而有很多争论。更为理想的研究设计是，找到若干组同卵双胞胎（他们有相同的基因，从而天生能力基本相同），然后看他们在受教育水平不同的情况下是否会存在明显的工资性报酬差别。一些以双胞胎为对象所做的研究表明，对教育投资回报率进行估计的传统方法所存在的偏差并不是很大。比如，有人仔细研究了在1991—1993年间到美国俄亥俄州特温斯博格镇（Twinsburg）参加双胞胎节的340对同卵双胞胎。通过考察每一对双胞胎在工资性报酬以及受教育水平方面的差异，研究者估计出教育的投资回报率大约为9%，而在不控制能力差异时估计出的教育投资回报率为10%。因此，这表明，能力差别对工资性报酬的影响不是很大，高估偏差的数值很小。[①]

2. 低估偏差

与对教育投资的收益存在高估偏差相反，另一种观点认为，经济学家低估了教育投资尤其是高等教育投资所产生的私人收益。首先，上大学的收益不仅表现为较高的生产率，还表现为心理上的收益或非货币收益。比如，受过良好教育的人往往有机会从事具有较高职业声望和社会地位的工作，获得更好的社会资本，甚至有可能获得更为满意的婚姻。一些人甚至认为，上大学既有其投资的一面，也有其消费的一面，比如在大学里结交的朋友、参与的社团活动以及文艺鉴赏能力、音乐欣赏水平的提高等，这些都属于消费性的收益。但是在估计教育投资的私人收益时，这些收益往往因为无法衡量而被有意忽略。

其次，在对上大学的收益进行估计的时候，经济学家通常使用的仅仅是工资性报酬数据，即固定薪酬加上奖金等浮动薪酬，这些都是货币报酬，但事实上，上大学所获得的超过高中毕业生的货币报酬不仅包括工资性报酬，还包括福利。由于在很多组织中，福利已经占到员工总薪酬的很大一部分，而且接受高等教育者一旦进入组织的中高层管理岗位，会享受很多职务福利或特权，而这些福利在许多研究中都没有体现出来，故而，可以说，对高等教育投资所产生的私人收益进行的估计存在低估的趋势。

3. 选择性偏差

在估计高等教育投资的收益时，我们不可能让同一批人去做这样一种实验，即首先让这些人不上大学，看他们在高中毕业之后去工作的情况，能够得到的工资性报酬是多少，然后再重新实验，让同一批人去上大学，对比两种情况下的终生工资性报酬差距。相反，研究者都是以实际上大学的人和实际没上大学的人作为相互比较的对象，即将上大学的人所获得的终生工资性报酬视为没有上大学者因没上大学而遭受的损失，同时，将没有上大学者获得的终生工资性报酬视为上大学者如果不上大学可能获得的工资性报酬。

但这种假设很可能是错误的，这是因为，一个在从事具有较高技能要求的工作方面有优势的人，可能在从事低技能工作时反而能力不足。换言之，上大学的人之所以选择上大学，是因为他们“不得不”去上大学，因为如果他们不上大学，而是在高中毕业之后就去工作的话，他们所得到的工资性报酬还不如那些没有上大学的高中毕业生。反过来说，那些没有上

---

① Orley Ashenfelter and Cecilia Rouse. Income，Schooling，and Ability：Evidence from a New Sample of Identical Twins. Quarterly Journal of Economics 113，February 1998：253 - 284.

大学的人做出不上大学的选择也是很明智的，因为他们即使上了大学，所获得的终生工资性报酬也不可能像上大学的人那样多。因此，这里的所谓选择性就是指受教育者的自我选择性，即一个人是否选择接受高等教育，实际上是当事人及其家庭根据自己的能力状况所做出的一种理性选择。

举例来说，如果上大学者大学毕业后的平均终生工资性报酬为 300 万元，未上大学者高中毕业后参加工作的平均终生工资性报酬为 150 万元，那么关于高等教育投资的收益率的研究往往会将两者的差别即 150 万元视为高等教育投资所取得的收益。但事实上，上大学者如果不上大学，其平均终生工资性报酬不会达到 150 万元，而是只有 100 万元；同样，不去上大学的那些人即使上了大学，其平均终生工资性报酬也不会达到 300 万元，而是只有 250 万元。这样，上大学者从上大学中获得的收益就是 200 万元，而高中毕业后就去工作的人因为没有上大学而损失的收入只有 100 万元。显然，200 万元＞150 万元＞100 万元。因此，传统的高等教育投资的收益率研究实际上既高估了那些没有上大学的人因为没上大学而放弃的收益，又低估了大学毕业生从上大学中实际获得的收益。这种偏差就称为选择性偏差。不过，实证研究发现，这种在对正规学校教育投资的收益率进行估计时可能存在的选择性偏差是很小的。尽管如此，它还是提醒我们，在进行受教育年限以及职业选择时，遵循比较优势的原理是非常重要的。

（三） 教育的信号模型

在对教育投资的收益进行衡量的问题上还存在另一种特殊的观点，这就是更高的教育水平所带来的工资性报酬水平提高，到底是因为教育投资确实提高了受教育者的生产率，或者它仅仅是一个代表高生产率的信号，教育本身并不会导致受教育者的生产率提高？

在实践中，一家企业在准备雇用员工的时候，不可能完全搞清楚一位求职者的实际生产率，因此，在绝大多数情况下企业会根据它们认为与生产率之间存在某种联系，同时又便于观察和确认的标记或特征来对求职者进行筛选。这些标记或特征通常包括工作经验、受教育程度甚至年龄等。在这些标记或特征中，有些是可以自然而然改变的，如年龄等，而有些标记或特征则需要劳动者通过自身的努力去争取。这些能够获得的标记称为信号。

目前，在高等教育方面就存在这样一些争论。一部分人认为，高等教育投资确实提高了受教育者的生产率。另一部分人则认为，无论受教育年限如何，人从一出生就存在生产率的差异，并且这种生产率的差异无法通过增加受教育年限来缩小。高等教育本身并没有带来生产率的提高，但它仍然是有意义的，即它能够向雇主表明具有这种特征的人会有较高的生产率。换言之，高等教育仅仅是起到了高生产率信号的作用。

既然高等教育是一个重要的信号，雇主很可能会据此做出雇佣决策以及薪酬支付决策，那么为什么有些人不愿意去获得这种信号呢？信号理论认为，获得这种信号是有成本的，对于有些人来说，获得这种信号的成本太高了，因而经过对比获得这种信号的成本和收益，自己最好不去争取得到这种信号。相反，那些高生产率者获得这种信号的成本会低得多，因而在高等教育投资获得同样收益的情况下，他们就愿意获得这种信号。这样一个设置合理的大学受教育年限信号很自然地帮助雇主区分开高生产率者和低生产率者。

尽管将高等教育看成是一种信号的观点值得推敲，但是这种看法对于我们理解企业将是否完成高等教育作为一种筛选求职者的手段是有一定意义的。即使企业不采用教育信号作为筛选的依据，它们也必须寻找其他手段来辨别求职者的生产率高低，但是，使用任何一种辨别手段都是要付出一定成本的，并且每一种手段所得出的结果的准确性也会有高有低。因此，如果高等教育能够以较高的概率表明持有大学文凭者的生产率确实比持有高中文凭者要高，那么，企业利用大学文凭作为筛选工具可能是一种既简单明确，预测准确率也比较高的好方法。正因为如此，国际上一般都倾向于维护文凭的严肃性，对假文凭采取打击的态度，打击的对象不仅是制售假文凭者，也包括假文凭的使用者。比如，2010 年有报道称中国留学生在澳大利亚因为使用假文凭申请澳大利亚移民而被判刑。2005 年 10 月 4 日中新网转发香港媒体的报道称，香港一名 41 岁的女子因使用假文凭而被判刑。案情透露，被告曾在 1996 年 10 月出示两张假冒由新加坡和美国的大学颁发的学位证书，于同年 11 月受聘为一公司董事会主席的私人助理。香港警方商业罪案调查科于 2004 年 11 月接手调查此宗案件。这名女子被控使用虚假文书及以欺骗手段取得金钱利益，最终被区域法院判处入狱 12 个月。我国内地一度假文凭泛滥，但早期主要是打击假文凭的制售者，近些年来，打击的对象开始扩大到使用假文凭的人。

小专栏 6-5

向假文凭宣战

在我国，制作、贩卖假文凭的活动一度相当猖獗，只要花上几百元钱，就可以买到各种学历的文凭以及相关技术资格证书，在虚假文凭满天飞、假冒人才充斥市场的情况下，用人单位难免真假难辨。中国政法大学的一位教授分析说："文凭是一个人学习经历和学习成果的证明，是其资质和能力的标志。在现代社会中，人才和知识的价值日益受到重视。无论是求职就业，还是任用提拔，具有相当的学位、学历无疑会带来一定的竞争优势，甚至成为进入某些职业、岗位的必要条件。在这种背景下，出现了非法使用伪造的高等学历、学位证明的现象，与此相应出现了伪造、贩卖高等学历、学位证明的犯罪活动，二者相互推动，愈演愈烈，严重地破坏了高等学历、学位的信用，损害了社会的合理用人机制。"

一些人根本不具备相关条件和素质，但为了求学、应聘和升职以及获取其他各种利益的需要，走上了购买假文凭这样一条"捷径"；还有一类买假文凭的人自身有一定的能力，但苦于没有文凭，于是就想到了购买文凭来作为体现自己的能力以及获取认可的"护身符"。一些单位在录用人员时，只认证、不认人的做法给这些人以可乘之机。有专家认为，假文凭的泛滥对社会的危害很严重，它直接侵害了经过苦读后拥有真正学历文凭者的正当权益。

为遏制这一现象，加强对学籍证书的宏观管理，维护国家学历制度和学历证书的严肃性，2001 年 2 月 5 日，教育部颁发了《高等教育学历证书电子注册管理暂行规定》，决定实行高等教育学历证书电子注册制度，并建立全国高等教育学历证书档案库，供社会网上查询。对此，教育部相关人员解释说："学历证书制度是国家教育的一个基础性制度，它与我国劳动人事制度、干部制度、职业资格制度密切相关，影响着一个人的就业、待遇、职称等。如果这一制度不完善，会给其他制度及很多方面的工作带来许多麻烦。同时，学历证书还有国际互认和信用的问题，如果不加强管理，假文凭泛滥，容易导致我国的学历证书在国际上失去信用，破坏我国高等教育的形象。"同年 12 月，全国高等教育学历证书网上查询系统正式开通，当年以及此后毕业的大学生的学历证书信息均可通过“中国大学生网”进行查询。这种做法既可降低文凭的认证成本，又使假文凭无处藏身。

由于伪造、贩卖高等院校学历、学位证明等对社会的危害极其严重，因此，我国执法部门不断加大打击力度，自 2001 年 7 月 5 日起施行的新司法解释认定，对伪造高等院校印章制作学历、学位证明的行为，应以伪造事业单位印章罪定罪处罚，对贩卖者以共犯论处。根据我国《刑法》的有关规定，对此类犯罪可处 3 年以下有期徒刑、拘役、管制或者剥夺政治权利。此外，假文凭的购买和使用者也要受到追究。2001 年 8 月上旬，一人因购买假大学毕业证而与出售者共同被北京市海淀区法院认定构成“伪造事业单位印章罪”，判处有期徒刑 6 个月。这是在新的司法解释颁布之后，使用刑法对全国第一例贩卖假文凭案的法院判决。

有关专家认为，要治本，就要从根本上取缔假文凭，首先要大力发展我国的高等教育事业。假文凭的存在，从某种程度上反映了我国教育在所需人才的培养、供给上的差距和不足。其次，要建立一套科学的用人制度，从实际出发，改变只重文凭、不重能力的社会状况，建立公正、合理的社会竞争体系。企事业单位在考察应聘者和评聘职称时，固然应该看重文凭，但更应该看中个人的能力和实绩。总之，应进一步加强社会的道德观、是非观教育，进一步提高我国的人口素质，只有这样，才能从根本上铲除假文凭滋生的土壤。

资料来源：冯华．向假文凭宣战．中国教育报，2002－01－06.

第 3 节　在职培训投资

一、在职培训及其基本类型划分

（一）在职培训概述

劳动者进入劳动力市场之后，除了在业余时间继续参加成人教育以及各种培训计划之外，还有一种非常重要的人力资本投资方式就是在职培训（on-job-training，OJT）。事实上，劳动者所掌握的许多有用的技能都不是在学校中通过一般的正规教育获得的，而是通过在职培训获得的。IBM、通用电气（GE）等很多世界知名企业每年在员工在职培训方面的开支数量惊人，而且培训项目日益多元化。

在职培训活动的正规程度是不同的，有些在职培训更正规一些，劳动者在这一过程中要接受正式的培训或训练计划，比如离开工作场所参加正规培训项目，正规的学徒计划使那些没有受过训练的劳动者，尤其是青年人，得以在有经验的技术工人的指导下学习如何完成工作。但大多数的在职培训是以非正式的方式来完成的，往往体现为上级或同事在日常工作中提供指导，员工通过观察或模仿他人的工作来积累工作经验，甚至趁工作间隙的闲聊掌握一些技术细节，这些在职培训活动很难进行衡量，甚至不会被觉察。换言之，即使在有组织的正规培训较少的情况下，员工仍然能够学习到新的技能，使自己变得对企业更有价值或生产率更高。总之，无论如何，对于员工的技能学习来说，在职培训都是一种最为普遍的人力资本投资方式。

（二）在职培训的主要类型

经济学家一般将在职培训划分为两大类：一类是一般在职培训（general training，简称一般培训），另一类是特殊在职培训（specific training，简称特殊培训）。一般培训和特殊培训之间的主要区别在于，员工通过在职培训所获得的技能和经验对于向他们提供培训的雇主之外的其他组织是否同样有价值。

所谓一般培训，是指通过在职培训所获得的知识、技能和经验不仅对提供培训的雇主有价值，而且能够提高受训者到其他雇主或组织中去工作时的生产率。换言之，一般培训使劳动者能够获得对于很多组织都有价值的人力资本，这些受过一般培训的员工如果到其他并没有提供培训的雇主那里去工作，可以要求更高水平的工资，因为他们可以使企业的生产率提高。这里的知识和技能包括财务账目处理等方面的知识和技能，以及与下属进行沟通的知识和技能等。

特殊培训则相反，通过这种培训所获得的知识、技能和经验只对提供培训的雇主有效，员工在这一过程中所得到的人力资本对于其他企业来说没有价值。也就是说，特殊培训只是使劳动者在提供培训的企业中工作时生产率有所提高，没有提供这种培训的企业即使将在其他企业中受过这种培训的劳动者雇用进来，也不可能促使本企业的生产率水平提高，因为这些技能和经验在本组织中并无用武之地。比如，某港口装卸公司所使用的大型塔吊是自己独立设计的，而且与常用的塔吊差别很大，那么，这家公司的员工所接受的操作这种吊塔的训练就属于一种特殊培训，因为这种技能在其他企业中无法使用。

然而，在现实中，许多在职培训不可能是完全的一般培训或者完全的特殊培训，往往是既包括一般培训的因素，也包括特殊培训的因素，比如，企业在进行销售技巧的培训时，必然会传授一些一般销售技巧，同时也会传授一些与本公司的产品或消费者群体相关的特殊销售技巧。因而有些时候，我们很难将两种在职培训严格区分开来。

不过，对一般培训和特殊培训的区分至少有以下两个方面的意义：一是它有助于解释员工或企业是否愿意为在职培训付费；二是它会使我们更容易理解为什么有些企业特别热衷于留住它们培训过的员工。

二、在职培训的成本与收益及其归属

（一）在职培训的成本与收益

作为一种人力资本投资活动，在职培训需要付出一定的成本，同时也能够产生一定的收益。

总的来说，在职培训的成本主要包括以下三个方面的内容：首先是与在职培训有关的一些直接成本。比如，企业在举办培训班的情况下，不仅需要支付受训者的工资，还有可能需要支付外聘授课教师的讲课费或外购的各种培训材料的费用，有时候还需要支付租用培训场地和培训设备的费用。事实上，严格说来，即使在开展这些在职培训活动时，企业所使用的是本组织内部的师资、场地以及设备等，相关的隐性费用也应当计入培训成本。其次是受训者参加培训的机会成本。员工参加在职培训多多少少都需要花费一定的时间，在上班时间开展的在职培训很可能会占用员工的工作时间或者是降低其工作效率，使参加培训的员工不能全力工作。这些都会给企业的生产和工作带来一定的损失。最后是利用机器或有经验的资深员工开展培训的机会成本。例如，在师傅带学徒的培训中，有经验的师傅要给学徒讲授技能，其工作效率必然会降低或受到影响，这种损失也应计入培训的成本。

至于在职培训所产生的收益，主要表现在受训者的生产率提高方面，具体体现为单位生产成本下降、产品质量上升等，这些都能转化为企业的利润增长。有些时候，在职培训的收益表现为组织文化的培养以及员工行为的改变，这些收益很可能是通过与受训者有关的其他同事的生产率提高体现出来的。比如，管理者的管理能力提升有助于提高下属员工的工作满意度，降低员工的流动率；而员工的沟通能力提高有助于员工之间的合作更加顺利，减少不必要的冲突以及其他方面的交易成本。当然，要对在职培训的这些间接收益进行衡量就困难得多。此外，需要指出的是，与很多人力资本投资一样，在职培训所带来的收益虽然很可能在培训完成之后马上显现出来，但也有很多时候需要经过很长时间才能慢慢展现。比如，使受训者的工作思路更加开阔、思维能力和决策能力得到增强，等等。因此，对在职培训的收益进行全面的评估就显得很重要。

（二） 在职培训的成本与收益归属

正是由于一般培训和特殊培训之间存在重要区别，所以在这两种培训的成本和收益归属问题上也存在明显的差异。下面我们分别进行分析。

1. 一般培训的成本与收益归属

从一般培训和特殊培训的定义中不难看出，一般培训赋予员工的知识、技能和经验是可以转移的，即他们可以借此到其他企业谋职，并且要求得到一个与其当前技能相称的较高工资率。所以，如果让企业来负担一般培训的全部成本，那么，员工一旦在接受培训之后转去其他企业就业，作为投资者的企业便不可能获得投资的全部收益，至少是失去一部分收益，因此，除非另外订立相应的雇佣期限合同，否则，企业不太愿意对员工的一般培训进行投资。但是对于员工来说，由于已经获得的一般技能无论如何都能给他们带来收益，因此他们无论流动到哪里，都能够从已经获得的一般培训中得到收益，所以他们是对这种投资表现最为积极的人。在这种情况下，一种合理而有效率的制度安排是，由员工自己负担接受一般培训的成本并享受一般培训的收益。

当然，员工并不一定采取直接付费的形式，而是可以通过下面这种方式来承担培训的成本，同时获得培训的收益，即员工在培训期间接受一种与较低的生产率相对应的较低水平的工资率（低于不接受培训时的市场工资率），同时在培训之后获得与较高的生产率相对应的较高水平的工资率（高于不接受培训时可能获得的市场工资率）。如图 6－3 所示，假设一位劳动者在进入企业工作之后未接受任何培训的情况下，其边际收益水平为 MR_0，此时他应当得到的工资率水平就是与之相等的 W_0。当员工接受一般在职培训时，其实际生产率便下降到了 MR_1，但是当这位员工接受一般培训之后，他对雇主的实际生产率就变成了 MR_2。很显然，$MR_2>MR_0>MR_1$。在这种情况下，员工在培训期间领取与 MR_1 相等的工资率，并且在培训结束后领取与 MR_2 相等的工资率，便等于他自己承担了全部的培训成本（MR_0 线和 MR_1 线之间的面积），同时获得了全部的培训收益（MR_2 线和 MR_0 线之间的面积）。

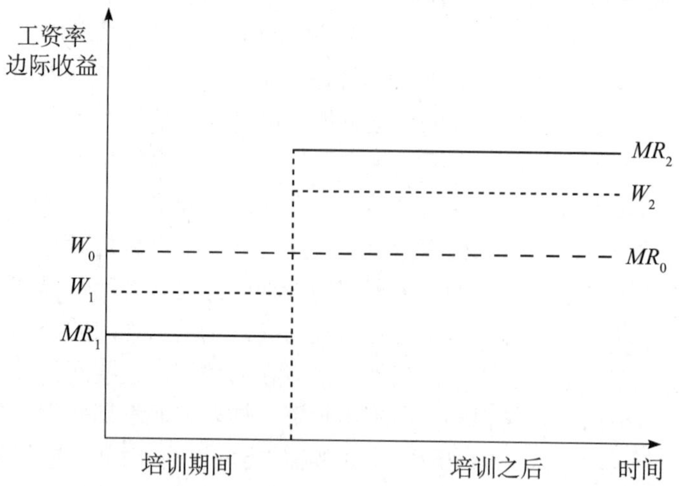

图 6-3 培训投资的成本与收益归属

2. 特殊培训的成本和收益安排

特殊培训的情况正相反，员工通过特殊培训学到的特殊技能是无法转移的，或者是不能转售的。如果员工在经过特殊培训后被企业解雇或辞退，则此员工并未得到任何可以到劳动力市场上去出售的有价值的东西，因此员工通常不愿意为这种培训支付费用。这样，似乎只能由企业来承担特殊培训的成本。但是，提供特殊培训的企业如果单方面对培训进行投资，它们同样面临着一种风险，这就是接受培训的劳动者很可能会因各种原因离职。显然，这些劳动者离开提供特殊培训的企业，对于他们自己来说是没有损失的，因为他们在接受培训期间得到的工资与不接受培训时能够得到的市场工资率是一样的，因而并未承担培训的成本，也没有获得培训的收益，所以是继续在提供特殊培训的企业中工作，还是到其他企业去工作，对于他们来说没有区别。但是对于企业来说就不同了，接受过特殊培训的员工的流失意味着它们没有机会获得全部或部分特殊培训的收益，因此，必须通过某种制度设计来降低员工离职的动机。

因此，在特殊培训的情况下，培训投资的成本和收益安排往往是这样的：在培训期间，受训者的生产率比不接受培训时要低，但是这时企业既不完全按员工在受训期间的较低生产率来支付工资，也不完全按员工不接受培训时的原始生产率来支付工资，而是向员工支付一种介于两者之间的工资，如图 6-3 中的 W_1 所示。这实际上意味着企业和员工共同分摊了特殊培训的总成本。既然企业和员工分摊了投资的总成本，那么他们必然需要共同分享特殊培训的收益。因此，在特殊培训完成之后，企业既不会按照员工没有接受特殊培训时的生产率向他们支付较低的工资，也不会完全按照员工接受培训之后所能够达到的高生产率来支付较高的工资，而是会向员工支付一种介入两者之间的工资，如图 6-3 中的 W_2 所示。这样，企业和员工双方就以一种共同保险的方式完成了特殊培训，从而使得双方都获利。

不过，在实践中，由于企业所提供的培训到底是一般培训还是特殊培训往往很难完全区分开来，因此，在企业的各种在职培训活动中，运用先分摊成本然后再分享收益这样一种双赢的做法是很普遍的。另外，一些企业为了防止因员工流失而导致培训成本损失，会与员工签订包含持续服务年限的雇佣协议。不过，通常情况下，一般培训的成本全部或主要由员工来承担，他们同时享受培训的全部或大部分收益；而特殊培训的成本则主要由企业来承担，它们同时享受全部或大部分收益。

小专栏 6-6

他为何要向企业支付违约金?

李某于 2010 年 11 月通过招聘进入烟台某造船企业从事钳工工作，双方签订了为期 5 年的劳动合同。2011 年 2 月，为了提高劳动技能，该公司将包括李某在内的 50 名新职工送到国外关联企业接受 3 个月业务培训。出国前，该公司与每位培训员工签订了一份培训协议，双方约定以剩余的劳动合同期限作为培训后员工在公司的服务期限，每一位出国员工的培训费为 1.1 万元；在培训后的工作服务期内，员工违约或提前离职都要按照违约期限进行折算，承担相应的培训费作为违约金。

2011 年 5 月，李某培训结束后回到国内，恰逢自己的一个亲戚开公司需要帮忙，于是，李某在没有通知造船公司的情况下，就到亲戚的公司帮忙。造船公司发现李某回国后一直不上班，在多方查找李某下落未果的情况下，分别于 2011 年 6 月和 7 月在当地新闻媒体发出公告，要求李某回公司履行劳动合同和培训协议，否则，公司将以严重违纪为由依法解除其劳动合同，并保留按照培训协议向其追索违约金的权利。李某看到造船公司的公告后，没有应公司的要求回去复职。2012 年 1 月，李某亲戚的公司逐渐步入正轨，让李某继续工作，在双方签订劳动合同，到劳动部门缴纳社会保险费的时候，李某被告知必须先与原单位解除劳动合同，并提供解除合同证明书才能缴纳社会保险费。于是，李某找到造船公司要求出具解除劳动合同证明书，造船公司则要求李某先按培训协议交纳违约金。最后，双方争执不下，李某便到当地劳动仲裁部门提起申诉，要求造船公司为自己办理解除劳动合同的相关手续，并出具解除劳动合同证明书。

仲裁委立案后审理期间，造船公司提出反诉，要求李某按培训协议支付违约金 1.1 万元。仲裁委审理后认为，按照《劳动合同法》第 22 条的规定：用人单位为劳动者提供专项培训费用，对其进行专业技术培训的，可以与该劳动者订立协议，约定服务期。劳动者违反服务期约定的，应当按照约定向用人单位支付违约金。同时，第 50 条规定：用人单位应当在解除或者终止劳动合同时出具解除或者终止劳动合同的证明，并在十五日内为劳动者办理档案和社会保险关系转移手续。本案中，造船公司为了提高员工技能，将李某等员工送到国外培训并签有协议，李某在接受培训后就有义务履行双方签订的培训协议，而李某私自到亲戚开办的公司工作，没有应造船公司的要求复职，单方面违反培训协议的约定，应当依法按照约定支付造船公司违约金。经调解无效，仲裁委依法裁决：李某支付造船公司违约金 8 000 元，造船公司为李某办理解除劳动合同的相关手续。

资料来源：林秀伟，周少君．出国培训后工作服务期内职工提前离职应承担违约金．山东工人报，2012-02-06.

三、关于在职培训的几点推论

（一）在职培训对企业和员工行为的影响

如前所述，我们不难看出，在提供培训尤其是特殊培训之后，企业通过向员工支付比他们对企业的总收益所做出的实际贡献要低的工资率，来获取自己在培训方面的收益。因此，只有在受过特殊培训的员工继续工作的前提下，企业才能收回人力资本投资的收益。这样，企业必然会有一种强烈的经济动机，这就是通过各种人力资源管理实践来尽量降低受过特殊培训的员工的流动率。

同样，接受培训的员工也有动力在企业中工作较长的时间，这是因为员工所接受的在职培训中多多少少有一些特殊培训的成分，因此，这些受过特殊培训的员工在本企业中所获得的工资往往比他们到其他企业去工作可能得到的工资稍高一些，这样一来，如果他们在培训结束后就离开企业，那么他们实际上就丧失了一部分收入。因此，大多数受过特殊培训的员工比较愿意在本企业中工作较长的时间，这样，他们的流动倾向就会受到削弱。因此，可以说，特殊培训是使企业将劳动力从可变投入要素变成半固定生产要素的重要原因之一。

劳动力市场上的某些雇佣关系确实可以证明，企业对继续雇用受过特殊培训的员工比对继续雇用没有受过这种培训的员工更感兴趣。例如，在经济衰退时期，企业一般不愿解雇受过特殊培训的员工，这些员工的失业率在整个经济周期内很少变化。由于特殊培训往往同员工在一个企业中连续服务年限的长短有关，因此，企业中资格越老的员工失业的可能性越小，在企业迫不得已裁减员工时，通常都是先解雇进企业最晚因而资历最浅的那些人。

（二） 在职培训数量与正规受教育程度之间的关系

与在职培训有关的另一个推论是：就市场情况来说，接受正规学校教育的数量与接受在职培训的数量之间存在一种正相关关系。也就是说，所完成的正规学校教育年限越长的人越有可能接受更多的在职培训。这里的一个基本逻辑是，一个能够完成大学教育的人，往往会比一个高中毕业生更有可能被企业挑选出来作为在职培训的对象，这是因为，大学毕业生通过其高等教育经历证明了自己具有接受培训的能力，而且他们在大学中所受的教育会为他们顺利完成新的培训任务提供很多帮助。显然，对于同样内容的培训，接受能力强的人可以在较短的时间内掌握培训内容以及达到培训要求，这不仅能够减少培训的成本支出，而且相应增加了企业从培训中获益的时间，这对企业显然是有利的。另外，从个人的角度来看，学习能力强、学习速度快的人往往会选择那些能够提供高报酬的工作，这些工作又会要求他们不断地学习以及接受培训，从而把他们的能力进一步推向最大化。

（三） 在职培训与终生工资性报酬曲线

劳动者离开学校开始工作之后，通常都会在工作的过程中接受各种各样的在职培训，一方面，劳动者至少是部分承担了这些培训的成本；另一方面，这些在职培训提高了他们的生产率，从而使他们的工资性报酬存在随着年资和经验的增长而不断提高的趋势。如图 6-4 所示，图中的 E_s 表示一位劳动者在离开学校后不再接受任何在职培训情况下的工资性报酬，如果此人不再接受任何进一步的培训，而且他已经掌握的知识和技能等不会随着时间的流逝而贬值，那么，此人在整个生命周期中所能够获得的工资性报酬将会一直保持在 E_s 这一水平上。

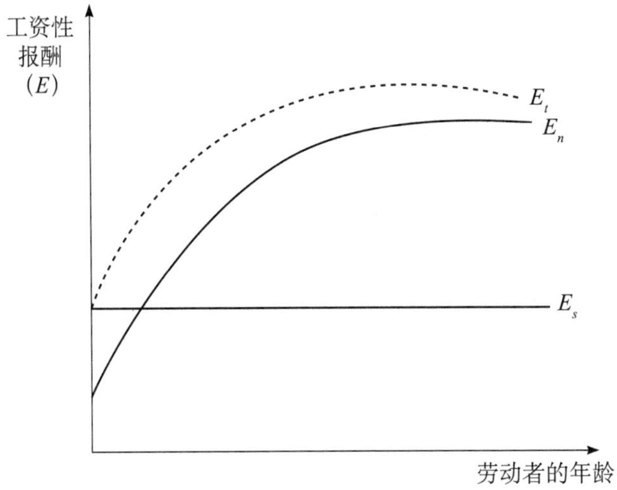

图 6-4　终生工资性报酬：培训的作用

然而，如果此人选择投资在职培训，那么，他在整个职业生涯当中的工资性报酬就会因为前期的培训投资而不断提高，如图中的虚线 E_t 所示。不过，由于在职培训投资会导致劳动者在受训期间的实际工资性报酬低于本来可能得到的工资性报酬，所以，剔除这部分工资性报酬损失，员工的实际工资性报酬就会低于 E_t，如图中的 E_n 所示，E_t 和 E_n 之间的面积就是劳动者的投资成本。

一个有趣的现象是，劳动者进行在职培训投资的动机会随着年龄的增长而逐渐下降，这是因为，与其他的人力资本投资一样，培训投资完成之后取得收益的时间越长，培训投资的收益就会越高。因此，很自然的一种情况就是，劳动者在年轻时所进行的在职培训投资往往是最多的，此后则会随着年龄的增长而逐步减少，因此，图中的 E_t 和 E_n 最后是逐渐接近的。

第 4 节　劳动力流动

一、劳动力流动分析的基本模型

（一）劳动力流动概述

在市场经济中，劳动力流动（labor mobility）具有非常重要的作用，它通过推动自愿的劳动力交换来发挥劳动力市场对劳动力这种稀缺资源的配置作用。事实上，一个社会是依靠劳动者在不同地区、不同企业以及不同职业等之间的自由流动，从而以一种同时使劳动者和消费者达到效用最大化的方式来进行劳动力配置的。劳动者从低工资工作向高工资工作的流动这一活动本身提高了整个社会的劳动力利用效率，对整个社会福利的改善是有益的。从另一个角度来说，劳动者的自由流动是发现劳动力市场价格信号即市场均衡工资水平的一个重要手段，如果一个组织中存在频繁的劳动力流动或者员工的流动动机很强，这会迫使那些支付的工资低于均衡工资的企业提高工资水平。然而，流动本身是要付出代价的，劳动者为追求更高水平的工资性报酬，往往不得不首先付出成本，而他们的流动决策同样需要考虑流动的成本和收益之间的关系。从这一点来看，劳动力流动是一种特殊的人力资本投资方式，这种投资方式未必改变劳动者的人力资本存量，但是却改善了既定人力资本的利用效率，相应地带来了工资性报酬的提高。

劳动力流动的类型有很多。首先，根据流动的发起主体，流动可以分为自愿流动和非自愿流动两种，其中自愿流动是我们在本章中讨论的流动类型，它是劳动者为追求自身总体效用水平的提高而主动发起的流动。非自愿流动则是企业发起的劳动力流动，主要表现为劳动者被企业解雇或者辞退等。其次，劳动力流动还可以划分为职业间流动、企业间流动、行业或产业间流动、跨地区流动（包括国际移民）等。这几种流动类型之间存在交叉和重叠的现象，比如一个劳动力的跨地区流动，同时伴随着企业间的流动，甚至职业间的流动等。

（二）劳动力流动的成本和收益分析

1. 从劳动者的角度分析

与人力资本投资所涉及的成本一样，劳动力流动的成本也包括直接成本、机会成本以及心理成本三个组成部分。其中，直接成本主要包括获取流动信息的成本、完成工作转换过程所支付的各种成本或迁移成本等。通常情况下，在进行劳动力流动之前，劳动者必须花一定的时间来搜寻关于其他工作的信息，对于一部分劳动者来说，必须首先辞去原有的工作，然后再去找其他的工作，尤其是当需要到一个新地区去找工作的时候。如果是跨地区迁移，可能还需要卖掉原有的住房，购置新的房屋，这其中也会产生一些经济损失。流动的机会成本则包括必须放弃的一些有价值的员工福利或者是未来的内部晋升机会；在流动过程中因为不能立即开始新的工作而产生的成本；不能以与原来相同的生产率从事工作，从而在新的工作岗位上初始工资水平较低所产生的成本等。心理成本则主要是离开原来熟悉的工作环境、生活环境或者亲属朋友，重新适应新的环境以及建立新的人际关系等所付出的心理代价。经济学家有时候用一个人在流动之后回到原居住地探亲访友的次数以及支出的交通费用来衡量跨地区流动带来的心理成本。

劳动力流动的收益包括直接收益、间接收益以及心理收益三个部分。直接收益最明显的表现就是在劳动力流动前后出现的工资性报酬差额。尽管劳动力流动的原因有很多，但是在经济学中，一个基本的假设是，劳动者的经济动机是诱使劳动者流动的主要因素。因而，流动之后所获得的工资性报酬增加额就是流动的直接收益。间接收益是指劳动者在流动之后，工作场所或居住地等方面条件的改善，主要表现为新工作场所的地理位置、内部办公环境或者是新居住地的生活环境、配偶的工作机会、较好的子女就学或就业条件等。至于心理收益，则表现为因流动后收入增长、社会地位提高以及环境改善等方面的原因所产生的心理上的满足感。

很显然，劳动者在进行劳动力流动决策时遵循的一个最基本的原则就是，流动的收益现值必须超过流动的成本，或者说流动的净现值大于零。可以说，劳动者在流动前的工资水平以及直接流动成本越低，在流动后工作的时间越长，获得的效用水平越高，则流动的净收益现值就越大，劳动者流动的可能性也就越大。不过需要指出的是，劳动力流动与其他人力资本投资决策一样，都是基于对未来收益的预期来衡量流动的收益，这种预期可能是正确的，也可能是错误的，因此，并非所有的劳动力流动都能获得正的净收益现值。比如，在跨地区流动中就存在一种所谓的回归迁移现象，即有些人在迁移到另一个地区之后，由于未能实现预期的流动收益，因而重新回到原迁出地，这种情况就说明，与其他人力资本投资一样，劳动力跨地区流动同样蕴藏着风险。

2. 从企业的角度分析

无论是非自愿的还是自愿的劳动力流动，在某种程度上都有利于企业完成正常的人员更替，避免人员的老化以及创造力的不足。特别是对于那些对员工的脑力和智力要求较高的高科技企业来说，劳动力流动有助于企业保持持久的活力，企业能够不断获得新的思想和创意，这有利于企业的产品创新以及经营管理的思路调整。

然而，对于企业来说，劳动力流动也会带来很大的代价，尤其是当一位生产率很高而且其他人难以替代的员工主动离开时。当一个有经验的员工离职，而企业不得不用一个缺乏经验的员工来填补由此产生的职位空缺时，企业将承担双重损失，一是企业在离职者身上支付的大量正式和非正式的培训费用，特别是特殊培训成本，二是企业必须重新雇用和培训新的员工来取代流失的员工，不仅要在员工招募和甄选方面支出额外的成本，而且必须在一定时期内承受因新员工生产率较低而产生的损失。因此，如何通过有效的制度设计和其他措施把员工的流动率控制在一个合理的范围内，对于企业来说是一个很大的挑战。

正因为无论对劳动者还是对企业而言，流动都是一把双刃剑，所以，即使是在劳动力流动非常自由的美国，劳动者的流动也在一个适当的范围之内。美国 25 岁以上劳动者为当前雇主工作达到 10 年及以上的比例如表 6－1 所示（表中的数据均为当年 1 月份的数据）。从表中可以看出，为同一雇主工作 10 年及以上的劳动者所占的比例较大，平均达到 1/3 左右，而且历年的情况均表明，劳动者的年龄越大，为当前雇主服务 10 年及 10 年以上的人所占的比例越大。

表 6－1　美国 25 岁以上劳动者为当前雇主工作达 10 年及以上者所占的比例（%）

年龄段	2006 年	2008 年	2010 年	2012 年	2014 年	2016 年
25～29 岁	2.4	2.3	2.3	2.5	2.5	2.6
30～34 岁	10.6	10.1	12.8	12.5	12.3	12.5
35～39 岁	22.8	23.0	25.7	25.2	24.4	24.4
40～44 岁	31.8	32.9	35.3	35.1	33.1	34.3
45～49 岁	39.9	40.2	40.8	41.6	41.6	41.8
50～54 岁	46.6	47.7	48.9	48.4	48.1	48.0
55～59 岁	50.1	52.4	52.4	54.1	53.3	53.0
60～65 岁	48.4	53.6	54.5	55.1	58.0	54.7
65 岁以上	48.5	56.3	53.1	55.5	55.0	55.3

资料来源：美国劳工统计局（BLS）. https：//www. bls. gov/news. release/tenure. t02. htm.

表 6－2 则展示了欧洲若干国家 15～64 岁劳动者在同一主要雇主或当前雇主处的平均任职年限，从表中可以看出，这一指标基本稳定在 10 年上下，意大利、葡萄牙、比利时和法国略高，丹麦、爱尔兰略低。此外，从更详细的统计数据中还可以看到，在这些国家中，在同一个雇主或主要雇主处工作达到 10 年以上的那些劳动者的平均任职时间均达到 20 年左

右。比如，2016 年，任职时间达 10 年以上的那些劳动者平均任职时间最长的是德国（21.1 年），平均任职时间最短的爱尔兰也达到 19.1 年。其他国家都在 20 年以上，比如，法国、意大利分别为 0.5 年和 20.9 年，芬兰和葡萄牙都是 20.6 年。

表 6-2　　欧洲若干国家 15～64 岁劳动者的平均任职年限　　单位：年

国家	年份				
	2000	2005	2010	2015	2016
法国	10.8	11.2	10.9	11.3	11.3
德国	9.9	10.2	10.5	10.8	10.8
意大利	11.6	11.1	11.7	12.6	12.6
丹麦	7.9	8.1	7.6	7.5	7.3
芬兰		10.1	10.2	9.9	9.8
葡萄牙	10.5	11.1	11.3	11.7	11.6
奥地利	—	9.8	10.1	10	9.9
比利时	11.1	11.5	11.3	11.3	11.3
爱尔兰	8.7	8.2	9.3	9.9	9.7

资料来源：http：//stats.oecd.org/index.aspx.

二、劳动力流动的主要影响因素的分析

通过上面的分析我们知道，对劳动力流动产生影响的因素都是与劳动力流动的成本或收益相关的那些因素。总的来说，流动前后的工资水平差异以及在流动之后找到高工资工作的机会大小是对劳动力流动影响最大的因素，其次是对劳动力流动的各种成本产生影响的因素。下面，我们分别从企业、劳动者个人、劳动力市场以及社会环境等几个方面加以分析。

（一）影响劳动力流动的企业因素

1. 企业规模

一般情况下，企业的规模越大，员工的流动率越低。一方面，大企业往往会提供更高水平的工资，而在其他条件一定的情况下，高工资往往与低流动率联系在一起。另一方面，大企业的工作岗位类型多样化，同时垂直管理的层次也比较多，从而为员工晋升提供了较大的空间。换言之，通过建立内部劳动力市场来减少员工的流动率在大企业中是很常见的。

首先，从工资水平的角度来看，大企业通常会支付较高水平的工资。造成大企业支付高工资的主要原因包括以下几个方面：

（1）大企业更有可能通过实现规模经济来增加利润，因而可以承受更高的工资成本。

（2）大企业的生产过程本身要求员工之间高度依赖和协作，对于员工的可靠性和稳定性有更高的要求。由于较高的员工流动率会给整个系统的运行效率带来很大的影响，因此，企业力图通过提供较高的工资来降低员工的流失率。

（3）大企业提供的较高水平的工资可能是一种补偿性的工资——由于要求员工接受严格的纪律约束，导致工作对求职者的吸引力较弱，因此，需要对这种不利的工作特点提供一些

补偿。

(4) 大企业更有动力对员工进行培训，原因之一是培训本身可能具有规模经济的特点，大企业对员工进行培训的平均成本反而可能更低，原因之二是员工和雇主之间保持长期雇佣关系的做法在大企业中更有意义，而这种雇佣关系长期化有利于企业的培训投资得以回收，这样，大企业不仅有更大的动力去对员工进行培训，而且会有更大的动力去吸引那些愿意接受培训的劳动者，从而使他们变得更富有生产率，而高生产率显然是与高工资联系在一起的。

其次，从工作机会的角度来看，大企业能够为员工提供工作轮换和多次晋升的机会。大企业的业务多样化和多重管理层次决定了它们可以为员工提供在不同的职业发展阶梯中多次晋升的机会，而几乎每一次晋升都是与工资水平的增长联系在一起的。此外，大企业中的工作岗位类型多样化使得员工即使在没有垂直晋升机会的情况下，仍然有机会通过横向晋升转移到自己更感兴趣的工作岗位上，或者是多尝试几种不同的工作岗位，这样，企业有更多的机会实现员工和岗位之间的匹配，通过组织内部的流动来满足员工的工作兴趣及其他方面的需求，从而使劳动者的流动意愿下降。

2. 企业所处的地理位置

企业所处的地理位置决定了该企业员工到其他组织找工作的便利性及其成本高低。如果企业位于组织数量很多的大型都市地区，则在其他条件相同的情况下，员工的流动率会比较高，这主要是因为一方面，员工在其他企业找到工作机会的概率增加，另一方面，他们在换工作的同时不必更换居住地点。相反，如果企业位于组织数量很少，因而当地的外部就业机会很少的偏远地区，员工的流动率就会小很多。在这种情况下，员工如果想流动，往往需要离开当地到其他地区去求职，工作搜寻成本以及重新改变居住地的成本等就会很高。

3. 企业的组织文化以及领导风格等

劳动者尤其是生产率较高、能力较强的劳动者离开一个企业，并不一定是因为对自己所得到的工资性报酬感到不满。换言之，有些时候，主动离职的员工并不是因为提前找到或者确定能够找到一份能够支付更高工资性报酬的工作，相反，他们在新的工作中得到的工资性报酬等物质报酬可能等于或低于原来的企业。这时，员工的心理感受不佳是导致他们的总体满意度下降以及最终决定离开企业的最主要因素。管理学对这种心理感受的解释有很多，包括个人价值观与组织价值观的冲突、不喜欢组织文化、对直接上级的管理水平或领导力的不满、与同事相处不愉快、个人没有受到足够的尊重以及个人成就感得不到满足等，这些方面的研究有很多，但不属于我们在这里分析的范畴。我们想强调的是，从经济学的角度来说，劳动者在一个组织中的心理成本过高或者是心理收益太低，是导致员工流失的一个重要因素。

（二） 影响劳动力流动的劳动者因素

1. 劳动者的年龄

通常情况下，劳动者在年轻的时候流动的频率会高于他们在中年流动的频率。其中的原因主要有两个方面：一是工作匹配质量问题。劳动者年轻时与工作岗位（包括雇主、行业、地区等因素）之间的匹配质量往往不是太高，因而需要进行不断的尝试。对于初次进入劳动力市场的年轻人来说，他们往往对自己的职业兴趣、能力特长等认识得不是很清楚，同时对雇主以及工作的了解也不多，因此，很多时候，他们不得不通过变换工作来寻找能够使自己达到效用最大化的工作岗位。随着劳动者年龄的增长和工作经验的丰富，他们与工作的匹配质量会逐渐提高，对个人以及工作、雇主等的认识也日渐成熟，这个时候，他们就没有必要再去频繁地流动。二是人力资本投资动机问题。人力资本投资理论揭示出，相比较而言，年轻人更倾向于进行各种形式的人力资本投资，因为年轻时投资的机会成本比较低，而且在投资完成之后收益流会比较长。同样的结论在流动问题上也是成立的。年轻人通常工资水平较低，在流动完成之后连续工作年限会比较长，因此，他们更愿意对流动进行投资。

关于劳动者的年龄对劳动力流动的影响从表 6－3 中可以看出来，表中的数据为美国不同年龄段的劳动者在 2006—2016 年的不同年份在当前雇主处连续工作的年限中位值情况，均为每年 1 月份的数据。从表中可以看出，历年的情况均表明，劳动者的年龄越大，为当前雇主服务的年限就越长。

表 6－3　美国各年龄段劳动者为当前雇主服务的工作年限中位值　单位：年

年龄段	2006 年	2008 年	2010 年	2012 年	2014 年	2016 年
16～17 岁	0.6	0.7	0.7	0.7	0.7	0.6
18～19 岁	0.7	0.8	1.0	0.8	0.8	0.8
20～24 岁	1.3	1.3	1.5	1.3	1.3	1.3
25～34 岁	2.9	2.7	3.1	3.2	3.0	2.8
35～44 岁	4.9	4.9	5.1	5.3	5.2	4.9
45～54 岁	7.3	7.6	7.8	7.8	7.9	7.9
55～64 岁	9.3	9.9	10.0	10.3	10.4	10.1
65 岁以上	8.8	10.2	9.9	10.3	10.3	10.3

资料来源：美国劳工统计局（BLS）. https：//www. bls. gov/news. release/tenure. t01. htm.

2. 劳动者的任职年限

在其他条件相同的情况下，劳动者的任职年限越长，通常离职的可能性越低。这里涉及我们提到过的工作匹配质量问题，即劳动者的任职年限越长，对工作匹配的质量越满意，则流动的愿望越低。另一个重要的原因在于，劳动者在同一位雇主处的任职年限越长，所积累的人力资本尤其是特殊人力资本就越多，如果这些员工离开原来的雇主到其他企业去就业，则已经积累的这些特殊人力资本的未来收益就损失掉了。此外，随着一位劳动者在一个组织中工作时间的延长，其对组织的适应程度提高，人际交往成本下降，因而劳动者的心理成本会下降。与此同时，在一个组织中工作时间较长的劳动者的心理收益会上升，这是因为，年资的长短往往与员工在组织中的地位和受到尊重的程度等联系在一起。

3. 劳动者的婚姻与家庭状况

很显然，劳动者的婚姻状况及其家庭规模等因素会对他们的流动产生制约。与单身相比，具有相同年龄和受教育水平的已婚劳动者流动的难度更大，特别是在夫妻双方都从事全职工作并且将来也希望继续从事全职工作的情况下，因为虽然劳动力流动对其中一方的职业发展是有利的，对另一方却很可能是不利的。在需要跨地域甚至跨国流动的情况下，这种情况更为明显。此外，可以推测的一种现象是，其他条件相同的情况下，家庭规模越大，劳动者跨地区迁移的潜在成本会越高，因为作为父母的劳动者的流动很可能要求子女跟随转学并承受适应新学校的压力。

4. 劳动者的受教育程度

受教育程度较高者通常比受教育程度较低者有更高的流动可能性，这主要是因为以下几个方面的原因：一是受教育程度越高，通常职业选择的机会越多，跨地域或跨企业甚至跨职业流动的能力越强。二是受教育程度越高，劳动者获得劳动力市场信息的能力越强，对劳动力市场信息更能够做出比较准确的分析和判断。三是受教育程度越高，尤其是接受过高等教育的劳动者，大部分在上学期间就需要到异地求学，不得不适应各种新的环境，因而离家的心理成本相对更低，更容易接受流动。

5. 劳动者的性别

在许多市场经济国家，女性员工的离职率比男性员工的离职率要高，而在职年限更短。这种较高的女性离职率在很大程度上反映了女性员工所接受的企业特殊人力资本投资比较少的情况。女性员工因生育行为而造成的职业中断，会使她们所接受的很多人力资本投资比在没有职业中断的情况下要少，所以女性员工接受企业特殊培训的数量更少，这就导致她们的工资率较低，进而流动的成本也较低。

女性的流动率较高的另一个重要原因是家庭的角色分工，很多女性往往会为了照顾家庭而牺牲自己的职业发展，在找工作以及流动的时候不完全考虑工资性报酬收入，而是考虑如何兼顾家庭。比如，当丈夫为了获得更高水平的工资性报酬而需要流动到其他地区时，女性作为妻子往往以丈夫的职业发展作为主要考虑因素，辞去当前的工作，随丈夫迁移，但是到了新的居住地后，女性不一定能够找到理想的工作岗位，这种情况会使女性的工资相对于同等条件的男性而言更低一些，同时，她们的流动率会更高一些。

（三）影响劳动力流动的市场因素

劳动力市场的周期性波动对劳动力流动的影响是显而易见的，当劳动力市场处于宽松状态时，即市场上存在明显的供大于求的现象，劳动者找到新就业机会的概率下降，市场上的失业人数上升，很多人的失业周期延长，很多企业即使招聘新员工，所提供的工资水平也会下降。这个时候，已经就业的劳动者的流动动机显然会受到削弱。相反，当劳动力市场处于紧张状态时，即劳动力需求大于劳动力供给，很多雇主在雇用劳动者的时候都会遇到困难，就业机会增加，市场工资率出现明显的上升。这时，已经就业的劳动者往往可以利用跳槽的机会要求雇主增加工资，劳动力的流动率自然会上升。

衡量劳动力市场松紧程度的一个重要指标就是失业率，实证研究表明，在离职率和失业率之间确实存在一种负相关关系，即在失业率高时离职率低，在失业率低时离职率高。一个国家或地区的失业率越高，则意味着同等条件下实现就业和获得工资增长的难度越大。因此，在失业率较高的情况下，一旦失去现有的工作，在市场上找到新的工作机会就很难，因此，保住当前的工作才是上策。相反，在失业率很低而外部就业机会很多的情况下，劳动者的流动倾向往往更强，劳动力流动的概率更大。对于某个行业或职业来说，如果失业率偏高，可能会对劳动力流动产生两个不同方向的作用，一方面是劳动者尽力保住自己的工作而不是谋求劳动力流动，劳动力流动的动机有所削弱。另一方面则是一些能力强的劳动者由于预见到当前的行业或职业不会有发展前途或者会逐渐萎缩甚至消失，会主动积极寻求新的就业机会，随时准备实现劳动力流动。

此外，衡量劳动力市场松紧状况的另一个指标临时解雇率，也与离职率存在一种负相关关系，即解雇率高（在经济衰退时期）时离职率低，解雇率低时离职率高。最后，由于大多数时候，劳动力市场周期是与经济周期同步的，因此，在经济快速增长期，劳动力流动率会比较高，而在经济停滞期甚至衰退期，劳动力的流动率会比较低。

（四）影响劳动力流动的社会因素

劳动者所处的社会环境因素也会对劳动力流动产生重要的影响。

首先，整个社会对于流动的态度以及流动的习惯会影响劳动力的流动率。比如，美国、澳大利亚等传统移民国家的劳动力流动率通常比其他国家要高一些。1995 年，美国和澳大利亚的男性劳动力在当时就职的雇主处工作的平均时间长度为 7.9 年和 7.1 年。而德国、法国和日本的男性劳动者在当时就职的雇主处工作的平均年限则是 10.6 年、11 年以及 12.9 年。[①] 2006 年 1 月，年龄在 20 岁及以上的全体美国劳动力中，有大约 22%的人在他们当前的雇主处工作的时间少于或等于一年，有 3.5%的人每个月都要换一位雇主。[②] 之所以会出现这种情况，可能是因为这些移民国家的人长期以来已经适应和习惯流动，因而流动的心理成本较低，同时雇主对于员工的流动频率也不是十分在意。而在日本这种有长期雇佣习惯的国家中，对一个组织的忠诚往往是整个社会文化很重要的一个组成部分，企业（尤其是大企业）往往倾向于从内部培养人才，而不是雇用外部人直接担任组织的中高层管理者，在这种社会环境下，劳动力流动是不受鼓励的，所以流动频率相对来说会低很多。

其次，不同国家的社会制度会使劳动者的直接流动成本不同。美国存在一种流动文化，所以住房的买卖很频繁，租房子也很容易，并且成本不是太高，这就使在美国进行流动尤其是跨地区流动的障碍比较小，成本也比较低。相对来说，欧洲和日本的住房制度使得劳动者在这些国家的居住成本比美国员工要高，这是导致欧洲和日本的劳动者比美国员工的流动率要低的一个重要原因。

最后，迁移距离对劳动力流动也会产生影响。同等条件下，在劳动力流动中需要迁移的距离越远，劳动力流动的成本就越高，对劳动力流动就越不利。迁移距离越远，劳动者获得的关于异地工作机会的信息往往越少，并且在实际迁移时需要承担的运输成本越高，同时，适应新地点的工作环境和社会环境的难度会加大，因远离老朋友甚至其他家人所产生的心理成本会提高。跨国劳动力流动或移民显然比一个国家或地区内部的劳动力流动更为困难。除了法律制度和程序方面的成本，还需要承担适应完全不同的语言环境以及经济、法律、社会和文化环境所产生的成本。

◆ 本章小结

人力资本的概念强调了劳动力质量对经济增长的重要意义，是作为一种特殊的生产性资本储备蕴涵在人身上的知识、技能、经验以及健康等的存量总和。

人力资本投资的成本包括直接成本、机会成本以及心理成本，而人力资本投资的收益主要体现为未来的工资性报酬水平的提高。由于人力资本投资一旦完成，其产生的收益会延续很多

---

① Organisation for Economic Co-Operation and Development. Employment Outlook，July 1997（OECD：1997）：Table 5.6.

② U. S. Department of Labor，Bureau of Labor Statistics. Employment Tenure Summary. news release USDL 06－1563，September 8，2006. http：//www. bls. gov/news. release/tenure. nr0. htm.

年，因此，在衡量人力资本投资的成本和收益时，需要对未来的收益加以折现。

高等教育投资是一种典型的人力资本投资，这种投资的基本原理是投资的成本和投资收益的现值相等。通常情况下，其他条件一定，高等教育投资之后的收入流越长，上大学的成本越低，大学毕业生与高中毕业生的工资性报酬差距越大，高等教育投资收益的贴现率越低，则一个人上大学的可能性越大。

教育投资不仅具有私人收益，还有社会收益。因此，国家重视教育，尤其是义务教育是非常必要的。在对高等教育投资的私人收益进行估计时，可能会存在高估偏差、低估偏差以及选择性偏差。

高等教育的作用之一在于表明一个人具有较高的生产率，这种作用有时被称为高等教育的信号，但是大多数人认为，高等教育投资并不仅仅是一个信号，它对于生产率的提高是有价值的。

在职培训可以划分为一般培训和特殊培训两种，其中一般培训能够提高劳动者对所有企业的价值，而特殊培训只能提高劳动者对培训提供者的价值。因此，一般培训通常由劳动者个人进行投资和获取收益，而特殊培训通常是企业和劳动者共同承担培训成本，同时共享收益。

劳动力流动也是一种人力资本投资行为，因此，同样适用于人力资本投资的成本和收益分析模型。在劳动力市场上，企业的规模和所在的地理位置，企业的组织文化以及领导风格，劳动者的年龄、任职年限、婚姻与家庭状况、受教育程度、性别，以及劳动力市场周期和社会等方面的因素都会对劳动力流动产生影响。

◆ 关键术语

人力资本（human capital）

人力资本投资（human capital investments）

现值（present value）

在职培训（on-job-training，OJT）

一般在职培训（general training）

特殊在职培训（specific training）

劳动力流动（labor mobility）

◆ 复习与思考

1. 简述人力资本投资理论的主要内容及其理论与现实意义。
2. 请运用人力资本投资的基本模型对上大学的决策进行分析。
3. 如何理解高等教育投资的成本和收益及其估计偏差？
4. 近些年来，大学毕业生人数增加，找工作困难，上大学要支付学费等开支，因此，在很多农村地区新的“读书无用论”有所抬头，请根据人力资本投资的成本和收益分析模型来谈谈你对这种现象的看法。
5. 请谈谈你对高等教育信号模型的认识。
6. 一般培训和特殊培训的区别是什么？其投资方式存在何种差异？
7. 请简要描述劳动力流动分析的基本模型。
8. 劳动力流动的利弊是什么？影响劳动力流动的因素有哪些？
9. 在一次闲聊中，有人说了这样一段话：“老马没有上过大学，但是他挣的钱却比有硕士学位的小范还要多，学历高的人应该比学历低的人挣钱多才对。”请运用人力资本投资理论对这种说法做出评价。

10. 在许多国家，高等教育得到了政府的大量补贴（即大学生不需要承担上大学的全部成本）。请运用人力资本投资理论说明政府为大学教育提供补贴的理由以及这种做法可能存在的问题。

11. 许多财产方面的犯罪（比如盗窃）都可以看成是能够带来一时收益，但却要承担长期成本的活动。这是因为，一旦被抓入狱，罪犯不仅会失去通过犯罪活动获取的收入，而且会失去通过合法途径获取的收入。请运用长期职业选择模式来分析哪些人最有可能从事犯罪活动。一个社会可以采取哪些措施来减少犯罪?

第7章
工资水平及其差别

学习目的

读完本章之后，你应该能够：
1. 区分与工资水平有关的几个基本概念
2. 熟悉决定工资水平的理论和实践因素
3. 掌握几种主要的工资差别及其成因
4. 理解补偿性工资差别理论在工作匹配问题上的应用
5. 了解工资性报酬分配不均等的衡量方式和基尼系数

第1节　工资水平与工资差别

一、工资水平及其决定

（一）工资水平相关概念

所谓工资水平，通常是指劳动者在一定的时间内通过为雇主提供劳动而获得的经济回报的数量多少。在早期阶段，雇主支付给劳动者的报酬比较简单，主要表现为按周、月（或半月）等时间单位支付的货币工资，这些工资无论是以计时工资的形式发放的，还是以计件工资的形式发放的，都具有相对的稳定性，而且基本上都是用现金形式支付的。随着企业管理实践的复杂化，雇主支付给员工的报酬逐渐从比较固定的基本工资扩展到各种奖励性的工资。后来，各种货币性或实物性的员工福利越来越多，并且在员工的总报酬中所占的比例越来越大。此外，对于很多实行年薪制的企业中高层管理人员来说，他们平时领取的收入可能只占到他们全年总的工资性收入的一部分，甚至很小一部分，而很大一部分来自年底的绩效奖金或者是浮动工资。基于上述情况，我们会发现，不同的人以及不同的组织在讨论工资问题时，所提到的工资的内涵及其外延实际上存在定义不一致的问题。在这里，我们有必要对与工资有关的一些经济学常用概念做一个简单梳理。

1. 工资率

工资率（wage rate）是表示工资水平的一个最基本的概念，在经济学中，它是最常用来表明劳动力市场价格的一个概念。工资率的计量单位一般是小时，即工资率通常是指小时工资率。比如，我们在前面分析劳动力供给和劳动力需求的时候，将小时工资率作为劳动力供给决策和劳动力需求决策的一个重要变量。所以，在劳动经济学中，当谈到工资水平时，大部分情况下是指小时工资率，它是对劳动者的劳动力在市场上的价值所做的一种概括性描述。

需要指出的是，工资率可以区分为名义工资率和实际工资率两种，简称名义工资和实际工资。名义工资又称货币工资，是指雇主以货币形式支付给员工的工资。实际工资则是指货币工资所能买到的商品和服务的数量，它表明了货币工资的购买能力。可见，实际工资是经过价格调整之后的货币工资。通常情况下，价格调整是通过物价指数的变动来完成的，因而实际工资和货币工资的关系就可以用货币工资除以物价指数（通常是消费者物价指数）来衡量。由于现实生活中物价总是具有上涨的趋势，因此除了在经济衰退等一些特殊情况下，货币工资水平一般呈现不断上涨的趋势。对货币工资和实际工资的区分有利于我们把握真正的工资水平，因为货币工资并不等于实际工资，这两者之间的差别取决于物价水平，物价水平变化越大，货币工资和实际工资之间的差别越大，在现实中很可能会出现货币工资水平上升而实际工资水平反而下降的情况，这一点需要我们在进行工资水平比较时慎重对待。

2. 工资性报酬

工资性报酬（earnings）是指劳动者实际工作的时间单位数量与工资率之间的乘积。这种时间单位一般是指小时或工时数量，而工资率通常就是小时工资率。比如，在小时工资率为 10 元的情况下，工作 500 个小时，工资性报酬就是 5 000 元，工作 1 200 个小时，工资性报酬就是 1.2 万元。工资性报酬的概念从总体上反映了劳动者通过劳动获得的工资总量。从理论上来说，在工资率相同的情况下，如果两位不同的劳动者在工资性报酬方面存在差别，唯一的原因可归结为两个人实际完成的工作时间（比如总工时数量或者工作年限等）总量不同；而在工作时间总量相同的情况下，两位劳动者则可能因为各自的工资率有高低之别，导致在工资性报酬方面出现差距。因此，劳动者在工资性报酬方面存在差别既可能是因为人力资本水平或市场供求原因导致工资率存在差别，也可能是因为工作小时数存在差异。有意思的是，随着科技的进步、自动化水平的不断提高以及人工智能等的发展，与受教育程度较低的人相比，受教育程度较高者不仅工资水平更高，工作小时数也越来越多。比如，一项研究发现，在 20 世纪的最后 20 年中，受过高等教育者的工时数量出现了意想不到的增加。① 而这无疑会在一定程度上扩大收入差别。

表 7-1 中列出了若干国家 2016 年全日制劳动者的实际年平均工资，表中的数据是该国工资性报酬总额与折算出来的全日制员工人数之比，数据是按照购买力平价以美元为单位计算出来的。从表中可以看出，不同国家劳动者的年平均工资水平的差别还是很明显的。卢森堡、美国、瑞士高达 6 万多美元，澳大利亚、丹麦、荷兰、挪威达到 5 万～6 万美元，新西

① Peter Kuhn and Fernando Lozano. The Expanding Workweek? Understanding Trends in Long Work Hours among U. S. Men，1979 - 2006. Journal of Labor Economics 26，April 2008：311 - 343.

兰、日本、韩国、意大利、西班牙达到 3 万～4 万美元。最低的墨西哥只有不到 2 万美元，希腊、波兰、葡萄牙、匈牙利虽高于 2 万美元但不到 3 万美元。

表 7-1　若干国家劳动者的实际年平均工资（根据购买力平价按美元计算）（2016 年）

	国家	年平均工资		国家	年平均工资
1	英国	42 835	12	荷兰	52 833
2	美国	60 154	13	瑞士	60 124
3	法国	42 992	14	希腊	25 124
4	德国	46 389	15	匈牙利	21 711
5	意大利	35 397	16	卢森堡	62 636
6	澳大利亚	52 063	17	墨西哥	15 311
7	加拿大	48 403	18	新西兰	39 397
8	日本	39 113	19	挪威	53 643
9	韩国	32 399	20	波兰	25 921
10	丹麦	52 580	21	葡萄牙	24 529
11	芬兰	42 127	22	西班牙	37 333

资料来源：OECD Employment Outlook 2017，2017-06-13.

3. 劳动收入

我们在上面说到的工资率和工资性报酬通常都是指劳动者在税前拿到的雇主当期支付的货币性工资报酬。在实践中，劳动者除了可以从雇主处领取这些先期支付的货币性报酬，往往还可以得到以延期或实物形式支付的员工福利（employee benefit）。

实物型福利的一个例子是雇主提供的医疗保健和健康保险，在这种福利计划下，员工从中得到的是一种服务或者是保险单，而不是货币；带薪休假时间也属于这一类福利，因为在这种情况下，员工所得到的是休假时间而不是现金。延期型福利的一个例子则是雇主提供资助的退休计划，在这种福利计划下，雇主需要事先拿出一定数量的货币投到某养老保险计划当中去，员工退休以后就可以从自己的账户中领取相应数量的养老金。在很多发达国家，员工的总体经济性报酬中，福利可能占到 30%左右，因而，福利对于劳动者来说是非常重要的。考虑到这种情况，我们就需要有一个能够反映员工从雇主处领取的总体经济性报酬的概念，这便是劳动收入。所谓劳动收入（labor income），就是指劳动者因为提供劳动而从雇主处获得的工资性报酬与福利的总和，这一概念在管理学中对应的概念是总薪酬（total compensation）。一方面，即使不同的雇主提供的工资水平或工资率是相同的，它们所提供的福利水平也可能会存在很大的差异，因而为不同雇主工作的劳动者在工作时间相同的情况下，实际获得的劳动收入也会出现差异。另一方面，在雇主提供的劳动收入相同的情况下，雇主可以采取的工资性报酬和福利的组合形式可以是多种多样的。我们在下面就会谈到劳动者在工资和福利之间做选择的情况。

4. 收入

与工资水平有关的一个最低层次的概念是收入，收入（income）是指一个人或一个家庭在一定时期内（通常是一年）获得的所有货币收入的总和，其中既包括劳动收入，也包括非劳动收入。我们在前面分析劳动供给行为时已经谈到非劳动收入，非劳动收入在现实中主要包括通过投资获得的分红或利息；所接受的馈赠或援助；政府为低收入家庭提供的食品券、福利、失业救助等各种不与提供劳动挂钩的政府转移支付等。

（二）工资水平决定的理论与实践

我们在前面第 5 章分析劳动力市场均衡时讨论过，工资水平即市场工资率是由劳动力市场上的供给和需求两个方面的力量共同作用的结果，一旦均衡市场工资率确定下来，竞争性劳动力市场上的所有企业或雇主都必须执行这样一个工资水平。在这一点上，可能会对劳动力供给和劳动力需求产生影响的任何因素都有可能会对工资产生影响。根据我们在前面对劳动力供给和劳动力需求的分析，可以知道，产品需求、资本价格、劳动生产率、人口规模与劳动力参与率等因素都会影响市场工资水平。

从实践的角度来看，尽管针对某种特定质量的劳动力会存在一个大体上通行的市场工资率，但是不同的雇主或企业实际上可以支付不同的工资水平。对于一个社会来说，工资水平的决定主要取决于以下几个方面的因素。

1. 劳动者个人及其家庭的生活费用

劳动者所获得的工资必须能够满足劳动者个人及其家庭成员的基本生活需要，这一点已被世界各国普遍认可。不过，生活工资一般是针对全勤、满时的工作而言，遭受季节性失业或没有全勤的劳动者并不包括在内。此外，生活工资一般是按家庭平均人口计算的，对于超过国家平均人口的大家庭，有些国家采用单独的子女费用补贴的办法来弥补生活工资的不足。当然，由于国与国之间的生活标准和消费习惯不同，各国的生活工资所包括的内容及其水平高低亦有所不同。不过，随着经济的增长，生活工资所反映的内容必然会越来越丰富。

2. 劳动力质量或劳动生产率

在第 5 章讲述劳动力市场均衡工资水平即工资率的时候，我们是在假设劳动力同质的基础上进行推理的。而通过第 6 章人力资本投资的内容，我们知道，劳动力并不是同质的，他们在人力资本存量方面的差异很大，这些不同数量的人力资本在劳动力市场上必然要求获得不同的工资回报，因此，即使是在同一个地区或国家，也并非只有一个劳动力市场，相反，不同质量的劳动力构成了不同的劳动力市场，低质量劳动力的均衡市场工资率通常低于高质量劳动力的均衡市场工资率。事实上，当高质量劳动力因为需求上升、供给不足而出现均衡工资率上升时，低质量劳动力却很有可能会因为供给过剩、需求不足而出现均衡工资率止步不前甚至下降的状况。

3. 工作条件

我们在前面讲授劳动力市场的一般原理时提到过，劳动者在求职的时候并非仅仅看重工资水平的高低，由于劳动者本人必须参与生产过程，所以，工作场所的条件好坏对劳动者的效用影响很大。这种工作条件大部分时候是指物理条件的优劣，比如，高温高压、有毒有害、易燃易爆、高空地下以及必须负重、集中精力做事或长时间用眼仔细观察物体等会使体力、精力耗费较大或身体感到不舒服的工作条件，都会使劳动者不愿意从事某些工作。为了吸引劳动者从事这些有着不利条件的工作，而不是去从事其他工作，企业支付给他们的工资往往要高于从事其他条件更好的工作的同等质量劳动者，这就是我们在后面要讲的补偿性工资差别。

4. 福利水平

我们在前面分析了员工福利问题，在现实中，很多员工福利与员工的工资存在正相关关系，即工资水平越高，所得到的福利越多，比如以员工工资性报酬总额为基数的个人养老福利。但不可否认的是，工资和福利确实可以成为相互替代的效用来源。换言之，在支付的总收入等值的情况下，企业既可以采取低工资、高福利的支付模式，也可以采取高工资、低福利的模式。不同的企业可以根据自己的实际情况以及员工的需求来设计工资和福利之间的比例。所以，有些员工宁愿在一些看似工资水平低一点的企业中工作，很可能是因为这些企业能够提供其他企业没有提供的高福利。关于员工对工资和福利之间替代关系的看法，我们会在下面讨论。

5. 部门或企业的工资支付能力

部门或企业的工资支付能力是决定部门或企业工资水平的一个主要因素。在竞争性经济中，如果产品需求是稳定的，那么决定一个部门或企业的工资支付能力的主要因素是该部门或企业的生产率。对大多数企业而言，生产率的提高直接体现在利润率的提高上，但即便是高利润企业，也面临合理分配利润的问题。在所有利润中，除必须扣除固定资产折旧、投资资本利息，还必须提取用于企业进一步发展的必要储备，而不能全部用于增发工资，否则企业就会失去进一步提高工资的能力。

事实上，即使是在同一国家或者地区，不同的部门或企业之间的经济实力也常常存在很大差别。有些企业能够支付的工资水平比低效率的竞争者更高。不过，对于追求利润最大化的企业来说，如果是处在一种竞争环境下，则企业不会将工资水平定在超过市场太多的标准上，它们通常支付与同类企业相近的工资水平。有些企业对各种劳动力支付的平均工资从表面上看大大高于其他企业，这一方面很可能是因为这些企业的管理水平较高，因而能够从劳动者身上获得更高的利润，另一方面可能是因为这些企业所雇用的劳动力属于质量更高的劳动力，他们的市场工资水平本来就应该更高。

6. 集体谈判

在很多市场经济国家中，集体谈判也是影响工资水平的一个重要因素。工会通过联合大批劳动者，有组织地与雇主或雇主组织展开谈判，他们谈判的最主要目标就是提高工会会员的工资水平以及改善工作条件。在大多数情况下，工会显然比单个员工的谈判能力更强，因此，在工会力量比较强大的国家或行业或特定时期，工会对工资水平的影响是非常明显的。不过，正如我们在劳动力需求弹性那部分内容中谈到的，工会对雇主提高工资水平施加的压力会受到一定的约束，这就是，在劳动力需求弹性较大时，工资水平的提高很可能会导致工会会员的工资性报酬总额下降。

最后，需要强调的是，在市场经济条件下，在确定工资水平时，处于不同行业、部门或职业中的同类劳动者的工资水平通常需要遵循同工同酬的基本原则，即对于完成同等价值工作的劳动者应支付同等或相似水平的工资。这一原则应适用于不同行业、部门、民族、种族、性别的劳动者。

小专栏 7-1

网约车司机的收入

近几年，网约车走进我们的生活。从老人到小孩，如今都能熟练地拿起手机，通过滴滴平台完成出行计划。大家越来越习惯于网约车的高效便捷，从业的司机也是与日俱增。不论全职还是兼职，开网约车似乎都是一个不错的赚钱途径，但究竟能赚多少？或者说如今的网约车到底赚不赚钱？

有人说现在开网约车已经赚不到钱了，相较于前几年各种补贴，如今两三百元的收入实在跟理想相差甚远；也有师傅说能赚钱，一线城市稍微勤快点的司机月收入几乎都能达到万元以上……或许每个人对“赚钱”的标准不同，但网约车的收入到底是什么水平？

北京的毛师傅今年 50 多岁，用自己的车跑滴滴快车，一天下来收入约 200 多元。“我以前是开货车的，做全职的滴滴司机快 1 年了。每天出车 10 个小时左右，跑个 20 来单就休息。”对于这样的收益，毛师傅自己比较乐观：“现在货车也不好拉，200 多元是去掉油钱的纯收益。而且滴滴来钱快，不像其他行业难收账。跑这个（快车）也比较轻松，我自己觉得还可以。”像毛师傅这样从货车或出租车转战滴滴平台的司机并不少见，其实还有更多的司机同行在观望：到底有没有必要开网约车？这个问题归根究底是心态的问题。两三年前网约车轻松月入过万，甚至还有“贷款买车，请人开滴滴，月收入还掉月供还有剩余”这样的情况出现。这些个例并非常态，也难以持久。毛师傅的滴滴服务分只有 86 分，如果分数再高一点，手机端的派单会更丰富一些，收入自然水涨船高。作为货车司机养成的一些不好习惯，势必影响乘客的评分结果。

同样在北京的滴滴优享车主李阿姨，不论评分还是收入就要高许多。李阿姨是北京某单位退休职工，一般来说她的出车时间都是在早高峰时段，不以“时间长”作为赚钱的思路，她更看重自己的服务分：“以前我的服务分一直都是 100 呢！最近遇到个比较挑剔的乘客，分数掉到了 96……”说起来，李阿姨也有些无奈。一天下来，李阿姨的收入差不多在 300～500 元，由于服务分较高，平台给她的派单十分丰富：“我个人比较注重车内环境的整洁，开网约车是服务行业，态度要好，一般来说女师傅很少遇到故意给低分的。”算下来，李阿姨月收入大概 1 万多元。2017 年智联招聘的一份调查报告显示，北京市 2017 年夏季平均薪酬为 9 791 元。加上退休工资，李阿姨的收入算是十分可观了。她的秘诀就是：不玩命接单，以服务态度和质量取胜，努力提升服务分才是关键。

不少司机恰好忽略了这个细节，“跑得越多，挣得越多”并非完全适用如今的网约车时代。以前没有评分标准以及通道，服务态度完全取决于司机当天的心情。但现在不同，可能稍不注意，累积的良好口碑便被拉低不少。这些点点滴滴都将最终影响司机的收入水平，所以师傅们只能更加严于律己，以更好的服务建立良好口碑。

上海全职快车司机吴师傅于 2017 年 5 月加入滴滴，每天平均出车时间超过 10 小时，月收入能达到 12 000 元以上。“我以前就是普普通通的上班族，经常加班还没现在赚得多。我比较看重每天能接触到不同的乘客，人际面也要广一些。”那么对吴师傅来说，滴滴司机能否让他达到理想的收入状态？“其实我从一开始做这行的时候，就没想过要赚多少钱。司机嘛，挣再多能有多少？说穿了和其他职业一样，都是踏踏实实才能做好。你想做司机一夜暴富，那大家岂不是都来做滴滴司机了？”2017 年上海市平均薪酬是 9 365 元（数据同样来自 2017 年智联招聘的调查报告），月入 12 000 元已经超出平均薪酬约 3 000 元。吴师傅的话可谓一语中的，前些年有人将网约车赚钱速度过于夸大，毕竟从本质上来说这是一个"一分付出一分收获"的行业。

尽量避免无故取消订单，乘客下车时几句善意的提醒，整洁的车厢环境，加上安全的驾驶习惯，多交流沟通，就能把网约车司机这份工作做好，收入自然也能让司机们满意。

资料来源：https：//item.btime.com/m_2s21pqwvx1q，2018-03-01.

二、工资差别

（一）工资差别的基本概念

所谓工资差别，就是指各类人员在工资水平上存在的差异。由于工资水平可以用不同的方法、从不同的角度、在不同的范围内进行分类和考察，因此，工资差别是一个适用范围很广的概念。我们既可以考察不同年龄、性别、文化程度、职业的劳动者之间的工资差别，也可以考察不同地区、不同国家之间的工资差别。同理，不同时期的工资差别、不同行业或产业部门的工资差别、不同企业之间的工资差别，也都可以成为考察的对象。工资水平与工资差别是工资研究领域的两大难题。经济学家、社会学家和管理学家在研究中发现，人们不仅关心工资水平，而且关心工资差别，对后者的重视程度往往甚于前者。一方面，工资差别从本质上讲是同劳动相联系的，只要劳动者的素质和技能不完全相同，劳动条件差别无法消除，工资差别就不可能消除；另一方面，工资差别同市场经济中的价格差别一样，具有在整个社会范围内重新配置劳动力资源的功能，它会激励劳动者从低生产率的工作岗位、企业、行业或产业部门、职业甚至国家向高生产率的地方转移，从而优化劳动力资源配置效率，这对于社会经济的发展具有积极的作用。

（二）工资差别的主要成因

经济学家对职业间工资差别的研究将工资差别归结为三类，即补偿性工资差别、竞争性工资差别和垄断性工资差别。

1. 补偿性工资差别

所谓补偿性工资差别，是指在知识、技能上无本质差别的劳动者，因工作条件和社会环境的不同而产生的工资差别。这种工资差别主要是为了补偿那些在工作条件和社会环境方面处于不利地位的劳动者。由于这些人所处的地位使他们不得不承受更多生理和（或）心理上的压力，承受更高的"劳动的负效用"，即劳动所引起的劳累、紧张、枯燥、疲倦、痛苦和危险的感受或处境，因此在某种程度上可以认为，他们比其他人付出了更多的劳动，需要对他们所付出的这部分劳动予以补偿。

在劳动力市场上存在着数千种不同的职业，如何确定每一种职业的报酬，一直是经济学家颇感兴趣的问题。两百多年前，古典经济学创始人、英国经济学家亚当·斯密就提出，形成职业间工资差别主要有以下五个方面的原因：

第一，不同的职业在劳动强度和劳动条件方面存在差别。有些职业劳动强度很高，如建筑业、搬运业等，另一些职业的工作则相当轻便；有些职业的工作环境肮脏，劳动过程单调乏味，甚至还有健康或生命方面的危险，另一些职业则有着良好安全的工作环境，工作内容丰富多样。

第二，不同的职业所引起的愉快或不愉快程度有差别。仅仅是出于社会心理方面的原因，人们会喜爱和欢迎某些职业，厌恶和拒绝另一些职业。

第三，不同从业者的能力培养存在差别。有些职业（如医生和律师等）需要从业者支付较多的学费，并投入大量的时间和艰苦的努力，因此从业者除了获得一般工资水平之外，还要求收回学费，也就是收回他们的“投资”，并要求从“投资”中获益。而许多不需要大量先期投入的职业，其工资水平相对较低。

第四，不同职业的社会安全程度即工作保障和职业稳定程度不同。有些职业受经济周期和其他经济及非经济因素的影响较大，就业很不稳定，因此从业者在雇用期间所得的报酬必须能够维持他们在停工期间的生活。

第五，不同职业要求从业者承担的责任是有差别的。有的职业要求其从业者承担较大的责任，从业时冒一定的风险，因而支付给他们的工资较高。如古典经济学家曾提到的，金银匠和宝石匠的工资较高就是因为他们是受人之托，必须为顾客保管好贵重的材料。

在亚当·斯密所提及的引起职业间工资差别的五个原因中，除了第三个，其余四个都是因工作条件和社会环境不同而引起的，即因劳动强度和劳动条件、从业时的不愉快程度、职业稳定与保障程度、责任大小而引起的工资差别，均属补偿性工资差别。

2. 竞争性工资差别

补偿性工资差别揭示了由于工作条件和社会环境不同而导致的收入差异。然而，在劳动力市场上所形成的职业间工资差别，似乎并不完全是因为补偿性要求而形成的。实际上，那些劳动条件差而最不具有吸引力的工作，报酬往往不是最高的，反而是最低的，而许多工作条件好、社会地位高、工作内容丰富且令人喜爱的职业，反而享有优厚的收入。这说明，单纯用补偿性工资差别来解释现实中的工资收入差别是不全面的，显然还存在着大量的非补偿性工资差别，形成非补偿性工资差别的最重要的一个原因就是竞争性工资差别。

所谓竞争性工资差别，指的是在劳动力和生产资料可以充分流动的竞争条件下，劳动者之间所存在的工资差别。在外部环境和机会一致的条件下，这种工资差别显然只能归结于不同劳动者的劳动力在质上的差异。高质量的劳动力通常有高生产率，从而工资水平也较高；质量较低的劳动力因生产率低，通常只有较低水平的工资。基于这种原因，竞争性工资差别也称为技能性工资差别。亚当·斯密提到的不同职业间工资差别的成因中，不同职业对从业人员的能力要求以及这种能力培养的难易程度存在差异，是导致竞争性或技能性工资差别的根本原因。

不同的职业对劳动者的技能要求是不同的，这就是在自由选择的市场条件下，尽管人们都争取进入劳动条件好、工资待遇高的职业，但最终能进入这些职业的是能力比其他人更强的劳动者的原因。竞争性工资差别理论认为，竞争既是使不同质的劳动者产生工资收入差别的原因，也是导致不同质的劳动者流动的原因。在自由竞争的环境中，由于人们总是追求更高的个人收入，因而那些对劳动力质量要求较高、工资水平也较高的职业往往会吸引更多的求职者。所以，劳动者通过转业培训提高自身的劳动力质量，从对劳动力质量要求较低、工资水平也较低的职业流向对劳动力质量要求较高、工资水平也较高的职业，从而促进社会劳动力质量不断提高。同时劳动力供求关系使各种职业的工资水平都受到约束，保持一定的增长幅度，避免无节制增长。

3. 垄断性工资差别

垄断性工资差别是除竞争性工资差别之外的另一种非补偿性工资差别。导致这种工资差别出现的主要原因是不同质的劳动者的流动受到了自然或者非自然力量的限制。一般来说，垄断性工资差别包括以下两种情况：

其一，非自然性垄断所造成的工资差别。某种职业所需要的劳动力出现短缺，但受外力限制（如工会、国家行政权力甚至社会经济体制的限制），其他劳动者无法进入这个职业，从而使从事这一职业的原有劳动者保持垄断地位，获得垄断性工资收入。导致垄断性工资收入形成的这种外部原因也可以称为制度性原因，制度性原因通常可以归结为市场发育不完全以及市场失灵。因此，通过健全劳动力市场体系，确保市场正常运行，有针对性地消除阻碍劳动力流动的外部因素，可以逐步消除这种垄断性工资收入来源。比如，在我国目前关于电力、电信、石油石化等行业工资水平过高的争论中，提出控制这些行业工资水平的一个重要理由就是这些行业属于垄断行业。

其二，自然性垄断所造成的工资差别。从事某职业的劳动力非常稀缺或较为稀缺，但这种劳动力在质量上的自然特征或其质量要求使得对这种劳动力的补充很难实现或很难马上实现，即从事其他职业的劳动者或新增劳动者很难通过短期的学习和培训迅速转移到这种职业的岗位上来，从而使从事这一职业的劳动者保持垄断地位，获得垄断性工资收入。这种垄断性工资收入也可以称为准租金性工资，因为这种收入相当于经济活动中的租金。租金一词是从土地租金引用来的，按照经济学理论，在现代生产力条件下，土地的供给几乎是无弹性的，因此为使用土地而支付的价格即地租，不是取决于土地本身的实际价值，而是取决于对它的需求。在某些职业的劳动力需求方面也存在类似的现象。某些职业的劳动力供给几乎是无弹性的，因此为使用他们而支付的价格如同地租一样，不是取决于他们本身的劳动价值，而是取决于社会对他们的需求。

在现代社会生活中，租金性工资收入的例子很多，最典型的是文体、影视明星的收入。这些明星是从无数投身该职业的人中间筛选出来的少数成功者，他们的劳动力供给几乎无人可替代，因而几乎没有弹性；同时，他们又受到千百万崇拜者的欢迎，对他们的需求极高，因此他们的收入很可能会高到令人不可思议的地步。一个体育明星或者歌星、影星年收入数百万元甚至上千万元并不少见。按照现代经济学的观点，这种收入符合现代经济规范，社会不应当简单地禁止这一部分特殊劳动者获得高额收入；否则，对社会、对公众以及对文体事业本身的发展都无益处。比较合理的政策是，由政府对这一类垄断性工资收入征收累进税，以控制个人收入幅度过高对社会的不利影响。

第 2 节　补偿性工资差别与工作匹配

一、非工资条件与补偿性工资差别

（一）非工资条件与工作匹配的复杂性

我们在第 2 章讲述劳动力供给理论的时候曾经假设，劳动者的劳动力供给行为取决于市场工资率和个人偏好这两个重要变量，劳动者只需要在自己的工作-闲暇偏好基础上，在市场工资率的约束下，做出适当的工作时间和闲暇时间选择，便可以实现个人效用的最大化。在那里，我们隐含地假设所有的企业或雇主提供的工作环境等非工资条件都是一样的。如果劳动力市场上的所有工作都是完全相同的，甚至都在同一个地点，那么，劳动者只要选择所提供的工资水平最高的雇主便可以实现自己的效用最大化。然而，在这种情况下，不同的雇主不会提供不同的工资水平，因为它们所提供的工资水平只要存在一点差别，劳动者就会设法从低工资企业向高工资企业流动，在劳动力流动没有任何障碍的情况下，必然会促使所有的雇主都支付相同的工资水平。

但是，正如我们在本章上一节中谈到的那样，一方面，现实中的不同企业为同一类劳动者提供的非工资条件（工作环境、福利水平、工作时间和地点的灵活性，甚至组织氛围、组织文化等）存在很大差别，因此，它们所提供的工资水平也就存在差异，不同的企业呈现出不同的特点。另一方面，在现实中，劳动者从工作中获得的效用并不仅仅来自工资性报酬，工作地点的交通便利性、工作环境、工作压力等很多非工资性因素也会影响劳动者的效用总量。换言之，劳动者在力图实现自己的效用最大化时，不仅重视从工作中能够获得的货币收入，也重视非货币方面的收益。在工作任务以及工作条件等相同的情况下，对劳动者来说，当然是工资水平越高越好。因此，工资水平越高，愿意从事这种工作的人就越多。但是，当不同的雇主要求完成的工作任务以及提供的工作条件不同，并且它们所支付的工资水平也不同的时候，劳动者就必须在不同的雇主之间（实际上是从不同的工资条件和非工资条件组合当中）做出选择。由于不同的劳动者对于某种工作条件（比如高温、夜班、工伤风险等）的厌恶程度是不一样的，所以他们会根据个人的效用最大化要求来选择不同的雇主。这样，劳动者的就业选择就复杂得多。

与补偿性工资差别有关的非工资条件主要包括以下几个方面：

（1）工作环境舒适与否及风险大小。很显然，在技能要求类似的情况下，如果需要劳动者在令人不愉快的或危险的环境中完成工作，则应为劳动者提供额外的工资补偿。比如，同等条件下，在矿山井下、高空、高温、高压等非常规环境下工作的劳动者往往工资水平更高，因为这些工作环境不仅令人不愉快，而且有更高的工伤甚至死亡风险。此外，有些工作可能需要劳动者轮班或上夜班，而这通常是劳动者不喜欢的工作特征，由此，企业往往需要对从事此类工作的劳动者提供工资补偿。美国的一项研究表明，美国制造业中8.2%的工资补偿与轮班有关，其中，加入工会的劳动者的轮班工资补偿占到工资总额的18.1%，而未加入工会的劳动者的同一比例只有4.3%。①

（2）福利水平。如前所述，福利和工资都能够给劳动者带来效用，因此，如果企业为劳动者提供的福利水平与其他企业比不够高，往往需要在工资方面给予一定的补偿，否则就会在吸引劳动者方面陷入不利的境地。

（3）职业声誉。不可否认，不同的职业在社会上享有的声誉是不同的，比如，同样是普通工人，在殡葬行业工作往往不如在机械、电子行业工作声誉高。而对于那些具有不利职业声誉的工作而言，往往需要提供一定的工资补偿才能获得必需的劳动者。

---

① 这项研究还发现，上夜班的工人比从事类似工作的白班工人的受教育水平更低。因此，轮班制通过为劳动者提供补偿性工资以及吸引在白天工作时收入较低的劳动者，在一定程度上缩小了收入分配差距。P. F. Kostiuk. Compensating Differentials for Shift Work. Journal of Political Economy. part 1，October 1990：1054－1057.

（4）工作保障性或收入稳定性。有些工作基本上是稳定的，失业风险相对较小，工资收入也比较稳定，比如，公务员、零售商店的店员、医生等。而有些工作稳定性差，即使失去工作的风险不是很大，工资收入也极不稳定。比如，建筑工人、旅游饭店服务员、房屋租赁或销售公司业务员等。在就业和工资收入存在波动风险的情况下，就需要为劳动者提供一定的工资补偿。

（5）工作地点。工作地点决定了劳动者的工作和生活方便程度。比如，有些工作往往远离城市，这给劳动者的人际交往、生活、娱乐以及子女教育等带来很多不便，比如高速公路和铁路建设行业的劳动者经常需要在野外作业，很多发电厂也远离城市，在这些行业工作的劳动者就会比在大城市工作的劳动者多一些不便，有些人甚至因为工作原因无法与家人长期居住在一起。这些都需要企业为劳动者提供一定程度的工资补偿。此外，很多企业都有外派人员，无论是在国内从总部派往其他地区，还是从国内派往国外，这些外派人员的工资水平往往比他们外派前的工资水平更高，其中也有明显的工资补偿。这种工资补偿可能包括三种情况：一是在劳动者从物价水平低的地区或国家外派到物价水平高的地区或国家时，提供的生活成本差异补偿。二是从发达国家或地区外派到落后国家或地区时，对于外派人员承受的生活不便或环境落差提供的工资补偿。三是为弥补劳动者因为远离家乡或家人所产生的心理成本而提供的工资补偿。

劳动者在工资和非工资条件之间做出权衡的情况在现实中很容易观察到。2006年的统计数据表明，美国每个月都有大约2%的劳动者属于自愿离职（而不是被解雇），并且这些自愿离职者中大约有40%的人都是去了新的工资水平比原来要低的工作岗位，这很可能是因为这些工作岗位有更吸引人的非货币条件（比如更好的工作条件或者福利等）。[①]

正是由于高温高压、高空地下以及上夜班等这样一些危险或令人不愉快的工作条件会降低劳动者的效用水平，因此，如果企业无法彻底改变这些不利的工作条件，它们在吸引劳动者来工作时就会面临困难，很多劳动者可能宁愿失业或不工作也不从事这些工作。因此，与其他企业相比，在工作条件方面具有不利特点的企业为了保持自己在劳动力市场上的竞争力，往往必须支付更高水平的工资。这种为吸引劳动者而必须支付的额外工资称为补偿性工资差别，其含义就是，较高的工资水平是对不理想的工作条件的补偿。这种工资差别对于整个社会以及劳动者个人来说都是有意义的。首先，它通过激励人们自愿承担这些肮脏的、危险的、压力大的或者令人不愉快的工作来满足社会的需要，因为很多工作——比如挖煤、空中架设电线、在地下铺设电缆或者是夜间巡逻等——对整个社会来说是非常必要的。其次，它为那些接受这些令人不愉快的或者危险的工作的劳动者提供了补偿，使他们能够得到更高水平的工资，从而弥补了他们的效用损失。因此，补偿性工资差别成为将较差的工作条件出售给劳动者的一种价格，它为评估工作中的非货币因素的价值提供了一种非常重要的方法。

最后需要补充的一点是，这里的所谓不利的工作条件只是从一般意义上来说的，对于不同的劳动者来说，他们对于什么样的工作条件是不利的可能会做出不同的评价。比如，绝大部分人认为上夜班是不舒服的，但是有些人却更喜欢上夜班，这既可能因为他们个人的生理状况适合上夜班，也可能因为上夜班能够满足他们的某些其他需求。在这里，我们不考虑这

① U. S. Department of Labor, Bureau of Labor Statistics. Employment Tenure Summary. news release USDL 06－1563, September 8, 2006. http://www.bls.gov/news.release/tenure.nr0.htm.

种特殊情况。

（二）补偿性工资差别的基本假设

我们在上面谈到，补偿性工资差别是与各种使劳动者感到不愉快或不舒服的工作特征联系在一起的，即较高的工资水平往往与较差的工作特征联系在一起，而较低的工资水平则与较好的工作特征联系在一起。但需要注意的是，这种推论只有在假定其他条件尤其是劳动者的质量相同的情况下才是正确的。简单地认为工作条件差的劳动者一定得到比工作条件好的劳动者更高的工资水平是错误的。

此外，补偿性工资差别的存在还有赖于下面三个基本假设：

第一，劳动者追求的是效用最大化而不是收入最大化。即工资水平并不是劳动者选择工作时唯一的效用来源，工作条件也是一个重要的效用来源，因此，他们选择到哪一个企业哪一种岗位上去工作，取决于他们对工资水平和工作条件的综合衡量。只有当一些劳动者宁愿放弃那些工资水平更高的工作，反而愿意接受工资水平更低但是工作条件却更令人愉快的工作时，才会产生补偿性工资差别。劳动者的这种偏好使那些尽管提供的工资水平较低，但是工作条件却更令人愉快的雇主在劳动力市场上同样有竞争力。在这种情况下，不同的雇主所提供的工资水平就不会相等。

第二，劳动者能够获得关于工作条件的充分的信息。如果某项工作具有某种不利的工作条件，但是劳动者并不了解这一情况，那么，雇主仍然可以在不支付补偿性工资差别的情况下获得足够多的劳动力，在招募和留住员工方面不会遇到任何麻烦。比如，工作场所中的石棉粉尘对人体造成的危害就是在人体中存在几十年之后才被揭示出来的。因此，要想让雇主提供补偿性工资差别，就必须假设劳动者了解对于他们来说非常重要的那些工作特征。目前，世界上大多数国家针对工作场所中的工作安全、职业伤害以及劳动者保护等问题制定了相关的标准，并且通过各种手段向劳动者传递这些信息，这有助于劳动者在选择工作时能够获得更为充分的关于工作条件的信息。此外，很多工作条件会在劳动者进入工作场所工作一段时间之后，通过同事之间的交流以及个人的体验很快了解到。总之，补偿性工资差别是在劳动者了解不利的工作特征的情况下才出现的。

第三，劳动者具有充分的流动性。如果劳动者是在工作之后才发现自己所从事的工作具有不利的条件，但是他们却由于某种原因无法辞职或者流动，那么补偿性工资差别可能不会出现。比如，在某些特殊情况下，劳动者被限制了人身自由，他们尽管在不利的环境下工作，却无法得到补偿性工资差别。此外，当劳动者所在的地区只有条件较差的工作机会，而没有其他更好的工作机会时，在无法向其他地区流动或者流动成本很高的情况下，劳动者只能选择条件较差的工作，这时雇主也无须支付补偿性工资差别。因此，只有当劳动者可以得到一系列的工作机会，能够选择他们喜欢的那些工作特征组合，或者是避开那些他们不喜欢的工作特征组合时，才能迫使工作条件不利的雇主提供补偿性工资差别。

小专栏 7-2

危险的工作与补偿性工资差别

以美、英军队为主的联合部队于 2003 年 3 月发动伊拉克战争，2011 年 12 月美国军队正式撤出伊拉克。在占领伊拉克期间，除了士兵之外，很多承包商派遣的员工也被派往伊拉克工作。据美联社统计，2007 年 3 月，在伊拉克的美军大概有 13.5 万人，而承包商有 12 万人。他们大多从事打杂的活计，有的干着和士兵一样的差事。但是他们没有士兵的先进装备，死了也不会被记入美军的阵亡名单。美联社发出的一条消息令人震惊：自伊拉克战争爆发以来，有近 800 名美国国防部承包商的雇员在伊拉克丧生，另有 3 000 多人受伤。

伊拉克战争爆发后，为了缓解人员不足的问题，美国国防部将大量伊拉克战争重建任务外包给来自全球的私营企业。不过，只有 63 个向伊拉克派兵的国家的企业才能在大型项目的招标中予以考虑；而对伊拉克战争持批评态度的国家基本无缘重建工作。国际知名的工程、建设和项目管理公司柏克德是第一批拿到美军承包合同的公司之一。该公司的合同工在战争打响后就来到这个国家，负责为伊拉克重建电厂、水厂等。刚来的时候，他们满怀热情，但是来到这里才发现，他们甚至很难保证让工程师和工人们活着回家。截至 2006 年 12 月合同到期，柏克德公司有几十名工程师和转包商被杀，有人被绑架，有人被拖出办公室直接射杀，还有 49 人受伤。

和工程师一样，翻译也是承包商的一大组成部分。在美军驻伊拉克的 L-3 联络小组中，光翻译就有 600 人。他们来自 12 家承包公司，从事不同的翻译任务，有的还提供顾问服务，比如帮助国防部制定战略计划、做预算、建立公共事务办公室。而另一个联络小组“提坦”有 6 500 名语言学家，分布在伊拉克各地。据美军介绍，翻译人员中大多数是有翻译背景的医生、艺术工作者、商人以及大学毕业生。他们都经过严格的挑选和培训，比如怎样与军人合作，怎样保护自己，怎样遵守《日内瓦公约》。不过翻译的工作因为和美军在一起而变得危险。《华盛顿邮报》曾报道一个在伊拉克工作的翻译。35 岁的卓别尼科是一名美军翻译，他曾在伊拉克遭到手榴弹和炸弹袭击，但他为了工作仍然每天出门，直到有一天，他在从一个军事基地去另一个军事基地的途中遭遇车祸身亡。

保安是所有承包工作中最危险的工作。美国黑水安保顾问公司是伊拉克最著名的保安承包公司。它在伊拉克有 1 000 名员工，这些员工大都经过严格训练，能熟练使用杀伤性武器和监控设备，并有极高的警觉性。他们提供私人保镖服务，从被保护人早上出门到晚上上床睡觉，全程跟护。安保的任务几乎和美军士兵的战斗任务一样危险。2007 年 1 月，4 名黑水公司的雇员乘坐直升机在巴格达上空被伊拉克武装炮火击落，4 人全部身亡；2004 年 4 月，黑水公司的 4 名雇员在护送美国政府运来的食物时被极端分子杀害，对方甚至连尸体都不放过，又火烧又拖拽，把尸体毁得面目全非。这件事引发美国国内的强烈关注。2007 年 2 月 8 日，4 名受害者的家人将黑水公司告上法庭，称黑水公司未能为雇员提供必要的武器和装甲设备来保护他们。

由于高额的报酬，很多人还是宁愿冒着生命危险到伊拉克工作。2004 年 4 月在伊拉克被绑架后成功脱逃的美国人托马斯·哈米尔就是去伊拉克淘金的。哈米尔的家庭负债累累，所以才会铤而走险到伊拉克务工。在伊拉克，一个技工的月薪可以达到 2 万美元，而且最初的 8 万美元是免税的。同时，有些承包公司提供的各种医疗、伤亡赔偿等福利能达到个人收入的 70%。为了安抚员工，公司会给员工配备一切安保设施，比如住房、卫星手机等，而且员工的合同期都很短，一般是 3～5 个月，然后是数周的休息时间，之后，员工可以选择重新工作或者回家。

不过，危险还是客观存在的，而且不容小视。2004 年 10 月，一名伊拉克承包商被极端武装组织斩首，它们还在网上公布了录像。同年，伊拉克武装人员伏击了由美军承包商护卫的补给车队，美军雇员的尸体被焚烧和毁坏，其中两人的尸体还被吊在一座桥上。因此，伊拉克目前正面临着工人越来越难招的问题。美国工程建筑公司 Fluor 的人力资源总监帕特·伍尔曼对此深有感触。2004 年 3 月，伍尔曼在巴格达睡得正香，一枚迫击炮弹在离他的床约 450 米的地方爆炸。挨炸后不久，伍尔曼回到 Fluor 的总部美国南卡罗来纳州，招募自愿到伊拉克就职的员工，结果 3 万名员工中只有 400 人表示愿意。

资料来源：龚芳．美承包商工作危险常挨黑枪，工资挺高没人敢干．世界新闻报，2007-03-05.

二、工作匹配的享乐主义工资理论解释

享乐主义哲学是 18 世纪晚期的一位哲学家杰里米·边沁提出来的。他认为，人们总是按照自认为能够实现个人享乐最大化的方式来行事。在经济学中，享乐主义工资理论（hedonic wage theory）实际上是对补偿性工资差别理论的一种图形表述，它指出了劳动者是如何按照自认为效用最大化的方式来对工资和非工资条件（比如工伤风险以及福利等）做出平衡和选择的。下面我们就运用享乐主义工资理论来说明劳动者如何在工资水平与工作条件以及工资水平和福利之间做出选择。

（一）工资-工作条件权衡与工作匹配

我们在前面已经指出，不同的雇主提供的工作在工资水平以及工作条件方面是存在差异的，而员工对工资和工作条件的偏好也是存在差异的。那么，在这种复杂的条件下，劳动者和雇主之间的工作匹配是怎样达成的？下面，我们将工伤风险作为一个不利的工作条件，来看一看劳动者的工资-工伤风险偏好是怎样与雇主提供的工作中包含的工资-工伤风险组合匹配在一起的。

1. 劳动者对工资和工作条件的偏好

由于劳动者不希望自己在工作中受伤，因此，如果一家企业的工伤风险高于其他企业，那么，这家企业就必须提供比其他企业水平更高的工资，作为对愿意接受这份工作的劳动者的补偿，从而使他们愿意接受这种工伤风险更高的工作。换言之，如果更高的工伤风险所带来的效用损失能够用更高水平的工资所带来的效用增加来弥补，那么，劳动者所获得的效用就与那些工伤风险尽管更低但工资也更低的工作给他们带来的效用相同。这样，我们就可以得到一条由工资率和工伤风险两个要素组合形成的无差异曲线（如图 7-1 所示）。

从图 7-1 中可以看出，这种无差异曲线与我们在第 2 章中分析劳动力供给时所使用的无差异曲线的形状不同，这里的无差异曲线是自左下方向右上方倾斜，而不是自左上方向右下方倾斜。之所以会呈现这种形状，因为工伤风险是一种会给劳动力带来负效用的工作特征，而不像闲暇那样能够给劳动者带来正效用。也就是说，如果工伤风险上升，要想保持劳动者的效用水平不变，就必须提高工资率。同一条无差异曲线上的各点代表的效用水平是相同的，图中的 A 点和 B 点都在同一条无差异曲线 U_2 上，所以两者所代表的效用水平是相同的，但是它们的工伤风险和工资率组合却存在差异，A 点对应的工伤风险更高，同时工资率也更高，B 点对应的工伤风险较低，工资率也低一些。

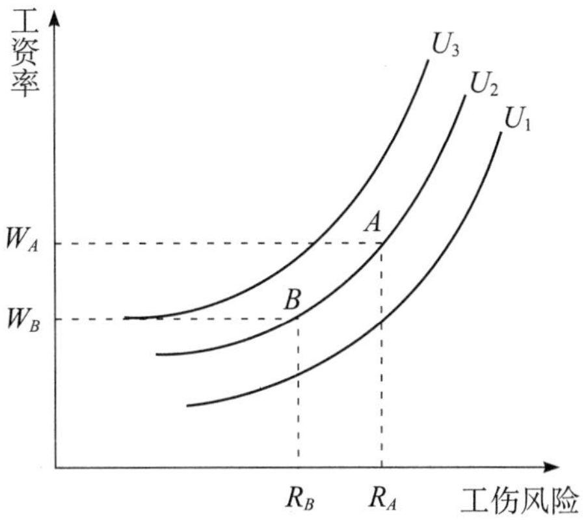

图7-1　工资率-工伤风险无差异曲线

此外，如图7-1所示，这里的无差异曲线有很多条。由于在工伤风险水平一定的情况下，工资水平越高（从垂直方向上看），则效用水平越高；在工资水平一定的情况下，工伤风险越小（从水平方向上看），则效用水平越高，因此，位于右上方的无差异曲线所表示的效用水平更高一些。在图7-1中，无差异曲线U_3所代表的效用水平高于无差异曲线U_2所代表的效用水平，而U_2所代表的效用水平又高于U_1所代表的效用水平。无差异曲线凸向原点的形状则反映了两种效用来源（即工资率以及工伤风险的下降）之间的边际替代率递减这一常规假设。很显然，无差异曲线U_2上的A点的斜率要比同一曲线上的B点的斜率更大，这表明，当人们的工资率较高，同时面临着较高的工伤风险时，为了换取一定幅度的工伤风险下降，他们愿意放弃较大一部分工资。因为在这个时候，他们的工资水平为他们带来的商品消费能力已经比较高了，但是工伤风险对他们的威胁却很大，所以工伤风险的下降对于他们而言效用是比较高的。相反，当人们的工资率较低，同时所面临的工伤风险也较低时，为了换取同等幅度的工伤风险下降，他们愿意放弃的工资会很少。在这个时候，他们所面临的工伤风险的绝对水平已经很低了，而他们的工资率同样很低，此时，让他们再放弃一部分工资来换取工伤风险的下降就没有太大的意义。

不同的劳动者对工伤风险的厌恶或规避程度显然是不同的，面临相同的工伤风险上升，为保持效用水平不变，那些对工伤风险非常敏感的人或风险规避倾向较强的人就会要求雇主较大幅度地提高工资，而那些对工伤风险不是太敏感或风险规避倾向不是太强的劳动者只会要求工资得到适度的增加。这样，不同的劳动者所面临的由工资率和工伤风险两种要素构建的无差异曲线的形状就会有所不同。如图7-2所示，图中的U_X和U_Y分别代表的是X，Y两位劳动者的无差异曲线。其中，U_X的形状要比U_Y更为陡峭，显然，它是一位对工伤风险比较敏感的劳动者的无差异曲线。以工伤风险水平同样为R_0的情况为例，位于劳动者X的无差异曲线U_X上的F点的斜率显然要比位于劳动者Y的无差异曲线U_Y上的E点的斜率大。这表明，在工伤风险为R_0的情况下，如果工伤风险出现相同幅度的上升，则X所要求的工资率上涨幅度会高于Y，这表明，劳动者X比劳动者Y更倾向于规避（或更厌恶）工伤风险。当然，这里的劳动者X和劳动者Y各自都有一组无差异曲线，只不过我们没有在图7-2中将这些无差异曲线都绘制出来。无论如何，他们都会努力实现尽可能高的效用水平。即在工资率一定的情况下，尽可能地争取更低的工伤风险；类似地，在工伤风险一定的情况下，尽可能争取更高的工资率。

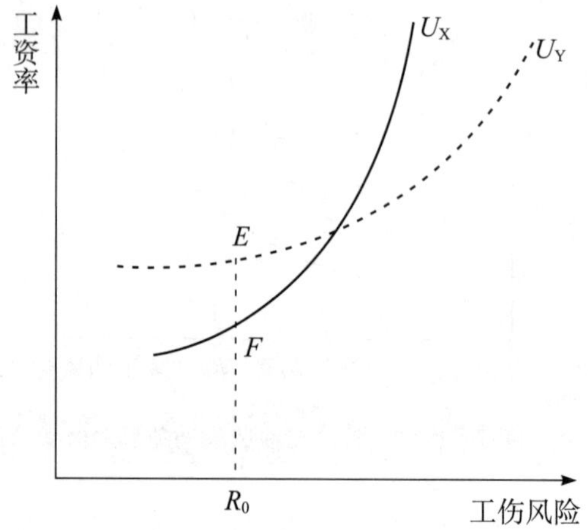

图 7-2　不同劳动者的工资率-工伤风险无差异曲线

小专栏 7-3

我国的工伤保险差别费率

目前，我国按照《国民经济行业分类》（GB/T 4754—2011）对行业的划分，根据不同行业的工伤风险程度，由低到高，依次将行业工伤风险类别划分为一类至八类，并且针对不同工伤风险类别的行业执行不同的工伤保险行业基准费率，一类至八类分别控制在该行业用人单位职工工资总额的 0.2%，0.4%，0.7%，0.9%，1.1%，1.3%，1.6%，1.9%左右。

通过费率浮动的办法确定每个行业内的费率档次。一类行业分为三个档次，即在基准费率的基础上，可向上浮动至 120%，150%，二类至八类行业分为五个档次，即在基准费率的基础上，可分别向上浮动至 120%，150%或向下浮动至 80%，50%。

这八类行业分别是：

一、软件和信息技术服务业，货币金融服务，资本市场服务，保险业，其他金融业，科技推广和应用服务业，社会工作，广播、电视、电影和影视录音制作业，中国共产党机关，国家机构，人民政协、民主党派，社会保障，群众团体、社会团体和其他成员组织，基层群众自治组织，国际组织。

二、批发业，零售业，仓储业，邮政业，住宿业，餐饮业，电信、广播电视和卫星传输服务，互联网和相关服务，房地产业，租赁业，商务服务业，研究和试验发展，专业技术服务业，居民服务业，其他服务业，教育，卫生，新闻和出版业，文化艺术业。

三、农副食品加工业，食品制造业，酒、饮料和精制茶制造业，烟草制品业，纺织业，木材加工和木、竹、藤、棕、草制品业，文教、工美、体育和娱乐用品制造业，计算机、通信和其他电子设备制造业，仪器仪表制造业，其他制造业，水的生产和供应业，机动车、电子产品和日用产品修理业，水利管理业，生态保护和环境治理业，公共设施管理业，娱乐业。

四、农业，畜牧业，农、林、牧、渔服务业，纺织服装、服饰业，皮革、毛皮、羽毛及其制品和制鞋业，印刷和记录媒介复制业，医药制造业，化学纤维制造业，橡胶和塑料制品业，金属制品业，通用设备制造业，专用设备制造业，汽车制造业，铁路、船舶、航空航天和其他运输设备制造业，电气机械和器材制造业，废弃资源综合利用业，金属制品、机械和设备修理业，电力、热力生产和供应业，燃气生产和供应业，铁路运输业，航空运输业，管道运输业，体育。

五、林业，开采辅助活动，家具制造业，造纸和纸制品业，建筑安装业，建筑装饰和其他建筑业，道路运输业，水上运输业，装卸搬运和运输代理业。

六、渔业，化学原料和化学制品制造业，非金属矿物制品业，黑色金属冶炼和压延加工业，有色金属冶炼和压延加工业，房屋建筑业，土木工程建筑业。

七、石油和天然气开采业，其他采矿业，石油加工、炼焦和核燃料加工业。

八、煤炭开采和洗选业，黑色金属矿采选业，有色金属矿采选业，非金属矿采选业。

资料来源：《关于调整工伤保险费率政策的通知》（人社部发〔2015〕71号），2015-07-22.

2. 雇主对工资和工作条件的权衡

不仅劳动者需要在工资率与工伤风险之间做出权衡，雇主同样面临这样一种选择，这是因为，雇主很清楚，较高的工伤风险是一种对劳动者很不利的工作条件，因此，要想使劳动者愿意为自己工作，在不改变工作条件从而降低工伤风险的情况下，它们只能采取支付较高水平工资的做法，即与其他在各方面条件相同但是工伤风险更小的企业相比，向员工支付更高的工资。当然，雇主也可以换一种思路，这就是想办法降低或消除工伤风险，从而使自己的工作条件与其他企业完全相同。但是，很显然，第二种做法同样是有成本的，要想降低员工所面临的工伤风险，雇主就必须在机器设备上安装防护装置，牺牲正常的工作时间对员工开展安全方面的教育培训，为员工配备劳动保护服装或提供其他劳动保护用品等，所有这些都需要企业支付费用。同时，在降低工伤风险方面所做的投资会面临边际收益递减的趋势，即一开始的时候，很少的投资就能够使工伤风险有较大幅度的降低，比如，只要对员工进行一些基本的安全生产培训，工伤事故率就会大大下降。但是随着为降低工伤风险所做的投资越来越多，为了继续减少一点点工伤风险，企业可能需要追加大量的投资。

因此，对于雇主来说，一方面，提高工资水平和降低工伤风险两种措施都有助于自己雇用到所需要的劳动者；另一方面，这两种措施都会给自己带来相应的成本。在提高工资和降低工伤风险这两种措施之间，企业就需要做出权衡。假定所有的其他工作特征是一定的，并且竞争的压力导致每一家企业都必须在零利润状态下经营，即在扣除所有的成本之后，所有企业的收益率与其他类似投资的收益率都是相同的，不存在超额利润。企业要想提高一点工资水平，就必须使工伤风险有所上升；反之，如果企业希望降低工伤风险，就必须降低工资。总之，在其他条件相同的情况下，雇主所面临的各种因素将会导致低工伤风险与低工资联系在一起，高工伤风险与高工资联系在一起。而在相同的利润水平下（我们假设为零利润状态），企业可以采取的提高工资水平和降低工伤风险这两种措施的组合则是多种多样的。这样，我们就可以得到一条由工资率和工伤风险这两个要素构成的企业的等利润曲线。

等利润曲线表示的是在某一既定的利润水平下，各种可能的工伤风险和工资水平的组合。如图 7－3 所示，一条既定的等利润曲线上的各点所代表的是能够产生相同利润水平的不同的工资与工伤风险的组合。在图中，位于右下方的等利润曲线 P_2 所代表的利润水平更高，这是因为，在其他条件一定的情况下，与每一种工伤风险水平相联系的工资水平都比左上方的曲线更低一些，比如，从垂直方向上看，在工伤风险都为 R_2 的情况下，P_2 上的 Q 点所支付的工资水平为 W_1，而 P_0 上的 M 点所支付的工资水平为 W_2；再从水平方向上看，在工资率同样为 W_1 的情况下，Q 点对应的工伤风险比 P_0 上的 N 点对应的工伤风险更高。很显然，Q 点所代表的成本比 M 点和 N 点更低，因而，P_2 所代表的利润水平比 P_0 更高。换言之，等利润曲线越靠近左上方，则利润水平越低。

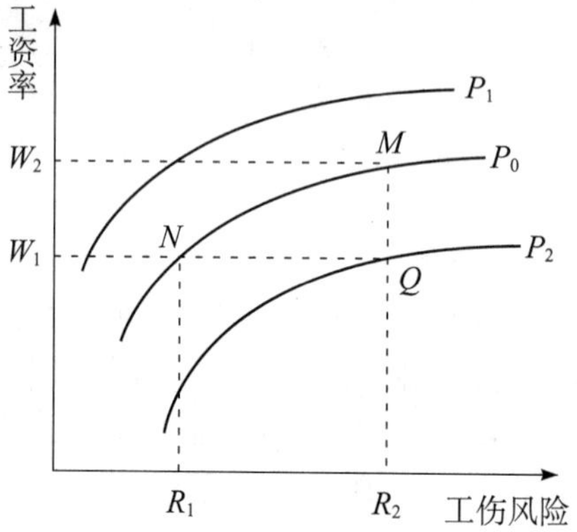

图 7－3　雇主的工资率-工伤风险等利润曲线

图 7－3 中的等利润曲线呈凸状，这种形状反映了我们在上面所说的安全生产投资同样存在边际收益递减的趋势。当工伤风险较高时（比如图 7－3 中的 M 点），雇主用于降低工伤风险的支出刚开始的时候会产生较高的收益，因为此时只需要处理那些最明显的同时费用最低的工伤风险问题就能使风险减少很多，企业不需要大幅降低工资就能够维持利润水平不变。但是，当工伤风险已经降到较低程度（比如图 7－3 中的 N 点）时，企业要想在保持利润水平不变的前提下降低一部分工伤风险，就必须较大幅度地降低工资，因为留在最后的工伤风险一定是最难降低或消除的，因而需要的费用通常会成倍增加。如图所示，这时的等利润曲线是比较陡峭的。

图 7－3 中描述的是同一位雇主的等利润曲线，对于不同的雇主来说，它们在降低或消除工伤风险方面的难易程度及其成本实际上是不同的。雇主降低工伤风险的成本可以用等利润曲线的斜率来反映，在那些降低工伤风险的成本很高的企业中，要想在保持利润不变的前提下实施一项安全生产计划，往往需要大幅降低工资水平，在这种情况下，等利润曲线就会非常陡峭。这种企业的等利润曲线可以用图 7－4 中的虚线 P_A 来表示。那些比较容易降低工伤风险的企业的等利润曲线则比较扁平，可以用图 7－4 中的 P_B 来表示。从图形上就可以看出来，在任何一种既定的工伤风险水平上，A 企业想要将工伤风险降低一定的幅度，它所需要降低的工资幅度比 B 企业更大，这就说明 A 企业降低工伤风险的成本比 B 企业

要高，降低工伤风险的难度更大。A 企业和 B 企业的等利润曲线实际上也有无数条，图 7-4 中并没有将这些曲线都绘制出来。在可能的情况下，企业会努力追求利润水平更高的那条曲线。

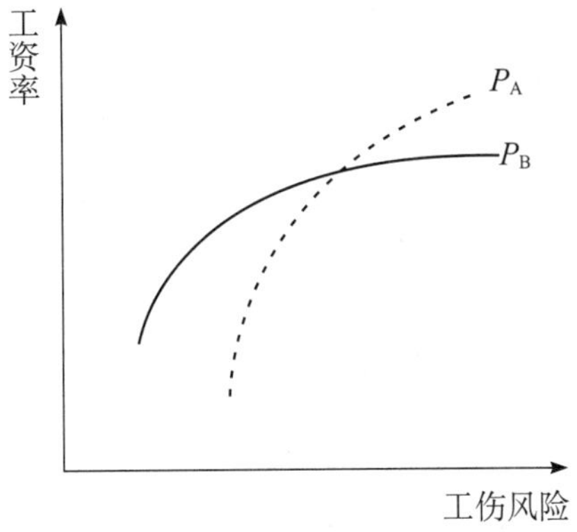

图 7-4　不同雇主的工资率-工伤风险等利润曲线

3. 工资-工作条件决策匹配

在分析了员工的工资率-工伤风险无差异曲线以及雇主的等利润曲线之后，我们便可以利用图 7-5 来考察雇主和员工之间的匹配情况。这里，有两个方面的情况需要说明。首先，在劳动力市场上劳动者有很多，雇主也有很多，但是我们在这里仅仅用 X 和 Y 两位劳动者来代表偏好不同的各种劳动者，而用 A 和 B 两个企业来代表降低工伤风险难度各异的各种雇主。其次，我们在前面已经谈到过，劳动者的无差异曲线会有无数条，企业的等利润曲线也会有无数条，如果是这样的话，企业的等利润曲线和员工的无差异曲线之间就会形成很多切点，这样就无法得到一个确定的解。但是，我们已经假设，由于竞争方面的原因，企业只能达到零利润水平，所以在图 7-5 中，A 企业和 B 企业的等利润曲线实际上都只有一条，A 企业的等利润曲线固定在 P_A 的位置上，而 B 企业的等利润曲线则固定在 P_B 的位置上。这样，具体的切点的位置就由劳动者 X 和 Y 的无差异曲线来决定。

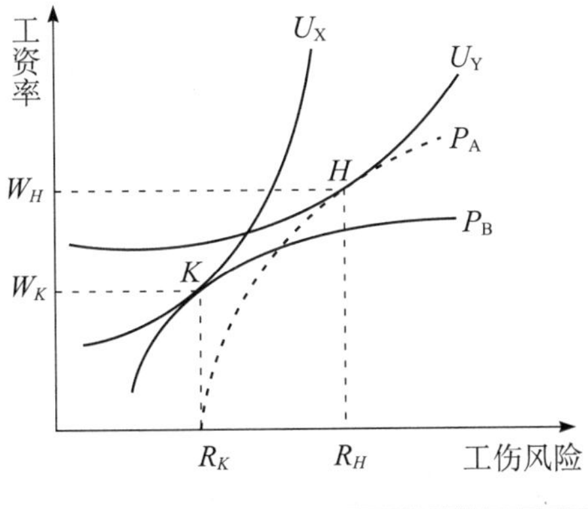

图 7-5　员工和雇主的工资率-工伤风险共同决策

如图所示，最终的结果是劳动者 X 与 B 企业相结合，劳动者 Y 与 A 企业相结合。U_X 和 P_B 相切的 K 点所对应的工资率和工伤风险水平分别为 W_K 和 R_K，这是 B 企业愿意提供的工资率和工伤风险组合，也是劳动者 X 愿意接受的工资率和工伤风险组合。同理，U_Y 和 P_A 相切的 H 点所对应的工资率和工伤风险水平分别为 W_H 和 R_H，这是 A 企业愿意提供的工资率和工伤风险组合，也是劳动者 Y 愿意接受的工资率和工伤风险组合。当然，由于劳动者 Y 的无差异曲线有无数条，所以他的无差异曲线中一定会有与 B 企业的等利润曲线 P_B 相切的点，从图中不难看出，这条会与 P_B 相切的无差异曲线一定位于 U_Y 的右下方，而这条无差异曲线所代表的总效用水平一定是低于 U_Y 的，因此，劳动者 Y 不会选择到 B 企业去工作。同样，劳动者 X 的无差异曲线中也一定会有与 A 企业的等利润曲线 P_A 相切的点，同理，劳动者 X 也不会选择到 A 企业去工作，因为那样将会使他的总效用水平下降。所以最终的结果就是员工 X 和 B 企业结合，而员工 Y 和 A 企业结合。B 企业能够比 A 企业以更低的成本创造出一个更为安全的工作环境，因此，它是一家工伤风险较低的企业，同时支付的工资水平不会太高。它所能够吸引的也恰恰是像 X 这样一些对安全的价值评价较高，或者说更为厌恶工伤风险的员工。而 A 企业在较高的工伤风险水平上运行时能够节省大量的成本，所以它可以支付较高水平的工资，从而确保自己在劳动力市场上的竞争力。当然，A 企业不会对所有的劳动者具有相同的吸引力，事实上，它对于像 Y 这样一些对货币工资有强烈的偏好、对安全的价值评价较低的劳动者是最有吸引力的。

小专栏 7-4

家庭角色、工伤风险偏好与职业选择

补偿性工资差别理论是建立在这样一个基本假设基础上的，即在某一既定的劳动力市场上，那些比较厌恶风险的劳动者会选择从事较为安全（但工资水平较低）的工作。但是，要想对这个假设进行检验却很困难，因为对人们的风险厌恶程度进行测量几乎是不可能的。然而，有一项研究却对劳动者的风险厌恶程度进行了测量，并且发现了如何推断劳动者的工伤风险厌恶程度。

通常情况下，女性会比男性更倾向于从事比较安全的工作。例如，20 世纪 90 年代中期，男性在全体劳动者中所占的比例为 54%，但因公死亡的人员中男性却占了 92%。然而，深入的研究发现，无论是在男性当中还是女性当中，单身父亲和单身母亲都会选择从事那些较为安全的工作。研究表明，那些正在抚养孩子的劳动者之所以对规避工伤风险有更高的需要，是因为孩子对他们有很大的依赖性，对于单身父母来说，情况更是如此。事实上，这项研究发现，与有孩子的已婚女性相比，那些没有孩子的已婚女性所从事的工作面临更大的死亡风险，而单身母亲却愿意选择安全的工作去做。

这项研究还发现，对于已婚男性来说，单身父亲所从事的工作往往更为安全一些，但是，在工作的安全性倾向方面，有孩子的已婚男性和没有孩子的已婚男性却没有太大的不同。由于已婚男性在家庭中通常不是主要照料孩子的人，因此他们认为自己可以从事风险较高工资水平也更高的工作，然后通过购买人寿保险来保护自己的孩子。相反，已婚女性则认为，购买人寿保险并不是保护孩子的一种有效途径，因为保险只能提供金钱，但是却

不能提供母亲所能够给予的那种关爱和抚育。

资料来源：Thomas DeLeire and Helen Levy. Worker Sorting and the Risk of Death on the Job. Journal of Labour Economics 22，October 2004：925 - 953.

（二） 工资-福利权衡与工作匹配

享乐主义工资理论不仅能够解释劳动者和雇主在工资水平与工作条件之间的权衡与匹配状况，还能够解释两者在工资和福利之间的权衡与匹配状况。其分析思路与上述分析过程基本类似。

1. 劳动者对工资和福利的偏好

对于劳动者来说，工资和福利是能够给他们带来正效用的两个重要效用来源。因此，如果让劳动者的工资水平下降一点，但是在福利方面给他们增加一些，他们就有可能保持自己的总效用水平不变。换言之，在总效用水平不变的情况下，对于劳动者来说，货币工资和福利实际上存在一种替代关系。这种关系与我们在第2章中讨论过的货币工资收入和闲暇时间之间的关系是一样的。因此，我们可以绘制出如图7-6所示的员工面对工资和福利时的无差异曲线，其形状与由货币收入和闲暇时间构造的无差异曲线是类似的，并且具有相同的特点。图中，H 点所代表的是高工资、低福利的组合，而 K 点所代表的则是低工资、高福利的组合。

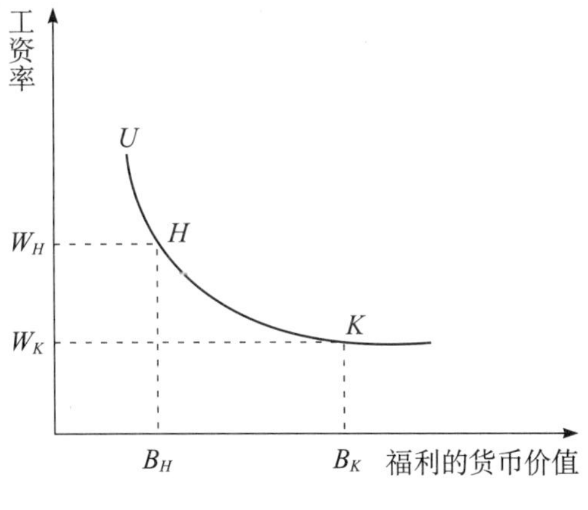

图7-6　员工的工资-福利无差异曲线一

需要指出两点：一是当员工的工资水平较高但是福利水平较低时（比如在 H 点附近），他们往往愿意放弃较高的工资来换取福利的增加；相反，当员工的福利水平较高而工资水平较低时（比如在 K 点附近），要想降低他们的工资，就必须使福利有较大幅度的上升，这是边际技术替代率不断下降的结果。二是不同的员工面对工资率和福利这两种效用来源时的无差异曲线不会是完全相同的。很可能出现的一种情况是，有些劳动者更偏好货币工资，另一些劳动者则更为偏好福利。偏好不同，他们的无差异曲线的陡峭或平坦程度就会有所不同。如图7-7所示，U_X 和 U_Y 分别代表的是X，Y两位劳动者的无差异曲线。其中，U_Y 比 U_X 更为陡峭，这表明，劳动者Y比劳动者X更偏好福利，相对来说，X更偏好工资。

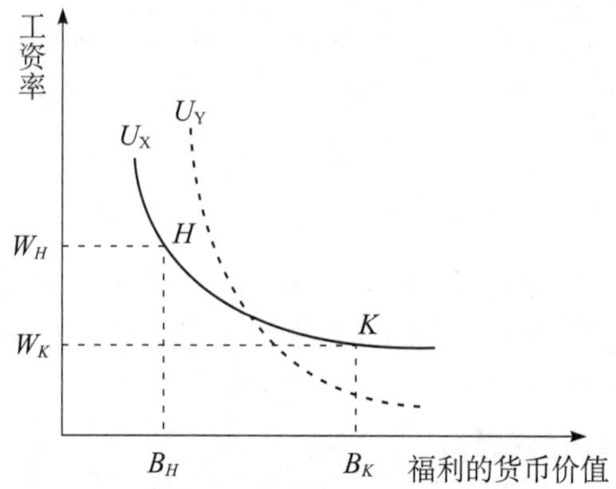

图 7-7 员工的工资-福利无差异曲线二

2. 雇主对工资和福利的权衡

同样，雇主也需要考虑对自己的员工提供什么样的工资和福利组合是最合适的。如果我们假设支付 T 单位的货币工资和支付具有 T 单位货币价值的员工福利对于雇主而言没有差异，那么，雇主在乎的仅仅是最终向员工支付报酬的总成本，至于到底采用何种方式来支付还是采取两种报酬方式来支付，它们是不会在意的。企业的这种工资-福利支出偏好就可以用图 7-8 中的等利润曲线来表示。这条等利润曲线所代表的总成本为 T，在横轴和纵轴上的端点均为 T，这两个端点表明，如果采取全部支付货币的做法，则雇主会向员工支付 T 单位的货币工资，反之，如果采取全部支付福利的方式，则雇主会向员工支付相当于 T 单位货币价值的福利，这条等利润曲线上的所有点代表总成本为 T 的各种工资-福利支付组合，只不过越靠近横轴的点所代表的支付组合中，福利的成分更大，工资的成分更小，反之，越靠近纵轴的点所代表的支付组合中，工资的成分更大，福利的成分更小。

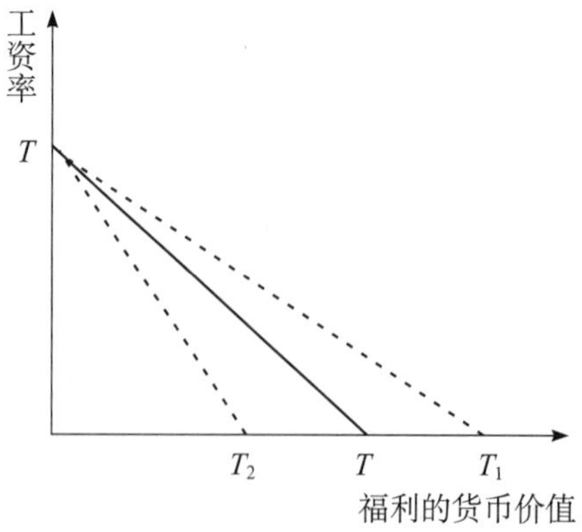

图 7-8 雇主的工资-福利等利润曲线

很显然，图 7-8 中的这条等利润曲线的斜率绝对值为 1，因为一个单位的货币工资和具有一个单位货币价值的福利是以 1∶1 的比例相互替代的。但是在现实中，工资和福利之间很可能并不是以这种比例相互替代的。一种情况是，有些员工福利可以给雇主带来一定的成本节约，比如，雇主必须缴纳的社会保障税或社会保障费一般都是以工资作为基数，而不是以福利作为基数。这样，通过实物或者延期支付的福利形式向员工提供报酬，而不是以等量现金的形式向员工提供报酬，就会减轻雇主的税收负担。在这种情况下，等利润曲线就会变成图 7－8 中的 TT_1，因为企业如果完全以福利形式支付员工报酬的话，它实际上可以给员工支付具有更高货币价值（超过 T）的福利。更具体地说，雇主支付的货币工资如果减少 1 元，它就有能力在保持利润水平不变的情况下，给员工支付超过 1 元的福利。

当然，也存在另一种情况，即支付福利的成本比支付货币工资的成本更高。比如，雇主为员工提供的很多福利项目，比如人寿保险和健康保险等，通常不受员工的工作小时数影响，如果保险福利增加了而工资率没有增加，则很可能会产生一种纯收入效应（闲暇价格并没有发生变化），这种效应会导致员工产生减少劳动力供给时间的动机，这一动机很可能表现为更多的缺勤。由于员工福利通过其他途径增加了雇主的成本，所以，雇主的等利润曲线就会变成图 7－8 中的 TT_2，即要想保持利润水平不变，雇主每提供名义成本为 1 元的员工福利，就需要将工资减少 1 元以上。

3. 工资-福利决策匹配

一旦劳动者对工资和福利的偏好确定下来，同时雇主的等利润曲线确定下来，就容易发现劳动者和雇主之间的工作匹配方式。如图 7－9 所示，我们会发现，在雇主的等利润曲线一定（假设为零利润曲线）的情况下，员工 X 的效用最大化点为 P 点，相应的工资率和福利组合为（W_P，B_P），而员工 Y 的效用最大化点为 Q 点，相应的工资率和福利组合为（W_Q，B_Q）。很显然，作为工资偏好者的 X 选择了高工资、低福利的工作，而作为福利偏好者的 Y 则选择了低工资、高福利的工作。

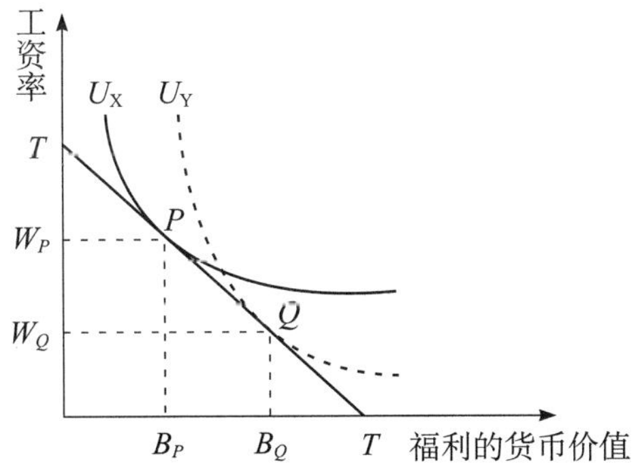

图 7－9　员工与雇主的工资-福利联合决策

不过，要想让同一位雇主针对每一位劳动者的偏好来分别制定适用于他们的工资和福利组合恐怕是不现实的，因为这样做的话，雇主的管理成本会很高。不过，有两个方面的解释可以使我们在图 7－9 中的分析与现实不至于有那么大的差距。首先，如果我们把整个劳动力市场视为一个大雇主，等利润曲线上的每一个点代表能够提供不同的工资-福利组合的企业，则具有不同偏好的劳动者与等利润曲线的切点实际上就是与提供特定工资-福利组合的企业的结合。其次，尽管同一家企业不大可能会为具有不同偏好的员工提供不同的工资-福利组合，但是它们却可以专门针对它们希望吸引的那些特定类型的劳动者的偏好来定制自己的工资-福利组合。例如，如果它们希望吸引的劳动者是那些比较年轻但经济基础比较薄弱的人，那么它们的工资-福利组合就主要侧重于工资部分，较少提供员工福利；相反，如果它们试图吸引的是那些家庭收入较高的特定年龄或特定地区的人，那么，由于福利的税收优势对这些人更有吸引力，因此企业可能会提供福利占较大比重的报酬方式。所以，即使是在总成本相同的情况下，不同的企业很可能在工资和福利的相对比重方面存在较大的差异，这样，将图 7-9 中的各个点视为提供不同工资-福利组合的一个个企业就是合适的。

此外，在现实中存在的一种容易让人不解的情况是，高工资和高福利往往是相伴而生的，即提供高工资的企业通常也会提供比较好的员工福利，而不是我们这里所说的高工资和低福利经常组合在一起。这并不能证明我们所说的在工资和福利之间存在相互替代关系是错误的，上述我们所说的某些雇主的高工资和高福利并生的现象，实际上是相对于其他雇主的绝对工资水平和福利水平而言的，它反映的是不同雇主之间的工资对比关系以及福利对比关系，而不是同一位雇主的工资和福利对比关系。不同雇主所支付的工资水平差异以及福利水平差异所反映的是对总薪酬产生影响的其他一些因素，比如工作任务的难度以及劳动者的总体质量等方面存在的差异。事实上，一些实证研究已经证实了在工资与福利之间存在负相关关系。这种结论对公共政策的制定有着非常重要的意义，因为它告诉我们，一些旨在改善员工福利的政府立法很有可能会通过潜在地降低劳动者的未来工资增长的形式实施。

第3节　工资性报酬差别及其分配不均等

一、不同群体间的工资性报酬差别与歧视

通常情况下，不同性别、种族等的劳动者群体之间会存在工资性报酬差别。在这些工资性报酬差别中，有些属于可以从经济学上做出解释的差别，有些则是暂时无法解释的差别。在这些无法解释的工资性报酬差别中，经常会有人提出这很可能是歧视造成的。因此，在这里，我们主要以不同性别劳动者之间的工资性报酬差别为例加以分析。

（一）不同性别间的工资性报酬差别状况

男性和女性之间的工资性报酬差别几乎存在于所有的市场经济国家，比如，20 世纪 90 年代中期，女性的平均工资性报酬与男性的平均工资性报酬的比值，加拿大仅有 0.70，瑞士和英国为 0.75，美国和德国为 0.76，意大利为 0.84，澳大利亚为 0.87，法国虽然高一些，也只有 0.90。[①] 从发展趋势来看，女性和男性的平均工资性报酬之间的差距是在缩小的，以美国为例，15 岁以上且从事全日制工作的女性的平均工资性报酬与男性的平均工资性报酬的比值，

---

① Francine D. Blau and Lawrence M. Kahn. Gender Differences in Pay. Journal of Economic Perspectives 14. no. 4, Fall 2000：75-99.

在 1970 年和 1980 年大约为 58%，到 1990 年和 2005 年分别上升到 67%和 70%。① 尽管女性和男性的平均工资性报酬之比已经出现较大幅度的上升，但是很显然，在很多国家，两者之间仍然存在较大的差距。

表 7-2 是对世界上若干国家的工资差别情况所做的统计。从表中不难看出，第一，在各个国家，男女之间都存在一定的工资差别，尽管在不同国家中工资差别的程度不同。比如，韩国和日本的男女劳动者之间的工资差别是最为显著的，2015 年，两国男性高出女性劳动者的工资部分大约相当于男性工资性报酬的 37%和 26%。2015 年，美国、加拿大、葡萄牙、墨西哥、德国、英国、芬兰达到 15%～20%，法国、西班牙、瑞典、澳大利亚介于 10%～15%之间，意大利、丹麦、希腊的男女工资差别相对较小，都不足 10%。第二，从 2005 年和 2015 年两年的数据来看，男女两性之间的工资差别总的来说，在各国都是缩小或不变的，只有法国、葡萄牙略有扩大。智利的增加幅度非常大，可能是出现了一些异常的波动或者统计数据有问题。

表 7-2　　若干国家不同劳动者之间的相对工资差别及其变动

国家	性别工资差别		年龄工资差别				教育/技能工资差别			
	女/男		25～54 岁/15～24 岁		25～54 岁/55～64 岁		中级/低级		中级/高级	
	2005 年	2015 年	2005 年	2015 年	2005 年	2015 年	2005 年	2014 年	2005 年	2014 年
英国	22	17	49	49	8	2	—	24	—	−48
美国	19	19	48	48	−9	−11	—	26	—	−68
法国	9	10	36	36	−32	−18	—	11	—	−41
德国	17	17	47	40	−9	−11	—	18	—	−55
意大利	7	6	32	24	−29	−20	—	14	—	−42
澳大利亚	16	13	38	47	2	−3	12	12	−36	−36
加拿大	21	19	43	42	−4	1	23	20	−34	−30
日本	33	26	44	42	−2	0	—	—	—	—
韩国	40	37	44	42	10	9	8	15	−34	−45
丹麦	—	6	—	40	—	−2	—	11	—	−25
芬兰	19	18	32	35	−6	−5	4	1	−43	−34
希腊	17	9	—	42	—	−33	—	29	—	−37
墨西哥	17	17	29	30	−6	−1	—	40	—	−105
葡萄牙	16	19	38	39	−32	−27	35	27	−77	−68
西班牙	14	12	34	34	−22	−17	17	20	−35	−40

① 这些数据可以在以下资料来源中找到：U. S. Bureau of the Census. Detailed Income Tabulations from the CPS. 2006 ASEC. Persons. Table PINC-05；Work Experience in 2005—People 15 Years Old and Over，by Total Money Earnings in 2005；Work Experience in 2005，Age，Race，Hispanic Origin，and Sex. http：//pubdb3. census. gov/macro/032006/perinc/new03 _ 000. htm。

续前表

国家	性别工资差别		年龄工资差别				教育/技能工资差别			
	女/男		25～54岁/15～24岁		25～54岁/55～64岁		中级/低级		中级/高级	
	2005年	2015年	2005年	2015年	2005年	2015年	2005年	2014年	2005年	2014年
瑞典	14	13	27	30	−10	−9	—	12	—	−18
智利	4	21	45	39	−7	2	—	36	—	−139

注：(1) 性别工资差别的计算公式为：(男性的工资性报酬中值－女性的工资性报酬中值) /男性的工资性报酬中值。(2) 年龄工资差别的计算公式为：(25～54岁劳动者的工资性报酬中值－其他年龄组劳动者的工资性报酬中值) /25～54岁劳动者的工资性报酬中值。(3) 教育/技能工资差别的计算公式为：(中级技能劳动者的工资性报酬中值－其他技能组劳动者的工资性报酬中值) /中级技能劳动者的工资性报酬中值。此处低级技能大约为初中低年级以下学历，中级技能大约相当于初中高年级到高中学历，高级技能大约为大学及以上学历。

资料来源：OECD Employment Outlook 2017，2017－06－13.

另外，从表中还可以看到不同年龄劳动者之间的工资性报酬差别。25～54岁（中年）和15～24岁（青年）这两个年龄组之间的工资性报酬差别比较稳定而且明显，总的来说，中年组比青年组的工资性报酬要高出30%～50%。中年和老年（55～64岁）之间的工资性报酬差别则呈现两个方面的特点。一是基本上所有的国家中，老年组的工资性报酬都要高于中年组（只有英国和韩国例外，澳大利亚、加拿大、智利各有一年例外，日本有一年是相同）。二是老年和中年劳动者的工资性报酬差别在不同国家存在明显差异。比如，2015年，在西班牙、葡萄牙、意大利、法国，两者的工资性报酬差别在17%～27%之间，而在英国、加拿大、日本、丹麦、墨西哥、智利等国，这两个年龄组之间的工资性报酬差别很小或几乎没有差别。

最后，从表中还可以看出不同受教育水平或技能水平的劳动者之间的工资性报酬差别。一是受教育水平或技能水平高的劳动者在工资性报酬方面高于受教育水平或技能水平低的劳动者，并且，高级劳动者与中级劳动者之间的工资性报酬差别远远超过中级劳动者与低级劳动者之间的工资性报酬差别。二是人力资本水平不同的劳动者之间存在的工资性报酬差别，在不同的国家存在明显的差异。比如，受教育水平或技能水平高的劳动者与受教育水平或技能水平低的劳动者之间的工资性报酬差别在智利和墨西哥很高，2014年，这两个国家的高级劳动者与中级劳动者之间的工资性报酬差别分别达到各自中级劳动者工资性报酬的139%和105%。在瑞典和丹麦等北欧国家，这种情况却不是那么突出，同样是在2014年，这两个国家的高级劳动者和中级劳动者之间的工资性报酬差别仅仅只有中级劳动者工资性报酬的18%和25%。美国（葡萄牙）、德国和英国的同类差别比较大，分别达到68%，55%和48%。

（二） 不同性别间工资性报酬差别的影响因素

从理论的角度来说，关于性别间工资性报酬差别的形成，可以从以下几个方面加以解释：

一是年龄和受教育程度。根据人力资本投资理论我们知道，两个非常重要的且可衡量的影响工资性报酬的因素是受教育程度和年龄，年龄往往代表一个人的潜在劳动力市场经验的多少。虽然在大多数国家中，近些年来进入劳动力市场的女性与男性的受教育水平差距已经大大缩小，甚至基本上持平，但是年纪较大的女性的受教育程度往往低于男性。此外，由于生育原因造成的职业中断会使女性接受在职培训的时间少于男性，这也会使女性的工资性报酬低于男性。

二是职业。由于不同职业的工资性报酬水平存在差异，而男性和女性劳动者在不同职业中不是平均分布的，所以，女性和男性劳动者在高工资职业和低工资职业中所占的比例不同，从而导致他们之间的工资性报酬存在差异。总的来说，女性在现金出纳员、流水线操作工以及服务员等低工资职业中所占的比例更高，而在律师、工程师、软件工程师等这样一些高工资职业中所占的比例较低，因此，在女性和男性的工资性报酬差别中，至少有某一部分是因职业分布状况不同造成的。

三是工时和工作经验。即使在同一种职业内部，工资性报酬也会受到劳动者个人的工时数量以及工作年限的影响。由于女性尤其是那些需要抚育孩子的女性往往需要承担更多的家庭责任，所以女性的总体工作时间通常比男性更少，比如，在美国的各种职业中，女性劳动者平均每周的工作时数比男性要少5%～10%。这不仅会直接影响她们的工资性报酬水平，而且会因工作经验的不足影响她们以后的工资增长。比如，一项研究专门对同时毕业于一所法学院的男女律师的收入进行了跟踪，结果发现，女律师在一开始仅仅比男律师的工资性报酬低大约7%，但是15年之后，女律师就比男律师的工资性报酬低40%了。① 而在男女律师15年间出现的这种工资性报酬差别中，有相当一部分是因为女律师的工时数量以及工作经验较少。

实证研究表明，考虑到职业、受教育水平、年龄、工作经验以及工时数量等方面的因素，不同性别劳动者之间的工资性报酬差别中的大部分可以得到解释，但是，即使在进一步控制其他一些可衡量的变量的情况下，仍然有一些差别是无法解释的。对这部分差别通常有两种说法：一种说法是，与性别有关且会对生产率产生影响的某些因素是造成这些未能解释的工资性报酬差别的原因，但这些因素却是研究者无法观察到的。另一种说法则是，这些未能解释的工资性报酬差别之所以存在很可能是由于劳动力市场上存在歧视现象。

小专栏7-5

特朗普领导下白宫男女收入差距急剧扩大

保守派智库美国企业研究所（American Enterprise Institute）发布报告称，在美国总统特朗普的领导下，白宫男女工作人员之间的收入差距扩大了两倍以上，从奥巴马时期的11%扩大至37%，比全美性别收入差距（17%）高出一倍以上。

报告指出，特朗普女幕僚的工资中位数（年薪）为72 650美元，而男幕僚的工资中位数为11.5万美元，收入相差42 350美元。造成这种差距的部分原因是担任高级别职位的女性人数稀少，根据白宫上周五发布的工资信息，在薪酬最高的23位幕僚中，只有6位是女性。在薪酬最高的101位幕僚中，近3/4是男性。与此同时，在白宫最低的四个工资等级中（30 000～61 850美元），女性占59%。

资料来源：http：//news. hexun. com/2017-07-06/189920960. html，2017-07-06.

---

① Robert G. Wood，Mary E. Corcoran，and Paul N. Courant. Pay Differences among the Highly Paid：The Male-Female Earnings Gap in Lawyers Salaries. Journal of Labor Economics 11. no. 3，July 1993：417-441.

二、工资性报酬分配不均等与基尼系数

（一）工资性报酬分配不均等及其衡量

无论是个人还是整个社会，对收入水平以及收入分配不均等问题都会十分关心。只不过，个人高度重视收入分配实际上是出于对个人及其家庭的消费水平、整体生活质量以及在社会上的相对地位的关心，而社会对收入分配的关注则主要是出于对公平的重视。比如，近些年来，我国国家领导人多次在重大场合强调要重视收入分配不均等问题。

由于个人及其家庭所能够获得的收入包括劳动收入和非劳动收入两类，但是社会最为关心的是劳动收入，因为对于绝大多数个人及其家庭来说，劳动收入是最重要的收入来源，因此，我们在这里集中考察工资性报酬的分配问题。

从统计学的角度来看，对工资性报酬分配不均等程度进行衡量的一个最主要的指标就是方差。方差是用来度量一个随机变量与其数学期望（即均值）之间的偏离程度或离散度的，计算公式如下所示：

$$方差 = \frac{\sum_{i=1}^{n}(E_i - \overline{E})^2}{n} \tag{7-1}$$

如果我们在这里所要衡量的是不同人之间的工资性报酬的离散度，则在上式中，E_i 代表所有人当中第 i 个人的工资性报酬水平，n 代表人口总数，$\overline{E}$是所有人的工资性报酬平均值。方差越大，表明这一群人的工资性报酬在平均值的两侧分布得越分散，差距越大。然而，使用方差这一指标存在一个问题，这就是随着工资性报酬水平的上升，方差有升高的趋势。比如，如果每个人的工资性报酬水平都翻一倍，尽管每个人的工资性报酬与平均值（或其他任何人的工资性报酬）之间的比率保持不变，方差仍然会变成原来的四倍。因此，方差尽管是对工资性报酬分配的绝对离散度进行衡量的一种较好工具，但却不是衡量其相对离散度的一种好工具。

方差的另一个替代指标是离散系数，它等于方差的平方根除以工资性报酬的平均值，其中方差的平方根即标准差。由于在所有人的工资性报酬都翻一倍的情况下，离散系数仍然保持不变，这显然比方差对工资性报酬离散度的衡量更有优势。然而，在计算离散系数时，我们必须得到每个人的工资性报酬数据，但是在现实中，要达到这种要求是非常困难的。因此，我们需要找到能够对工资性报酬分配的离散度进行衡量的其他办法。

对工资性报酬分配不均等程度进行衡量的最常用方法是，首先按照工资性报酬水平对所有人进行从高到低的排序，然后再将这些人平均分为 100 份，最上面那一份就称为 100 分位，最下面那一份就称为 1 分位，中间那一份就称为 50 分位。比如，如果年工资性报酬水平为 10 万元的人正好处在中位数即第 50 分位上，这就意味着，有一半人每年的工资性报酬不足 10 万元，一半人则超过 10 万元。如果一个人的工资性报酬水平正好被划分到第 40 分位上，则表明有 40%的人的年工资性报酬比他要少，60%的人的年工资性报酬比他要多。显然，在百分位中，数值越高，表明工资性报酬的水平越高。

在确定了与每 100 分位相联系的工资性报酬水平之后，我们不仅可以对与各分位相联系的工资性报酬水平进行比较，而且可以对每 100 分位上的人所获得的工资性报酬在工资性报

酬总额中所占的份额进行比较。对收入不均等程度进行衡量的最常用方法就是，将收入水平最高和最低的前 1/5 和后 1/5（或两个“五分位”）的家庭的收入在总收入中所占的份额加以比较。比如，2005 年，位于收入分配水平最高的那 1/5 的美国家庭所得到的收入在总收入中占 50.4%，而位于收入分配水平最低的那 1/5 的家庭仅占 3.4%。[①]

在对不同百分位上的工资性报酬水平进行比较时，通常使用的一个衡量指标是第 80 分位和第 20 分位上的工资性报酬水平之比。计算这种比率的目的是要看一看，在工资性报酬分配的两端之间到底存在多大的差距，它是一个非常直观且容易计算的衡量收入分配不均等程度的指标。然而，仅仅知道第 80 分位上的工资性报酬水平是第 20 分位上的工资性报酬水平的多少倍，本身没有太大意义，人们更关心收入差距扩大了还是缩小了。因此，研究者通常将既定年份中的这一比率与上一年的这一比率加以比较，如果一年后这一比率上升了，就表明工资性报酬分配的差距正在扩大，工资性报酬分配的不均等程度变得更高。

在实践中，研究者通常将第 80 分位和第 20 分位上的工资性报酬之比，作为衡量工资性报酬分配两端之间的距离扩大程度的一种简单工具。比如，在 25～64 岁的美国男性劳动者中，1980 年，第 80 分位上的工资性报酬水平（67 499 美元）是第 20 分位上的工资性报酬水平（21 948 美元）的 3.08 倍，到 2005 年变为 3.41 倍（70 952 美元∶20 780 美元）。然而，这种工具并不能全面描述工资性报酬差别的变化情况。比如，如果第 20 分位和第 80 分位上的工资性报酬水平均保持不变，但是位于两者之间的其他各百分位上的工资性报酬水平却变得差别更大了，那么，总体的工资性报酬水平变得差别更大这种情况就无法通过第 80 分位与第 20 分位上的工资性报酬之比反映出来。所以，有些研究者还会使用第 90 分位和第 10 分位上的工资性报酬之比等其他一些指标来考察工资性报酬分配的变化情况。

（二） 家庭收入分配不均等与基尼系数

1. 洛伦兹曲线与基尼系数

对于一个社会来说，最基本的组织单元是家庭，因此，大家最关心的实际上不是个人之间的工资性报酬分配不均等状况，而是各个家庭之间的工资性报酬或收入分配的不均等状况，即所分析的对象既可以仅仅包括工资性报酬，也可以不仅包括劳动收入，而且包括非劳动收入。实际上，在大多数情况下，衡量家庭收入分配不均等状况时所考察的对象是不同家庭间的总体收入分配差异状况，这方面的一个重要衡量指标就是基尼系数。

基尼系数（Gini coefficient）是由意大利经济学家基尼（Corrado Gini，1884—1965）在 1912 年提出来的，基尼系数由于明确了反映居民间贫富收入差距的数量界限，可以比较客观、直观地反映、监测、预警居民之间的收入分配差距，并且有助于防止居民之间出现贫富两极分化的现象，因此得到世界各国的广泛认同和普遍采用。基尼系数的计算原理可以通过洛伦兹曲线反映出来。

所谓洛伦兹曲线（Lorenz curves），是指用来表示所有的家庭数量累积百分比及其所对

---

① U. S. Bureau of the Census. Income Statistics（http：//www. census. gov/hhes/www/income/incometats. htm），Income Inequity，Historical Tables on Tables on Income Inequity. Table IE－2（Select Measures of Household Income Dispersion）.

应的累积收入百分比之间关系的一条曲线。假设一个国家中每个家庭都有相同的收入，那么，在这种收入分配完全均等的情况下，占全部家庭总数5%的那些家庭将获得相当于总收入5%的那部分收入；而占全部家庭总数80%的家庭则应当获得相当于总收入80%的那部分收入，即一组家庭在家庭总数中所占的百分比总是与这些家庭的收入在全部家庭的总收入中所占的百分比保持一致。这种完全均等的收入分配状况如图7-10中的直线AB所示，它所代表的是每一个五分位上的家庭以及收入位于其下的家庭（在横轴上表示）所获得的累积收入份额（在纵轴上表示）。比如，第一个五分位上的家庭（家庭总数的20%或1/5）所获得的收入在总收入中所占的份额也是20%（或1/5）。第一个和第二个五分位上的家庭加起来（家庭总数的2/5）将获得总收入的2/5，如此等等。

如果家庭间的收入分配并不是完全均等的，那么位于多个五分位上的家庭所形成的累积收入的百分比曲线（即洛伦兹曲线）将呈现出凸状，并且位于完全均等收入分配线的下方。比如，在2002年的美国，收入水平最低的1/5家庭所获得的收入仅占总收入的3.5%，第二个1/5的家庭获得了总收入的8.8%，第三个1/5的家庭获得了总收入的14.8%，第四个1/5的家庭获得了总收入的23.3%，而收入水平最高的那1/5的家庭则获得了总收入的49.7%。如果将这些累积数据绘制在图7-10中，可以得到一条洛伦兹曲线$ACDEFB$。由于在美国不同家庭之间的收入分配存在明显的不均等现象，因此这条曲线显示出可以预料到的那种凸状。

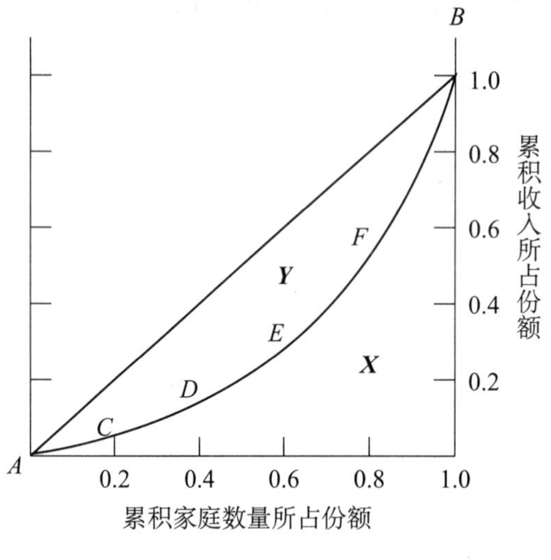

图7-10 洛伦兹曲线与基尼系数

如果一条洛伦兹曲线完全位于另一条洛伦兹曲线的里面（即更为接近完全均等线），则可以得出这样一个明确的结论，越是接近完全均等线的洛伦兹曲线，所代表的收入分配均等程度越高。但是当两条洛伦兹曲线出现交叉时，我们就无法从图形上直接观察到哪一条曲线所代表的收入分配均等程度更高。这时，我们采用基尼系数来考察家庭间的收入分配不均等程度。

所谓基尼系数，是指位于洛伦兹曲线和完全均等线之间区域的面积（即图7-10中的Y所代表的面积）与完全均等线以下全部区域的总面积（即$X+Y$）之比。显然，在收入分配完全均等的情况下，基尼系数等于零。在极为不均等的情况下，基尼系数为 1。总之，基尼系数越大，它所代表的收入分配不均等程度就越高。按照联合国的界定，若基尼系数低于 0.2 则表示收入绝对平均；0.2～0.3 表示比较平均；0.3～0.4 表示相对合理；0.4～0.5 表示收入差距较大；0.6 以上表示收入差距悬殊。通常把 0.4 作为收入分配差距的“警戒线”。

从各个国家的情况来看，美国的基尼系数一直是比较高的，自 1967 年开始报告基尼系数（0.396）以来，美国基尼系数值最低的是在 1968 年（0.386），最高的是在 2006 年（0.470），2009 年的基尼系数值为 0.468。[①] 世界若干国家近年来的基尼系数如表 7-3 所示。从表中可以看出，丹麦、挪威、芬兰和瑞典几个北欧国家的基尼系数是比较低的。在发达国家中，美国和英国的基尼系数相对高一些。基尼系数最高的是南非、巴西和墨西哥。中国自改革开放以来，与经济增长相伴随的是贫富差距的逐步拉大，来自国家统计局的数据显示，1978 年中国的基尼系数为 0.317，2000 年为 0.412，已经超过 0.4 的警戒线。此后，国家统计局没有再正式公布中国的基尼系数，但是据研究者估计，自 2000 年开始，中国的基尼系数是逐年上升的，2006 年大约为 0.496，已经超过了美国，2011 年，中国的基尼系数大致为 0.5。基尼系数显示，中国的收入分配不均等程度已经非常严重，因此，收入分配近几年成为中国政府高度关注的问题之一。

表 7-3　　若干国家近年来的基尼系数

国家	2012 年	2013 年	2014 年	2015 年
英国	0.351	0.358	0.356	0.36
美国	—	0.396	0.394	0.39
澳大利亚	0.326	—	0.337	—
加拿大	0.317	0.32	0.313	0.318
法国	0.305	0.291	0.293	0.295
德国	0.289	0.292	0.289	—
意大利	0.33	0.325	0.326	—
丹麦	0.249	0.254	0.256	—
芬兰	0.26	0.262	0.257	0.26
瑞典	—	0.268	0.274	0.278
挪威	0.253	0.252	0.257	0.272
日本	0.33	—	—	—
韩国	0.307	0.302	0.302	0.295
墨西哥	0.457	—	0.459	—

① Gini Ratios for Households，by Race and Hispanic Origin of Householder：1967 to 2007. Historical Income Tables-Households. U. S. Bureau of the Census. http：//www. census. gov/hhes/www/income/histinc/h04. html.

Table 3. Income Distribution Measures Using Money Income and Equivalence-Adjusted Income：2007 and 2008. Income，Poverty，and Health Insurance Coverage in the United States：2008. U. S. Bureau of the Census. http：//www. census. gov/prod/2009pubs/p60-236. pdf.

续前表

国家	2012 年	2013 年	2014 年	2015 年
葡萄牙	0.337	0.341	0.338	0.336
西班牙	0.334	0.345	0.344	0.345
土耳其	0.399	0.39	0.398	0.404
希腊	0.338	0.342	0.339	0.34
巴西	—	0.47	—	—
南非	—	—	—	0.62

资料来源：OECD Stats. http：//stats. oecd. org/.

2. 基尼系数的优点及局限

作为一种衡量收入分配不均等程度的指标，基尼系数具有很多优点。首先，基尼系数利用比率分析的方法对收入分配的不均等程度进行衡量，比人均收入以及国内生产总值（GDP）等绝对指标有效得多，因而可以用来做不同人口群体甚至不同地区（比如城乡或省份）以及不同国家之间的比较。而 GDP 这种指标往往只能反映一个国家或地区的总体经济及其增长状况，但是却不能反映整个人口群体的收入变化情况，尽管基尼系数和 GDP 同时上升了，但是大多数人口群体的贫困状况实际上并未因为 GDP 的提高而得到改善。其次，基尼系数能够反映一个国家在一定时期内收入分配不均等程度的变化情况，即可以观察这种不均等程度是上升了还是下降了。最后，基尼系数的计算遵循以下几个重要原则：一是匿名性。它不会指明谁是赚钱多的人，谁是赚钱少的人。二是不依赖经济规模。它不考虑经济规模的差异以及如何衡量这种经济规模，同时它也不去界定一个国家从平均情况来看属于富国还是穷国。三是人口独立性。一个国家的人口规模对其没有影响。四是转移原则。如果（收入差距一半以下的那部分）收入从富人转移给穷人，则收入分配会变得更加公平。①

但是基尼系数也存在一些不足：第一，不能通过对不同人群的基尼系数加以平均来得出整体人群的基尼系数。同样，对于内部各地区之间的经济状况差异较大的国家来说，与每个地区内部的基尼系数相比，以整个国家为单位的基尼系数会大得多。因为基尼系数所反映的通常是可衡量的名义收入，而不是这些收入在当地的实际购买力。第二，收入水平和基尼系数相似的不同经济体间仍然可能存在不同的收入分配状况。这是因为，洛伦兹曲线可以在形状各异的情况下得到相同的基尼系数。比如，如果一个国家中一半的家庭没有任何收入，而另一半家庭平均分享所有的收入，则其基尼系数为 0.5，与 75%的家庭平均分享 25%的收入，同时剩下的 25%的家庭平均分享 75%的收入这样一种情况相比，两者实际上具有相同的基尼系数。再比如，富裕家庭无论是将他们的一部分收入转移给中产阶级，还是转移给贫穷阶层，基尼系数同样会变小。因此，在没有任何其他说明的情况下对收入分配不均等程度进行比较时，基尼系数所能做出的解释就会非常有限。第三，基尼系数衡量的是当前的收入状况而不是终生收入状况。即使每个人在一生当中挣到的收入都完全一样，根据基尼系数来衡量的话，也会产生收入不均等的问题，因为，每个人所处的人生阶段是不同的，有人已经工作多年，年龄比较大，经验丰富，因而收入高，另一些人刚刚开始工作，所以收入比较

① Debraj Ray. Development Economics. Princeton University Press，1998：188.

低，但是在基尼系数的计算过程中无法剔除这方面的收入差异。第四，在基尼系数的计算中尽管包括了投资收入，但是基于净收入来衡量的基尼系数却不能准确地反映出一个人口群体或国家中的财富存量的分配差异。比如，瑞典的收入分配基尼系数很低，但是，它的财富分配基尼系数却很高，因为该国77%的股票价值掌握在5%的家庭手中。

小专栏7-6

中国的基尼系数之争

“从五项监测指标来看，2010年基尼系数略高于2000年的0.412，实现程度为79.8%。”2011年末，来自国家统计局的《中国全面建设小康社会进程统计监测报告(2011)》(以下简称《监测报告》)使公众的视线又聚焦到衡量收入分配的基尼系数上。

自1988年参加经济学家赵人伟教授主持的中国社科院居民收入分配研究课题组以来，在过去20多年间，北京师范大学收入分配与贫困研究中心主任李实共进行了4次关于基尼系数的大型调查和测算，结果分别为：1988年0.382，1995年0.455，2002年0.454，2007年0.48。这个后来由李实牵头的课题组所测算的基尼系数多年前早已突破所谓0.40的“国际警戒线”。“2010年，基尼系数估计已经达到0.50的水平。”李实说道。

“目前，我国城镇和农村基尼系数可分别通过城乡居民住户收支调查的原始资料计算得出，但由于我国城乡居民的住户调查尚未一体化，所以，还不能直接通过住户调查资料计算全国的基尼系数，只能根据城乡居民住户调查收支分组资料估算得出。”国家统计局的《监测报告》在注释中对无法公开基尼系数的原因这样解释。

事实上，国家统计局调查队至今仍分为农调队和城调队，数据无法自然接轨也在情理之中。至今，仍有不少经济学者倾向于将农村与城市的基尼系数截然分开。经济学家厉以宁曾提出：中国是个二元经济的国家，城市和农村的经济结构不同，生活方式的差别很大，不能笼统地用基尼系数来说明问题，应按中国现阶段城乡二元经济的情况来分析。而据中国人民大学公共管理学院社会保障研究所副教授程永宏的统计，改革开放以来的大部分研究文献都只关注农村或城镇内部基尼系数，对全国总体基尼系数的定量研究极为有限。

在十多年前，由于依赖国家统计局的城乡二元统计数据，许多学者也不得不分别计算农村、城市两者的基尼系数。例如李实的课题组1995年测算出0.455的总体基尼系数的同时也算出了农村内部0.34、城市内部0.28的基尼系数，两者都远低于总体的基尼系数。如果只保留农村内部和城市内部的分组基尼系数，则城乡差距将被人为抹平，参考价值将会受到影响。在主张二元基尼系数的学者看来，无论是城市还是农村内部，基尼系数都没有超过0.4的警戒线，因此可以解释中国社会仍然非常稳定。而如果将城乡作为一体来计算，学界的估算值基本都介于0.45～0.50之间，需提醒决策层保持警惕。“现在中国的城乡差距在3.3倍左右，保持在很高的水平，这是无法忽略的事实。”中国改革基金会国民经济研究所副所长王小鲁对本报记者表示。

2007年李实课题组第四次大规模测算基尼系数时，不仅分别测算城市与农村各自的基尼系数，也计算了全国的基尼系数，依旧采取的是与国家统计局合作调查的方式。尽管以国家统计局的样本为主，但李实的问卷却得出了与国家统计局完全不一样的结果。原因是两者的问卷有着一定的差异——在城市调查中，国家统计局只计算现金收入，而李实课题组除了现金收入之外，还让样本填写实物收入的情况。另外，对于自有住房者，除非其对外出租，否则统计局不计算其租金，但课题组将自有住房的估算租金包含在内。

随着十年来的房地产价格日益高涨，自有住房估算租金在个人收入中的比例越来越高，据李实课题组的估算，2007 年这部分租金大概占城市居民收入 1/4 以上。另一方面，李实课题组还对难以调查的高收入人群进行估算，从而让收入分组的数据变得完整。

“问卷不可能了解隐性收入或者非法收入的情况，特别是高收入人群，所以只能根据掌握的其他数据进行估算。”李实介绍，以 2007 年的调查为例，当年所计算的基尼系数是 0.48，但如果加上对高收入人群的收入估算，基尼系数可能上升到 0.52～0.53。尽管与原来数据的差异只有 0.04，但反映的收入差距却极其巨大。“基尼系数的特点是具有递减性，当收入差距不大的时候，基尼系数的反应更为敏感。比如两个人的收入差距从两倍扩大到三倍时，在基尼系数上就表现为 0.17 变为 0.25，而当他们的收入差距从 10 倍扩大到 15 倍时，基尼系数就表现为从 0.41 到 0.44，所以尽管从 0.48 到 0.50 看上去变化不大，但它反映的实际收入差距扩大也许是 30～50 倍。”

而根据王小鲁在 2010 年发布的《灰色收入与国民收入分配》研究报告，2008 年，中国居民的“隐性收入”为 9.3 万亿元，其中“灰色收入”为 5.4 万亿元。中国收入最高的 10%的家庭与收入最低的 10%的家庭的人均收入相差 65 倍。这样的巨大数字甚至连李实等人都感到难以接受。

看到高居不下的基尼系数，有不少学者坦言，中国的收入差距堪比某些因贫富不均而常年动荡的国家。但关于 0.4 警戒线的预言始终没有应验，这是否意味着基尼系数在中国国情中失效？“我一直强调的一点是，基尼系数在扩大，但中国没有出现两极分化，即富者愈富贫者愈贫，因为经济高速增长，哪怕是最低收入人群也能改善生活，因此能够保持社会稳定。”在李实看来，基尼系数只是观察收入差距的一个指标，但收入差距扩大并不一定直接演变为社会不稳定，“为什么中央领导一直强调经济增长，要‘保八’，遏制失业增加？失业对社会稳定的影响要比收入差距更大，另外，不同的政府对社会稳定的重视程度不一样，有时候一些短期的维稳手段也能起到暂时的效果。”

但从另一个角度来看，高居不下的基尼系数让政府对高速增长以及社会维稳始终无法放松。“从过去 30 年的经验数据来看，基尼系数每上升 0.01，储蓄率就上升 0.76 个百分点。如果其他的条件不变的话，根据这个数据来推算，基尼系数如果从现在的 0.47 回落至 0.37，消费率大概可以从 49%回升到 57%。”王小鲁坦言，正是由于基尼系数逐年升高，收入分配差距拉大，导致经济结构调整难以到位。

药方并非没有开出，包括李实在内的学者都认同“限高、扩中、提低”，加大对低收入人群的转移支付，全面覆盖社会保障，提高全民教育等正在实行的长期政策。但拐点何时出现，是否会出现，仍旧没有答案。“未来五年内，收入差距缩小的趋势将很难看到，”李实说，“如果经济陷入衰退，或者经济增长突然降下来，国家首先面临的就是失业问题。失业一旦出现，再加上这么大的收入差距，若经济发生问题，受到冲击最大的往往是低收入人群。社会分配不公带来的心理不平衡一旦被打破，将会产生严重的社会危机。”

资料来源：崔烜．中国基尼系数或突破国际警戒线．时代周报，2012-01-05.

◆ 本章小结

工资水平反映了劳动力在单位时间里获得的经济回报。从理论上来说，工资水平取决于劳动力供给和需求之间的均衡，从实践角度来说，工资水平取决于生活费用、劳动力质量、工作条件、福利水平、工资支付能力以及集体谈判。

工资差别是指从不同角度衡量的工资水平之间的差异，不同职业间的工资差别主要表现为补偿性工资差别、竞争性工资差别以及垄断性工资差别三类。补偿性工资差别是由工作条件和工作环境等非人力资本因素造成的，而竞争性工资差别是由知识、技能等人力资本原因造成的，垄断性工资差别则是由竞争不充分造成的。

在员工和雇主的匹配方面，工资并非唯一的考虑因素，非工资条件也是重要的决策变量。享乐主义工资理论是对补偿性工资差别的另一种解释，它有助于说明员工对工资和工作条件组合的偏好与雇主提供的组合之间的匹配，同时有助于说明劳动者对工资和福利组合的偏好与雇主提供的组合之间的匹配。

工资性报酬差别是世界各国普遍关注的问题，男性和女性劳动者之间的工资性报酬差别通常可以从年龄和受教育程度、职业、工时和工作经验等方面加以解释，劳动力市场歧视也会对不同性别以及其他不同类型劳动者之间的工资差别产生影响。

洛伦兹曲线可以对一个社会的收入分配不均等状况提供一个直观的描述，而在具体衡量整个社会的工资性报酬分配不均等状况方面，基尼系数是一个国际通用的指标，基尼系数越高，表明一个国家的收入分配不均等状况越严重。通常认为，基尼系数为 0.40 是一条需要注意的警戒线。

◆ 关键术语

工资率（wage rate）
工资性报酬（earnings）
员工福利（employee benefit）
劳动收入（labor income）
总薪酬（total compensation）
收入（income）
享乐主义工资理论（hedonic wage theory）
洛伦兹曲线（Lorenz curves）
基尼系数（Gini coefficient）

◆ 复习与思考

1. 工资水平决定的理论因素与实践因素分别是什么?
2. 工资差别的主要成因有哪些?
3. 试运用享乐主义工资理论分析组织应当如何做出工资-福利组合决策。
4. 请结合工资差别理论谈谈我国目前存在的工资差别哪些是合理的，哪些是不合理的。
5. 运用基尼系数来衡量工资性报酬分配不均等的优点及局限分别是什么?
6. 假如在饭店厨师的劳动力市场中，劳动力供给和劳动力需求函数分别为 $L_S=-45+5W$ 和 $L_D=180-10W$，其中 L 表示劳动者数量，W 表示工资率。而在超市收银员的劳动力市场中，劳动力供给和劳动力需求函数分别为 $L_S=-15+5W$ 和 $L_D=190-10W$。请分别计算出两种职业的劳动力市场均衡工资水平和均衡雇佣量，然后解释，如果因为某种干预力量导致必须将超市收银员的工资调整到与饭店厨师相同的水平上，会发生什么情况? 请画图加以说明。

第8章
雇佣合同与工资制度设计

学习目的

读完本章之后，你应该能够：
1. 熟悉雇佣合同的性质以及激励在雇佣关系中的重要性
2. 理解员工和雇主对不同类型工资制度的偏好
3. 了解以投入和产出为基础的工资制度分别适用的情况
4. 掌握内部劳动力市场对工资制度设计的影响
5. 了解晋升竞赛理论及其对工资制度设计的启示
6. 了解终生工资支付顺序的特征及其原因

第1节　雇佣合同的性质与激励问题

一、雇佣合同的性质及其激励需要

（一）劳动力需求方的决策复杂性

在简单的劳动力需求模型中，雇主需要做出的决策很少。由于市场工资率是外生的，雇主是市场工资水平的接受者，因此，它们只要在劳动力的边际收益产品不低于市场工资率的原则指导下，确定自己需要雇用的劳动力数量即可。换言之，这种模型认为，雇主需要做出的决策只涉及雇佣量，工资实际上不在它们的控制范围之内，它们也无须为此劳神。一旦签订雇佣合同，劳动者便会自觉按照合同中的约定来提供劳动力。

然而在现实中，大多数雇主却不得不对工资水平以及工资制度的设计给予充分的关注，这是因为，即使雇主确定了自己需要雇用的劳动力数量，它们仍然无法确定这些劳动者在生产过程中是否能够达到自己期望的那种生产率，即雇佣合同并不能保证雇主一定能够获得它们在雇佣合同谈判过程中期望的那种生产率。也就是说，在做出劳动力雇佣决策的时候，雇主只是假设既定数量的劳动力能够为自己带来既定水平的边际收益产品，但这种假设能否变成现实却是一个未知数。其中的主要原因有二：一是在简单的劳动力需求模型中假设劳动力是同质的，但是在现实中，劳动力的质量差别很大，企业无论如何小心，都无法在劳动者进入工作之前，对劳动力供给的潜在质量做出完全准确的判断。二是即使被雇用的劳动者能够达到既定质量要求，劳动者的实际生产率仍然会受到诸多因素的影响，比如个人的工作动机、企业的经营管理水平以及其他相关员工的工作能力和行为等。也就是说，劳动者的实际生产率具有一定的弹性，在有些情况下有可能低于企业的预期生产率，在另一些情况下，又有可能高于企业的预期生产率。因此，如何能够确保企业吸引到合格的劳动者，同时激励他们尽可能地达到高生产率，就成为企业必须考虑的一个问题。在这方面，工资制度的设计具有重要的意义。

（二）雇佣合同的性质及其自我执行问题

雇主和劳动者之间的雇佣关系是一种典型的委托-代理关系，雇佣合同（employment contracts）是一种契约，雇主是契约中的委托人，员工则是契约中的代理人。雇主雇用员工的目的是委托他们来生产和提供能够在市场上销售的产品和服务，员工代理雇主完成这些工作的回报则是能够得到工资和福利。尽管在现实中，很多委托-代理关系都是通过签订合同（比如委托加工合同等）的形式来履行的，但是雇佣合同却有自己的独特性，正是这种独特性使得雇佣合同的履行较为困难。

作为一份正式合同，通常都会指明签约双方应当履行的责任（包括履行的时间、地点以及内容等），并且还会明确指出一旦当事双方之中的任何一方未能履行责任或履行不充分时必须承担的后果。正式合同一旦生效，合同签署双方当中的任何一方都不能随意废除合同，除非被违约方主动放弃赔偿要求，否则，违约方是要受到惩罚的。一般情况下，如果合同签署双方对于合同的履行情况产生争议，可以诉诸法庭或交由第三方进行调解或仲裁。很多时候，合同本身就标明了合同产生争议的解决办法，甚至直接注明了争议诉讼的管辖法院。在这种情况下，正式合同一旦签订，其履行实际上就得到了某种保证。

然而，大多数雇佣合同却是不完整的或者是隐含的合同，而不是我们上面所说的这种内容非常明确具体，而且履行情况可以得到充分保证的正式合同（这里所谓的正式，并不是指法律意义上的或形式上的，而是特指合同具有自我强制履行的特征）。

第一，在雇佣合同中通常很难事先把要求员工完成的每一项特定工作任务都明确列举出来。如果真的这样操作，不仅会限制雇主在情况发生变化时做出必要的灵活调整，而且还要求雇主和劳动者在每一次情况发生变化时都必须就合同进行重新谈判，而这种谈判对于双方来说成本都很高。事实上，制度经济学代表人物科斯等人认为，企业能够存在的一个重要理由就是，这种组织相对于完全的市场机制是有重要优势的，这种优势就在于，它通过在雇主和劳动者之间建立一种相对稳定的雇佣关系，节约了雇主和劳动者不断到劳动力市场上去进行搜寻以及谈判的成本。

第二，雇佣合同一般都表现为一系列非正式的默契，这种默契往往因为太模糊而无法用法律来强制执行。比如，在雇主和员工之间通常会存在这样一种默契或潜在承诺，即如果员工努力工作并且工作绩效较好，那么，雇主不仅不会轻易解雇员工，而且会为员工提供职业发展的机会，其中的一个重要途径就是把他们晋升到薪酬水平更高的岗位上去。或者是，雇主和员工形成这样一种默契，当企业遇到不可抗力，不得已需要解雇员工的时候，会考虑优先保留资历较深的员工，先解雇那些在组织中资历最浅的员工。或者，从员工的角度来说，员工会做出这种隐含的承诺，即如果企业公平对待我，我就会在企业中长期工作。但是，很显然，这些在雇佣关系中非常常见的非正式默契通常是不会明确写进雇佣合同的，因此，双方都有可能不遵守这种默契或隐含的承诺。即使真的写进合同中，仍然会发生很多争议，比如，一位员工到底怎样才能算是“努力工作”？何谓“工作绩效”？员工认为自己得到“公平对待”的标准又是什么？事实上，雇主和员工可能都会遇到无法拿出证据来证明自己履行了承诺的情况。在实践中，员工往往可以不用承担任何责任就辞去工作，而雇主也常常具有解雇员工的很大的自由度，这样，雇佣合同在很多时候是一种签约双方中的任何一方都能够随意废除而不会受到惩罚的合同。

很显然，由于正式合同（formal contracts）在法律上具有强制执行力，合同本身即可规定一系列的限制条件，而隐含合同（implicit contracts）则很难通过法律途径来确保其强制执行，这样，在隐含合同中就必须通过某种制度的设计来确保其具有自我执行（self-executing）能力。下面我们就来讨论雇佣合同怎样才能解决自我执行能力的难题。

二、强化雇佣合同自我执行的对策

通常情况下，合同签订的任何一方或双方都有可能会通过欺骗对方即不遵守合约规定来获益。当存在信息不对称（asymmetric information）现象的时候，也就是说，一方比另一方更清楚自己在订立合同时的动机或做法的时候，欺骗对方的机会就会增加。然而，当合同属于非正式合同时，一方不仅很难证明另一方的欺骗行为已经发生，而且很难对违约方实施正式惩罚，在这种情况下，这种非正式合同是否仍然有可能得到履行（或在较大程度上得到履行），从而降低任何一方被欺骗的机会呢？这里有两种方法可供采用；一是选择诚实可信的交易对象；二是创造一种交易双方在履行合同的情况下能够分享的剩余。

（一）选择诚实可信的交易对象

无论是雇主还是劳动者，总会有诚实守信者，也会有损人利己者。因此，双方都可以通过选择正确的交易对象来降低自己被欺骗的概率。员工可以通过很多方式来了解雇主在劳动力市场上的声誉，比如，向过去在这家企业工作过的人打听情况，或者是通过网络搜索其他劳动者对企业的诚信状况、组织文化等的反馈。雇主当然也可以在招募和甄选员工的过程中，通过多种手段来考察求职者的工作动机以及诚信状况，比如利用各种心理测试工具以及面试技巧来考察员工的工作习惯、工作积极性、工作兴趣以及个人价值观等。同时，企业还可以通过了解员工的工作经历，甚至通过与求职者过去的雇主进行沟通，来判断员工是否具有努力工作的倾向等。

虽然雇主和员工都采取了必要的措施对对方进行考察，以努力消除信息不对称问题，但是很显然，他们都很难准确无误地找到恪守诚信的交易对象。事实上，即使是总体上诚实守信的雇主或员工，也会有不履行自己承诺的动机，这就是所谓的机会主义行为。这种机会主义行为的动机在本质上是由雇主的利润最大化目标以及劳动者的个人效用最大化目标决定的，尽管人们并不是时时刻刻都有不诚实的企图，但是一旦存在明显的可以改善自己利益的机会，当事人很可能会设法通过调整自己的行为来抓住这些机会以增加自己的利益。因此，要想使一种隐含合同能够得到执行，仅仅指望找到诚实可靠的交易对象是远远不够的，还必须有相应的内在机制对交易双方的机会主义行为加以约束。

（二）创造可供分享的剩余

要想使合同缔结双方都自觉自愿地履行合同，方法之一是设计一种机制，使得无论是哪一方撕毁合同，甚至无论是否能够证明到底是哪一方违反了合同的规定，双方都会因此而蒙受损失，而不是一方可以在牺牲另一方利益的基础上使自己的利益增加。在劳动力市场上，雇佣关系当中的某一方如果感觉自己受到欺骗或侵害，他们通常会解除与实施欺骗一方之间的雇佣关系，如果这种解除雇佣关系的做法本身就能构成对欺骗者的一种惩罚，那么，一份雇佣合同便有了某种自我执行能力。换句话说，只要雇主和员工双方诚实守信地履行雇佣合同，从而使雇佣关系持续获得的收益高于雇佣关系被解除时双方所能获得的收益，雇佣合同便有了自我执行能力。进而言之，如果劳动者从现有雇佣关系的维系中获得的收益比他们从其他企业那里获得的预期收益要高，那么，一旦他们因为消极怠工而被解雇，他们就会遭受损失。类似地，如果雇主从现有雇佣关系中获得的利润要比它们通过重新招收新员工所获得的利润更高，那么，一旦它们因为未能恪守承诺而导致员工离职，雇主同样会蒙受损失。

如果劳动者在当前雇主处获得的工资高于他们到其他企业工作可能获得的工资，但这种工资水平又低于他们为当前雇主创造的边际收益产品的价值，那么，雇主和劳动者双方共同遵守隐含合同的动机是最强的。在这里，劳动者为当前雇主带来的边际收益产品与他们在其他企业中可能获得的工资之间形成的这个差距，就代表了可以在雇主和员工之间进行分享的某种剩余，如果这种剩余确实是在双方之间共享的，那么，隐含合同便具有自我执行能力。因为在这种情况下，无论哪一方的过错使这种雇佣关系遭到破坏，双方都会因此而失去本来可以得到的一部分剩余。

当然，要想创造出这样一种剩余，雇主通常需要做一些早期投资，比如在特殊培训或者甄选劳动者方面进行投资，从而提高员工的生产率，这样才有可能使员工的工资超过其他企业可能支付的工资水平。企业还可以通过对自己的声誉进行投资来创造一种剩余。一位在劳动力市场上具有良好声誉的雇主往往能够以更低的成本吸引到生产率更高的员工——因为劳动力市场上声誉较差的企业要想吸引和留住相同质量的劳动者，往往需要支付一笔补偿性工资，所以，企业可以用多种方式来塑造自己的良好形象，从而创造这种剩余。

然而，即使在企业和劳动者之间可以创造出这样一种剩余，仍然存在一个问题，这就是如何将应该分配给劳动者的剩余以一种有效的方式分配到员工个人手中。因为，尽管劳动者和雇主之间可以分享某种剩余，但是作为一个群体的劳动者无论是否努力，都可以平均分享属于大家的那部分剩余，那么，在劳动者内部便会出现“搭便车”现象，久而久之，整个劳动者群体的工作积极性就会受到影响。因此，雇主要想激励员工努力工作，不能仅仅停留在创造出可以分享的剩余这一步，而是必须在报酬分配的细节方面深入思考，这便涉及工资制度的设计问题。

第 2 节　工资制度与员工和雇主的偏好

在实践中，企业向员工支付工资性报酬的方式通常可以划分为两种：一种是以投入为基础的工资制度，另一种是以产出为基础的工资制度，这也就是我们常说的计时工资制和计件工资制。由于计时工资和计件工资的说法很容易让人联想到单纯的生产企业，所以我们采用以投入为基础的工资制度和以产出为基础的工资制度这样的说法。

一、以投入为基础的工资制度

以投入为基础的工资制度是以劳动者在实际工作过程中所投入的时间为依据来计算劳动者应得的工资性报酬的工资制度。作为工资性报酬计算依据的工作时间通常以小时、日、周、半月、月或年为单位。工作时间乘以单位工作时间的工资水平即员工应得的工资性报酬。很显然，以投入为基础的工资能够确保劳动者投入工作的时间得到可靠的足额回报。这种工资制度的一个基本假设是，劳动者在工作时间内努力工作，因而他们投入的这些时间对于雇主是有价值的。但是，在这种根据工时提供报酬的制度下很可能会出现所谓的“出工不出力”的现象，即劳动者尽管将自己的时间用于工作，但是他们实际上却并未付出努力，或者是没有达到雇主期望的那种努力水平，这便是道德风险问题。由于根据投入的工作时间来计算工资性报酬的制度本身无法避免道德风险问题的出现，因此，这种工资制度通常需要对员工进行比较严密的监督。

但是对员工进行严密的监督并非没有成本，很多时候甚至成本高昂。首先，组织的规模越大，工作分工往往就越细，因为这样能够通过专业化获得经济收益。如果指望监督者能够对每一位劳动者的工作过程都进行严密监督，就必然要求监督者像被他们监督的劳动者一样具备相关的知识、技能和经验，成为无所不知的全能型员工，而在分工较细的情况下，一位监督者往往很难掌握被监督者的所有业务细节。退一步讲，即使监督者具备监督员工的所有能力，如果所有员工都要等待监督者去收集信息并做出决策才行动的话，这种反应速度迟缓的僵化组织在激烈的竞争中将很难生存。其次，监督还存在另一个问题，即谁来监督监督者。监督者对其他员工进行严密监督的动力何在？为了强化监督者对员工的监督，组织必须再设计一种机制或者找到另一群人来监督这些监督者。这样一种制度设计的成本可想而知。正因为如此，我们还需要探索另一种工资制度，这便是以产出为基础的工资制度。

二、以产出为基础的工资制度

以产出为基础的工资制度是根据劳动者完成工作任务的结果即产出的情况来支付货币报酬的一种工资制度。对产出的一种最简单的衡量方式就是计算劳动者所完成的工作数量或者所生产的产品数量，但是在产出的复杂定义中不仅包括产出的数量，而且包括产出的产品或服务的质量等因素，所以这种工资制度又称为绩效工资制度。以产出为基础的工资制度包括以个人产出为基础的工资制度和以群体产出为基础的工资制度两种类型。

（一）以个人产出为基础的工资制度

以个人产出为基础的工资制度又称个人奖励计划，它是将员工个人的工资性报酬完全与员工个人的产出状况或工作绩效挂钩的一种做法，这种做法对于雇主来说，主要优点有两个：一是有利于引导员工接受与组织目标一致的一系列工作目标，从而有利于提高员工的生产率。二是降低雇主的监督成本。由于工资性报酬水平是与最终的产出结果挂钩的，员工个人工作不努力，便不可能获得较高的报酬——即使他们在工作中花费了大量的时间和精力，因此，雇主不需要花费大量的人力物力去监控员工的工作过程，这样便可以节约很多监督成本。

然而，以个人产出为基础的工资制度并非没有成本，这种工资制度要想得到实施，有两个前提条件：一是对个人的产出能够进行准确清晰的衡量；二是个人的产出不会受到非本人能够控制的外界其他因素的影响。然而，在现实中，由于很多方面的原因，这两个条件并不总是能够得到满足。

首先，在对个人的产出或绩效进行衡量时经常会遇到一些困难。在对个人的产出或绩效进行衡量时，企业必须注意两点：一是明确个人的哪些产出或绩效对组织目标的实现真正有贡献或有价值，以这些产出或绩效为基础对员工进行奖励才是有意义的，否则，企业很可能会奖励那些与组织目标或绩效无关的员工个人产出或绩效。二是对员工的个人产出或绩效的衡量必须全面，如果仅仅衡量员工的某些产出或绩效，忽略另一些产出或绩效，则员工通常会在个人效用最大化目标的指导下，牺牲那些没有被衡量的产出或绩效，实现那些被衡量的从而直接影响他们的工资性报酬的产出或绩效。比如，对于生产工人来说，如果单纯以生产的产品数量来决定员工的工资性报酬，则员工很可能会牺牲产品的质量、成本等对企业至关重要的一些指标。对于销售人员来说，如果单纯采取佣金制，即完全根据销售人员的销售额来确定他们的工资性报酬，则他们很可能不会注意倾听客户对于产品的意见和建议，并将这种宝贵的产品改进思路反馈给企业的研发和生产部门。事实上，因为对产出或绩效指标界定不全面、不科学而造成的误导员工工作行为的现象屡见不鲜。

与产出或绩效衡量有关的另一个更为严峻的问题是，对于许多工作岗位来说，不仅对产出的质量进行衡量存在困难，甚至对产出的数量进行衡量也不容易，比如对一般行政管理人员来说，他们的工作往往重复性高，工作内容烦琐，因此对他们的产出数量进行衡量就很困难，将他们的所有工作任务都合并成单一的产出指标几乎没有可行性，所有的工作数量都去衡量成本又太高。在这种情况下，完全根据个人的产出来确定工资性报酬的工资制度就不是很适用。

其次，如果员工的个人产出或绩效并非本人所能够控制，很多不在其控制范围之内的因素会导致其产出或绩效产生波动，尤其是不利的波动，则根据个人产出或绩效来确定工资性报酬的制度对员工就是不公平的。在实践中，很多工作的完成都离不开上级提供的资源支持、同事的合作以及其他一些组织环境和外部环境因素，因此，员工个人的产出或绩效状况并不完全取决于个人的努力程度。在这种情况下，如果完全根据员工的产出来确定其工资性报酬，则员工的工资性报酬就会存在很大的风险，除非组织愿意支付高水平的补偿性工资，否则，员工通常不愿意接受这种工作。

此外，基于产出来确定工资性报酬的做法还可能遇到三个方面的问题：一是设备滥用问题。即在获得更高水平的工资性报酬的诱导下，员工为了更快完成工作，很可能不愿意花时间去对机器设备或工具进行必要的保养维护，有些员工为了达到产出最大化的目的，甚至将机器上的安全装置拆掉，这些做法会使生产设备或工具受到损坏，甚至提前报废。尽管机器损坏会引起停工时间延长从而导致员工丧失收入，但是总的来说员工因此遭受的损失是有限的，企业会为此付出高昂的成本，正因为如此，许多实行计件工资制的企业甚至要求员工在工作时使用自己的机器或工具。二是工资率调整问题。如果由于引进新的技术设备而导致员工的生产率提高，即在单位时间内生产的产品数量比过去有所增加，那么雇主通常希望调整计件工资率，因为这种生产率的提高主要是雇主对生产设备进行投资的结果，但员工希望维持原来的工资率水平，这样，双方之间必须进行讨价还价，在那些经常面临产品或技术变化的行业中，这一问题就会非常突出。第三个问题与合作有关。在实践中经常会出现一位员工的工作需要其他员工花一定的时间给予配合的情况。但是，如果对于其他员工来说，这种工作不被计入他们个人的产出，在基于个人产出的工资制度下，他们往往不愿意提供这种帮助，尽管这种帮助对组织目标或绩效的达成是非常有价值的。换言之，纯粹的个人奖励计划不利于培养团队精神或员工对集体的忠诚度，而在很多情况下，这种团队合作以及对集体的忠诚对于组织利益最大化是非常重要的。正因为如此，另一种同样以产出为基础，但却是以群体产出为基础的工资制度在很多企业中得到了应用。

（二） 以群体产出为基础的工资制度

我们在上面分析了以个人产出为基础的工资制度可能遇到的问题，比如，个人产出或绩效难以衡量，个人产出很难不受其他外界因素影响，不利于培养团队合作文化等，而以群体产出为基础的工资制度在某种程度上可以避免这些个人奖励计划难以解决的问题。事实上，当个人奖励计划不利于产出质量的改善等其他对企业非常重要的目标实现时，或者是当某些重要的产出必须由相互依赖的员工共同努力才能创造出来时，企业会倾向于采用以群体产出为基础的工资方案，或称群体奖励计划。这些计划通常至少将员工的一部分工资性报酬与组织的利润或者是某些重要的组织产出指标或绩效指标联系在一起。比较典型的群体奖励计划包括利润分享计划、收益分享计划等。利润分享计划又称分红计划，它试图将劳动者的工资性报酬与所在组织或部门的利润联系起来；而收益分享计划则是力图将员工个人的工资性报酬与其所属群体（班组或部门）的生产率增加、成本降低、产品质量提高或其他代表群体产出绩效的衡量指标联系在一起。这种工资支付方式是以群体产出而不是以个人产出为单位的。

以群体产出为基础的工资制度所具有的优点是显而易见的。一方面，由于只需要衡量群体产出，不需要对员工个人的产出进行计量和评价，因此产生了明显的成本节约。另一方面，这种工资制度会强化员工之间的相互监督，因为不努力工作的成员等于不劳而获地分享了其他群体成员的劳动成果，这会使大家的人均报酬水平下降。因此，为了获得货币性报酬的增加，群体成员不会容忍那些消极怠工者。这样，企业不需要付出监督成本便可达到自己期望的生产率，很多时候甚至会超出它们的期望值。

然而，以群体产出为基础的工资制度有一个明显的弱点，这就是，由于员工个人的工资性报酬或其中的一部分取决于员工群体的总体努力程度，作为个人的员工便有可能在不努力工作的情况下，仍然能够从群体报酬中分到自己的那一份，这种机会主义动机会导致在个别人身上出现搭便车的现象，一旦员工之间的相互监督不足以遏制这种动机，则群体中原来努力工作的人或者生产率较高者便会放弃努力，他们甚至会通过调动到其他部门或者是离职来脱离原来的员工群体。所以一般情况下，群体奖励计划所覆盖的员工规模不能太大，规模过大会导致员工之间的相互监督难以达到预防或者打击搭便车者的作用，最终起不到提高员工群体生产率的作用。另外，群体成员的价值观以及群体的领导、文化等因素也会影响群体能否有效达成产出目标。

三、员工和雇主的偏好对工资制度设计的影响

（一） 员工和雇主对工资制度的不同偏好

从员工的角度来说，大部分属于风险规避型，不希望自己的工资性报酬出现大的波动，而采用以产出为基础的工资制度会使他们的工资性报酬承受一定的风险，因为一个人总有精神好、工作效率高的时候，也有精神不佳、工作效率低的时候，这样，工作产出从而工资性报酬难免会出现一定的波动。因此，从若干年的平均情况来看，员工在以产出为基础的工资制度下所获得的工资，大致等于他在以投入为基础的工资制度下可能得到的工资，员工显然更为偏好以投入为基础的工资制度。由此我们可以得到这样一个推论，即那些最愿意接受以产出为基础的工资制度的劳动者，往往是工作动机最强、能力最强或者是生产率最高的人，因为在以产出为基础的工资制度下，他们的工资最有能力超过企业根据员工的平均生产率支付的工资（即以投入为基础的工资）。

从雇主的角度来说，实行以投入为基础的工资制度时，工作效率波动的风险主要是由雇主承担的。虽然有一部分员工的工作效率比较低，但总会有另一部分人的工作效率比较高，所以从总体上来看，雇主的风险不会太大。但是这种工资制度很容易导致生产率较高的劳动者流失，因为他们的生产率高于平均生产率，但是雇主只按照平均生产率以及他们投入的时间来支付工资性报酬，相反，那些生产率低于平均水平的劳动者却愿意在这种企业中工作，因此单纯的以投入为基础的工资制度会导致企业的平均生产率较低，竞争力不强。而当实行以产出为基础的工资制度时，低生产率的后果是由员工自己来承担的，雇主几乎不需要承担固定人工成本，它们可以花较少的时间和费用来筛选员工并对他们进行监督，因此，在可能的情况下，雇主通常更偏好以产出为基础的工资制度。无论如何，雇主到底会选择何种工资制度，关键取决于这两种工资制度各自的成本和收益，成本小而收益大者必然更受雇主的欢迎。

（二） 兼顾投入和产出的工资制度

如上所述，一方面，风险规避型的员工偏好风险较低的以投入为基础的工资制度；另一方面，雇主通常更为偏好以产出为基础的工资制度。因此，在设计工资制度的时候，最好是能够兼顾这两个方面的需求。一方面，工资制度的设计不能不考虑员工的工资偏好；另一方面，如果完全采取以投入即工作时间为基础的工资制度，尽管工资制度能够满足员工对收入稳定性的要求，但它却会产生道德风险问题，因此，在工资制度中还需要有一部分工资性报酬与员工的产出有关，这样，员工的道德风险才会在一定程度上受到遏制。事实上，现实中

的很多企业恰恰采取的是基本工资加上绩效加薪以及（或）绩效奖金的工资制度，这实际上就是将以投入为基础的工资和以产出为基础的工资相结合的做法。

首先，大部分企业都会根据员工投入工作的时间向他们支付一定水平的基本工资，这部分工资性报酬相对固定，能够在一定程度上满足员工对货币收入稳定性的需求。其次，很多企业都设计了绩效加薪制度和（或）绩效奖励制度。绩效加薪制度是指企业每年都会根据员工的年度绩效考核结果为他们确定一个基本工资的上涨比率，绩效优秀者可以得到的基本工资上涨比率通常是最大的。绩效加薪计划既体现了企业对员工的总体产出所做的评价，也代表了企业对员工工作过程的一种变相监督——因为绩效考核不仅考察员工的具体产出结果，还会考察员工在工作过程中的一些重要行为表现，比如是否与他人合作、工作是否积极主动等。这种年度绩效考核往往建立在直接上级对员工进行日常监督管理的基础之上，而不是年终才实施的，所以，从某种意义上来说，绩效加薪计划可以弥补以投入为基础的工资制度的不足。而绩效奖励制度则是以员工个人或群体的某种产出指标为依据，向员工个人分配奖励性工资，它有着更为明显的根据产出支付工资的特点。

当然，无论是绩效加薪计划还是绩效奖励计划，同样面临着我们在前面讲述以产出为基础的工资制度时多次提到的一个问题，这就是对个人的绩效进行衡量的问题。事实上，一方面，工作的性质决定了对有些职位上的员工进行绩效考核的难度很大，同时，从事不同类型工作的员工的工作绩效往往也很难比较；另一方面，在绩效考核的过程中，考核者还会在有意无意当中造成多种主观评价误差，这些都使绩效考核结果很难被所有人认为是公平的。尽管如此，大部分企业仍然针对自己的全部员工或大部分员工采取了绩效加薪或（和）绩效奖励的措施，实践证明，在设计精细并且注意做好对绩效考核者的培训的情况下，绩效考核结果的可靠性和员工的可接受性还是能够得到保证的。此外，在工资性报酬总额的范围内，企业往往会针对不同类型的员工设计不同的基本工资和绩效奖励工资比例，比如对于销售类员工而言，基本工资占的比例较小，以销售佣金形式拿到的奖励工资通常占较大的比例；职能管理人员正相反，工资性报酬中的主要部分是相对稳定的基本工资，奖励工资所占的比重要小一些。

（三）高层管理人员的工资制度设计问题

在工资制度设计与激励的问题上，有一个群体的薪酬制度设计引起了广泛的关注，这就是企业高层管理人员的薪酬制度设计。高管人员是企业的实际经营管理者，但他们中的大部分并不是公司的所有者，他们是受公司所有者委托来管理公司的人，从这种意义上来说，他们也是代理人。代理人与委托人的目标很难完全一致，因此，作为代理人的企业高管人员同样有可能会采取一些机会主义行为来谋求个人利益的最大化。因此，如何设计企业高管人员的工资制度，从而确保他们的行为以及相关决策与企业所有者（即股东）的利益最大化诉求保持一致，就显得非常重要。

一种很自然的思路就是，由于企业追求的是利润最大化，因此如果将高层管理人员的工资性报酬与企业的经营利润挂起钩来，便会促使高管人员真正关心企业的利润水平。这样，一个新的问题就产生了，如何确定衡量利润的时间单位呢？很容易想到的一个时间单位就是年度，即根据企业当年的利润水平来确定高管人员的年薪总量。但是，这种做法有一个问题，这就是，很多时候，企业高管人员很可能会面临这样一种两难选择，一种策略会导致年度的营业利润提高，但是却不利于企业获得长期利润；另一种策略则相反，在短期中会导致企业利润增长较慢，但是在长期中却对企业的盈利有重要价值，这时，如果高管人员的工资性报酬是与年度利润挂钩的，而他们又不确信自己是否能够留任到未来高利润出现时，他们极有可能会选择第一种策略，尽管这种策略并非最有利于企业实现长期利润最大化目标。在有些情况下，一些公司的高管人员为了获得较高水平的年薪，还设法通过一些财务会计技巧甚至财务欺诈来调整公司的账面利润。比如，分别于 2001 年和 2002 年倒闭破产的美国安然公司以及世通公司等，均存在连续四五年虚报利润的情况。2010 年，戴尔公司也爆出财务欺诈丑闻。其他的类似案件还有很多。这种情况表明，与利润尤其是公司的短期利润挂钩，并不是对企业高管人员进行激励的最好办法。

另一种思路就是让公司高层管理人员的利益与公司所有者的利益在长期中更为紧密地联系起来，以公司股票或者股票期权的形式支付高管人员的报酬。这种做法看似有利于激励高管人员关注企业的长期盈利能力，为公司增加财富，避免做出一些尽管能够使公司短期获利，但是不利于企业长期可持续发展的决策，然而，这里存在的一个问题就是，作为高管人员的工资性报酬确定基础的股票价格并非仅仅与高管人员的努力程度有关，它还会受到股票市场的总体涨跌以及其他一些因素的影响，正如我们在前面分析过的，如果作为工资性报酬确定基础的产出指标在很大程度上超出员工本人的可控范围，那么，这种工资制度就不会对他们产生实质性的激励。换言之，用股票或股票期权来向高管人员支付工资，实际上无异于对高管人员的运气好坏付酬。由于企业使这些高管人员的工资性报酬承受很高的风险，因此，不得不向他们支付一笔补偿性工资。

由于在确定企业高管人员的工资性报酬总额时，采取简单的与短期利润挂钩以及与股票价格挂钩的做法都会存在问题，所以在高管人员的薪酬体系设计中，同样是采取以投入为基础的工资和以产出为基础的工资相结合的方式。他们的总报酬通常包括固定薪金、福利、与当年利润挂钩的奖金以及股权或股票期权。以美国为例，与股票价格有关的绩效奖励部分目前在企业首席执行官的薪酬中大约占到 1/4（1984 年为 17%，1996 年达到 23%）。在那些销售额波动较大从而首席执行官的收入也波动较大的行业中，企业为了吸引优秀的高层管理人员，往往更多地依靠固定薪金的形式来向首席执行官支付工资性报酬，基于公司绩效支付的那部分工资数量较少。这种情况显然与我们前面分析的员工和雇主对工资制度的偏好是一致的。

第 3 节　内部劳动力市场中的工资制度设计

一、效率工资

（一）高工资与生产率的关系

我们曾经在第 5 章提到效率工资（efficiency wages），这种工资特指某些雇主提供的高于市场均衡水平的工资。雇主之所以愿意支付更高水平的工资，而不是仅仅支付市场通行工资率，主要依据的一个假设是高工资往往能够带来高生产率。能够支持这一假设的理由主要有以下几点：

第一，高工资能够帮助组织吸引到更为优秀的、生产率更高的员工。在现实中，由于劳动力并不是同质的，因此，企业总是希望能够招募和雇用到能力更强、生产率更高的员工。在支付较高水平工资的情况下，到企业来求职的劳动者无疑会更多，这样企业就会有更大的挑选余地，从而能够将求职者中那些经验最丰富、能力最强、工作积极性最高的人挑选出来加以雇用。此外，根据经济学的自我选择理论，高工资还会对那些低生产率员工产生一种自动屏蔽作用，即那些明知自己属于低生产率的员工通常不敢到提供高工资的企业去求职，因为他们知道自己蒙混过关的概率很小，不如不浪费时间。这些低生产率求职者的离开在一定程度上帮助雇主节约了甄选成本。这是效率工资给雇主带来的另一种收获。

第二，高工资有利于降低员工的离职率。我们在第 6 章关于劳动力流动的内容中曾经讲到，工资率是决定员工流动的一个非常重要的因素，雇主提供高工资率会使员工流动的机会成本上升，主动离职的动机受到削弱。一方面，员工离职率的下降会减少企业在新员工招募甄选以及在职培训等方面的开支；另一方面，在劳动者的离职率较小的情况下，雇主更加愿意为员工提供各种培训以及其他方面的人力资本投资，这会进一步提高员工的生产率。

第三，高工资会削弱员工的偷懒动机。当员工在本企业中获得的工资水平明显高于其他企业提供的工资时，他们更不希望自己因为消极怠工被发现而被解雇，因为一旦被当前的雇主解雇，无论是现在还是在今后相当长的时间内，他们可能都没有机会再得到这种高于市场平均水平的工资。因此，一旦被提供效率工资的企业雇用，这些生产率本来就较高的劳动者就会在工作过程中比较自觉地保持一种高生产率，而无须企业进行严密的监督，这在一定程度上降低了企业的监督成本。

第四，高工资往往更容易让人产生公平感。劳动者的生产率高低会受到人们对工作满意度的影响，而在工作满意度的构成要素中，工资水平是极为重要的一个因素。员工对工资的满意度取决于他们感受到的公平程度。在其他条件相同的情况下，如果员工认为自己在工资方面得到了公平对待，他们就愿意努力工作；如果感觉自己在工资方面没有得到公平对待，他们就会消极怠工，甚至故意从事一些破坏性的活动来获取心理上的平衡。从管理学的角度来说，员工对工资的公平感来自两个方面，一是内部公平感，二是外部公平感。内部公平感取决于企业在内部工资差距方面的合理性，而外部公平感则取决于员工对自己得到的工资水平与自己可能在其他组织中得到的工资水平所进行的比较。高工资至少有助于提高员工的外部公平感，不仅如此，这种较强的外部公平感有时候还有助于提高员工对内部不公平的忍耐程度。

第五，在相对贫困的国家，高工资有助于改善员工的健康水平。在这些相对贫困的国家，劳动者的生活水平往往不高，而高工资有助于提高他们的实际购买力，改善他们的生活，这显然会对劳动者的体力、思维敏捷度以及生产率和创新力等产生积极的影响。

最后，关于高工资有助于带来高生产率的另一种解释来自企业或劳动力需求方面，这就是所谓的震荡效应（shock effect）。也就是说，高工资之所以会推动高生产率，在某种程度上是由于企业面对用工成本的上升，不得不努力提高自身的管理水平，查找公司中存在的效率低下、用人过多以及浪费等不良现象，进而通过管理优化来提高生产效率，降低成本。当然，这种效应往往是在企业面临外部压力而不得不提高工资的情况下产生的，比如，在存在集体谈判的社会环境中，企业有可能会在工会的压力下提高工资，而这反过来又会促使企业提高自身的管理水平。

（二） 效率工资的实践及其要点

正因为高工资具有提高生产率的作用，所以，尽管从表面上看，雇主提供高于市场通行工资水平的工资，成本似乎增加了，但是由于高生产率者为企业带来的边际收益产品往往更高，所以企业最终会从这些员工的高生产率中获益。当然，雇主提供效率工资并非没有成本，尽管在提高工资的初始阶段，生产率的提高会超过工资成本的增加，从而增加企业的利润，但是到了一定的水平之后，如果雇主再继续提高工资水平，它给雇主带来的成本就会超过收益。因此，只有当雇主从进一步提高工资水平中获得的边际收益与边际成本相等时，高于市场水平的工资率才能使雇主实现利润最大化。因此，准确地说，效率工资并不是单纯指雇主提供的工资水平高于均衡市场工资率，它的另一个潜在条件是，这种工资水平所产生的边际收益与边际成本相等，即它至少不会导致企业出现亏损。

人们通常认为，在工业实践中最早开始实施效率工资的是福特汽车公司创始人亨利·福特。1908—1914 年间，福特汽车公司由于引进了“科学管理”和流水线生产流程，导致它所使用的大多数员工都是技术水平相对较低的非美国本土出生的劳动者，虽然这些变化使公司利润有了大幅增长的空间，但是员工的不满情绪却很严重。1913 年的员工流动率高达 370%，同时员工的缺勤率平均每天达到 10%。由于亨利·福特在 1913 年支付的日工资标准大约为 2.50 美元——至少是达到市场竞争水平的，所以，公司不愁找不到新员工来替代流失的员工。1914 年 1 月，福特汽车公司开始实施一项新的 5 美元日工资标准，尽管这种翻了一番的新工资标准只适用于在公司中至少工作 6 个月的员工，并且要求新的求职者必须至少在底特律地区居住 6 个月以上，但是在 1913 年 3 月到 1914 年 3 月之间，该公司员工的离职率下降了 87%，解雇率下降了 90%，1913 年 10 月到 1914 年 10 月之间的缺勤率也下降了 75%。由于员工的士气和生产率提高了，因此，该公司继续处于盈利状态。①

从理论上分析，通过提供效率工资来刺激员工的生产率的企业通常会有两种：一种是从降低员工流动性中获得的收益最大的企业，比如内部运营系统比较复杂的大型现代企业，或者是必须对员工进行较多的人力资本投资才能确保他们胜任重要岗位的企业，这些人一旦流失，企业的替换成本会非常高。第二种是很难通过基于产出的工资制度来激励员工，或者是对员工进行监督的难度很大的企业。在这种情况下，企业通过提供效率工资，能够在一定程度上起到鼓励员工努力工作的作用。

当然，需要指出的是，要想使效率工资能够对生产率起到促进作用，通常需要具备一个条件，这就是劳动者期望与企业保持长期雇佣关系。如果劳动者并不在意自己未来是否能够继续与支付效率工资的雇主保持雇佣关系，那么，即使当前雇主支付的工资高于市场水平，他们也仍然有可能消极怠工。因此，只有在结构性的内部劳动力市场存在的情况下，效率工资才最有可能出现。当然，在存在内部劳动力市场的情况下，企业还可以通过其他与工资有关的方式来对员工进行激励，我们下面谈到的晋升竞赛以及终生工资支付顺序就是另外两种方式。

---

① Daniel Raff and Lawrence Summers. Did Henry Ford Pay Efficiency Wages? . Journal of Labor Economics 5，October 1987：S57 - S86.

二、晋升竞赛

（一）晋升竞赛的基本特点

在存在内部劳动力市场的情况下，员工往往会在一家企业中工作相当长的时间，甚至终生就职于一家企业，这时企业会为员工设计出若干个晋升层次，员工为了获得每一次晋升机会，会在彼此之间展开激烈的竞争。当这种竞争在规则明确的条件下展开，并且能够避免不正当竞争对组织利益造成的损害时，便会出现一种类似于体育竞赛的局面，这便是晋升竞赛（promotion tournaments）。

很多体育比赛都具有以下三个方面的重要特点：第一，最终的胜利者是未知的，但获胜者所能够得到的奖金或报酬却是事先固定的。很多体育赛事在比赛之前都没有预定的胜利者，除非比赛对手之间的水平相差悬殊，否则一般很难预测出谁会是最终的获胜者。但是，无论比赛多么激烈或多么没有悬念，比赛获胜者所能够得到的奖金却是固定不变的，不会因为比赛选手的水平非常高或者比赛异常激烈就增加总的奖金数量。第二，获胜选手能否得到比赛奖金，关键取决于其相对绩效，绝对绩效水平的高低并非决定因素。换言之，获胜者之所以能够拿到奖金，仅仅因为他打败了其他竞争选手，至于是大大领先于对手还是以微弱优势领先于对手并不重要。第三，所有的报酬全部归获胜者，比赛奖金不会在参加比赛的选手之间进行某种比例的分配。也就是说，即使两位选手分别为第一名和第二名，第二名也得不到任何奖金，奖金全部属于第一名。因此，胜利者和失败者之间的报酬差别会很大。

体育比赛的这三个方面的特点在很多企业的晋升过程中也会明显体现出来，因此我们称为晋升竞赛。第一，在许多企业中，各种职位通常都是事先设计好的，而与每一个职位相联系的分别是一个工资率或者是工资率的浮动范围。比如，在企业的某个部门中可能会存在一个部门经理职位和三个部门副经理职位。显然，部门经理的工资水平要高于部门副经理，并且部门经理职位所对应的工资水平在一定时期内是既定的。第二，员工之所以能够晋升到某个更高的职位上，仅仅是因为他们比其他候选人更有优势，至于这种优势是大还是小，并不会影响他们晋升到更高职位之后所得到的工资水平。以我们上面谈到的那个部门的情况来说，一旦三个部门副经理中有一人成功地晋升为部门经理，这只能说明此人比其他两人更有优势，但是这种优势差距可能比较明显，也可能并不是非常明显，而且优势大小对此人晋升为部门经理后所得到的工资并无影响。第三，获得晋升者将得到更高一级新职位所带来的全部报酬，原工资水平有一定幅度的上涨，失败者将不会因为参加竞赛而得到任何报酬。上述三位部门副经理中得到晋升的人将得到晋升的全部好处，另外两位没有机会晋升的人，其工资水平不会出现任何变化。

（二）晋升竞赛的设计要点

在体育竞赛中，选手在比赛中的努力程度往往取决于两个方面的因素，一是自己获胜的可能性，二是获胜之后得到的奖金数额。很显然，一方面，如果获胜之后可以得到非常高的奖金，但是选手获胜的希望几乎等于零，恐怕这位选手不会毫无保留、全力以赴地去争取获得比赛的胜利。另一方面，如果自己获胜的希望很大，但是获胜之后所能够得到的奖金非常有限，那么有希望获胜的选手在比赛中未必会付出最大的努力（这里我们不考虑单纯为了个人或组织的荣誉而比赛的情况)。这种情况对于晋升竞赛的设计是有启示的，它告诉我们，劳动者追求晋升的程度取决于他们获得晋升的概率以及与晋升相联系的工资水平上升幅度。因此，企业内部的晋升竞赛设计需要注意两点：第一，要想让晋升竞赛能够激发出候选人最大限度的努力，就必须使参与晋升竞赛的候选人之间在知识、能力或经验等方面具有较高的可比性，即没有人可以非常有把握地认为自己能够获得晋升，也没有人认为自己根本就没有获得晋升的希望。第二，要在参与晋升竞赛的候选人的当前职位及拟晋升职位之间创造出一种合理的工资差距，工资差距太小会削弱竞赛参与者努力的动机。

使参与晋升竞赛的候选人的实力保持基本对等比较容易做到，但是要设计合理的工资差距就比较难了。在这个问题上，有两个方面的因素需要考虑，即晋升的综合价值以及晋升的风险。

首先，员工一旦得到晋升，他所能够得到的实际价值到底有多大。一般情况下，晋升的那个职位除了能够为晋升者提供报酬，即工资水平的增长，实际上还为他提供了一个继续往上晋升的机会，而这种机会本身是有价值的。不仅如此，晋升后所得到的更好的福利、更大的权力以及个人成就感等对于晋升者来说也是有价值的。正因为如此，我们在现实中很容易看到，即使一次晋升不能给候选人带来较大幅度的工资水平上涨，他们仍然愿意为获得晋升而付出努力。

其次，一位候选人最终获得晋升，到底是因为实力和绩效，还是因为运气。如果一位候选人认为，尽管自己的能力非常强，工作非常努力，但是，最终得到晋升的并不一定是自己，而是能力和业绩很可能不如他的另一个人，那么，这位员工可能从一开始就不愿意参与竞赛，或者是尽管参与竞赛，也未必付出全部的努力。这种运气通常与两个方面的因素有关：第一个因素是工作结果的不确定性，即很多时候，一个人所表现出来的业绩好坏并非完全与个人努力程度有关，很多外部因素或偶然事件都有可能会影响一个人的工作业绩，而这种工作业绩往往是决定员工能否得到晋升的一个非常重要的依据。第二个因素则来源于对候选人的能力以及绩效进行衡量时可能产生的误差。即使一位候选人确实干出了成绩，但是由于评价方法、评价内容甚至评价者本人的原因，很可能会造成评价误差。这种误差的存在同样会对候选人在晋升竞赛中的努力程度造成不利的影响，要想吸引员工参与竞赛，企业得支付一部分补偿性工资。

事实上，晋升风险的大小还有助于解释为什么美国公司的首席执行官的工资与美国产业工人的平均工资之间的差距，要远远大于日本公司的首席执行官的工资与日本产业工人的平均工资之间的差距。前者的差距动辄上百倍，而后者的差距往往不到 50 倍。对这种现象的一种解释是：在美国企业中，员工的晋升所依据的随机因素比在日本企业中要多，与美国员工相比，日本员工往往都是在年纪较大以后才会得到晋升。当一位日本企业的管理者被选定为首席执行官时，企业对其生产率已经有了清楚的了解，因此，运气在晋升过程中产生的影响就不会很大。而美国企业的高管人员选拔决策往往很早就做出了，员工的流动性也比较大，因此，在美国企业的内部晋升过程中，运气所起的作用就可能很大。

很显然，在其他条件一定的情况下，晋升所带来的综合价值越高，参与晋升竞赛者努力的积极性就越高；同样，在其他条件一定的情况下，晋升的风险越低，参与晋升竞赛者的努力程度就越高。这种情况有助于解释为什么很多组织中，当员工从基层职位逐渐往上晋升时，尽管刚开始晋升之后所得到的工资水平并不会有大幅上涨，但是却并不会影响他们追求晋升的积极性。其原因有二：一是晋升的意义不仅在于当前的工资上涨，还在于获得未来晋升的可能性。二是基层员工的晋升受到不确定因素影响的可能性较小，因而晋升的风险不是太大。相反，在高层管理职位上的晋升就是另一种状况了。比如，当几位副总裁往总裁职位晋升时，一方面，一旦晋升到总裁职位上，他们便没有了进一步晋升的空间，所以除了能够获得工资水平上涨之外，他们可以从晋升中获得的其他报酬尤其是继续晋升的可能性没有了。另一方面，他们的晋升风险很大，影响谁能够得到晋升的不确定因素有很多。因此，我们会发现，在组织中，越是靠近上层的晋升，与每一次晋升相联系的工资差距往往会很大。

三、终生工资支付顺序

（一） 终生工资支付顺序的特征及其基本要求

内部劳动力市场的一个基本含义是，企业和劳动者之间的雇佣关系将会长期存在，这一特点使得雇主在设计工资制度时有了更多的选择余地。其中最常见的就是在员工的终生职业生涯中采取的“先减额支付，再超额支付”的工资支付顺序。

这种支付顺序如图 8-1 所示。图中假设一个人的边际收益产品在其早期职业生涯中是不断上升的——这符合人力资本投资理论的基本推断，但是此人在企业工作的前 t^* 年中，企业支付的工资性报酬水平一直低于其边际收益产品。当此人在这家企业工作 t^* 年之后，其工资性报酬水平就开始超过其边际收益产品。然后从 t^* 年一直到 t' 年这一退休之年，员工所获得的工资性报酬会高于他们能够从市场上其他企业获得的工资性报酬。在这里，我们可以将图 8-1 中 t^* 左侧的 ME_2 和 ME_1 之间的那部分区域视为员工在雇主处所做的一种资源抵押，当然，这种抵押是要在员工职业生涯的后期阶段收回的。

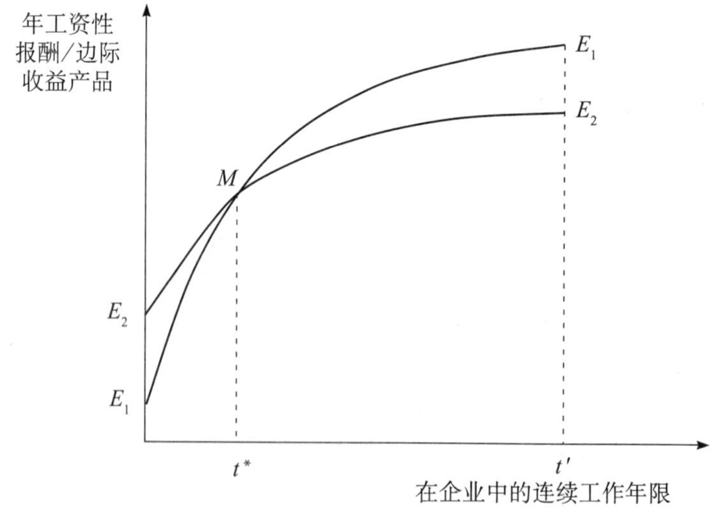

图 8-1 内部劳动力市场中的终生工资支付顺序

这种资源抵押对于雇主的雇用和员工的激励都具有重要的意义。首先，由于存在信息不对称的问题，所以雇主往往很难判断哪些人愿意在企业工作较长的时间，哪些人仅仅是做短暂的停留或过渡。而这种至少将员工在早期职业生涯中的一部分工资性报酬延迟到他们职业生涯的后期阶段发放的做法，显然只对那些准备在企业工作较长时间的劳动者有吸引力，所以“先减额支付，再超额支付”的工资支付方案有利于雇主雇用那些真正愿意与企业建立长期雇佣关系的劳动者。其次，由于这种工资支付模式要求员工在早期在雇主处抵押一部分资源，所以它会激励员工努力工作，以避免自己在获得延期支付的工资性报酬之前被雇主解雇。

当然，这种工资支付方案必须满足两个基本约束条件：一是企业提供给员工的工资性报酬总额的现值至少等于劳动力市场上的其他企业支付给员工的工资性报酬总额的现值。二是它必须使一位员工在整个职业生涯中的边际收益产品的现值等于其在整个职业生涯中所获得的工资性报酬总额的现值。即它必须使图 8－1 中 t^* 左侧 ME_2 和 ME_1 之间的那部分区域的现值，等于 t^* 右侧 ME_1 和 ME_2 之间的那部分区域的现值。如果不能满足这两个条件的要求，企业就无法吸引到它所需要的劳动者。

（二） 终生工资支付顺序的风险防范

这种“先减额支付，再超额支付”的工资支付方案显然对于雇主和雇员来说都是有风险的。首先，从劳动者的角度来看，同意接受这种工资支付方案的员工很有可能会在来不及收回被抵押的那部分资源的情况下，被雇主找各种理由解雇，因为雇主很清楚，支付给年纪较大的劳动者的工资性报酬要远远超过这些劳动者当时给企业带来的边际价值，如果能够解雇员工，雇主就可以占有这些员工在年轻时抵押在它们那里的一部分资源。当然，也有可能会发生这样一种情况，即在员工还没来得及全部收回甚至开始收回应得的那部分报酬时，雇主已经破产了。其次，从雇主的角度来看，如果不能解雇老员工，有些年纪较大的员工在工作岗位上停留的时间很可能会超过他们收回被抵押的那部分工资性报酬所需的时间，也就是说，他们继续工作的时间将会超过图 8－1 中的 t' 年。由于他们知道自己现在所得到的工资性报酬水平要高于自己能够从其他企业得到的工资水平，因此，一些年纪较大的员工就有在企业中工作更长时间的动机，而这显然超过了他们能够为企业带来利润的工作年限。所以，雇主和员工双方都需要采取一些保护措施来防止自己的利益受到故意侵害。

1. 对员工的保护

在采取这种工资支付方案时，员工可以要求在雇佣合同中明确订立一些对员工进行保护的条款，让雇主承诺保护年纪较大的那些员工应得的权利，即在企业需要裁员时，首先裁减那些工作资历最浅的员工。员工还可以通过既得养老金权利的方式部分获得延期支付的报酬。比如，按照美国联邦政府的法律规定，员工在为企业服务五年之后就可以得到企业为他们提供的全部个人养老金，这样，即使他们在达到退休年龄之前从雇主那里离职，这部分利益仍然是可以得到保证的。

然而，能够为年纪较大的劳动者提供的一种最佳保护却可能是雇主对自己的声誉的维护，因为雇主将来还需要招募年轻员工，一旦它们置隐含合同于不顾，经常解雇年纪较大的员工，它们在招募新员工方面就会遇到麻烦。

2. 对雇主的保护

对雇主的利益提供保护的一种最佳做法是规定强制退休年龄，即员工的工作年限达到 t' 之后就让他们退休。但是，这种要求在有些国家会遇到问题，比如，美国等一些国家已经通过修改相关法律禁止企业为大多数员工规定强制退休年龄。在这种情况下，很多雇主只能采取诱导性的提前退休计划，即提供一笔资金来诱使员工在到了某一特定年龄时主动要求退休，而不是继续待在工作岗位上。对于很多年纪较大的劳动者来说，这种额外增加的收入所产生的收入效应还是比较明显的，所以从实际情况来看，这些提前退休计划的实施效果是比较明显的。

◆ 本章小结

在现实中，雇主的劳动力需求决策绝非仅仅根据市场工资水平来确定雇佣量这么简单，由于雇佣关系属于一种典型的委托-代理关系，因此，雇佣合同的自我执行难度较大，需要雇主通过选择正确的员工以及设计适当的工资制度来保证自己的利益。

工资制度可以分成以投入为基础的工资制度和以产出为基础的工资制度，以投入为基础的工资制度对员工来说风险较小，但是雇主容易遭受道德风险，监督成本较高。以产出（可以是个人产出，也可以是群体产出）为基础的工资制度恰恰相反，雇主的风险较小，但员工的风险较高。

雇主和员工对于以投入为基础和以产出为基础的工资制度是存在偏好差异的，因此，在实际设计工资制度时，很多时候采取两者相结合的做法，即一部分以投入即工作时间为基础（固定工资），另一部分以产出为基础（浮动工资）。在高管人员的薪酬设计中，后一部分占的比重往往更大。

效率工资是高于市场均衡水平的工资，这种高工资有助于提高生产率，因为它有助于吸引更优秀的员工，降低员工的离职率，同时提高员工的公平感。在存在内部劳动力市场的情况下，实施效率工资的效果会更好。

晋升竞赛是很多体育比赛的一种模式，与存在内部劳动力市场情况下的很多组织内部的晋升模式非常接近。其主要特点是：工资与职位的关系非常直接；晋升决策基于候选人的相对绩效；晋升者获得所有的报酬（工资增长）。在基于竞赛理论设计晋升体系时，参与竞赛者的努力程度取决于得到晋升的可能性以及晋升后的工资增长幅度。晋升风险越高，往往晋升后的报酬增长幅度越大。

在内部劳动力市场中存在一种终生工资支付顺序，即在员工年轻时支付的工资低于他们当时的实际生产率，而在员工年纪大时支付的工资则高于他们当时的实际生产率。当终生生产率现值与终生工资现值相等时，便是一种公平交易。但是这种制度也存在一定的风险，因此，需要有一些制度安排来保护雇主和员工双方的利益。

◆ 关键术语

雇佣合同（employment contracts）
正式合同（formal contracts）
隐含合同（implicit contracts）
自我执行（self-executing）
信息不对称（asymmetric information）
效率工资（efficiency wages）
震荡效应（shock effect）
晋升竞赛（promotion tournaments）

◆ 复习与思考

1. 以投入为基础的工资制度和以产出为基础的工资制度有何特点，分别适用于哪些情况？

2. 谈谈怎样才能确保工资制度既具有激励性，同时还能满足公平性的要求。

3. 在我国国有企业高层管理人员的工资制度设计中应当注意哪些问题？

4. 晋升竞赛的基本特点与设计要点是什么？对于工资制度的设计有何启示？

5. 效率工资为何有助于提高生产率？为什么说效率工资在内部劳动力市场中实施成功的可能性更大？

6. 何种工资制度设计有助于防范终生工资支付顺序中存在的潜在风险？

第9章
就业与失业

学习目的

读完本章之后，你应该能够：

1. 掌握就业和失业的基本概念及其统计方法
2. 掌握劳动力市场的存量-流量模型
3. 了解短期和长期的菲利普斯曲线的形状及其含义
4. 理解技术变革和国际贸易对失业产生的影响
5. 掌握失业的几种不同类型及其应对策略
6. 理解工资刚性及其成因

第1节　劳动力市场中的就业与失业

一、就业、失业以及失业率

对于任何一个市场经济国家而言，失业都是一个受到高度重视的经济问题和社会问题，实现充分就业与经济增长、物价稳定和国际贸易收支平衡并列为一国政府追求的四大宏观经济目标。失业不仅涉及一些统计和衡量方面的问题，而且涉及国家的相关经济和社会政策。因此，这是经济学家历来争议最为激烈的一个领域。要对这一问题展开讨论，我们首先必须搞清楚就业和失业的基本概念及其在实践中的统计方法。

（一）就业与就业统计

1. 就业与就业统计的国际标准

从理论上来说，就业是指有劳动能力的劳动者参加某种能够获得劳动报酬的社会劳动。因此，就业实际上有三层基本含义：一是劳动者必须既有劳动能力，又有劳动意愿；二是劳动者所参加的劳动必须是某种形式的社会劳动，而不能是家庭劳动；三是劳动必须能够获得报酬或收入，而不能是公益性或义务性的劳动。

根据第 13 届国际劳工统计大会通过的《关于经济活动人口、就业、失业及不充分就业统计的决议》(1982，日内瓦)，国际劳工组织（ILO）将就业人口界定为在参照期内从事任何一种工作并获取薪酬或利润（或实物报酬）的人员，或者在此期间因生病、休假或产生争议等原因而暂时脱离工作岗位的人员。决议还规定，至少每天有 1 个小时以上的时间在家庭企业或农场中从事无薪酬工作的人员也应纳入就业统计。据此，我们可以看出，国际劳工组织所定义的就业人口实际上包括在规定年龄之内的三种人：第一种是正在工作的人，即在规定时期内从事有报酬的工作的人。其中包括私营企业员工以及政府雇员。第二种是虽然有工作，但是却由于某种特殊原因暂时脱离工作岗位的人。比如因疾病、工伤、休假、劳资纠纷、旷工、气候不良、机器损坏等原因而临时停工的人。第三种是雇主和自雇用人员，或者是协助家庭经营企业或农场但是却不领取劳动报酬的人。

美国劳工部关于就业人口的界定与国际劳工组织很接近，它主要强调三个条件：一是劳动者年满 16 周岁，并且必须在被调查的前一周为了获得工资性报酬工作 1 个小时以上，或者是尽管没有得到工资性报酬，但是却在家庭企业中至少工作了 15 个小时。二是由于疾病、休假、劳资纠纷或天气恶劣等原因而暂时脱离工作的人也属于就业人口。三是在界定是否属于就业时，劳动者所从事的是全日制工作还是非全日制工作并不重要，重要的是劳动者是否进入市场工作。据此标准，家务劳动者不属于就业人口。

2. 中国的就业统计

中国并没有对就业做出明确的定义，只是在进行统计时界定了何谓就业者或就业人口。在传统的计划经济体制下，中国不承认失业的存在，因而不用就业者的概念，而是用社会劳动者的概念。其定义是：从事一定的社会劳动并取得报酬或经营收入的全部劳动力。其中包括全民所有制单位、城镇集体所有制单位、其他各种所有制单位的全部职工以及城镇中的所有个体劳动者；此外，从事家庭副业，其收入相当于当地一个社会劳动者的最低收入水平或参加社会劳动累计超过三个月的乡村劳动者，也被统计在社会劳动者人数之中。

我国从 1995 年 1 月 3 日起开始试行新的就业调查统计办法。试行办法规定，就业人员也称从业人员，是指从事一定社会经济活动并取得劳动报酬或经营收入的人员。已办理离休、退休、退职手续，但又再次从业（以有酬或自营等各种方式）的人员也视为就业人员。就业人员中不包括从事经济活动的在读学生。统计中对就业人员中的不充分就业人员，即“工作时间不足就业人员”和“就业不足人员”给予特别的关注。从统计的角度来说，不充分就业是指由于非个人原因，在调查周内工作时间不到标准工作时间的一半（即 20 小时），并愿意从事更多工作的人员。在实际操作中，判断不充分就业人员的标准有三条：一是调查周内工作时间不到标准时间的一半，即不到 20 小时；二是工作时间短是由于非个人原因；三是愿意从事更多的工作。这三条必须同时具备才能统计为不充分就业人员。

2003 年，原劳动和社会保障部正式对就业人员和失业人员的概念进行了界定。按照新的界定标准，就业人员指在男性 16～60 周岁、女性 16～55 周岁的法定劳动年龄内，从事一定的社会经济活动，并取得合法劳动报酬或经营收入的人员。其中，劳动报酬达到和超过当地最低工资标准的，为充分就业；劳动时间少于法定工作时间，且劳动报酬低于当地最低工资标准、高于城市居民最低生活保障标准，本人愿意从事更多工作的，为不充分就业。

国家统计局2005年11月正式启动城乡劳动力调查制度，期望通过抽样调查的方式获取逼近真实的失业率。为了调查的需要，当时对就业人口进行了界定，其定义与国际劳工组织的定义很相似，即就业人口是指在一定年龄以上，有劳动能力从事一定社会劳动并取得劳动报酬或经营收入的人员。在1%人口调查（current population survey）中，将具有劳动能力并符合以下条件之一的16周岁及以上城镇人口定义为就业人口，其中包括两类人：第一类是为取得报酬或经营利润，在调查周内从事1小时以上（含1小时）劳动的人；第二类是由于学习、休假等原因在调查周内暂时处于未工作状态，但有工作单位或场所的人。

3. 就业统计中的非正规就业

最近几十年来，随着市场经济的发展，在传统的正规就业形式之外，出现了越来越多的非正规就业。非正规就业——准确地说是"非正规部门就业"——这个概念是在20世纪70年代初由国际劳工组织正式提出的。所谓的非正规部门，主要是指规模很小的从事商品生产、流通和服务的单位，其中主要包括微型企业、家庭的生产服务单位及独立的个体劳动者。国际劳工组织在《1991年局长报告：非正规部门的困境》中，进一步将非正规部门定义为"发展中国家城市地区那些低收入、低报酬、无组织、无结构的规模很小的生产或服务单位"。在非正规部门实现的就业则称为非正规就业（有时候也称为"分散性就业"或"非常规性就业"）。从这个定义来看，在我国大量存在的各种小规模的私营和个体劳动者均属非正规就业人员。

非正规就业的特点是：首先，就业模式分散、零星、自由，劳动关系大部分建立在偶然就业、社会关系基础之上，而不是建立在具有正规保障的正式劳动合同基础之上，并且大多数处于社会保障体系之外。其次，劳动时间弹性较大，往往采取非全日制、临时性、季节性、短期性的工作方式。最后，就业者一般根据自身需要选择就业场所或者无固定工作场所，就业者以住户为经济活动单位进行生产活动。正是由于非正规就业的上述特征，这类就业有很大的隐蔽性，难以获得准确的调查资料。这就要求就业统计工作必须细化，并且严格采用入户调查的方法对就业的情况进行统计，否则难以得到真实准确的就业数据。

4. 不充分就业或就业不足

我们在前面提到我国已经关注到不充分就业的问题，这一问题在国际上也广受关注。所谓不充分就业（underemployment），也称就业不足，它是指劳动者从事的工作所要求的任职资格低于他们的技能、受教育程度，或者从事工作的时间少于他们可以工作的时间。根据经济合作与发展组织（OECD）的上述定义，不充分就业表现为显性不充分就业和隐性不充分就业两种情况。

所谓显性不充分就业或显性就业不足（visible underemployment），主要是指那些本人的工作时间比所在工作领域的常规工作时间要短的劳动者。即实际从事非全日制工作的员工其实愿意且有能力工作更多工时，但却找不到全日制的工作。这些劳动者通常会从事两份非全日制工作来满足基本的生活需要。

所谓隐性不充分就业或隐性就业不足（invisible underemployment），是指一些劳动者尽管从事全日制工作，但个人的技能却并未在工作中得到充分发挥。这种就业不足很难衡量，除非进行广泛调查或对劳动者的技能和他们从事的工作的要求加以对比分析。在很多情况下，劳动者并没有意识到自己的技能可以得到更好的发挥——无论是在当前工作中，还是在其他工作中。[1]

（二）失业与失业统计

根据国际劳工组织的定义，失业者或失业人口是指那些在参照期内无工作，但目前能够工作并且正在寻找工作的某一特定年龄以上（通常是16周岁及以上）的所有人员。各国结合本国的实际情况制定了具体的失业统计办法。下面，我们以美国和中国为例加以分析。

1. 美国劳工部对失业者的界定以及统计

根据美国劳工部的定义，凡是调查周中年满16周岁，属于非被管制人口，没有工作，但是具有劳动能力的以下人口均属于失业人口：第一，在过去的4周中从事过专门的求职活动的人；第二，被临时解雇并且正在等待被原雇主招回的人；第三，本来能够寻找工作，但是目前却生病的人；第四，已经找到工作，并且在30天以内就能够去报到的人（尽管这些人已经不找工作了，但他们并没有被任何一种劳动合同所覆盖，而且具有工作的意愿，因此仍然属于失业人口）。

在美国，就业与失业统计是政府对社会进行监控的一种重要手段。美国人口普查局（Bureau of the Census）每个月都要进行人口调查，从全国选取约6万个家庭专门针对16周岁及以上的人口进行调查，这种调查通过访谈的方式确定哪些人属于就业人口，哪些人属于失业人口，哪些人属于非劳动力人口。这些资料于每个月的第一个星期五对外公布。美国劳工部劳工统计局（Bureau of Labor Statistics，BLS）还要根据人口普查的样本资料来估计在调查周中，美国的各类人员数量。

由以上内容可以看出，美国的失业统计具有以下几个特点：第一，抽样技术全国一致，连续多年，具有很强的可比性，这样得到的大量数据就为经济学家进行相关的劳动力市场研究提供了很大方便。第二，开展调查和发布数据报告的时间间隔很短，信息的时效性很高，而且公众很容易通过政府的各种公开出版物获得这些数据。第三，失业率数据非常详细。不仅有总的失业率数据，还有分种族、性别、年龄、婚姻状况、职业、失业原因、失业延续时间等指标统计的各种失业率数据。

2. 中国对失业的界定与统计

我国在计划经济时期没有失业的概念，只有一个名为“待业”的类似概念。1982年人口普查对待业的统计标准做了如下规定：在劳动年龄之内，有劳动能力，要求就业而无任何职业的人为待业人员。待业的概念只适用于城镇人口，主要包括城镇待业青年（16～25周岁之间未能升学的初、高中毕业生，即新成长劳动力）和社会闲散劳动力（26～50周岁的男性城镇待业人口和26～45周岁的女性城镇待业人口）两部分。

20世纪90年代，随着改革开放的深入以及社会主义市场经济体制的确立，我国开始承认失业这一事实，并从1994年起正式使用“失业”和“失业率”的概念，同时公开发布城镇登记失业率和城镇登记失业者人数。所谓城镇登记失业人员，是指在劳动年龄内，有劳动能力、有就业要求，但处于无业状态，并在公共就业服务机构进行失业登记的城镇常住人员。中国政府每季度定期公布的失业率一直是这种城镇登记失业率，然而，这

---

① OECD Glossary. Underemployment.

种失业率不仅未包含到人社部门自愿进行失业登记的城镇人口，也不能反映大量进城务工非城镇户籍人口的就业状况，一般会严重低估实际的失业情况。比如，从 2010 年第四季度至今，我国的城镇登记失业率数字一直保持在 3.9%～4.1%的区间之内，波动范围仅 0.2 个百分点，而在同一时期，无论新兴国家还是发达国家的失业率都出现了大幅波动。

事实上，我国从 2005 年就开始着手进行的城乡劳动力调查，全部通过抽样调查的方式完成，调查样本在全国 31 个省市均匀分布，调查员通过入户访谈的形式对 16 周岁及以上人口的就业状况进行调查。每次调查需抽取样本 40 万户，涉及全国 1 800 多个县（市、区）的 130 万人口，样本与总人口的比例达到 1‰。调查员入户访问的问题包括，调查对象的年龄、性别、居住地、受教育程度、就业状况、所从事的职业和所在的行业、工作时间、失业原因、失业时间及参加社会保障情况等。在调查中，失业人口被界定为在一定年龄以上，有劳动能力，在调查期间无工作，当前有就业的可能并以某种方式寻找工作的人员。在 1%人口调查中，将具有劳动能力同时符合以下各项条件的 16 周岁及以上人员列为失业人员：第一，在调查周内未从事为取得报酬或经营利润的劳动，也没有处于就业定义中的暂时未工作状态；第二，在某一特定期间内采取某种方式寻找工作；第三，当前如有工作机会可以在一个特定期间内应聘就业或从事自营职业。“失业人口”的具体标准是，在调查周（调查时点前的一周）内，工作时间未达到 1 个小时，在近 3 个月采取某种方式找工作并且在调查周内可以应聘的人。这种关于失业人口的定义在相当大程度上开始与国际接轨。目前国家统计局的调查失业率有两个口径，一个是全国城镇调查失业率，另一个是 31 个大城市城镇调查失业率数据，2017 年 12 月，我国城镇调查失业率为 4.98%。

在 2018 年的政府工作报告中，我国政府首次明确提出，要将 2018 年的城镇调查失业率控制在 5.5%以内，城镇登记失业率控制在 4.5%以内。这是我国首次正式公布城镇调查失业率目标。出现这种变化的客观背景是，长期以 GDP 增长目标作为政策最重要目标的种种弊端逐渐暴露，同时，此前一直使用的城镇登记失业率指标失真。与登记失业率不同，城镇调查失业率是基于通过抽样调查所取得的就业与失业汇总数据计算的，不要求失业者进行失业登记，也不限定城镇户籍，因此覆盖范围更广，更加有利于全面反映我国的实际就业和失业状况。随着我国统计制度的改革，所有城市的调查失业率统计职责都划归国家统计局，负责统计调查失业率的调查总队人员不由地方任命，地方无权干预调查总队人事。再加上在调查统计过程中，国家统计局直接向十几万住户进行调查，不会经过企业或地方政府，因此任何地方或单位都无法直接修改住户提供的就业数据，调查数据受到干预的可能性大大降低。

（三）劳动力市场存量-流量模型

1. 失业率的公式及其争论

一个社会的总人口可以划分为经济活动人口和非经济活动人口两类。其中经济活动人口又称为劳动力人口，它可以划分为两类，一类是就业人口，另一类是失业人口。而非经济活动人口又称为非劳动力人口，即这些人不在劳动力队伍之中，至于他们不在劳动力队伍之中，从而不提供劳动力供给的原因可能是多方面的，比如，他们可能是因为年龄太小或太大而无法工作，可能是因为正在接受正规学校教育而没有时间工作，也有可能是由于某些方面的原因而不愿意工作。在有些国家，军人有时候也被列为非劳动力人口，因为他们不在通常意义上的劳动力市场上提供自己的劳动力。总之，我们可以将一个社会的总人口归纳为三部分：就业者、失业者以及非劳动力。根据对这几类人的定义，经济学上通常用失业人口与劳动力总人口（即失业人口和就业人口之和）之比来定义一个非常重要的概念，这就是失业率。失业率的计算公式如下：

$$\text{失业率}=\frac{\text{失业人数}}{\text{劳动力人数}}\times 100\%=\frac{\text{失业人数}}{\text{失业人数}+\text{就业人数}}\times 100\% \tag{9-1}$$

通过上述公式可以看出，失业率实际上反映了在一定年龄以上的人口当中，有多大比例的人想工作却无法实现就业的情况。表 9-1 中列举了若干国家在 2000 年和 2016 年的总体失业率以及各年龄段劳动者的失业率。从表中不难看出，有些国家的失业率非常高，比如，2016 年，南非、希腊和西班牙的总失业率分别高达 26.7%，23.7%和 19.7%，青年失业率更是分别高达 53.3%，47.3%和 44.4%。意大利、葡萄牙、土耳其的失业率也比较突出，整体失业率分别达到 11.9%，11.5%和 11.1%。中国、日本、印度、韩国、墨西哥、德国、挪威、美国、英国的失业率比较低，都在 5%及以下。

表 9-1　　若干国家不同年龄段劳动者的失业率（在各自年龄群体中的百分比）

国家	总体（15～64 岁）		青年（15～24 岁）		中年（25～54 岁）		老年（55～64 岁）	
	2000 年	2016 年	2000 年	2016 年	2000 年	2016 年	2000 年	2016 年
英国	5.5	5.0	11.7	13.2	4.4	3.7	4.4	3.6
美国	4.0	4.9	9.3	10.4	3.1	4.2	2.5	3.6
澳大利亚	6.4	5.9	12.1	12.7	5.0	4.5	4.5	4.3
加拿大	6.9	7.1	12.7	13.1	5.8	6.0	5.5	6.4
法国	10.1	9.8	20.7	24.1	9.2	8.6	7.9	7.1
德国	7.8	4.2	8.4	7.0	7.0	3.9	12.3	3.9
意大利	10.6	11.9	29.7	37.8	8.5	11.1	4.5	5.7
日本	5.0	3.3	9.2	5.1	4.1	3.1	5.6	2.9
韩国	4.6	3.8	10.8	10.7	4.0	3.4	2.9	2.8
丹麦	4.6	6.3	6.7	12.0	4.2	5.5	4.4	4.0
芬兰	9.8	8.9	20.3	19.1	8.0	7.4	9.4	7.5
瑞典	5.9	7.1	11.7	18.9	4.9	5.5	6.1	5.3
希腊	11.6	23.7	29.2	47.3	9.7	22.8	3.9	19.2
爱尔兰	4.7	8.7	7.9	19.0	4.0	7.9	2.6	6.5
墨西哥	2.6	4.0	5.1	7.7	1.8	3.4	1.4	2.1
挪威	3.5	4.9	10.2	11.0	2.6	4.4	1.3	2.0
葡萄牙	4.2	11.5	8.6	28.0	3.5	10.0	3.2	11.0
西班牙	13.9	19.7	25.3	44.4	12.3	18.2	9.4	17.0
土耳其	6.7	11.1	13.1	19.6	4.9	9.7	2.1	6.2
巴西	9.6	9.8	17.9	23.1	6.9	7.3	4.1	3.6

续前表

国家	总体（15～64岁）		青年（15～24岁）		中年（25～54岁）		老年（55～64岁）	
	2000年	2016年	2000年	2016年	2000年	2016年	2000年	2016年
中国	3.7	2.9	8.8	6.4	2.8	2.5	0.4	1.2
印度	4.4	3.7	10.1	10.7	2.9	2.3	1.6	1.4
俄罗斯	10.7	5.6	20.7	16.3	9.2	4.8	7.3	3.7
南非	25.4	26.7	49.6	53.3	21.2	24.1	8.4	9.0

资料来源：OECD Employment Outlook 2017，2017-06-13. 其中，中国、印度和巴西2016年的数据实际上是2015年的数据。

不过，失业率数字本身有时候未必能够完全清晰地反映失业的严重程度。比如，在失业率相同的情况下，一个重要的参考变量是劳动力参与率。失业率和劳动力参与率往往是反方向变化的。比如，在经济衰退时期，失业率通常是上升的，而劳动力参与率通常是下降的。比如，自2007年发生金融危机以后，美国的失业率持续上升，从2007年的4.6%上升到2008年的5.8%，接着从2009年的9.3%上升到2010年的9.6%，2011年虽有所下降，但仍然保持在8.9%的较高水平上。与此同时，美国的劳动力参与率则是持续下降的，美国在此次衰退之前的劳动力参与率为66%，到2011年7月，这一数字下降到63.9%，达到1984年1月以来的最低水平。那么，劳动力参与率的下降对失业率所代表的失业严重程度有何影响呢？总的来说，劳动力参与率越低，同样水平的失业率所代表的失业状况越严重。这是因为，按照我们在前面第3章中的分析，经济不景气会导致就业机会减少，报酬水平下降，这样就会有一部分原本有就业意愿的劳动者放弃寻找工作，从而退出劳动力市场（灰心丧气的劳动者效应占主导地位），这会导致劳动力参与率随之下降——因为16周岁及以上的总人口数没变，但是作为分子（即本来应当属于失业者）的人数却减少了。尽管这些人现在没有工作，但是他们却不再找工作，因而不会算在失业人口之中，这相当于变相地“隐藏”了实际失业人数。根据失业率的计算公式，假设就业者人数不变，而失业者人数下降了，则失业率一定会有所下降。据统计，2011年12月美国的失业率为8.5%，但在考虑到劳动力参与率下降的情况下，美国的真实失业率实际上应当是11.4%，与官方公布的数据之间相差2.9%，这是自20世纪80年代早期以来最大的一个差距。

正因为如此，人们认为，美国官方公布的失业率和真实失业率或实际失业率可能并不一致，在这种情况下，美国劳工统计局从1994年开始每年计算另一种所谓的实际失业率（U-6）。美国劳动统计局通常报告的是常规失业率（U-3），即劳动力队伍中没有工作者所占的比重。劳动者要想留在劳动力人口中，则必须在过去的四周中找过工作。实际失业率（U-6）则是在这种常规失业率统计口径的基础上，将边际劳动者（marginally attached）和不完全就业劳动者（underemployed）都视为失业者，进而计算出的口径更宽的失业率。也正因为如此，实际失业率往往达到常规失业率的两倍。

其中，不完全就业劳动者是指那些本来希望获得全日制工作，但却因为找不到而不得不从事非全日制工作的劳动者。而边际劳动者则是指那些在过去的一年中曾经找过工作，但是在过去的四周中却没有找过工作的劳动者，主要是指那些彻底放弃寻找工作的灰心丧气的劳动者，这些人可能回学校上学去了、怀孕了或身体残疾了。在劳动力参与率的统计中，这些人是不会被作为劳动力统计在内的。他们情况各异，最终可能会返回劳动力队伍，也可能不再返回。不过，一旦劳动者在过去 12 个月里都不再寻找工作，就不再被统计为边际劳动者。

例如，2018 年 1 月，美国的实际失业率达到 8.2%，这比官方报告的失业率（4.1%）几乎高了一倍。这时，美国的劳动力人口为 1.611 亿，失业人口为 668.4 万人，常规失业率（U-3）为 4.1%，如果考虑到还有 165.3 万边际劳动者，则此时的失业率（U-5）就达到 5.1%，再进一步把希望从事全日制工作的非全日制工作劳动者 498.9 万人考虑进来，则实际失业率（U-6）就变成了 8.2%。

美国劳工统计局从 1994 年开始统计实际失业率（U-6），表 9-2 中是自 1994 年以来的美国官方失业率和实际失业率的对比情况。统计时间均为 1 月份。从表中可以看出，官方公布的失业率大约是实际失业率的一半多点。

表 9-2　美国的官方失业率和实际失业率对比（1994—2018 年）

年份	U-3	U-6	U-3/U-6	年份	U-3	U-6	U-3/U-6
1994	6.6%	11.8%	56%	2007	4.6%	8.4%	55%
1995	5.6%	10.2%	55%	2008	5.0%	9.2%	54%
1996	5.6%	9.8%	57%	2009	7.8%	14.2%	55%
1997	5.3%	9.4%	56%	2010	9.8%	16.7%	59%
1998	4.6%	8.4%	55%	2011	9.1%	16.2%	56%
1999	4.3%	7.7%	56%	2012	8.3%	15.2%	55%
2000	4.0%	7.1%	56%	2013	8.0%	14.5%	55%
2001	4.2%	7.3%	58%	2014	6.6%	12.7%	52%
2002	5.7%	9.5%	60%	2015	5.7%	11.3%	50%
2003	5.8%	10.0%	58%	2016	4.9%	9.9%	49%
2004	5.7%	9.9%	58%	2017	4.8%	9.4%	51%
2005	5.3%	9.3%	57%	2018	4.4%	8.2%	50%
2006	4.7%	8.4%	56%				

2. 失业率与劳动力市场存量-流量模型

由于我们往往是在某个时点上统计失业率的，而劳动力市场本身是在流动的，即就业者、失业者以及非劳动力三种类型的人并不是固定的，相反，这三类人（或三种存量）之间存在不断的身份变化或者是市场流动，因而，考虑劳动力市场上的这些流量变化情况，就比仅仅看失业率能够更为准确地判断失业问题的严重程度，而且能够了解到失业率的未来变化趋势。

总的来说，在就业者、失业者以及非劳动力三种存量之间存在以下三对流量：第一，就业者很可能因为被解雇又没有马上找到工作而变成失业者（EU）；失业者也可能因为找到工作或重新找到工作而变成就业者（UE）。第二，非劳动力（比如，那些原来在大学读书的学生）会在某个时点上（比如大学毕业时）到劳动力市场上供给自己的劳动力，这时如果他们能够找到工作，他们就从非劳动力变成就业者（NE）；如果他们一时找不到工作，他们就变成失业者（NU）。第三，就业者由于退休等原因而决定退出劳动力市场，他们就从就业者变成非劳动力（EN）；同时，那些总是找不到工作的失业者有可能决定不再找工作，停止劳动力供给，他们就会从失业者变成非劳动力（UN）。对总人口的这三种类别的划分及其相互之间的流动关系，我们可以用图 9－1 来表示。这种图通常称为劳动力市场的存量-流量图。

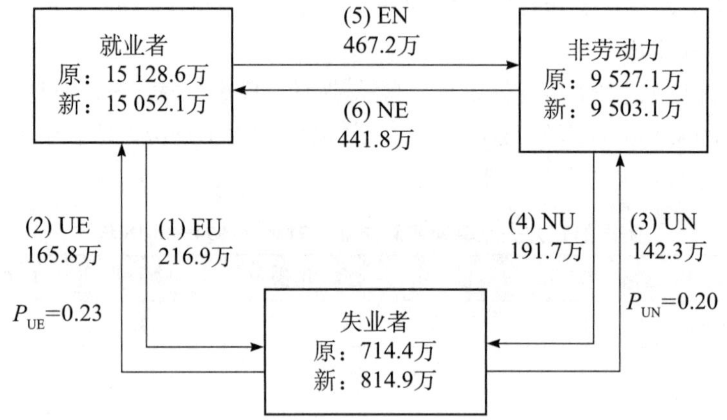

图 9－1 劳动力市场的存量-流量图

资料来源：根据美国劳工统计局数据整理和计算。U. S. Bureau of Labor Statistics. Labor Force Statistics from the Current Population Survey：Labor Force Status Flows by Sex. http：//www. bls. gov/web/empsit/cps _ flows _ recent. htm.

图 9－1 中的数字为美国 2017 年 12 月到 2018 年 1 月的劳动力市场存量与流量。从图中可以看出，在这一个月中，有 165.8 万名失业者找到工作（UE），142.3 万名失业者退出劳动力队伍（UN）。这些数字与失业存量之间的比例为 0.23（P_{UE}）和 0.20（P_{UN}）。据此我们就可以得出结论，在 2017 年 12 月处于失业状态的人当中，大约有 23%的人到 2018 年 1 月脱离了失业状态，还有 20%左右的失业者退出了劳动力市场，剩下的大部分人（57%）仍然处于失业状态。那些新进入失业存量的是两类人：一是从就业存量进入失业队伍的人（EU）；二是从非劳动力队伍进入失业队伍的人（NU）。其中，EU 这一流量是由那些自愿离开工作岗位或者是非自愿地失去工作的人组成的；而 NU 这一流量则是由那些正在进入劳动力队伍的人构成的。

根据图 9－1 中各个方向流量的大小情况可以看出，在这段时期内，平均每个月脱离失业状态的人的流量要小于进入失业状态的人的流量，具体来说，每个月从失业存量流入非劳动力存量的流量（142.3 万人）小于从非劳动力存量流入失业存量的流量（191.7 万人），因而这两个流量对失业存量的影响为增加了 49.4 万失业者。而从失业存量流入就业存量的流量（165.8 万人）比从就业存量流入失业存量的流量（216.9 万人）少 51.1 万人，因此，失业存量又会上升 51.1 万人，于是失业者总人数比过去净增加了 100.5 万人，最终变成 814.9 万人。与此同时，就业存量会净减少 76.5 万人，其中 25.4 万人的净减少值来自非劳动力存量；另外 51.1 万人的净减少值来自原来的失业存量。这样一种流量流动的结果是失业率的上升。

通过图 9－1 中展示的劳动力市场的存量-流量模型可以看出，一个人口群体的失业率之所以较高，既可能是因为这些人一旦失业就很难再找到工作，也可能是因为他们找到工作后在岗位上待的时间较短（即自愿或非自愿地离职），还有可能是因为他们频繁进出劳动力队伍。因此，如果政府考虑制定政策来降低这些人的失业率，需要首先了解劳动力市场上哪一种流量是造成这些人失业率高的主要原因。事实上，如果劳动力市场是大体均衡的，即进入和脱离失业状态的人员流量基本上相同，那么，某人口群体的失业率（U）高低就取决于各种劳动力市场流量的大小：

$$U=F\ (P_{EN},\ P_{NE},\ P_{UN},\ P_{NU},\ P_{EU},\ P_{UE})$$

式中，P_{EN}表示脱离了劳动力队伍的就业者所占的比例；P_{NE}表示在原来的非劳动力中，后来进入劳动力队伍且找到工作的人所占的比例；P_{UN}表示在原来的失业者中，脱离了劳动力队伍的人所占的比例；P_{NU}表示在原来的非劳动力中，后来进入劳动力队伍但尚未找到工作的人所占的比例；P_{EU}表示在原来的就业者中，后来成为失业者的人所占的比例；P_{UE}表示在原来的失业者中，后来成为就业者的人所占的比例。

在上述公式中，P_{EN}，P_{NU}，P_{EU}三个变量的值上升将会导致失业率上升，而P_{NE}，P_{UN}，P_{UE}三个变量的值上升则会导致失业率下降。如果用文字来表述，则可以说：在其他条件相同的情况下，那些因自愿或非自愿离开工作岗位而成为失业者或退出劳动力队伍的人所占比例（即P_{EU}或P_{EN}）上升，则这一人口群体的失业率会上升。此外，那些从非劳动力队伍进入劳动力队伍，但是却没有找到工作的人所占比例（P_{NU}）上升，则在其他条件相同的情况下，同样会导致这一人口群体的失业率上升。类似地，那些脱离了失业状态而成为就业者或退出劳动力市场的人所占的比例（即P_{UE}或P_{UN}）越大，则这一人口群体的失业率就会越低。此外，那些进入劳动力队伍之后马上找到工作的人所占的比例（P_{NE}）越大，则这一人口群体的失业率就会越低。

总的来说，人们非常关注的失业率问题主要包括三个方面：一是一国或一个地区的失业率在一段时期里是如何变化的。二是不同人口群体（比如不同年龄、性别、民族、地区的劳动者）之间的失业率存在什么差异。比如，国际上通常会对女性、青年等目标人群的失业率水平给予关注。三是失业的持续时间。如果是短期失业，对劳动者个人以及社会来说影响不会很大，但是如果某些特定的失业者长期处于失业状态，会对失业者及其家庭以及整个社会产生很大的不利影响。因此，在失业率统计和研究中经常提到的一个概念是长期失业率，即失业时间满一年以及超过一年的失业者在劳动力总人口中所占的比例。长期失业率从另一个角度反映了一国或一个地区失业问题的严重程度，因为，如果劳动者一年以上无法实现就业，将来就业的难度会越来越大。

小专栏9-1

失业时间过长可能有碍再就业

企业在挑选求职者时是否会对那些失业时间较长的人存在歧视？为了回答这一问题，有研究者通过网络向公开招募销售、客服和行政支持类员工的大都市地区的企业提交了大约1.2万份虚构简历，这些简历中包含虚构的求职者就业状态，对于那些被虚构为“失业者”的求职者，失业的时间分别设计为1个月到36个月不等。然后，研究者等着看有多少份简历能够收到企业邀请参加面试的电话。

结果发现，在简历中注明自己的失业时间只有1个月的求职者得到面试的可能性是那些与他们其他条件都相同但失业时间被设计为8个月的求职者的两倍。不过，在失业时间均超过8个月之后，失业时间的进一步延长对求职者获得面试机会的不利影响就可以忽略不计了。此外，在失业人数很多的经济衰退期，失业时间长短对求职者获得面试机会的影响变得更弱。

这项研究表明，失业者给自己设定一个水平较高的保留工资所带来的危险就是，由此导致的更长的失业时间会降低自己在潜在雇主心目中的可雇佣性——尤其是当总体劳动力市场相对较强的时候。

资料来源：Kory Kroft，Fabian Lange，and Matthew Notowidigdo. Duration Dependence and Labor Market Conditions：Theory and Evidence from a Field Experiment. working paper no. 18387. National Bureau of Economic Research. Cambridge，Mass.，2013.

表9－3中列举了若干国家在2000年和2016年的全部失业人口，以及各年龄段失业人口中长期失业人口所占的百分比。从表中不难看出，有些国家的长期失业者比例是很大的，比如2016年，希腊（72%）、南非（58.8%）、意大利（58.3%）、葡萄牙（55.4%）的总失业人口中，一半以上都是长期失业人口。西班牙、法国、德国的长期失业者在失业总人口中所占比例也较高，分别为48.4%，44.4%和41.2%。加拿大、美国、瑞典的长期失业人口在失业者中所占的比例较低，分别只有11.6%，13.3%和16.8%。长期失业者所占比例最低的是墨西哥，只有2%。

表9－3　若干国家不同年龄段劳动者的长期失业率（在各自年龄群体失业人口中的百分比）

国家	总体（15～64岁）		青年（15～24岁）		中年（25～54岁）		老年（55～64岁）	
	2000年	2016年	2000年	2016年	2000年	2016年	2000年	2016年
英国	26.7	27.2	12.3	17.0	32.9	30.2	43.4	44.6
美国	6.0	13.3	3.9	9.0	6.6	13.7	11.9	18.3
澳大利亚	25.9	23.7	14.9	18.2	30.7	24.4	45.6	38.5
加拿大	11.3	11.6	4.0	4.9	12.2	11.0	18.7	17.4
法国	42.6	44.4	20.6	27.7	45.3	46.3	69.7	66.8
德国	51.5	41.2	23.5	21.9	51.0	41.3	69.1	57.9
意大利	61.8	58.3	57.5	52.4	63.8	59.3	63.7	63.8
日本	25.5	39.5	21.5	34.6	22.5	41.7	36.0	36.2
丹麦	21.7	22.5	2.1	8.2	24.7	26.9	41.2	39.2
芬兰	29.0	26.6	8.8	8.0	34.0	30.5	56.5	44.8
瑞典	26.4	16.8	8.9	3.9	26.6	20.5	49.3	32.0
希腊	54.7	72.0	50.2	53.3	56.9	73.0	56.2	83.3
墨西哥	1.2	2.0	0.9	1.4	1.2	2.1	4.3	4.2
葡萄牙	42.2	55.4	21.2	29.4	47.9	57.6	68.5	75.4
西班牙	41.7	48.4	29.3	28.9	45.0	48.6	58.0	69.2
土耳其	21.1	20.6	19.8	14.3	21.8	22.2	31.4	36.0
俄罗斯	46.2	29.6	32.6	20.3	50.2	32.1	62.8	35.0
南非	68.4	58.8	46.8	35.1	72.0	61.4	85.3	70.9

资料来源：OECD Employment Outlook 2017，2017－06－13.

3. 中国的失业率统计问题

中国从1994开始用“失业人员”的概念替代“待业人员”的概念，同时开始用“城镇登记失业率”的概念取代“城镇登记待业率”的概念。所谓城镇登记失业率，是指在报告期末城镇登记失业人员总数占期末城镇从业人员总数与期末实有城镇登记失业人员总数之和的比重。其中，城镇从业人员不包括使用的农村劳动力、聘用的离退休人员、港澳台及外方人员。同时，城镇登记失业人员是指有非农业户口，在一定的劳动年龄内，有劳动能力，无业而要求就业，并在当地就业服务机构进行求职登记的人员。因此，城镇登记失业率的计算公式如下：

$$\text{城镇登记失业率}=\frac{\text{城镇登记失业人员总数}}{\text{城镇从业人员总数}+\text{城镇登记失业人员总数}}\times 100\% \qquad (9-2)$$

从表面上看，这种失业率的计算公式与国际通行的失业率计算方法是类似的。然而，这一统计指标却在三个方面与国际通行的失业率统计方法存在差异：

第一，国际失业率统计是不划分城镇和农村的，一个国家的所有劳动力均在统计范围之内。而我国的城镇登记失业率仅限于城镇，它强调，只有那些有非农业户口的劳动者才属于统计范围，农村劳动力不在统计范围之内，即使这些农村劳动力早已在城市实现就业或者是正在城市寻找工作且尚未实现就业。

第二，大多数发达市场经济国家的失业人数都是通过家庭调查的方式取得的，调查的频率很高，基本上每个月一次。此外，由于劳动者一旦失业，他们通常有资格到失业保险机构领取失业保险，因此，这些信息会很快被统计出来。但是我国在统计城镇登记失业率时却强调失去工作的劳动者必须在当地就业机构登记，即只把那些到就业服务机构求职登记的城镇无工作者视为失业人员。由于我国的失业保险制度尚处于初建和发育过程之中，很多失业人员实际上是不会去就业服务机构办理求职登记手续的，而是设法通过市场或者亲戚朋友的介绍来实现就业。这样，一大批城市失业人员实际上未被列入失业人数当中。这在某种程度上低估了失业水平。

第三，国际上计算失业率时，通常只对最低年龄做出要求，即 16 周岁及以上，对于年龄上限则没有规定，即无论多大年纪的人，只要你有劳动能力，愿意寻找工作，但是找不到工作，都会被纳入失业人员的范畴。而我国在计算城镇登记失业率时，则要求纳入统计范围的失业者有非农业户口并在当地就业机构登记，而且限定失业者在一定年龄之内，最初的规定是 16～50 周岁的男性以及 16～45 周岁的女性，超出这个年龄的失业者则不会被纳入统计范围。即使按照新的就业人员的统计标准，也是有年龄上限的，即 16～60 周岁的男性以及 16～55 周岁的女性。

以上三个方面的特点导致我国的实际失业严重程度被大大低估，因而城镇登记失业率这一概念受到学术界以及国际社会的广泛质疑。比如，中国社会科学院于 2008 年 12 月 16 日发布的《社会蓝皮书》中称，中国城镇失业率攀升到了 9.4%，已经超过 7%的国际警戒线；而国家人力资源和社会保障部公布的 2008 年城镇登记失业率只有 4.2%。面对诸多质疑，我国政府早在 2005 年就启动了一年两次的城乡劳动力调查，但是调查取得的失业率数据却一直没有对外公布。

二、菲利普斯曲线与自然失业率

（一） 菲利普斯曲线的起源与发展

菲利普斯曲线（Phillips curve）是由经济学家威廉·菲利普斯（William Phillips）提出

的，他出生于新西兰，但其主要职业生涯是在伦敦经济学院度过的。1958 年，菲利普斯发表了一篇名为“英国的失业率与货币工资增长率之间的关系：1861—1957”的论文，这篇文章根据英国近百年间的宏观经济数据，得出了这样一个结论：在这段时期内，英国的货币工资变化率和失业率之间存在一种反向的变动关系，即货币工资变化率越高，则失业率越低；反之，货币工资变化率越低，失业率越高。这种情况在一轮短期的、典型的经济周期波动中很容易看到，也就是说，在经济波动的上升期，失业率下降，货币工资变化率上升；在经济波动的回落期，失业率上升，货币工资变化率下降。

1960 年，美国经济学家保罗·萨缪尔森（Paul Samuelson）和罗伯特·索洛（Robert Solow）根据美国宏观经济数据，证实了菲利普斯曲线所表示的这种交替关系在美国同样存在，只不过他们用物价上涨率（通货膨胀率）来替代货币工资增长率。事实上，菲利普斯曲线的概念是由萨缪尔森和索洛这两位经济学家正式提出的。因此，后来大家在讨论菲利普斯曲线的时候，通常都是指通货膨胀率和失业率之间的关系，即在通货膨胀率与失业率之间存在一种相互交替或此消彼长的关系：当通货膨胀率高时，失业率低；当通货膨胀率低时，失业率高。菲利普斯曲线如图 9-2 所示。

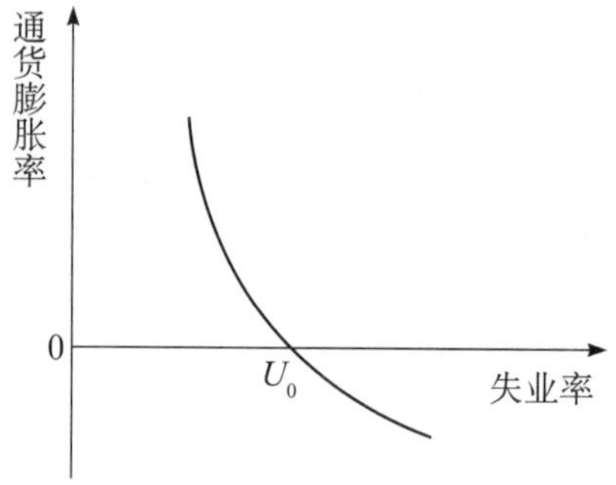

图 9-2 菲利普斯曲线

经过萨缪尔森和索洛丰富之后的菲利普斯曲线有以下几个方面的重要含义：

第一，它指出，在失业率和通货膨胀率之间存在相互交替的关系，它们可能并存。英国经济学家约翰·梅纳德·凯恩斯（John Maynard Keynes）是现代宏观经济学的奠基人，他在 20 世纪 30 年代经济大萧条之后出版的《就业、利息和货币通论》中指出，保障就业或把失业率降到最低是政府最重要的职责之一。失业会导致社会不稳定，进而产生一系列的恶劣后果，因此，政府应当推行扩张性的财政政策来刺激就业。然而很多国家的实践证明，扩张性财政政策和货币政策都可能会导致通货膨胀，从而给政府带来另一个难题，而菲利普斯曲线恰恰揭示了在失业率和通货膨胀率之间存在一种明显的负相关关系，两者只会此消彼长，很难两全，因而凯恩斯主义经济政策所主张的扩张性的财政和货币政策本身是有成本和代价的。

第二，它表明，由于失业率和通货膨胀率之间存在交替关系，因此政府可以交替运用扩张性和紧缩性的宏观经济政策来合理调控通货膨胀率和失业率。也就是说，在失业率低而通货膨胀率高时，政府可以采用紧缩性的财政政策和货币政策，从而以较高的失业率来换取较低的通货膨胀率；反之，在失业率高而通货膨胀率低时，政府则可以采用扩张性的财政政策和货币政策，从而以较高的通货膨胀率来换取较低的失业率。通过这种方式，政府可以把通货膨胀率和失业率控制在一个社会可接受的范围之内。这种政策含义就为一国政府的宏观经济政策选择提供了理论依据。

第三，它确立了成本推动型的通货膨胀理论，即通货膨胀是因为受到工资成本推动而产生的。萨缪尔森和索洛之所以用物价上涨率代替原菲利普斯曲线中的货币工资变化率，是基于这样一个假定，即产品价格的形成遵循“平均劳动成本固定加值法”，即每单位产品的价格是由平均劳动成本加上一个固定比例的其他成本和利润形成的。这就是说，物价的变动只与货币工资的变动有关。更具体地说，在经济衰退时期，失业率会比较高，存在明显的劳动力供给过剩现象。一旦经济开始复苏，总需求的上升会引起劳动力需求的上升，失业率开始下降。一开始的时候，工资面临的上升压力还比较小，但是随着经济的不断增长以及越来越多的人实现就业，工资增长的压力会越来越大。工资增长会导致企业的生产成本上升，而这种上升的生产成本往往会以更高价格的形式被转嫁给消费者，实际物价水平开始上升，这样便产生了通货膨胀。

在菲利普斯曲线得到认可的一段时期内，很多经济学家都认为在通货膨胀率和失业率之间存在的这种负相关关系是一种长期稳定的关系，其政策含义就是，政府要想降低失业率，就必须容忍高通货膨胀。也就是说，政府要想降低失业率，就必须运用扩张性的财政政策和货币政策来刺激经济增长，这样做的后果是，尽管国内生产总值会增加，失业率会下降，但是会导致通货膨胀的产生。

虽然通过对 20 世纪五六十年代的宏观经济数据进行测算可以发现，对于美国和英国等许多国家来说，菲利普斯曲线所指明的关系确实存在，但是到了 70 年代，菲利普斯曲线却面临着严峻的挑战，因为在这个时期出现了所谓的滞胀现象，即高通货膨胀率和高失业率同时并存的现象，而不是两者此高彼低的状况（比如，1975 年美国的通货膨胀率为 9.3，与此同时，失业率也高达 8.3）。这种情况引起了很多经济学家对菲利普斯曲线的反思。

（二）菲利普斯曲线的消失

事实上，20 世纪 60 年代末，经济学家埃德蒙·费尔普斯（Edmund Phelps）和米尔顿·弗里德曼分别在 1967 年和 1968 年发表文章指出，在长期中，通货膨胀率和失业率之间并不存在菲利普斯曲线所说的那种相互替代关系，政府利用菲利普斯曲线在通货膨胀率和失业率之间进行权衡是危险的。当时人们很难接受这样大胆的观点。但是，到了 20 世纪 70 年代，滞胀现象出现，事实证明了费尔普斯和弗里德曼的判断。根据美国 1971—1984 年间的通货膨胀率和失业率绘制出来的图形表明，两者之间的关系与前 20 年完全不同，根本看不出两者之间存在一种持续的此消彼长的关系，于是，在通货膨胀率和失业率之间存在一种长期的、稳定的替代关系的假设被推翻了。弗里德曼和费尔普斯分别因此获得 1976 年度和 2006 年度的诺贝尔经济学奖。

之所以不存在一条长期的菲利普斯曲线，一个很重要的假设就是人具有理性预期，对于劳动者和雇主来说都是这样。从劳动者的角度来说，通常情况下，劳动者在求职时，他们在劳动力市场上所能够得到的各种就业机会为他们提供的工资水平会有一个上限和一个下限，劳动者会据此形成自己的保留工资。在短期中，当开始出现通货膨胀的时候，劳动者并未意识到这种变化，他们依然根据自己已经形成的保留工资在各种就业机会之间做出选择。由于通货膨胀导致货币工资水平上涨，如果劳动者误以为这些货币工资就是实际工资，那么，他们现在有更大的概率找到等于或超过自己的保留工资的就业机会，这样，他们就业的速度就会加快。然而，在这个时候，劳动力市场能够给他们提供的货币工资水平已经不是原来的工资水平，其上限和下限都是在逐步攀升的。由于理性的劳动者将会根据实际工资而不是名义工资来决定其劳动力的供给，所以尽管在短期内了解一般价格水平的信息成本太高，劳动者会产生一种暂时的“货币幻觉”，把名义工资提高误认为是实际工资的提高，从而增加劳动力供给，但是从长期来看，劳动者终究会意识到这种货币工资水平的变化并不意味着实际工资水平的提高，这样，即使通货膨胀带动名义工资快速上涨，劳动者也不会急于去就业（见图 9-3）。

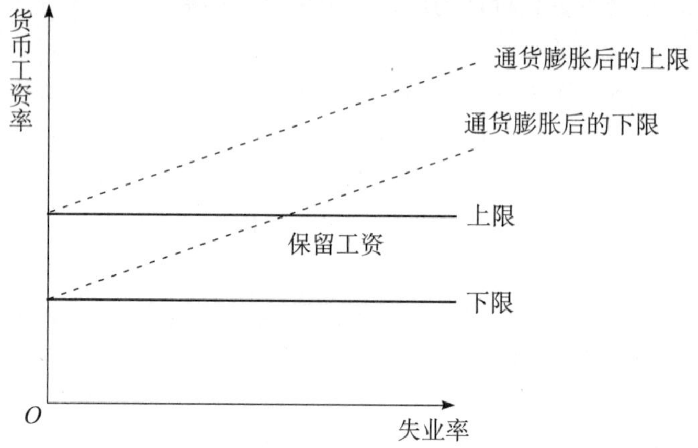

图 9-3　无通货膨胀预期情况下的工作搜寻

对于雇主来说存在同样的情况，通货膨胀刚刚开始的时候，雇主会因为看到自己生产的产品价格上升而误以为自己的实际收入增加了，从而会增加人员雇佣量，但是一旦它们意识到这个时候不仅自己的产品价格在上升，所有的产品价格都在上升，它们就会调整预期，使自己的预期通货膨胀率等于实际的通货膨胀率。这样，通货膨胀就无法诱使雇主扩大雇佣量。

总之，菲利普斯曲线仅仅讨论失业率和名义工资变动率之间的关系是导致出现误导的根本原因，它宣扬的那种通货膨胀率和失业率之间存在的替代关系只在短期内存在（一些经济学家甚至认为短期内也不会存在这种关系）。在长期中，这种斜率为负的菲利普斯曲线是不存在的，长期的菲利普斯曲线是如图 9-4 所示的垂直于横轴的一条直线。如图 9-4 所示，假定在短期内，失业率和通货膨胀率的组合位于 A 点，政府通过扩张性的财政政策或货币政策推动新的均衡点位于 B 点，即通货膨胀率更高但是失业率更低的点，但是，在长期中，由于劳动者和雇主都能够预期到这种物价水平的上涨，所以，最后新的均衡点会在 C 点，这时，失业率回到 A 点的水平，但是通货膨胀率却提高了。因此，长期菲利普斯曲线的政策含义是非常明显的，即从长远看，失业率终归会回到自然失业率水平，因此，以通货膨胀为代价来换取就业增长这样一种凯恩斯式的需求扩张政策，实际上只能扬汤止沸，每一次都只能是暂时有效，不仅不能在长期中增加就业，而且会导致整个经济的通货膨胀水平更高。这种状况证明了宏观经济政策的长期无效性。

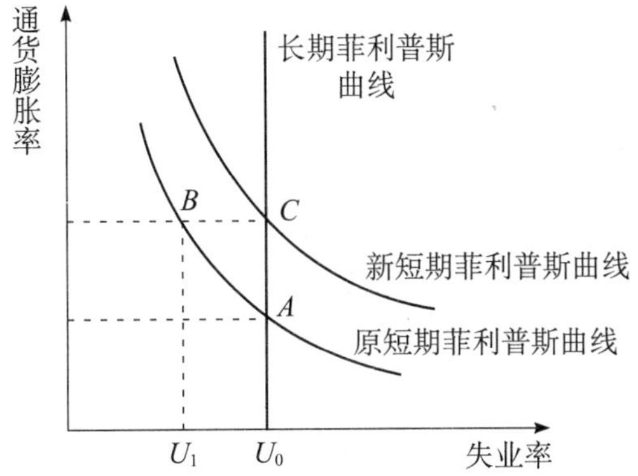

图 9-4　长期菲利普斯曲线

图中的长期菲利普斯曲线和横轴的交点所对应的失业率 U_0 即弗里德曼所说的“自然失业率”，这是一种即使在通货膨胀率为零的情况下仍然存在的失业率，它完全不会受到通货膨胀政策的影响。后来，萨缪尔森等经济学家提出了一个类似于自然失业率的“非加速通货膨胀失业率”的概念，他们认为，在长期中存在一种与稳定的通货膨胀相一致的最低失业率，这就是非加速通货膨胀失业率，这是当那些作用于价格和工资膨胀的向上或向下的力量处于平衡状态时的失业率。根据非加速通货膨胀失业率理论，长期菲利普斯曲线是一条位于非加速通货膨胀失业率处的垂直线；只要失业率低于非加速通货膨胀失业率水平，通货膨胀就会保持不断上升的势头。

（三） 自然失业率

很显然，对于一个社会来说，失业率过高和过低都不好。一方面，失业率过高，会有很多人无法通过劳动来获得必要的生活来源，而且这些劳动力都会被闲置，无法通过参加生产过程为社会创造价值。另一方面，失业率过低，则在劳动力市场上会出现劳动力需求过剩的情况，在劳动力需求超过供给的情况下，市场工资率会趋于上升，从而有可能成为通货膨胀的一个来源。所以，从理论上说，在经济中应该存在某种属于正常水平的失业率。这种失业率就是弗里德曼提出的自然失业率（natural unemployment rate），它又称为充分就业失业率。

当然，对自然失业率的定义并不是唯一的，关于自然失业率和充分就业的定义包括：第一，自然失业率是在工资和通货膨胀处于稳定状态或可接受水平时的失业率；第二，自然失业率是职位空缺数量等于失业者人数时的失业率；第三，充分就业是指当总需求的任何增加都不会再引起失业人数减少时的情况，而自然失业率是指所有的失业都属于自愿性失业（摩擦性失业或者季节性失业）时的失业率；第四，自然失业率是指当失业水平不变，并且进入失业状态的人数以及处于失业状态的时间都保持在正常水平时的失业率。很显然，所有这些关于自然失业率的定义，都想用某种特定方式把自然失业率定义为一种在“正常”时候出现的失业率。

那么，怎样才算达到自然失业率的水平呢？一些经济学家曾经试图对自然失业率做出预测，但是发现自然失业率的水平并不确定。比如，20 世纪 60 年代，自然失业率被确定为 5.4%左右，到了 70 年代就变成 7%左右，到了 80 年代，又变成 6%～6.5%，最近十年为大约 5%～6%。事实上，这一概念的提出者之一弗里德曼一直反对预测自然失业率，他认为自然失业率到底是多少无法说清楚。实际上，假设当劳动力市场处于均衡状态时——既不存在过剩的劳动力需求，也不存在过剩的劳动力供给——也会存在摩擦性失业和季节性失业，那么处于就业状态的劳动者的自愿流动率、进出劳动力队伍的人员流动状况、失业者为找到可接受的工作需要花费的时间等，都会对自然失业率的水平构成影响。又因为这些因素在不同人口群体之间的差别很大，因此，一个国家在任何一个时期的自然失业率水平，都会受到劳动力人口构成的强烈影响。

三、技术变革和国际贸易与失业

（一）技术变革对失业的影响

所谓技术变革，通常是指新产品和新的生产技术的引入，以及有助于降低资本成本的技术变化。尽管技术变革为我们带来了生活水平的巨大提高，但是它也可能会给一部分劳动者带来非常不利的后果，导致他们的工资水平下降甚至失业。根据我们在第 4 章中讲述过的劳动力需求的基本原理，对任何一种既定类型的劳动力的需求都取决于两个方面的因素，一是产品市场，二是其他生产要素的价格及其生产率。技术变革会同时对这两个方面产生影响，其主要表现是：一方面导致新产品对老产品的替代，另一方面导致资本对劳动力的替代。下面，我们分别就这两个方面的影响加以考察。

第一，技术进步常常会导致新的产品出现，而新产品的出现会在两个方面对生产老产品的劳动力的需求产生不利影响。首先，新产品的出现往往会导致老产品的产品需求曲线内移，而产品需求曲线的这种移动又会引起生产这种产品的劳动力的需求曲线同方向移动，从而导致在该部门中出现就业损失。其次，新产品的出现导致对老产品进行替代的可能性增加，从而进一步提高老产品的需求弹性，而产品需求的价格弹性所发生的变化会引起劳动力需求的自身工资弹性出现性质类似的变化，即导致生产老产品的劳动力的需求弹性增大。如果生产老产品的劳动力的工资不能灵活下调甚至由于某种原因上涨，则在老产品生产部门中出现的就业损失会更大。总之，尽管新产品的发明有益于消费者，并且能够提供新的工作岗位，但是它确实给原有的产业带来了不利的影响，劳动者和企业都必须针对新的环境做出痛苦的调整。

第二，技术变革常常是与自动化或者资本对劳动力的替代联系在一起的。在这方面，技术变革对劳动力需求所产生的影响主要通过两条途径显示出来，一条途径是降低原有资本的价格，另一条途径是推出新的技术。由于这两种情况都会导致资本的使用价格下降，因而都会引起资本对劳动力的替代，从而对就业产生不利影响。

然而，正如我们之前讨论过的，资本价格下降对某一类劳动力的需求所产生的最终影响取决于资本和这种劳动力之间到底是一种总替代关系还是一种总互补关系。如果某种特定的劳动力在生产过程中是资本的一种替代要素，并且资本价格下降的规模效应相对较弱，那么资本和这种劳动力之间呈现出一种总替代关系，技术变革就会减少对这种劳动力的需求，造成这种劳动力的就业损失。相反，对于那些和新技术之间并没有太大替代关系的劳动力而言，规模效应可能会占主导地位，超过替代效应，这样，在劳动力和资本之间就可能呈现出一种总互补关系。这时，技术变革对这一类劳动力的需求所产生的影响就可能是积极的，而不是消极的。一般情况下，人们倾向于认为技术劳动力和资本之间更有可能是一种总互补关系，而非技术劳动力和资本之间更有可能是一种总替代关系，一些研究也证明了这一点，因此就形成了所谓的资本-技能互补假设，即技术进步有利于技术劳动力的就业，而不利于非技术劳动力的就业。

但是，由于以下两个方面的原因，我们还无法断定技术变革对非技术劳动力的就业而言是否真的是不利因素。第一，在规模效应足够大的情况下，即使是在生产过程中相互替代的要素，仍然有可能是互补的。第二，资本对非技术劳动力的替代可能会摧毁他们所在的某些非技术岗位，但规模效应有可能创造出另一些非技术岗位，有时甚至就在同一行业之中。事实上，许多关于技术变革的讨论都忽略了规模效应，关注点都放在替代效应上，导致技术进步对就业的破坏作用在很多时候被夸大了。以美国为例，1979 年美国大约 60％的成年人是工作的，失业人口占到 5.8％。而到了 2006 年，在经历了大约 30 年的快速技术变革之后，62％的美国成年人是工作的，失业率反而只有 4.6％。

然而，无论如何，我们必须承认，尽管技术变革增加了对某些劳动力的需求，并且导致产品成本的下降以及可选择的产品的多样化，从而使广大消费者从中获益，但是它也给某些劳动者带来了很高的成本，这些劳动者的劳动力需求下降导致他们必须重新寻找工作，并且承担与工资损失、暂时失业或者不得不投资于新技能等有关的成本。这种部分人受益、部分人受损的情况显然是规范经济学的一个重要研究内容，从规范经济学的角度来说，如果在一个社会中，技术变革的受益者所获得的收益超过了受损者所遭受的损失，但是所有的受损者都能得到充分的补偿，技术变革就会使整个社会福利出现帕累托改善。

如果技术进步受损者的利益能够得到补偿，国家采取的某些鼓励新技术和新设备引进的政策就可以得到支持。例如，如果技术进步真的会导致非技术劳动力的就业损失，那么国家出台的一些鼓励引进和使用更为先进的资本和设备的补贴或者税收减免政策实际上有利于技术劳动力的就业及其工资水平的提高，而对非技术劳动力的就业及其工资则会带来损害。如果没有一种机制来补偿非技术劳动力因此而遭受的损失，国家出台的鼓励技术进步或技术升级的政策就会因为对非技术劳动力不利而受到质疑。事实上，由于大多数技术变革都是来源于市场上的大量企业所做的决策，所以，要想使这些由于受到企业决策影响而失去工作的人得到补偿，就需要制定一揽子的社会政策使这些劳动者重新实现就业。例如，通过提供失业保险使劳动者在寻找工作期间获得经济支持，在他们不得不接受低工资的就业机会时，提供某种形式的工资补贴来减少其工资损失，或者是提高他们得到雇用的概率；通过提供各种培训项目帮助劳动者获得具有竞争力的新的技能；公共就业服务机构可以通过建立职位空缺数据库来提供各种就业机会的信息；在一些特殊情况下，政府甚至可以直接给那些找不到工作的人安排一份工作。这些措施都有利于减少技术进步给一部分弱势劳动者带来的就业和工资冲击。

（二）国际贸易对失业的影响

在全球一体化步伐不断加快的今天，国际贸易越来越频繁，贸易的范围和规模越来越大。过去，很多国家都对国际贸易采取管制的态度，即通过对进口产品征收关税或者确定配额的方式来保护国内的相关产业不受国外竞争企业的威胁，最近一二十年来，许多国家通过与一个或多个贸易伙伴达成协议的方式放松了对进口的这种限制，世界贸易组织（WTO）更是在推动国际贸易自由化方面做出了巨大的努力。在论证国际贸易自由化的优势时，强调最多的就是早在大卫·李嘉图时代就提出的比较优势原理，即国际贸易有利于优化各种稀缺资源在世界各国之间的配置，推动交易各国的生产可能性曲线外扩，从而增加全球的总产出，并且使参与国际贸易的各方从中获益。然而，关于国际贸易对于一国的利弊之争却从来没有间断过，其中一个非常重要的理由就是，要想获得国际贸易的这种利益，参与国际贸易的各方是需要付出成本的，对于某个特定的国家来说，这种成本很可能会超过国际贸易为其带来的收益。

在国际贸易的成本当中，一项最受关注的成本就是一国在国内重新配置资源时需要付出的成本。如果完全根据比较优势原理来进行全球生产和国际贸易，则参与国际贸易的国家就必须根据国际分工的理想格局来重新调整自己的资源在国内不同行业之间的配置，即把资本、设备、人员从不具有比较优势的产业中撤出来，转移到自己具有比较优势的那些产品或者服务的生产当中去。在这种资本和劳动力大规模的跨部门转移的过程中，自然会产生很多成本，其中一项非常重要的成本就是被削减甚至被撤销的那些行业或产业中的很多劳动力很可能会因此而失业。总之，国际贸易带给交易各国的不仅是利益，还有相应的成本。一国能否从国际贸易中获利，关键是看国际贸易的成本和收益之间的对比关系。

此外，从发达国家的角度来说，近些年来，随着这些国家越来越多地从低成本国家购买产品和服务，再加上很多发达国家的企业直接到人工成本较低的发展中国家去建厂，采取外包或者是离岸经营的方式，导致这些人工成本较高的发达国家的劳动者直接面临大量国外低工资劳动者的竞争，发达国家中的很多人担心一些劳动者的工作岗位正在被来自低工资国家的劳动者夺走，或者是工资水平受到威胁。因此，国际贸易对发达国家的劳动者的影响也是一个日益受到关注的问题。

与技术进步对就业和失业的影响类似，国际贸易同样是通过产品需求变化以及其他生产要素的供给变化对一国的就业和失业产生影响的。下面，我们分别从这两个方面来加以分析。

1. 国际贸易中的产品需求变化对失业的影响

贸易往往意味着双方之间的交换活动，因此，通常情况下，一个国家的国际贸易扩大就意味着它的进口和出口同时上升。但是出口和进口对就业和失业的影响却是相反的。

从出口的角度来说，一国的就业可能会受到两个方面的有利影响：一是当出口增加时，那些生产这些出口商品的行业就会扩大生产规模，因此，这些行业的劳动力需求曲线就会向右移动，不仅这些行业中的就业机会会增加，工资水平也会有所提高。二是国际贸易扩张很可能会使一个国家变得更加富有，从而提高这个国家对产品和服务的总需求，而对产品和服务总需求的上升通常会带动对国内生产的一些产品和服务的需求上升，这样就会使生产这些产品以及提供这些服务的劳动者的劳动力需求曲线右移——这相当于对劳动力需求产生了一种有利的规模效应。至于出口增加所带来的就业扩张程度，则主要取决于相关行业的劳动力供给曲线的形状。如果劳动力供给曲线富有弹性（形状较为平坦），则劳动力需求曲线的右移会扩大就业，但不会使工资提高太多；若劳动力供给曲线缺乏弹性，则劳动力需求曲线的右移会带来较大幅度的工资上涨以及较小幅度的就业增长。由于对中国等这样一些发展中国家来说，出口行业的劳动力供给往往是非常富有弹性的，因此，出口的扩大对于增加就业的作用是非常积极的，而出口萎缩带来的失业效应也是非常明显的。这是出口备受重视的原因之一。

然而，国际贸易中进口的作用就不同了，进口的增加往往会直接或间接地减少对国内生产的一些产品或服务的需求，在其他条件不变的情况下，这种产品市场的变化会导致这些行业的劳动力需求减少，即导致生产或提供这些产品或服务的劳动者的劳动力需求曲线向左移动，这是对劳动力需求产生的一种不利的规模效应。那些因为进口的增加导致其劳动力需求曲线左移的劳动者往往会成为国际贸易扩大的利益受损者，他们中的很多人可能会被迫重新换工作，可能因为一时难以找到新的工作而在一段时期内处于失业状态，这种情况与技术进步对一些非技术劳动力所产生的影响是类似的。至于这些劳动者的就业受到冲击的程度，同样取决于市场劳动力供给曲线的形状，其他条件一定，劳动力供给曲线的弹性越大，则就业损失越大，但是工资下降幅度不会太大；相反，劳动力供给曲线的弹性越小，则就业损失较小，但是工资下降幅度却会很大。

2. 国际贸易中的其他生产要素的价格及其生产率对失业的影响

如前所述，近些年来，许多发达国家的企业都将它们的生产环节转移到人工成本更低的一些发展中国家或地区，这种做法就使国外的大量低工资劳动力与发达国家的高工资劳动力展开直接的竞争。那么，当其他国家的低工资劳动力可以为发达国家的企业所用时，这些发达国家的劳动力的就业和工资又会受到怎样的影响呢？正如我们在第 4 章中讲到的那样，其他类型的劳动力的价格下降会对某种劳动力的需求同时产生替代效应和规模效应，并且这两种效应的作用方向相反，在这两种效应中，如果规模效应占据主导地位，则两种劳动力之间就呈现出总互补关系，如果替代效应占主导地位，则两种劳动力之间就会呈现出总替代关系。

首先，让我们来考察发展中国家的劳动力对发达国家的劳动力所产生的替代效应。在这里，我们需要注意三个方面的问题：

第一，单纯的工资水平或人工成本并不是决定发展中国家的劳动力能否对发达国家的劳动力进行替代的唯一因素。也就是说，最便宜的劳动力未必是最有利可图的劳动力，企业真正关心的是两类国家的劳动力的工资水平与边际生产率之比，只有当发展中国家的劳动力的工资与边际生产率之比更低时（或者是劳动力的边际生产率与工资之比更高时），发达国家的企业才会考虑用发展中国家的劳动力来代替本国的劳动力。因此，发展中国家的劳动力并不必然对发达国家的劳动力产生替代，这种替代效应只是潜在的。

第二，根据希克斯-马歇尔派生需求定理，一种生产要素对另一种生产要素的替代能力还取决于两种要素之间的替代难易程度。当发展中国家的劳动力对发达国家的劳动力进行替代时，同样需要考虑这方面的因素。对于发达国家的劳动者来说，如果他们生产的产品很容易实现跨国运输，而且这些产品的生产难度并不大，那么他们的工作岗位被转移到低工资国家的风险就会比较高，被替代的可能性会比较大。但还有一些工作是必须在发达国家当地完成的，比如一些日常的家庭保健、园林绿化、医疗护理、儿童看护等。此外，由于在语言、交通运输、远距离沟通、培训、掌握国外法律及经营管理实践等方面存在成本，用发展中国家的劳动力对发达国家的劳动力进行替代具有一定的难度，当替代的成本超过可能的收益时，这种替代是不可能发生的。

第三，即使发展中国家劳动力确实对发达国家的劳动力产生了替代，这种替代效应对发达国家劳动力的就业和工资所产生的影响大小，也取决于发达国家的劳动力在本国内向其他行业或产业转移的能力以及速度。如果发展中国家的劳动力在对发达国家的劳动力产生替代时，发达国家的劳动力能够迅速离开这些工作岗位并且找到新的工作——他们的劳动力供给曲线相对平坦，那么，发达国家被替代的那些劳动力就不会因此而失业，而继续留在现有行业中的发达国家的劳动力的工资也不会有太大的下降。相反，如果发达国家的这些劳动力的供给曲线相对陡峭，那么这些行业中被替换的劳动力人数就不会很多，但是继续留在原行业中的那些劳动力的工资会大幅下降，随着工资水平的下降，企业继续用外国劳动力来替代本国劳动力的动机就会被削弱。

其次，我们来考察一下规模效应所起的作用。在发展中国家的劳动力对发达国家的劳动力产生替代效应的同时，还伴随着规模效应。如果在某一特定的行业中，发展中国家的低成本劳动力替代了发达国家的劳动力，则某些产品的生产成本从而产品价格会下降，而产品价格的下降会导致产品需求的上升。发达国家的消费者对这些产品的需求增加，必然会导致与生产这些产品的发展中国家的劳动力在生产过程中产生互补的那些发达国家的劳动力的需求上升，比如必须在发达国家完成的产品设计、物流运输、零售等各类劳动力的需求可能都会随之上升。当然，使用低工资劳动力所带来的规模效应大小，主要取决于两个要素：一是成本下降的行业所提供的最终产品的需求弹性。消费者对这些产品价格的下降越敏感，则这些产品价格的下降所带来的产品需求上升幅度也就越大。二是发展中国家的劳动力成本在总成本中所占的比重。如果发展中国家的劳动力成本在生产成本中占较大比重，那么，利用他们来生产的这些产品的成本以及价格下降的幅度也就越大，相应的规模效应也会越大。

3. 国际贸易对失业的净影响

综上所述，从理论上来说，国际贸易以及离岸经营无论是对发达国家的劳动者来说，还是对发展中国家的劳动者来说，都是有利有弊的。具体到某一个国家来说，利弊是否能够相抵，或者是否能够出现利大于弊的情况，要视具体情况而定。

例如，有很多研究试图考察贸易或离岸经营的扩大对于进口国家的相关部门所产生的影响。比如，美国和加拿大于1989年开始实施自由贸易协定，从而降低了加拿大方面对从美国进口的物品所征收的关税，这导致在关税下降幅度最大，从而受到美国商品进口影响最大的加拿大的相关行业中，就业率下降了12%。尽管这表明国际贸易的扩大导致在进口国家（这里是加拿大）生产同类商品的部门中，会有相当大一批劳动者失去工作岗位，但对进口国家的总体就业情况所产生的影响却未必是非常不利的，比如，加拿大在2002年的总就业率与1988年是相同的，这可能表明那些在原来的行业中被替代的劳动者较快地找到了新的工作。①

那么，发达国家因为国际贸易扩大和离岸经营的普及而遭受的就业损失情况又如何呢？很多估计结果表明，这种损失是相当小的。例如，一项研究估计，到2002年为止，每年有30万名美国劳动力（相当于每个月大约有2.5万人）由于美国企业采取离岸经营的做法而

---

① Daniel Trefler. The Long and Short of the Canada-U. S. Free Trade Agreement. American Economic Review 94, September 2004: 870－895.

失去工作。但是考虑到2001年5月到2002年4月，美国每个月都有约160万劳动者失去工作，同时还有290万人自愿离职，所以美国由于离岸经营而导致的失业数量在每个月的工作岗位损失总量中仅占1.5%。[①] 其他一些关于贸易扩张对发达国家的劳动力产生的替代作用的研究同样得出了影响很小的结论。

关于国际贸易对就业的影响还有另外两项研究。一项研究考察了在1990—2007年间，美国从中国进口商品对美国的722个劳动力市场产生的影响。结果发现，受中国商品进口冲击越大的行业，就业量下降的幅度越大，其中大学以下学历的就业者受到的冲击最大，从中国进口商品的增长可以解释这一时期美国制造业就业量下降的21%。[②] 另一项研究则对1967—1992年影响澳大利亚劳动力总需求的因素进行了研究，结果发现，在总产出和其他投入价格保持不变的情况下，如果从东南亚进口的商品价格相对于澳大利亚的工资下降10%，则会导致这一时期澳大利亚的劳动力需求上升9.7%，也就是说，从低工资国家和地区进口商品反而有利于澳大利亚人的就业，这很可能是因为进口商品中有相当一部分属于原材料或待加工品，因而需要在销售给用户之前进行进一步的加工或处理。然而，如果澳大利亚从美国和加拿大进口的商品的相对价格同样下降10%，则澳大利亚的劳动力需求将会下降9%，从英国进口的商品的相对价格如果下降同样的幅度，则澳大利亚的劳动力需求会下降20%。这很可能是因为从发达国家进口的商品是直接销售给用户的产成品。[③]

然而，严格来说，要想分离出国际贸易对一国的就业水平所产生的影响却是非常困难的，因为除了国际贸易之外，其他很多因素也会对劳动力的供求产生影响，比如移民、技术、个人收入、消费者偏好等，很难在研究国际贸易的就业效应时控制这些变量所发生的变化。此外，无论国际贸易扩张所导致的劳动力被替代的规模如何，经济理论都表明，在长期中，对外贸易开放度对一个国家的总体就业状况的影响都不会超过技术变革所带来的影响。

然而，无论如何，我们仍然需要关注那些由于国际贸易而遭受就业和工资损失的劳动者。事实上，即使国际贸易的扩张并没有导致一国的总体就业水平发生变化，那些被从工作岗位上替换下来的劳动者仍然要承担寻找和适应新工作的成本，他们的工资水平也可能会下降。需要注意的另一点是，国际贸易扩张的成本并非完全落在低技能劳动者的身上，某些高技能的劳动者（比如金融行业的劳动者）同样有可能面临来自发展中国家的劳动者的竞争，这些劳动者往往具有与自己相当的受教育水平，但是工资水平却相对较低。

第2节 失业的类型及其对策

总的来说，根据失业产生的原因，经济学家通常将失业划分为摩擦性失业、结构性失业、周期性失业以及季节性失业四大类。下面我们分别加以阐述。

---

① U. S. Bureau of Labor Statistics. New Monthly Data Series on Job Openings and Labor Turnover Announced by BLS. news release USLD 02-412，July 30，2002.

② David H. Autor，David Dorn，Gordon H. Hanson. The China Syndrome：Local Labor Market Effects of Import Competition in the United States. MIT Working Paper，May 2012.

③ Christis G. Tombazos. The Impact of Imports on the Demand for Labor in Australia. Economics Letters，62，1999：351-356.

一、摩擦性失业

（一）摩擦性失业的定义、成因与对策

我们在分析劳动力市场均衡的时候假定，当劳动力市场处于均衡状态时，劳动力供给和劳动力需求恰好相等，这个时候既没有职位空缺需要填补，也没有人找不到工作。然而在现实中，情况却并非如此。即使劳动力市场确实处在均衡状态，即在现行的市场工资率下，劳动力供给与劳动力需求恰好相等，也仍然会有一些人正好处在两份工作中间或者是刚刚进入劳动力市场，正在寻找工作，或者是正在与雇主就雇佣合同进行协商或谈判。这种情况可以视为劳动力市场运转的一种正常的“摩擦力”，由此而产生的失业也就称为摩擦性失业(frictional unemployment)。

摩擦性失业产生的根源主要包括以下三个方面：其一是劳动力市场本身的动态属性。劳动力市场上的各类人员在就业者、失业者和非劳动力三种身份之间不断流动，而不是静止的，比如，在任何时候总会有人从就业者转变成失业者，同时又会有人从失业者转变为就业者，因此，如果单纯考察某一时点上的情况，必然会有人处于尚未就业的失业状态，这是摩擦性失业产生的一个重要原因。其二是劳动力市场信息流动的不完善性。即劳动者不可能不付出成本就迅速全面地了解到整个劳动力市场上哪些雇主对自己的劳动力有需求，雇主也往往无法立即知道自己所需要的劳动者在哪里，因而劳动力供求双方都会受到信息缺乏或不完善的困扰，从而使一部分劳动力不能马上就业。其三，求职者与拥有职位空缺的雇主之间相互寻找、洽谈需要有一定的时间。即使劳动者了解到某处有适合自己的职位空缺，但从一个职业、行业、企业或地区向另一个职业、行业、企业或地区流动是需要成本的，而雇主在决定雇用一位劳动者之前，需要完成一系列的甄选工作，其中包括各种测试、面试以及身体检查等。总之，从劳动力供求双方获知信息到通过协商达成雇佣合同，这一过程是需要耗费一定时间的，会造成一些人尽管很快可以实现就业，但是却暂时处于失业状态。

摩擦性失业是竞争性劳动力市场的一个自然特征，它不是由于工作岗位缺乏而造成的，而是由于寻找工作、达成就业协议的时滞因素所引起的。从这一角度来说，它属于一种正常的失业，它的存在与充分就业并不矛盾。针对摩擦性失业的这种特点，政府可以通过加强劳动力市场信息的搜集和发布机制，加快劳动力市场信息的传播速度，为劳动者提供更为便捷的信息获取渠道等措施，缩短劳动者寻找工作的时间，使其尽快实现就业，从而在一定程度上缩小摩擦性失业的规模。此外，政府就雇佣合同中所涉及的与工资和工作条件等有关的内容制定一些最低标准，有助于缩短劳动者和雇主之间就这些问题进行谈判的时间，从而减少摩擦性失业。

（二）工作搜寻理论与摩擦性失业

在任何一个经济体中，摩擦性失业水平都取决于进入和退出劳动力市场的人员流量以及失业者找到并接受工作机会的速度。而要考察这种就业的速度，需要对工作搜寻过程加以研究。由此在经济学上产生了一个工作搜寻模型，这个模型的基本含义是，失业者总是试图从各种可能的工作机会中找到最有利于实现个人效用最大化的就业机会——通常情况下，他们总是会努力寻找在自身人力资本条件一定的情况下所能够得到的工资水平最高的工作，但

是，由于关于各种工作机会的信息是不完善的，所以劳动者必须为寻找工作而进行不断的搜寻。与此同时，我们假定雇主很清楚自己的职位对任职者的要求，并且针对每一个职位制定了明确的最低雇佣标准组合，包括受教育程度、培训经历、工作经验、雇佣测试成绩等方面的要求。雇主对那些最低雇佣标准较高的职位会支付较高水平的工资，而对雇佣标准较低的职位只会支付较低水平的工资。一般情况下，最低雇佣标准很高或者很低的职位在劳动力市场上可能都是少数，大部分职位的最低雇佣标准处于中间的位置，所以在整个劳动力市场上，雇主提供的各类职位所对应的工资水平大体上呈现正态分布状态。

如果我们假定雇主能够辨别出每一位劳动者的真实人力资本状况，并且没有任何一家企业会雇用未达到自己的最低雇佣标准的劳动者，那么，劳动者在求职的过程中就没有机会通过隐瞒自己的真实水平来骗取更高水平的工资。这时，劳动者在大体清楚与自己的人力资本存量相对应的市场工资水平的情况下，唯一要做的就是去寻找能够得到这一工资水平的相应职位。如果劳动者知道在哪些企业中存在这种职位，他们就会直接到这些企业去求职，一旦他们符合企业的最低雇佣标准，企业就会雇用他们并支付与职位的价值以及劳动者的人力资本价值相吻合的市场工资率。然而，由于劳动力市场上的信息是不完善的，所以尽管劳动者知道劳动力市场上的工资出价分布状况，但是却并不知道每一家特定的企业所提供的职位有哪些，这些企业制定的最低雇佣标准是什么以及企业支付的工资水平是怎样的。于是，求职者只能随机地与各个企业中负责招聘的部门联系，如果他们很幸运，能够比较快地碰到与自己的人力资本存量相匹配的工作岗位，他们就能够较快实现就业，否则，他们的工作搜寻过程会耗费更多的时间。

当然，劳动者可能并不会马上抓住得到的第一个工作机会，他们很可能会存在一种幻想，看一看在市场上是否还有能够为自己提供更高工资水平的职位或雇主。因此，劳动者接受工作机会的速度快慢因人而异。准确地说，它取决于劳动者本人的保留工资水平。如果劳动者的保留工资较高，一方面，由于他们会拒绝工资水平低于保留工资的很多工作机会，所以他们一旦就业，预期的工资水平将会上升。另一方面，较高的保留工资又会降低他们在任一时期找到可接受工作的可能性，增加他们的预期失业时间。因此，每一位失业者都会将其保留工资确定在这样一种水平上，即因预期失业时间延长而产生的成本恰好等于因坚持到失业过后得到较高的工资所带来的预期收益。

从工作搜寻模型以及相关的一些决策规则中可以推导出以下结论：

第一，只要劳动者的保留工资没有定在市场所提供的最低工资水平上，求职者找到工作的概率就不会达到百分之百，因为他们能够找到的第一份或前几份工作未必能够达到他们的保留工资水平，这样劳动者就不得不继续寻找合适的工作机会。在这种情况下，就会出现搜寻性失业。

第二，由于每个人的保留工资总是会定在与本人的技能水平相对应的市场工资水平以下，因此，一旦这些人找到工作，他们预期获得的工资性报酬就会低于他们实际上应该能够得到的工资水平。这种状况是由信息不完善所导致的，进一步完善的劳动力市场信息的搜集整理以及发布工作将会改善劳动者和工作岗位之间的匹配质量。

第三，人力资本存量相同的不同劳动者最终很可能会获得不同水平的工资。在信息不完善的情况下，两位具有相同技能水平的劳动者实际得到的工资水平将完全取决于运气的好坏。即使两位劳动者的人力资本存量和保留工资都相同，他们在劳动力市场上也很可能会遇到不同的工资出价，一个人遇到的工资出价可能比其保留工资高不了多少，而另一个人遇到的工资出价则可能比保留工资明显高出一截。一方面，失业是有成本的，另一方面，劳动力市场信息是不完善的，这两个人无法预期未来的工作机会怎样，在这种情况下，他们只能在高于其保留工资的各种可能工资出价中，选择接受其中水平最高的那个工作机会，这样，他们的实际工资水平就很可能是存在差异的。

第四，在其他条件相同的情况下，任何导致失业者加快寻找工作的因素都将缩短他们的失业时间。一方面，更为有效地搜集和传播关于工作机会和求职者的信息，有助于加快劳动力市场上各方的工作搜寻进程，刺激劳动者更为积极地去劳动力市场上寻找工作。另一方面，劳动者与劳动力市场上的潜在雇主进行接触的积极性还会受到个人处于失业状态的成本的影响。很显然，如果个人的失业成本有所下降，则失业者会提高自己的保留工资，从而导致失业者的预期失业时间延长，同时失业过后的预期工资率水平上升。

对失业者的失业成本进而保留工资产生影响的很重要的因素就是，是否存在对失业者提供经济支持的失业保险计划，以及这种计划的资格审查严格程度和所提供的保险待遇的优厚程度。由于失业保险福利对于劳动者来说实际上是一种非劳动收入，这种收入的获得会对劳动者的劳动力供给产生纯收入效应，所以它的作用是使劳动者的保留工资水平上升，从而失业时间延长。事实上，大部分研究都表明，失业保险福利水平的上升将会导致失业率上升。此外，对失业者享受失业保险福利的资格审查严格程度也会对失业率产生影响，显然，对享受失业保险福利的资格审查越严格，劳动者进行工作搜寻的努力程度也就会越高，从而越有利于失业率的下降。

1984—1985 年间，美国伊利诺伊州所进行的一次快速再就业奖金试验考察了失业保险对失业者的工作搜寻积极性以及就业速度的影响。这次试验的目的是检验一下，对那些能够以较快的速度找到新工作的失业保险领取者提供现金奖励，是否能够有效地缩短他们的失业时间，同时不会对他们在失业后所能够得到的工资水平产生负面影响。在这次试验中，失业保险领取者被随机地划分为两组。一组作为控制组，能够领取常规性的失业保险福利。第二组的人则得到这样一种承诺，如果他们能够在失业后 11 周之内找到一份全日制工作，并且至少能够在此岗位上连续工作四个月，则他们可以得到 500 美元的现金奖励。试验结果表明，就平均失业时间而言，有机会获得快速再就业奖金的那个小组中的失业保险领取者的失业时间比控制组中的失业者缩短了一周左右。而他们在实现再就业后的工资率却与控制组中的那些人几乎没有什么差别。因此，这一试验的结果似乎证明了，失业保险计划在某种程度上延缓了失业者实现再就业的速度，同时向失业保险领取者发放现金奖励的做法确实有助于缩短失业者的失业时间。①

二、结构性失业

（一）结构性失业的定义及其成因

所谓结构性失业（structural unemployment），是指劳动力供给和劳动力需求在供求结

---

① Bruce D. Meyer. Lessons from the U. S. Unemployment Insurance Experiments. Journal of Economic Literature 33. no. 1，March 1995：91 - 131.

构上出现失衡而导致的失业。这种结构失衡可能是由于两种情况导致的：一种情况是技能结构失衡，即在某一个既定的劳动力市场上，雇主所需要的劳动技能与劳动者的实际劳动力供给之间出现了质量上的不匹配，这种情况有时候又称为技能性失业。另一种情况是地理性结构失衡，即劳动力供给和劳动力需求在不同的地区之间出现局部不平衡。很显然，如果工资率是富有弹性的，而且在不同的职业间或地区间进行流动的成本很低，那么，劳动力市场会通过自身的功能很快使结构性失业减少并逐步消除。然而在现实中，这些成本较低的条件却很难得到满足，因此，结构性失业不可避免地会存在。

我们首先来看因技能结构失衡而产生的结构性失业。一方面，每一家企业所使用的技术和设备在竞争的压力下通常是不断升级的，而每一次技术进步往往都会导致一些劳动者被生产率更高的机器设备替换下来。另一方面，整个社会范围内的产业升级会导致大量的新兴行业不断涌现，而大量的传统行业被逐步淘汰，这就要求这些原来在传统行业就业的劳动力必须重新进行配置，以适应新的产业结构的需要，但是，一般情况下，技术进步和产业升级之后，劳动力需求方对劳动力供给的质量会提出更高的要求，失业的劳动者往往不具备劳动力需求方所需要的新技能，而且这些人学习新技能的能力比较差，因而在转移到新的岗位过程中会遇到很大的障碍。即使这些失业者有能力学习新的技能，他们在尚未掌握新技能之前，也很难实现就业。因此，由于技能结构失衡而产生的技能性失业很难在短时间内消除。

我们再来看因地理性结构失衡而产生的结构性失业。在整个经济中的劳动力供求总体上平衡的情况下，因劳动力供求的地理性结构失衡而产生的结构性失业可能会比技能性失业更容易消除，只要将劳动力过剩地区的剩余劳动力转移到劳动力短缺的地区即可。但是，由于这一劳动力转移过程往往需要劳动者进行地理上的迁移，因而正如我们在前面第6章人力资本投资部分讨论过的那样，劳动力的跨地区流动也是有成本的，不仅包括各种直接和间接的流动成本，而且涉及与家人的分离、对当地新环境的适应以及生活习惯调整等一系列的心理成本。

决定结构性失业严重程度的因素主要包括以下几个方面：一是劳动力需求变化的速度。如果劳动力需求变化很快，则会使很多劳动者面临结构性失业问题，因为这些人通常无法在较短的时间内进行劳动力供给质量调整。二是劳动力供给的适应性。这取决于对一个社会或地区的未来劳动力需求的数量和结构的预测是否正确，以及是否有能力根据预测到的这种未来的劳动力需求变化来对教育、培训等系统做出及时的调整，为劳动者的人力资本投资决策提供正确的引导，从而确保未来的劳动力供给结构能够适应劳动力需求的变化。三是劳动者重新学习新的技能或职业的速度。如果劳动者的基本素质较好、受教育程度较高、适应能力较强，那么，他们学习和掌握新技能的速度就会比较快，找到新工作的速度也会比较快，反之就会很慢，甚至会因找不到工作而长期处于失业状态。四是不同地理区域之间的差异。如果不同地区的地理环境、气候条件、生活方式、风俗习惯甚至语言等差别很大，则劳动者在不同地区之间变动工作就需要花更多的时间和努力才能适应新的环境，劳动者的跨地区流动就会较慢或者不畅。

（二）结构性失业的基本对策

针对上面对结构性失业所做的分析，一般可以采取下列措施来缓和结构性失业：第一，提高劳动力市场信息搜集工作的质量和信息传播的速度，从而使劳动者能够获得除本地区之外的其他地区的职位空缺信息，加速劳动力的跨地区流动。第二，在一些特定情况下，由政府提供一定的资金和职业介绍服务，给那些愿意从劳动力过剩地区向劳动力短缺地区流动的失业者提供一些必要的帮助，以消除因流动中的交易成本过高而对劳动力的跨地区流动所产生的阻碍。第三，通过提高正规学校教育水平尤其是义务教育阶段的教育质量，以及强化雇主的培训责任，确保劳动者具备良好的基本素质并在工作中不断更新和扩展技能，从而使劳动者具有学习新技能的能力以及根据新的市场需求调整自身的劳动力供给的能力。一方面使劳动者的知识技能与技术进步保持同步，另一方面提高劳动者的劳动力供给的适应性，从而使其能够以更快的速度胜任新的岗位或新的职业。在必要时，政府还可以通过财政资助的方式为一些遭受结构性失业的劳动者提供必要的培训资金，帮助他们完成技能的升级和转换。第四，对劳动力市场的未来走向进行更为准确的预测，从而为个人以及家庭做出相关的人力资本投资决策提供指引，避免劳动者进行人力资本投资和职业选择的盲目性，尽可能地减少未来的劳动力供求之间的不匹配状况。

小专栏 9-2

人工智能会带来失业狂潮吗？

进入21世纪以后，互联网、机器人以及人工智能（AI）等技术的不断发展对人类社会的生产和生活方式产生了革命性的影响，有人甚至说这是人类面临的第四次工业革命。事实上，在当今社会，一方面，机器人和自动化的普及已经成为一种趋势，大量的工业机器人被运用于焊接、喷漆、组装产品、处理材料或包装物品等生产活动。另一方面，无人便利店、自动驾驶、机器人翻译等逐渐得到应用。不仅如此，人工智能技术甚至可以运用到金融、医疗、法律、新闻甚至诗歌等一些领域，逐渐代替人类的工作。据报道，摩根大通利用人工智能技术开发了一款金融合同解析软件，经测试发现，原来需要律师和贷款人员每年耗费36万个小时才能完成的工作，这款软件只需几秒钟就能完成，且错误率大大降低。

英国牛津大学学者卡尔·弗雷（Carl Benedikt Frey）和迈克尔·奥斯本（Michael A. Osborne）仔细研究了美国劳动力市场上的702种工作被电脑取代的可行性。他们在2013年发表的研究报告指出，美国有47%的工作将在未来10～20年内被人工智能取代。创新工场董事长李开复也预言，人工智能将快速爆发，十年后有50%的人类工作将会被取代。被认为存在高失业风险的工作包括交通和物流、办公室与行政支持、生产线、服务业等，比如，清洁工、洗衣工、食物准备员、服装加工工人、接待人员以及键盘操作员等。此外，一些传统的白领职业同样面临危机，会计师、保险公司职员、保险精算师和图书管理员的工作中，有1/3可以被人工智能所取代。受到冲击较小的则是需要很强的社会认同感、人际交往能力和创造力的工作，比如工程师、教授、管理人员等，还包括学前教育老师、厨师、服装设计师、助产员、护士、美容师、导游等。

然而，面对自动化和人工智能的发展，或许不必过于惊慌。正如工业革命终结了一些旧工作，却创造一些新工作一样，机器人和人工智能革命可能同样如此。比如，工业机器人的使用将会减少一些危险的、重复性的和体力强度要求高的工作，但与此同时，它又产生了对机器设计和维护以及编程的工程师的需求。另外一种比较有说服力的情况是我国电子商务发展对就业产生的影响。基于互联网的电子商务平台一开始确实在一定程度上导致很多实体店生意惨淡，对一部分人的就业产生了不利影响。但与此同时，它本身又创造了更多的工作岗位，尤其是物流人员。据中国物流与采购联合会发布的报告，2016年末，我国物流岗位从业人员数为5 012万人，比上年增长0.6%，成为人员增长最快的行业之一，已经占到全国就业人员6.5%，其中很大一部分和网店相关。此外，网店的兴起还带动了很多新的行业，比如电商模特、网络摄影等。

总之，人工智能是一把双刃剑，虽然机器人和人工智能的大发展可能使相当一部分人面临失业的危险，但同时也将催生出一些新的行业和新的就业机会。如何帮助劳动者顺利完成不同类型工作岗位之间的转换，是整个社会包括每个人不得不思考的问题。

资料来源：兰辛珍．人工智能会带来失业潮吗？．北京周报，2018-01-12；吴汉钧．人工智能与大失业时代降临．联合早报，2017-06-04；傅蔚冈．人工智能反而会带来新就业．新京报，2017-09-22.

三、周期性失业

（一）周期性失业的定义及其成因

所谓周期性失业（cyclical unemployment），是指由于经济周期或商业的周期性波动引起劳动力市场供求失衡所造成的失业。比如，在1929—1923年的大萧条时期，美国的失业率高达25%左右，也就是说，劳动力队伍的大约1/4处于失业状态。而在2007—2009年的金融危机时期，美国的失业率从2007年春季的4.4%迅速上涨到2009年秋季的10%。①

由于产生周期性失业的基本原因是总量需求不足，因此，周期性失业很多时候又称为需求不足性失业。尽管经济学家一般从总体上来讨论经济的周期性波动问题，但事实上，产业不同，受到经济的总体周期波动影响的程度也是不同的。具体地说，某个特定产业受到周期性波动干扰的程度主要取决于其产品需求的收入弹性，即居民收入变动的百分比所导致的产品需求的变动百分比。越是可以延期购买的产品，产品需求的收入弹性就越大。

一个社会的产品通常可以划分为消费品和投资品两类。消费品又可以划分为耐用消费品和非耐用消费品。由于耐用消费品往往可以延期购买，人们很容易在收入增长速度放慢或者收入增长预期不佳的情况下暂时停止耐用消费品的购买和消费；相反，消费者对于非耐用消费品的购买却不太可能向后推迟，比如像食品这种日常非耐用消费品，即使在经济萧条时期，其购买仍然可能接近正常水平，因而非耐用消费品需求的收入弹性不是很大。总之，从产品需求的角度来说，耐用消费品生产行业受到经济周期波动的影响较大，而非耐用消费品生产行业不大会受到经济周期波动的影响。与生产消费品的行业相比，受到经济周期波动影响最大的是生产投资性商品的行业。这是因为，在经济衰退时期，产品的生产和销售全面下滑，很多企业现有的生产能力无法得到充分利用，一些企业甚至不得不停产或者减产。在这种情况下，企业通常是不大会增加投资、更新设备，从而进一步扩大生产能力的，这样，投资性商品生产行业的生产很容易萎缩。

在产品市场需求萎缩的情况下，生产这些产品的劳动力的需求很自然地也会下降。当产品市场上的总需求下降引起劳动力总需求下降时，如果实际工资水平具有向下浮动的足够灵

① Edward Lazear and James Spletzer. The United States Labor Market：Status Quo or a New Normal? . working paper no. 18386. National Bureau of Economic Research. Cambridge，Mass.，September 2012.

活性，还不至于出现严重的失业现象，但是，当实际工资水平并不具有充分的变动灵活性时，需求不足性失业便会出现。事实上，正如我们后面所要解释的，实际工资水平向下浮动的刚性是导致周期性失业出现的一个重要原因。

如图 9－5 所示，假定劳动力市场过去的均衡水平由初始劳动力供给曲线 S 和初始劳动力需求曲线 D_0 决定，均衡点为 A_0 点，均衡工资率和均衡雇佣量分别为 W_0 和 E_0，现在，由于经济整体出现滑坡，总需求下降，结果导致劳动力需求曲线内移到了 D_1。如果实际工资率具有向下浮动的灵活性，那么新的均衡点将是 A_1 点，新的均衡工资率和均衡雇佣量分别为 W_1 和 E_1，此时劳动力市场仍然处于均衡状态，即由于工资率从 W_0 下降到 W_1，原来处于就业状态的一部分人（E_0-E_1）现在不愿意继续就业，此时并不会出现失业。然而，如果实际工资率并不具有向下浮动的灵活性，而是存在一种工资向下浮动或下降的刚性，那么，在劳动力需求已经下降，但是工资率却仍然维持在 W_0 的情况下，原来处于就业状态的全部劳动者 E_0 都希望能够继续就业，但是，劳动力需求的下降却导致企业只能雇用 E_2 名劳动者，这样就会有一部分人（E_0-E_2）不得不处于失业状态。这一部分失业便属于需求不足性失业或周期性失业。

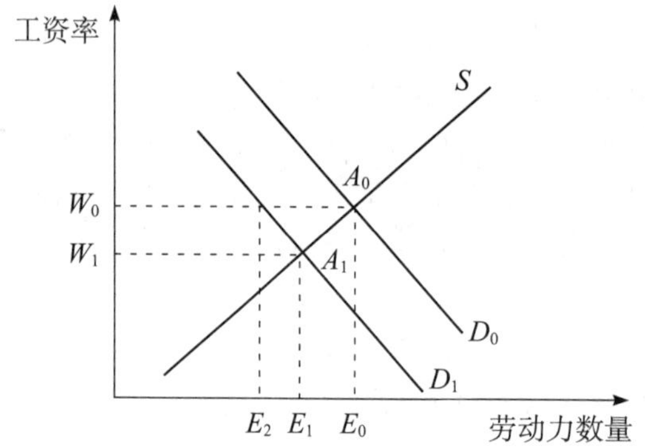

图 9－5　工资刚性与周期性失业

小专栏 9－3

全球经济危机导致中国劳动者失业

在现实中，由于经济衰退造成的失业以两种情况表现出来：一种情况是企业仍然在运营，但是雇用的人员数量减少，即裁员；另一种情况则是整个企业倒闭，所有员工全部失业。在较为严重的经济危机时期，这两种情况都会普遍出现。

自 2007 年美国爆发金融危机以来，新一轮的全球经济衰退来临，对于长期以来极大依赖国际贸易的我国产生了很大的冲击，相当一批从事外贸产品加工出口的企业开始裁员或倒闭，其中比较引人关注的是 2008 年 10 月，总部位于香港的合俊集团宣布，其旗下在广东东莞设立的两家工厂宣布倒闭，直接导致 6 500 名员工失去工作。媒体称这是中国首家因金融危机而倒闭的大型工厂。

在玩具行业，合俊集团可谓大名鼎鼎，作为全球最大玩具代工厂的代表，它主要按OEM（贴牌加工）标准制造及销售玩具，在世界五大玩具品牌中，合俊是其中三个品牌的制造商，包括为全球最大的玩具商美泰公司提供OEM业务，知名代工产品包括美泰、孩之宝等。有专家分析指出，“合俊集团东莞樟木头工厂的产品主要销往美国，其倒闭显然是因为受到金融风暴和次贷危机的冲击，从影响和知名度来看，这可以说是美国金融危机导致中国实体经济企业倒闭的第一案。”

专家表示，代工企业受金融危机影响最大。数据显示，2008年中国玩具出口额前8个月虽然有51亿美元，却只比上年同期增长了1个百分点，大幅回落了近22%。东莞的情况则更糟糕，2008年上半年，东莞玩具出口5.5亿美元，比上年同期下降1.5%，成为近年来的首度下降。公开资料显示，玩具业已经形成世界玩具生产中国占七成、中国玩具广东占七成、广东玩具东莞占近六成的格局。

一份被公开的中国海关报告指出，玩具属传统劳动密集型产品，2008年以来，国内原材料和人力成本上涨、人民币加速升值、融资困难、出口退税率下调，加上国外检测费用增加，都是导致中国玩具企业大规模倒闭的原因。

资料来源：陈志强．中国最大玩具工厂倒闭，金融危机祸及国内实业．南方日报，2008-10-17.

（二）经济不景气时期的工资刚性假设

上面我们谈到了工资下降的刚性是导致在总需求不足情况下周期性失业出现的一个重要原因，现在我们来分析为什么会存在这种工资下降的刚性。与一般商品的价格有所不同，工资既可以用名义工资来衡量，也可以用实际工资来衡量。一般商品的价格往往会随着市场上供给和需求的变化而上下波动。当商品需求下降时，厂商通常都会对商品进行降价销售，但是，当劳动力需求萎缩时，雇主支付给劳动者的工资水平却不会那么容易下降，尤其是货币工资的下降难度很大，这种情况在经济学上称为货币工资刚性或黏性。

那么，在货币工资或名义工资具有刚性的情况下，实际工资是否可以有所下降呢？答案是肯定的。由于实际工资等于货币工资除以物价指数，所以，只要货币工资的增长速度低于物价的增长速度，劳动者获得的实际工资实际上就是在下降。从劳动力需求的角度来说，劳动者的实际工资下降会有助于企业扩大雇佣量。但是在经济危机时期，情况却是相反的。因为实际工资只有在物价上涨的情况下才会下降，而在经济不景气时期，物价不仅不上涨，很多时候反而是下降的，因此，在货币工资具有下降的刚性的情况下，即使在经济不景气时期雇主支付的货币工资可以在一定程度上有所下降，实际工资的下降幅度也不可能很大，很难达到足以阻止失业增加的程度。更何况货币工资的下降本身会遇到很多阻滞因素。总之，与货币工资具有充分的向下浮动的灵活性相比，我们会发现，在经济滑坡期间，就业量的调整不仅幅度更大，而且更为普遍。那么，为什么在经济不景气时期，货币工资不容易下降，而就业水平下降的可能性更大呢？要回答这一问题，我们需要从劳动力需求和劳动力供给两个方面来寻找答案，即需要搞清楚为什么企业发现减少雇佣量要比降低工资水平更有利可图，为什么在面临失业威胁的情况下，劳动者不愿意用降低工资水平的办法来换取继续就业的机会。

下面，我们来介绍几个关于货币工资刚性存在的原因的基本假设，从这几个假设中我们可以看到劳动力供求双方为何更加青睐以牺牲就业的方式来保住货币工资不下降或少下降。

1. 工会

对货币工资刚性的一种解释是，工会限制了雇主随意削减货币工资的能力。这种说法认为货币工资刚性是因为工会对雇主的抵制造成的，但是以下两个方面的原因对这种说法提出质疑：一是很多国家中，工会的力量并不是很强大，比如美国目前只有不到15%的劳动者是工会会员；二是工会很清楚，如果不降低工资，雇主必然会解雇一部分工会会员，从而造成他们失业。因此，如果工会确实希望保住全体工会会员的工作，他们没有理由不采用临时降低工资的办法。因此，认为工会会抵制雇主降低全体员工的货币工资的说法是存在问题的。

关于工会与工资刚性之间关系的另一种更为合理的解释涉及工会的内部治理结构。由于工会领导层大多是根据多数原则选举出来的，而在工会会员中，工作年限较长、工作经验较为丰富的那些劳动者所占的比重通常是最大的，工会领导人一般来自这些劳动者，因此，在不能兼顾所有会员的利益的情况下，工会很自然地会倾向于首先保护那些工作年限较长的会员，而牺牲那些刚刚进入劳动力市场的年轻劳动者的一些利益。由于普遍采取的临时性工资削减措施会导致所有劳动者的工资性报酬水平下降，而临时解雇措施在大多数情况下只会对那些就业年限不长，或进入企业时间较晚的劳动者造成明显的不利影响，这些劳动者往往是工会会员中的少数，所以，工会很自然地就会偏向采取临时解雇政策，而不是降低所有工会成员工资的做法。

这种假设表明，一部分工会会员以牺牲另一部分工会会员（少数人）的就业为代价来继续维持原来的货币工资水平，这种情况导致工会争取到的利益在不同的会员之间分配不均衡。这种解释的另一个表述是内部人-外部人假说。它将工会会员视为内部人，而将那些非工会会员，或者曾经是工会会员但已经被解雇的劳动者视为外部人，这些内部人对于外部人不大关心或根本就不关心，他们会通过保持较少的工会会员人数来获得利益，甚至可能会通过与雇主进行谈判来阻止外部人被召回或雇用。

2. 组织的特殊人力资本

由于工会会员在劳动力队伍中所占的比重并不是很大，而且在非工会化企业中同样存在临时解雇现象——尽管不如在工会化企业中出现得那么频繁，因此工资刚性就不能完全归因于工会化。另一种可能的解释涉及我们在第6章中讲述过的特殊人力资本投资问题。如前所述，劳动者进入企业之后，企业会通过各种途径对他们进行人力资本投资，其中有相当一部分属于特殊人力资本投资，因此，员工工作的时间越长，他们所接受的特殊人力资本投资就越多，他们的流失或者是消极怠工就会给企业带来很大的损失。在这种情况下，雇主就会有这样一种设法留住他们并且激励他们努力工作的动机，即在努力把他们的自愿离职率降到最低程度的同时，设法使他们的努力程度以及生产率最大化。由于采取普遍性地临时降低全体员工的货币工资的做法，不仅可能会强化员工尤其是一些资深员工的离职意向，而且会导致员工在即使不离职的情况下，也会设法降低自己的努力程度，所以这种做法在给雇主带来直接的成本节约即收益的同时，实际上又给雇主带来了额外的隐性成本，如果处理不好，普遍降薪的做法所带来的成本甚至会超过随之产生的收益。

相反，如果仅仅是临时解雇一些资历最浅、工作经验最少的员工，则雇主不仅可以节约一部分成本，而且不会因此而遭受太大的损失。这一方面是因为雇主在这些人身上所进行的人力资本投资是最少的，解雇他们不会导致企业的特殊人力资本流失；另一方面，解雇这些人不仅不会打击其他资历较深的员工的积极性，反而会让他们感觉到企业对自己的重视，不仅提供就业保障，而且连工资水平都不降低，从而激发他们更大的工作热情。因此，通过临时解雇而维持在职员工货币工资水平不变的做法，对于企业来说是一种更为有利可图的战略选择。

3. 雇主-员工之间的信息不对称

当在组织中建立起内部劳动力市场的情况下，雇主常常明确或隐含地向员工做出这样一种承诺，即保证员工在为组织工作的整个职业生涯中，工资性报酬会随着工作年限的延长而不断上升。我们在第8章中谈到过，在有内部劳动力市场的情况下，企业往往会采取“先减额支付，再超额支付”的终生工资支付模式，即对新员工支付相对较低水平的工资，但同时给他们一种承诺或预期，如果工作努力，他们在职业生涯的后期将会获得相对较高的工资。然而，一方面，企业的这种承诺有些时候会因为一些不可抗力而无法兑现，比如，如果企业的经营遇到了问题，发生财务危机甚至破产，就很难兑现这种承诺。另一方面，一些雇主确实会有在员工本该获得超额工资支付的时候，找各种借口将他们解雇的动机，所以员工会对雇主的这种动机保持高度的警惕。

雇主总是比员工对本企业所提供的产品或服务的真实市场需求状况有更准确的了解，虽然企业在总需求下降的情况下，确实有必要通过降低工资水平来维持生存，但是当企业向员工提出削减工资的要求时，员工可能会怀疑雇主宣称的那种总需求下降的情况是否真的存在，或者即使确实存在，是否像雇主宣传的那么严重。同时，即使企业真的遇到了总需求下降的情况或者是财务困难，员工也希望企业或股东能够承担一定的成本，而不是通过削减工资水平的方式将成本完全转嫁给员工。雇主在向员工解释降薪的理由时，必然会遇到很多困难，而且它们担心虽然员工被迫接受，但是由于心中不满，同样会导致员工潜在的离职倾向以及生产率下降的危险。相反，如果企业暂时解雇一些劳动者，它所失去的仅仅是这些劳动者可能带来的产出，而其他员工会把这种行动视为企业确实陷入困境的一种信号。总而言之，雇主和员工之间的信息不对称使得解雇劳动者而不是降低工资水平成为一种更受双方青睐的选择。

4. 资深员工的风险规避倾向

在那些建立内部劳动力市场，从而在雇主和员工之间形成长期雇佣关系的企业中，雇主很可能会因为考虑到那些资深员工的风险规避倾向，采取以资历为基础（即“后进先出”）的临时解雇政策，而不是采取降低全体员工的货币工资的政策。换言之，那些年纪较大、工作经验较为丰富的资深员工往往更愿意接受一种较为稳定的收入，而不是存在波动的收入，即使两种收入的平均价值在长期中是一样的。不仅如此，他们甚至愿意为了获得稳定的收入而付出一定的代价。因此，如果企业将收入波动的风险限定在员工刚进入企业工作的初期阶段，从而使他们在职业生涯后期的收入波动的风险很小，那么，与员工在职业生涯后期存在收入波动风险时的情况相比，企业支付给资深员工的工资就可以低一些。

在上述情况下，企业为了迎合资深员工规避收入风险波动的倾向，就会在经济不景气的时候采取临时解雇年轻的、新进的员工的方式，来确保资深员工的工资水平不会出现大的波动。由于可能会被解雇的往往是最后进入企业的年轻的、经验不足的员工，他们在企业的劳动力队伍中只占很小的比重，而且一旦在企业和员工之间形成了长期雇佣的默契，年轻员工就会将这种在职业生涯的早期阶段存在的工资波动风险，视为换取职业生涯后期收入稳定的条件，所以雇主采取这种以资历为依据的解雇政策会有助于降低平均成本，同时有利于稳定员工队伍及其生产率水平。

5. 劳动者的地位与社会标准

上面提到的几种关于货币工资刚性的解释主要适用于已经建立内部劳动力市场的企业，这些企业通常规模较大。大家很自然地会想到，一方面，货币工资刚性在大企业中可能更为普遍，另一方面，在中小企业尤其是小企业中，货币工资水平调整的灵活性较大，毕竟它们不大可能会在总需求下降时由于上面这些原因而不采取降低工资的做法。如果中小企业在降低工资之后能够容纳更多人就业，则被大企业解雇的劳动者就可以在中小企业重新就业，周期性失业就不至于太严重——尽管这会降低整个经济的平均名义工资水平。

但现实情况却是，很多被大企业解雇的劳动者并不愿意到中小企业尤其是小企业去找工作，这是什么原因呢？一种解释是，很多失业者之所以未能流向低工资工作岗位，主要原因在于他们有一种地位意识，即对于自己在社会上的地位有一种认同，因而他们宁愿从好的工作岗位上下来处于失业状态，也不愿意在差的工作岗位上就业，至少在一个相对较长的时期里会存在这种情况。正是这种地位意识阻碍了工作岗位的扩张，也使低工资水平部门在衰退时期的工资水平进一步下降。

另一种解释是，通行市场工资率（甚至是那些竞争性小企业所支付的工资率）有可能会被大家视为一种社会标准，从而阻碍失业者以低于在职人员的工资这样一种方式来谋求就业。与这种解释相关的另一种解释是，失业者之所以宁愿失业，也不愿意接受更低工资的工作机会这种情况，更多地与他们对未来的考虑有关，而不是他们的地位意识在起作用。进而言之，员工在考虑是否接受一份工作时，会考虑这种工作对其未来的劳动力市场价格所产生的影响。如果失业者只准备在劳动力队伍中待不长的时间，那么，他们通过降低工资要价来获取就业机会无疑是一种很明智的选择。但是，如果失业者计划在劳动力队伍中继续待很长的时间，一旦他们在经济不景气时期愿意接受较低的工资水平，他们实际上就向未来的雇主传递了一个信号，即他们的保留工资水平其实并不高，这就会导致他们在未来劳动力市场上的工资水平降低，即使在经济开始好转时也是如此。正是出于这种担心，很多失业者宁愿继续保持失业状态，一直等到能够在适当的工资率下找到工作再去就业。

四、季节性失业

季节性失业（seasonal unemployment）与需求不足性失业有类似之处，它也是由于劳动力需求的波动引起的。只不过造成季节性失业的需求波动通常是有规律的，这种需求在一年当中的变化方式遵循某种规律，因而能够被预见到。比如，在农忙季节过后，农业生产对劳动者的需求就会下降，类似地，在其他很多工业和服务业中，也经常会出现这种产品和服务需求以及由此引起的劳动力需求的波动，比如旅游业、建筑业、航运业等，其生产经营的淡旺季是非常明显的，服装业、制鞋业、汽车业等也会随季节不同经历购买的高峰和低谷。此外，在一年之中，当工厂遇到需要大规模更换调整机器设备、改变当年产品模型时，对生产工人的需求也会有所下降。总之，这种由于产品需求进而劳动力需求的季节变化而导致的有规律的就业岗位丧失的现象，就是季节性失业。

与其他几种类型的失业不同，季节性失业往往是劳动者在就业之前就能够预见到的。既然如此，为什么还有人愿意到这些行业中来就业呢？这里有几种解释：一是因为不得已，即他们很难找到其他更为稳定的工作或职业，只能选择这种阶段性的就业模式。二是出于个人偏好，即有些人不太喜欢一直处于工作状态，而是希望能有一些自由度，既能通过季节性就业得到一部分收入来源，也能有大段的时间去做自己想做的其他事情。有人甚至解释说，在能够领取到失业保险的情况下，某些劳动者甚至将季节性失业当成一种带薪休假。但是这种说法并不具有很强的说服力，毕竟失业保险的替代率是很低的，大多数劳动者都不会认为这种失业保险福利足以让他们有带薪休假的感觉。第三种解释是，企业为了吸引足够的劳动者接受这种季节性工作，不得不支付较高水平的工资，从而为他们可能在未来遭遇的阶段性失业提供一定程度的补偿。这样，在存在季节性劳动力需求波动——从而失业风险较高——的行业或企业中，雇主就等于向劳动者支付一种补偿性工资。

正因为上述几种原因，我们很难说清楚季节性失业在本质上到底是一种自愿失业，还是一种非自愿失业。不过，总的来说，相对于其他几种失业而言，季节性失业给劳动者和社会所带来的负面影响并不是很大，因而不是公共政策关注的重点。

◆ 本章小结

就业是指有劳动能力的劳动者参加能够获得劳动报酬的社会劳动的状态；失业是指有劳动能力的一定年龄以上的劳动者希望获得有报酬的工作但是却未能找到的状态。国际劳工组织以及不同国家对就业和失业的统计存在一定的差异，近些年来，在就业统计中，对非正规就业的统计日益受到重视。

在社会上，人们与劳动力市场有关的身份可以界定为三类：就业者、失业者以及非劳动力。当我们观察一个劳动力市场时，会发现在这三种状态之间存在着相互流动的情况，这便是劳动力市场存量-流量模型。失业率是指作为分子的失业人数与作为分母的失业和就业人数之和的比率。劳动力市场上的人员流动方向对失业率的影响是不同的，有些流动方向有助于失业率下降，有些流动方向则导致失业率上升。

菲利普斯曲线最早由英国经济学家菲利普斯提出，后来被萨缪尔森和索洛两位经济学家推广，它指出在失业率和通货膨胀率两者之间存在一种此消彼长的关系，在自然失业率水平上，通货膨胀率可以为零。这表明，政府可以通过交替运用扩张性和紧缩性的财政政策来调控通货膨胀率和失业率，以达到两者的平衡。后来，经济学家费尔普斯和弗里德曼等人指出，菲利普斯曲线只是一种短期现象，在长期中，由于劳动者会对未来做出合理预期，他们不会根据名义工资率做出劳动力市场决策，因此，通货膨胀率和失业率之间并不存在相互替代的关系，长期菲利普斯曲线是一条垂直于失业率轴的直线。

技术变化对就业和失业的影响包括两个方面：一方面，技术进步有利于新产品的出现，这会导致对生产新产品的劳动力的需求出现或扩大，同时可能会导致对生产竞争性的老产品的劳动力的需求下降甚至消失。另一方面，技术进步往往导致对高技术劳动力的需求增加，同时很可能导致对低技术劳动力的需求减少。

国际贸易对就业和失业的影响也是类似的：一方面，国际贸易中的出口有利于增加本国就业，而进口会增加本国失业；另一方面，国际贸易使得各国劳动力之间的竞争成为可能，发展中国家的低成本劳动力对发达国家的高成本劳动力产生了替代的可能，但这种替代是有一定限制条件的，与本国内部不同劳动力之间的相互替代存在差异。

失业的四种主要类型是摩擦性失业、结构性失业、周期性失业、季节性失业，这四种失业产生的原因不同，相应的对策也存在差异。其中摩擦性失业和季节性失业是不太重要的两种失业，前者是由于工作搜寻过程中的摩擦力造成的，可通过提供更多的供求信息来缓解；后者是由于生产的季节性造成的，因为失业的时间是可预测的，所以无须过多顾虑。结构性失业和周期性失业通常会比较严重，因而是政府的公共政策需要关注的对象。结构性失业主要是由于供求的技术结构、地理结构等造成的，培训等手段是最好的解决办法；而周期性失业则与经济周期密切相关，往往需要通过一些扩张性的财政政策和货币政策来缓解。

◆ 关键术语

人口调查（current population survey）
不充分就业（underemployment）
显性不充分就业（visible underemployment）
隐性不充分就业（invisible underemployment）
菲利普斯曲线（Phillips curve）
自然失业率（natural unemployment rate）
摩擦性失业（frictional unemployment）
结构性失业（structural unemployment）
周期性失业（cyclical unemployment）
季节性失业（seasonal unemployment）

◆ 复习与思考

1. 我国关于就业和失业的定义及其统计标准是什么？与国际劳工组织以及美国等西方国家的区别是什么？

2. 请简要描述劳动力市场存量-流量模型并说明有利于失业率下降的人员流动方向是哪几个。

3. 短期和长期的菲利普斯曲线的理论含义是什么？对政府的公共政策制定存在何种不同的导向？

4. 有人说，技术进步或变革一定导致本国的非技术劳动力的需求下降。你同意这种说法吗？为什么？

5. 反国际贸易者的一个论调是，国际贸易会导致一国的失业率上升。你如何看待这种观点？

6. 失业有哪几种类型？它们各自的成因是什么？政府应当采取何种对策？

7. 请结合我国当前的劳动力市场状况分析我国的失业问题，并且指出政府的对策应当是怎样的。

8. 最近几年，媒体报道了这样一个现象：由于高技能技工短缺，我国很多地方出现了高技能技工的工资超过大学毕业生甚至研究生的情况，而很多大学毕业生连工作也找不到，在这种情况下，一部分大学毕业生又重新回到技工学校去学习一门更为实用的技能。请谈谈你对这种现象的看法。

9. 假定某地区的 16 周岁及以上人口为 500 万，其中有 120 万人不在劳动力队伍当中，就业人口为 360 万。请计算该地区的劳动力参与率和失业率。

10. 假设某发达国家的制造业工人的边际生产率是 $MP_L = 17 - 0.6L$，其中 L 是劳动力数量（单位为千人）。某发展中国家的制造业工人的边际生产率是 $MP_L = 11 - 0.8L$。现在，发达国家中有 10 000 名制造业工人，工资率是每小时 20 美元。发展中国家有 5 000 名制造业工人，工资率是每小时 10 美元。发达国家正在考虑先将 1 000 个制造业工作岗位转移到发展中国家去。你认为这样做对发达国家有利吗？为什么？

第10章 劳动力市场的其他问题

学习目的

读完本章之后，你应该能够：

1. 了解全要素生产率的概念及其含义
2. 掌握劳动生产率的概念及其计算方式
3. 理解劳动生产率的决定因素
4. 理解劳动生产率的周期性变化及其对就业和薪酬的影响
5. 了解劳动力市场歧视的类型
6. 理解劳动力市场歧视的成因

第1节 劳动生产率及其影响

一、劳动生产率的重要性及其决定因素

（一）劳动生产率的内涵及其重要性

所谓生产率，就是指生产出来的产品和服务的数量与生产这些产品和服务所使用的投入数量之间的比例关系，即作为分子的产出与作为分母的投入之比。这里的产出可以是实际的国内生产总值（GDP）、私营部门的实际产出，也可以是特定行业或企业的实际产出，但无论如何，这些产出必须是实际的，而不能是名义上的。这里的投入可以指各种投入之和，也可以仅仅指某一种投入，比如劳动力。当这里的投入是指各种生产要素或生产资源投入时，这种生产率就可以称为全要素生产率（total factor productivity，TFP）。而当这里的投入仅仅是指劳动力时，这种生产率便称为劳动生产率（labor productivity）。劳动生产率是我们本书关注的重点，但了解全要素生产率对于了解劳动生产率有一定的意义，因此，下面我们首先对全要素生产率做一个简要的介绍，然后重点讨论劳动生产率问题。

1. 全要素生产率

全要素生产率也称多要素生产率（multifactor productivity，MFP），是指生产的产品和服务（即产出）的数量与用来生产这些产品和服务的各种投入（劳动力、资本、能源、原材料以及购买的服务等）的数量之比。它是在考虑到经济中的全部生产要素（劳动力、资本、土地等）的投入数量增加对经济增长做出的贡献之后仍然存在的那部分残差或余值。换言之，如果劳动力和资本等的投入数量在两个时期中并未发生变化，那么产出发生的任何变化就是对全要素生产率的一种反映。因此，全要素生产率实际上反映了经济中的各种资源或生产要素在生产过程中同时使用时所达到的总体开发利用效率。

由于全要素生产率无法从总产量中直接计算出来，因而只能采取间接的计算办法。关于经济增长率、全要素生产率增长率等概念之间的关系，可以用式（10－1）来表述：

$$GY=GA+aGL+bGK \tag{10-1}$$

式中，GY 为经济增长率；GA 为全要素生产率增长率；GL 为劳动力增长率；GK 为资本增长率；a 为劳动力所占份额；b 为资本所占份额。

20 世纪 50 年代，诺贝尔经济学奖获得者罗伯特·M. 索洛（Robert Merton Solow）提出了具有规模报酬不变特性的总量生产函数和增长方程，并将方程的余值归结为技术进步所起的作用，因此，全要素生产率又称索洛残差或索洛余量。此后，全要素生产率被视为衡量技术进步对经济增长所做贡献程度的一个指标，全要素生产率的增长率有时候也称为技术进步率。这里的技术进步包括知识、教育、技术培训、规模经济、组织管理等各个方面的改善，比如技术与组织创新、管理实践优化、资源配置效率提高、劳动力质量提升、规模经济等。

全要素生产率是宏观经济学中一个非常重要的概念，同时也是分析经济增长源泉的重要工具，它对政府制定长期的、可持续增长的经济政策具有重要意义。比如，估算全要素生产率有助于分析经济增长的源泉，即投入要素增长、技术进步和能力实现等对经济增长的贡献大小，识别经济增长到底属于投入型增长还是效率型增长，从而判断经济增长的可持续性，同时还可以判断未来的经济政策到底应当以增加总需求为主，还是以调整经济结构、促进技术进步为主。

表 10－1 中列举了若干国家在 1985—2011 年间的各个时间段的全要素生产率增长率情况。从表中可以看出，一方面，在大部分时间里，全要素生产率是在不断增长的。另一方面，不同国家的全要素生产率增长率存在差别，比如，韩国的全要素生产率增长率在各个时期都是最为突出的。

表 10－1　　若干国家的全要素生产率增长率（%）

国家	时期				
	1985—1990 年	1990—1995 年	1995—2000 年	2000—2005 年	2005—2011 年
英国	0.4	1.6	1.4	1.4	－0.5
美国	0.7	0.7	1.5	1.7	0.7
澳大利亚	0.3	1.3	1.7	0.9	—
加拿大	－0.6	0.7	1.2	0.2	－0.2
法国	1.7	1.1	1.3	0.7	0.1
德国	—	—	1.1	0.7	0.8

续前表

国家	时期				
	1985—1990 年	1990—1995 年	1995—2000 年	2000—2005 年	2005—2011 年
意大利	1.4	1.1	0.2	−0.4	−0.5
日本	3.1	0.7	0.7	1	0.6
韩国	6	3.8	3.6	2.8	3.4
丹麦	0.6	1.4	0	0.1	−0.5
芬兰	2.4	1.7	2.7	1.8	0.3
爱尔兰	3.3	3.5	5.4	2	1.1
葡萄牙	—	—	2.1	−0.6	0.3
西班牙	0.7	0.8	−0.2	−0.2	0.1
瑞典	0.3	0.8	1.6	2.1	0.1

资料来源：OECD. http：//www.oecd.org/statistics/productivity.

2. 劳动生产率的衡量及其国际比较

如前所述，劳动生产率可以表示为产出数量与劳动力投入数量之间的关系。这里的产出既可以是实物总产量，也可以是实际国内生产总值（GDP）。劳动力投入数量通常用参加生产的全体劳动者在劳动过程中实际花费的总工时数量来表示。在实践中，劳动生产率的常用衡量指标之一是 GDP 与总工时数量之比，即单位工时 GDP。这一指标可以用式（10－2）表示：

$$\text{劳动生产率}=\frac{\text{总产量（实际 GDP）}}{\text{总工时数量}} \tag{10-2}$$

这里需要解释的是，为什么用单位工时 GDP 而不是人均 GDP 来作为劳动生产率的衡量指标。原因在于，人均 GDP 的增长既可以源自劳动生产率增长，也可以源自劳动利用率（labor utilisation）上升。劳动利用率其实就是人均工时的变化程度。具体来说，在劳动者人数不变的情况下，通过增加每位劳动者的劳动时间同样可以提高 GDP，从而带动人均 GDP 的上升，但这种人均 GDP 的上升并不是劳动生产率提高导致的，而仅仅是因为增加了每个人的劳动时间而已，它代表的不是劳动者的生产效率提高，属于投入型增长而不是效率型增长。

表 10－2 中列举了若干国家的劳动生产率对比情况，数据为每单位工时创造的 GDP。从表中可以看出，2016 年，爱尔兰和挪威的劳动生产率是最高的，达到每工时 80 美元上下，其次是美国、丹麦、法国、德国、西班牙，每工时创造的 GDP 在 60 美元上下，韩国、日本（2015 年数据）、希腊则偏低。

表 10－2　若干国家的劳动生产率（每工时 GDP）比较
（基于平行购买力按 2010 年不变价格计算）

单位：美元

国家	年份					
	1970	1980	1990	2000	2010	2016
英国	19.4	25.9	32.1	41.4	47.3	47.9
美国	31.1	36.1	42.1	50.4	61.9	63.3

续前表

国家	年份					
	1970	1980	1990	2000	2010	2016
澳大利亚	26.8	31.4	34.3	42.2	47.9	—
加拿大	27	32.3	35.5	42.3	46.2	49
法国	22.3	32.7	43.7	52.1	57	59.9
德国	22.3	32.3	40.6	50.6	56.3	59.9
意大利	22.7	33.9	40.4	47.3	47.2	47.6
日本	12.3	18.7	28.1	35.2	39.5	—
韩国	3.3	5	10.4	18.6	29.2	33.1
丹麦	25.1	34.8	44.8	54.8	60.2	63.6
芬兰	15.7	23.6	32	43.9	50.2	51.4
希腊	—	—	24.7	29	33	30.9
爱尔兰	12.8	20.4	29.7	44.4	58.2	83.1
挪威	27.4	42.6	54.6	71.8	76.8	79.1
葡萄牙	17.7	28	36.9	40.8	44.3	47.1
西班牙	24.9	31.5	35.4	44.9	53.1	56.3
瑞典	9.9	13	19.4	23.1	30.7	—

资料来源：OECD. http：//www. oecd. org/statistics/productivity.

3. 劳动生产率的重要性

劳动生产率之所以非常重要，是因为它的增长既是衡量一个国家、行业甚至企业的经济绩效的关键维度之一，同时它也是促进整个社会生活水平提高的一个重要推动器。

首先，劳动生产率对于经济增长的贡献是显而易见的。如果把劳动生产率的工时加以重新整理，即可变成式（10-3）：

$$\text{实际 GDP}=\text{劳动生产率}\times\text{总工时数量} \tag{10-3}$$

从上式中不难看出，实际 GDP 或实际产出的增长既可以通过增加工时数量来实现，也可以通过提高生产率来实现。在经济发达国家，依靠劳动生产率提高实现的经济增长往往比通过增加工时数量实现的经济增长更为重要。

其次，劳动生产率之所以对社会生活水平的提高至关重要，主要有两个方面的原因：

一是劳动生产率的增长是实际工资和生活水平得以提高的重要来源。从社会的角度来说，一个社会的实际产出也就是它的实际收入。对于整个经济而言，每个工时能够获得的实际收入只能与每工时的实际产出保持相同速度的增长，因此，每个小时的产出越多，便意味着可供每个小时分配的实际收入更多。从微观的角度来看，劳动生产率的增长增加了相对于劳动力供给的劳动力需求，导致平均实际工资率的上升。

二是生产率的增长是一种反通货膨胀的力量，它能够抵消或吸收名义工资的增长。劳动生产率的增长有助于抑制通货膨胀率，而劳动生产率增长缓慢则会导致较高的通货膨胀率。进而言之，劳动生产率的增长抵消了名义工资的增长，因此有助于抑制单位劳动力成本增加以及最终产品价格上升。

与劳动生产率有关的一个非常重要的指标是单位劳动力成本（unit labor cost），这一概念衡量的是经济中的每单位产出所需要承担的劳动力成本。其计算公式为：

$$单位劳动力成本=\frac{劳动力薪酬总额}{实际产出总量} \tag{10-4}$$

或者

$$单位劳动力成本=\frac{小时薪酬水平}{劳动生产率} \tag{10-5}$$

举例来说，如果名义小时工资是 10 美元，每位劳动者每小时能够生产 10 个单位的产品，则单位劳动力成本就是 1 美元（10 美元/小时÷10）。现在，如果两者同时上升 10%，于是名义小时工资变为 11 美元，每小时产出数量变为 11 个单位，则单位劳动力成本仍然是 1 美元。显然，名义工资与劳动生产率同比例增长不会带来单位劳动力成本的改变。现在，我们再假定名义工资增长了 10%但劳动生产率没有变化，这样，每小时的产出仍然是 10 个单位，但劳动力成本却变成了 11 美元，于是，单位劳动力成本变成 1.1 美元。很显然，名义工资的增长如果超过了劳动生产率的增长，则会带来单位劳动力成本的上升。反过来，我们再次假定名义工资不变，而劳动生产率增长了 10%，这样，每小时的产出仍然是 11 个单位，劳动力成本仍然是 10 美元，这时，单位劳动力成本就变成 0.9 美元。这表明，名义工资的增长如果低于劳动生产率的增长，则会带来单位劳动力成本的下降。

表 10-3 是从美国劳工统计局公布的数据中摘取的 2000—2017 年非农部门的劳动生产率（每小时产出）增长率、薪酬（每小时薪酬）增长率和单位劳动力成本增长率。① 从表中可以明显地看出，当劳动生产率增长率超过薪酬增长率时，单位劳动力成本下降；反过来，当薪酬增长率超过劳动生产率增长率时，单位劳动力成本上升。

表 10-3　美国非农部门的劳动生产率增长率、薪酬增长率以及单位劳动力成本增长率（2000—2017 年）

年份	劳动生产率增长率	薪酬增长率	单位劳动力成本增长率
2000	3.0	7.0	4.0
2001	2.7	4.3	1.6
2002	4.4	2.3	−2.0
2003	3.7	3.8	0.1
2004	3.1	4.5	1.4
2005	2.1	3.7	1.6
2006	0.9	3.9	3.0
2007	1.6	4.3	2.7
2008	0.8	2.8	2.0
2009	3.1	1.0	−2.0
2010	3.3	1.9	−1.3
2011	0.1	2.2	2.1

① 美国劳工统计局（BLS）从 1947 年开始就计算和发布主要部门劳动生产率的季度和年度数据。

续前表

年份	劳动生产率增长率	薪酬增长率	单位劳动力成本增长率
2012	0.9	2.6	1.7
2013	0.3	1.2	0.9
2014	1.0	2.9	1.9
2015	1.3	3.1	1.8
2016	−0.1	1.0	1.1
2017	1.2	1.5	0.2

资料来源：Bureau of Labor Statistics. https：//www. bls. gov/lpc/#data，2018-02-25.

由于劳动力成本平均占到总生产成本的70%～75%（有些行业甚至会更高），而较高的生产成本必然会传导到产品价格当中，导致较高的产品价格，因此，劳动生产率与通货膨胀率之间的关系是显而易见的。大体上可以看出，单位劳动力成本的变化和通货膨胀率的变化是相似的。当然，这并不是说名义工资增长和劳动生产率提高之间的关系是引发通货膨胀的主要原因。事实上，正如大部分经济学家所说的那样，实际产出增长和货币供给增长之间的关系才是价格水平变化的主要决定因素，因为货币供给的过度增长会引起包括劳动力价格（即名义工资）在内的所有价格的上涨。不过，名义工资与劳动生产率之间的关系确实是价格水平的重要决定因素。有些经济学家认为，工会等外部力量迫使企业以超过劳动生产率增长的幅度来提高工资，确实是导致通货膨胀（成本推动型通货膨胀）的原因之一。也正因为如此，即使是在美国等市场经济国家，政府有时候也会出于控制通货膨胀的目的，通过执行工资-物价政策力图将名义工资的增长控制在平均劳动生产率增长的范围之内。尽管对于单位劳动力成本的增加是导致通货膨胀的原因，还是通货膨胀的一个症状，经济学家仍然存在争议，但毫无疑问的是，在名义工资增速不变的情况下，劳动生产率增长越快，通货膨胀率就越低。

（二） 劳动生产率的决定因素

既然劳动生产率衡量了劳动力投入与其他生产投入组合在一起用于生产过程中的效率高低，那么，劳动生产率显然并不完全取决于劳动者，还取决于资本等其他生产要素的数量以及这些生产要素的利用效率的提高。概括地说，劳动力生产率的提高主要取决于劳动力质量的改善、实物资本的数量和质量以及资源利用效率的提高。

1. 劳动力质量

很显然，在其他条件一定的情况下，劳动力质量越高，劳动生产率通常会越高。劳动力质量的高低主要取决于劳动者的受教育程度、接受过的培训、身体健康以及工作活力等方面的情况。

一方面，劳动者个人及其家庭以及企业、社会在教育和培训方面进行的人力资本投资对一个国家或企业的劳动力质量极为重要。比如，国家制定义务学校教育制度，大力促进高等教育和职业教育的发展，通过立法要求企业对劳动者进行教育培训，企业加大在职培训力度，劳动者个人及其家庭更为重视教育培训等，都会有利于一国劳动力质量的改善以及生产率的提高。

对劳动者的身心健康和工作活力的投资也是劳动力质量的一个重要方面。很显然，身心健康的劳动者不仅在生产过程中表现得工作效率更高、工作效果更好，有效工作的时间也更长，这样的劳动者在组织中得到的在职培训机会会更多，主动进行人力资本投资的动力会更强。从提高劳动者的身心健康以及工作活力的角度来说，生活水平的提高以及营养条件和医疗保健条件的改善等都是重要的促进因素。

需要指出的是，在劳动力质量改善和劳动生产率提高之间存在一种良性循环和自我强调的关系。进而言之，劳动生产率的提高有利于实际工资的增长，而实际工资的增长又会为劳动者改善健康以及进行教育和培训方面的人力资本投资提供更为有利的条件，这反过来会进一步促进劳动力生产率的提升。

2. 实物资本的数量和质量

由于参与生产过程的不仅有劳动力，还有资本等其他生产要素（通常用资本来概括），因而劳动者获得的实物资本的数量及质量对劳动生产率有着重要的影响。一般情况下，劳动者在生产过程中能够使用的资本越充分，资本本身的生产率越高，劳动者的生产率就会越高。发展中国家或欠发达国家的劳动生产率之所以明显低于很多发达国家，其中的主要原因是发展中国家的劳动者的平均受教育水平以及在职培训水平普遍低于发达国家的劳动者，并且发展中国家存在比较明显甚至严重的资本匮乏现象。总之，低质量的劳动力以及数量和质量都存在严重不足的资本共同导致了发展中国家的劳动生产率低下。

一个国家的资本积累情况与很多因素有关，比如社会制度、经济政策等。资本积累和经济增长之间是一种相互促进和良性循环的关系，即资本积累越多，质量越高，则经济增长速度往往越快，而经济增长本身又会进一步促进资本积累。

3. 资源利用效率

所谓资源利用效率，是指一个经济体或一个组织使用劳动力和资本等生产要素的效率水平，这里是指所有能够提高劳动生产率的显性和隐性因素，其中包括技术进步、规模经济、劳动力配置水平以及社会制度、文化、环境和公共政策方面的调整。

（1）生产技术和管理技术方面的改进有利于劳动生产率的提高。一方面，流水线、计算机、生物技术、机器人技术以及移动互联网等方面的进步大大提高了人类的劳动生产率。另一方面，流程再造、员工参与管理、工作丰富化、利润分享、股权激励等各种新型管理实践的推出，对调动员工的工作热情、激发他们的创造力起到重要的作用。

（2）市场扩大和经营规模的扩张使得企业可以采用更专业化的生产方法。规模经济一方面使劳动者的专业化水平提高，生产效率提升；另一方面，企业可以使用更多生产效率更高的专业化资本设备，从而提高劳动生产率。

（3）一个社会对劳动力进行更为有效的配置也会有助于劳动生产率的提升。如果能够有效地将劳动者从低生产率工作岗位转移到高生产率岗位，则整个社会的劳动生产率会进一步提高。事实上，我国在改革开放以后之所以发生了令人瞩目的经济增长，其中一个很大的原因就是通过市场经济的作用，使得大量的劳动力从生产率较低的农业经济转移到生产率更高的工业和服务业，同时还借助劳动力市场的作用，通过劳动者的自由流动实现了劳动力从低生产率岗位向高生产率岗位的流动。

（4）一个社会的文化价值观、社会制度的性质以及具体的公共政策会从各个方面对劳动生产率产生影响。正如我们在上面已经提到的，从计划经济向市场经济的转变、积极的对外开放政策、发展国际贸易以及吸引外资的政策、鼓励企业进行技术创新的制度和政策、发展资本市场的政策等，都对我国的劳动生产率产生了重大影响。不仅如此，一个社会的价值观，比如，劳动者及其家庭对于到企业去工作和到政府当公务员的选择，劳动者的社会地位等，同样会对劳动生产率产生直接或间接的影响。

有学者对 1959—2006 年的美国生产率促进因素进行了研究，结果发现，在对这一时期的经济增长做出的贡献当中，劳动力质量提高占了 12%，资本数量增加占了 53%，而资源利用效率的提高占了 35%。[①]

二、劳动生产率的周期性变化及其对就业和薪酬的影响

（一）劳动生产率的周期性变化

劳动生产率还存在一些周期性的特征，即在经济萧条或衰退时期，劳动生产率的增长要低于其长期趋势，而在经济复苏或繁荣期，劳动生产率的短期增长则超过其长期趋势。在这里，我们主要讨论劳动生产率周期性变化的三个影响因素及其启示。

1. 劳动生产率周期性变化的影响因素

（1）劳动力利用率。当经济陷入萧条或衰退时，企业的销售额和产出下降速度往往比劳动力投入的下降速度更快，换言之，企业在这时的劳动力需求调整会相对滞后于企业的销售和产出水平调整。这里的原因主要有三个方面。其一，企业需要确认经营收入或产出下降到底是什么原因引起的，经过较长时间的销售下滑或产出下降，企业才能最终确认经济衰退或经济危机来临，这时候才会采取裁员等后续行动，而不是一遇到经营不佳的问题就立即裁员。其二，无论经营状况如何，企业总是需要一定数量的员工维持组织的正常运转。这样，相当一部分劳动者在经济不景气时期虽然没被企业裁掉，但他们的工作量很可能并不饱满。其三，即使企业确认长期的经济衰退已经开始，它们也需要确定对一部分在企业比较重要的岗位上工作的员工是否采取裁员措施。留住这些人的好处在于，一旦经济开始复苏，这些人很快就能够恢复较高的生产率，而且企业省去了重新招聘其他人员替代这些人可能发生的成本，包括招不到具有相同生产率水平的人的可能性。

正是由于以上几个方面的原因，在经济衰退或萧条时期，企业中的很多劳动者要么工作量不够饱满，要么被降格使用，即被重新分配到不那么重要或生产率不那么高的岗位上去工作，这些都会使企业的劳动生产率下降。而在经济复苏和繁荣时期，情况正相反，一方面，劳动者的工作量变得更加饱满甚至超负荷，另一方面，很多原来临时从事维护等其他低生产率工作的劳动者重新回到重要的工作岗位上，这些都会导致劳动生产率迅速提升。

（2）资本利用率。劳动力利用率在经济衰退或萧条时期呈现的情况同样适用于资本。在经济不景气时期，厂房、设备等无法以正常的最高效率运转，规模经济的作用有时候发挥不出来，这些必然会影响劳动生产率的实现。相反，随着经济复苏和走向繁荣，资本利用率会回到最佳状态，这又会促进劳动生产率的提高。

（3）产出结构。劳动生产率的周期性波动对不同的经济部门产生的影响是不同的。比

① Dale W. Jorgenson，Mun S. Ho，and Kevin J. Stiroh. A Retrospective Look at the U. S. Productivity Growth Resurgence. Journal of Economic Perspectives，Winter 2008：3－24.

如，大部分耐用品（比如汽车、冰箱以及各种机器设备等）的需求对周期性变化是非常敏感的，一旦经济衰退或萧条，企业或家庭对耐用品的购买愿望可能会明显下降，而大多数生活必需品以及服务的需求却很少受到经济周期的影响，比如，即使经济不景气，家庭生活必需品也不会减少消耗，理发、汽车修理甚至餐饮方面的服务需求也很少出现明显的下降。因此，在经济不景气时期，制造业的劳动生产率下降是不显著的，但在经济复苏和繁荣时期，制造业的劳动生产率又是上升最快的。正因为如此，一国劳动生产率随着经济周期波动的幅度大小在很大程度上取决于制造业所占的比例大小。如果制造业所占的比例很大，则该国的劳动生产率随着经济周期发生波动的幅度可能很大。

2. 劳动生产率周期性变化的启示

（1）劳动生产率的周期性变化不仅是经济周期波动的结果，同时也是其不可分割的一部分。当经济衰退时，劳动生产率会快速下降，从而推动单位劳动力成本上升。如果名义工资在这一时期持续上升，则单位劳动力成本会更大幅度上升，而这必然会挤压企业利润。这种情况一方面直接减少企业可以用于投资的财务资源，另一方面导致企业更悲观的预期，这两者都会进一步加剧周期性衰退。而在经济复苏时期，不断上升的劳动生产率会使单位劳动力成本不断下降，利润持续增长，这显然会刺激经济回升，加速经济扩张。

（2）劳动生产率的周期性变化对于经济政策有重要的启示。首先，由于在经济不景气时期，劳动生产率的下降可能导致单位生产成本的上升，而名义工资的持续上升则可能导致成本推动型通货膨胀，因此，采取紧缩性货币和财政政策应对衰退显得十分必要。其次，如果经济已经陷入衰退并且失业率很高，那么在复苏的早期阶段，政策制定者可以通过扩张性的货币和财政政策来增加产出和就业，而不必担心出现通货膨胀，这是因为劳动生产率的快速增长往往能够抑制成本和价格的上升。

（二）劳动生产率对就业和薪酬的影响

1. 劳动生产率对就业的影响

在生产率提高与就业的关系问题上存在一种很自然的担忧，这就是生产率的提高是否会导致更多的失业或失业率的上升。其理由在于生产率的提高意味着现在用更少的劳动者可以生产跟过去一样数量的产品或服务。但这种观点忽略了生产率提高会增加社会总需求这一事实。一方面，劳动生产率的提高增加了社会总产出，使一个社会可以在既定的资源约束下生产出更多可供人们消费的产品或服务，这种社会生产规模扩大的结果会同时导致对资本和劳动力两个方面的需求的上升。另一方面，生产率是与实际工资密切相关的，生产率的增长会导致实际收入的增加，这些实际收入显然需要对应更多的总支出，从而创造更多的工作岗位。

从微观上说，一方面，劳动生产率的提高有助于提高企业的利润水平，而利润水平的提高有助于企业扩大投资，同时增加对资本和劳动力两种生产要素的使用。另一方面，即使企业将相当一部分利润用于增加资本投入，对就业的不利影响也不宜夸大。这是因为，资本虽然有可能对低质量劳动力产生较为明显的替代作用，但却会对高质量劳动力产生更大的需求，即与高质量劳动力之间具有一种互补关系。这样，即使出现由于劳动生产率提高导致的资本投入增加的情况，对就业产生的负面影响也会在一定程度上受到削弱。

此外，在不同的产业中，劳动生产率的上升对就业的影响存在差异。比如，如果某产业所生产的产品或服务具有较高的价格弹性和收入弹性，则由于生产率提高带来的产品或服务价格下降会引起其需求较大幅度增加，与此同时，收入的增长也会导致社会对这种产品或服务的需求出现大幅上升。在其他条件一定的情况下，这种生产率的上升对就业是非常有利的。反过来，如果某个产业的产品或服务相对于价格或收入来说是缺乏弹性的，那么生产率的提高并不能带来销售数量的足够增加，可能无法抵消由于劳动力生产率上升而降低的劳动力需求。

事实上，尽管经济产出和就业确实会发生周期性的波动，但从长期看，劳动生产率增长并没有引起失业的增加，相反，劳动生产率的增长往往在总体上与更高的实际工资水平以及更高的就业水平相联系。

2. 劳动生产率对薪酬的影响

总体而言，劳动生产率的增长与薪酬的增长是同步的，但是两者的增长幅度却未必总是能够保持基本一致，尤其是在考察劳动生产率的增长率和实际薪酬增长率之间的关系时。下面我们以美国为例做一个简要的分析。①

例如，在美国，从 20 世纪 40 年代开始的后来几十年中，劳动生产率的增长与实际薪酬的增长幅度基本上是一致的。但是从 70 年代开始，劳动生产率增长率和实际薪酬增长率之间出现明显的落差。如表 10－4 所示，1987—2015 年间，在信息业、制造业、零售业等行业中，薪酬增长率大幅落后于劳动生产率增长率，而在住宿和食品服务业、其他服务业中，薪酬增长率和劳动生产率增长率则差别不大。只有采矿业的实际薪酬增长率高于劳动生产率增长率。

表 10－4　美国不同行业的劳动生产率与薪酬的增长率（1987—2015 年）（%）

行业	劳动生产率增长率	每工时实际薪酬增长率
采矿业	0.5	1.5
住宿和食品服务业	0.7	0.7
其他服务业	1.2	0.9
公用事业	2.2	1.0
交通和仓储业	1.1	－0.2
批发业	2.9	1.2
零售业	2.8	0.2
制造业	3.3	0.8
信息业	5.0	1.4

经济学家对劳动生产率增长率和实际薪酬增长率之间差距变大的情况进行了研究，结果发现，这种差距主要是由于两个方面的原因造成的，一是价格指数调整或平减指数（deflator）的选取，二是劳动收入份额（labor share of income）的下降。

价格指数调整主要是指在统计中，实际薪酬数据是根据消费者物价指数（CPI）做的调

① 本小节的数据以及主要内容取材于 Michael Brill，Corey Holman，Chris Morris，Ronjoy Raichoudhary，and Noah Yosif. Understanding the Labor Productivity and Compensation Gap. Beyond The Number（BLS）. vol. 6. no. 6，June 2017。

整，而劳动生产率的价格调整却是根据产出价格平减指数（output price deflator）即针对生产者的价格指数来进行的。经济学家认为，消费者物价指数虽然适合用来衡量劳动者的薪酬所代表的实际购买力，但却不如产出价格平减指数更适合用来对薪酬和劳动生产率进行比较，毕竟薪酬主要取决于劳动者生产的产品和服务的价值，而不是因为他们消费了什么东西。此外，由于每一个行业生产的产品和服务差别很大，因此每个行业的产出价格平减指数是不同的。由于产出价格平减指数和消费者物价指数的变动程度并不总是一样，甚至方向是相反的，所以对劳动生产率和薪酬各自采用不同价格指数加以处理，就会人为扩大两者之间的差距。比如，信息及其相关产业（计算机及其外部设备制造、半导体和全体电子元器件制造等）近年来经历了巨大的技术进步，在这些行业的生产中需要使用的电子元器件的价格出现大幅下降，而同一时期的消费者物价指数却是稳步上升的。原因就是在上述数据中，对劳动生产率和薪酬所做的价格调整是基于两种不同的指数，如果对两者都采用产出价格平减指数加以调整，则上面看到的在信息业中出现的劳动生产率增长率大大超过实际薪酬增长率的情况就不那么显著了。事实上，上述信息业的情况同样适用于那些实现高生产率的行业。

劳动收入份额是指经济产出中以薪酬的形式归于劳动者的比重有多大（其余部分归于中间产品的购买以及资本所得）。劳动收入份额下降也会导致劳动生产率增长率和实际薪酬增长率两者之间的差距拉大。在美国，第二次世界大战之后，劳动收入所占的份额开始下降，但幅度不大，1947 年第一季度，这一比例为 65.8%，到 2000 年第四季度下降到 62.8%。从那之后，劳动收入份额开始出现明显的下降，2005 年下降到 60%以下，到 2011 年第四季度进一步下降到 56%。但是从 2012 年第一季度开始出现回升，到 2016 年第三季度达到 58.4%。劳动收入份额下降的情况在各个行业中是不同的，但其主要影响因素包括以下几个方面：一是全球化。全球化使原来由国内劳动者获得的收入通过离岸经营（或将产品和服务生产外包给其他国家）转移给国外的劳动者，这使得用于外购中间品的成分增加，而本国劳动者的薪酬总额下降。二是自动化程度提高。自动化程度越高，对劳动力投入的需求将会在总体上减少，机器在一定程度上取代了一部分劳动者，这会导致资本的收入份额上升。三是资本的快速贬值。各行各业使用的资本在近些年的贬值速度加快，比如，计算机硬件和软件升级和换代的速度比过去几十年中机器设备的更新换代速度快得多。这种资本的快速贬值需要通过赋予资本更大的份额来弥补资本的升级和置换成本。

小专栏 10-1

新常态下我国的工资收入分配形势与发展

当前一段时期，我国经济进入增速下降、结构调整和动力转换的新常态，与之同步的是，我国的劳动工资也进入一种新常态，就业人员平均实际工资增速由 10%以上的高速增长逐渐降低，新常态下的工资收入分配表现出新的特征。

第一，名义和实际工资增速均下滑。2010 年，全国城镇单位就业人员平均工资为 36 539元，到 2014 年，名义平均工资增长至 56 339 元，各年的增长率分别为 14.4%，11.9%，10.1%，9.4%，实际工资增长至 49 705 元，各年的增长率分别为 8.5%，9.1%，7.3%，7.1%，名义工资增速呈现连续下降的趋势，实际工资增速在总体上也呈现下降趋势。

第二，全国层面，平均工资增长率超过劳动生产率增长率。劳动生产率提高是工资增长的源泉，2010—2013 年，我国劳动生产率虽然保持稳定增长，但是增幅却出现大幅下滑，劳动生产率与工资的相对关系也发生了重大变化。2010 年我国名义和实际劳动生产率的增长率分别为 17.2%和 10.1%，到 2014 年分别降为 7.6%和 6.7%。更重要的变化是在 2012 年之前，无论是名义还是实际，劳动生产率的增长率都高于平均工资增长率，而 2012—2014 年，劳动生产率的增长率低于平均工资增长率。

第三，地区层面，大多数省份的劳动生产率增长率和平均工资增长率同时下降，并且越来越多省份的实际平均工资增长率超过了劳动生产率增长率。2010—2013 年，全国 31 个省区市中，除了北京之外，其他省份的劳动生产率年均增长率均高于实际工资年均增长率。从变动趋势来看，与 2010 年的情况相比，2013 年有 20 个省份的实际平均工资增速有所下降，有 30 个省份的劳动生产率增速有所下降，并且在越来越多的省份，实际平均工资的增长率超过了劳动生产率的增长率。

另外，行业间平均工资差距有所缩小。高收入行业工资水平增长的趋势受到遏制，较低收入行业的工资水平增长强劲，低收入行业增速分化。不同地区间工资差距总体在不断缩小。

资料来源：韩巍．新常态下工资收入分配形势与发展．中国劳动保障报，2016－07－18.

第 2 节　劳动力市场歧视

一、劳动力市场歧视的类型

劳动力市场歧视是指具有相同生产率特征的劳动者仅仅因为所属的人口群体不同而受到区别对待。换言之，我们所观察到的不同人口群体之间的平均工资性报酬差别主要来自两个方面：一是每一种人口群体在进入劳动力市场时就存在的生产率特征差异（通常称为前劳动力市场差别）；二是不同的人口群体受到劳动力市场中的其他参与者的不同对待。这种不同人口群体的劳动者在劳动力市场中受到的对待存在差别的现象就是劳动力市场歧视。

劳动力市场歧视又可以划分为工资歧视和职业歧视两种类型。

（一）工资歧视

所谓工资歧视（wage discrimination），是指雇主针对既定的生产率特征支付的价格因劳动者所属的人口群体不同而呈现系统性的差别。比如，雇主支付给女性员工的工资要低于从事同种职业、具有相同工作经验以及在相同条件下工作的男性员工的工资，这就是对不同性别的劳动者实施的工资歧视。也就是说，女性和男性之间出现的平均工资性报酬差别可能是由两个方面的原因引起的：一是这两类人在生产率特征方面的平均水平存在差异；二是具有相同生产率特征的两类人却获得了不同的报酬。只有后一种差别来源才属于我们所说的劳动力市场歧视。下面，我们以男女两性之间的工资性报酬差别为例来说明，在理想情况下，如何对工资歧视的水平进行衡量和估计。

第一步，搜集男性和女性劳动者的各种相关信息，这些信息应当涵盖所有在理论上与工资性报酬的决定存在联系的人力资本特征数据及其他数据，比如年龄、受教育程度和培训水平、工作经验、在当前雇主处的连续工作年限、工时数量、受雇企业的规模、所在地区、工作努力程度、所在行业、岗位工作职责、工作地点以及工作条件等。

第二步，用统计分析的方法估计出劳动者的每一种生产率特征对女性的工资性报酬所产生的影响。以女性的现有工资性报酬数据作为因变量，以在上一步确定的生产率特征的数值（这里只用女性的数值）作为自变量，通过回归分析的方法便可以确定，女性的每一种生产率特征对她们所得到的工资性报酬到底能够产生多大的影响——这种影响在统计上体现为一个回归方程中的每一个自变量的系数。

第三步，假设女性的生产率特征与男性是完全相同的，考察她们应当获得的工资性报酬是多少。具体的做法是，将女性在每一种生产率特征上获得的工资性报酬与男性所具有的每一种生产率特征的平均水平相乘，然后加总。从统计上来说，这一步就是要将男性在每一种生产率特征上的平均值代入第二步得到的回归方程，计算出因变量的值。

第四步，把计算出来的理想状态下——男女在工资性报酬方面完全均等——的女性的平均工资性报酬水平（第三步得到）与男性的实际平均工资性报酬水平加以比较。由于在不存在歧视的情况下，具有相同生产率特征的男性和女性劳动者应当获得同样的工资性报酬，所以这种比较可以得到对男女两性间工资歧视的平均水平的一种估计。

然而，这种估计方法却是存在缺陷的。这是因为，要想分离出劳动力市场歧视的影响，就必须将劳动者进入劳动力市场之前已经存在的生产率特征差异对总体工资性报酬差别所产生的影响分离出来，这样才可以将那些无法用生产率特征差异加以解释的剩余工资性报酬差别归结为劳动力市场歧视。但是在进行这种操作的过程中，我们会遇到两个方面的问题，一是我们很难将所有会影响工资性报酬的生产率特征全部包括在我们的统计分析过程之中，因为有些很重要的生产率特征可能是我们还没有意识到的，而有些重要的生产率特征则是根本无法衡量的。比如，女性比具有相同生产率特征的男性工资水平低的一个潜在原因是，女性为了照顾家庭，宁愿选择离家比较近但是工资水平更低的工作，而不愿意接受那种尽管工资水平较高但是离家较远或需要经常出差或加班的工作。在这种情况下所出现的两性工资性报酬差别显然不是劳动力市场歧视的原因，而是女性劳动者的一种自我选择的结果。如果我们没有考虑到这一点，而将由于这一类原因导致的两性工资性报酬差别也归结为歧视，就夸大了劳动力市场歧视的程度。另一个问题所产生的作用恰恰相反，它会导致歧视程度被低估。这是因为，我们在估计歧视程度时，将男女两性由于生产率特征存在的差异所导致的工资性报酬差别视为合理，而不属于劳动力市场歧视的范畴。然而，在现实中却很可能会存在这样的情况，很多女性在选择职业的时候，由于预见到未来的劳动力市场上存在对女性的歧视，所以会刻意避开某些尽管工资水平很高但是女性却难以进入的职业，因此造成的男女两性在人力资本投资方面的前市场差别，实际上已经在一定程度上受到劳动力市场歧视的影响。由于这部分影响并没有被纳入我们对歧视程度的估计过程之中，所以无形中低估了歧视对男女工资性报酬差别所产生的影响。

小专栏 10－2

英国广播公司资深女编辑为抗议薪酬性别歧视离岗

英国广播公司（BBC）中国新闻总编郭艾莉宣布，由于其收入低于男同事，她将离开现任岗位。BBC 在 8 日的报道中指出，郭艾莉是苏格兰人，在这家媒体工作超过 30 年。她在一封公开信中说，BBC 存在“秘密且非法的薪酬文化”，面临“信任危机”，2/3 年薪超过 15 万英镑（约合 132 万元人民币）的雇员是男性。郭艾莉说，她已辞去中国新闻总编一职，但将继续留在 BBC，回到之前工作过的电视新闻编辑室。

去年 7 月，BBC 应政府要求公开年薪超过 15 万英镑的员工名单。郭艾莉不在榜单之列。她发现，两名男性国际新闻编辑上榜，比两名担任同等职务女性的工资高出 50%以上。郭艾莉随后和 BBC 欧洲新闻总编卡佳·阿德勒签署信函，要求男女薪酬平等。应郭艾莉的要求，BBC 为她大幅上涨工资，但远未达到“平等”的水平。

“尽管 BBC 坚称，对我的任命表明他们信守性别平等的承诺，我也坚持认为，平等是我担任这一职位的条件；但我的上司们却再三判断，女性的工作价值远低于男性，”郭艾莉在公开信中说，“我只是希望 BBC 遵守英国 2010 年通过的平等法，重视男女平等。”

郭艾莉的做法得到包括 BBC 记者在内的大量民众的支持。他们在社交网站发起“我支持郭艾莉”的话题标签。对此，BBC 回应，称不存在“系统性歧视女性”现象。BBC 一名女性发言人在声明中说，实现报酬平等“至关重要”。去年高薪榜单公布后，总裁托尼·霍尔承诺，将在 2020 年前消除性别差距。

男女同工不同酬在一些西方国家媒体早已引发争议。去年 12 月，美国电视娱乐新闻节目女主播卡特·萨德勒宣布，由于收入与主持同一档节目的男搭档差距悬殊，她提出辞职。去年早些时候，57 岁的澳大利亚女主播莉萨·威尔金森宣布离开第九频道网，加入对手频道。媒体报道，原因系她与男搭档同酬的要求遭到拒绝。

资料来源：BBC 资深女编辑抗议薪酬性别歧视离岗．北京青年报，2018-01-09.

（二）职业歧视

所谓职业歧视（occupational discrimination），是指对具有相同的受教育水平和其他生产率特征的不同类型的劳动者加以区别对待，将其中某一类或某些类别的劳动者有意安排到那些低工资的职业当中，或者是有意让这类劳动者去承担责任要求较低的工作，而把那些高工资岗位留给某些特定类型的劳动者。在现实中，女性和男性的职业分布存在很多差别，但是，在这种差别中，到底有多少是由于劳动者在进入劳动力市场之前所做的职业准备、接受的正规学校教育、职业培训等原因导致的，有多少是由于职业歧视导致的，则很难衡量。

所以，经济学家转而考察职业隔离的情况。所谓职业隔离，是指一个人口群体内部的职业分布与其他人口群体内部的职业分布存在很大差异的情况。对职业隔离进行衡量的一个指标是差异指数。这一衡量指标所要考察的是，假定某一种性别的劳动者继续留在现有工作岗位上，那么，为了使男女劳动者在各种职业中具有相同的职业分布，另一种性别的劳动者中有多大比例的人将不得不改变职业。如果所有的职业都是完全隔离的，则这一指数的值等于 100，如果两种性别的劳动力在各种职业中的分布是完全相同的，则这一指数的值为零。

目前，世界各国的女性和男性在各种职业中的分布基本上都是不均匀的，尽管在很多国家这种情况已经发生变化，但事实是，女性在高工资职业中的分布仍然显得不足，同时在低工资职业中的分布仍然比重过大。但是我们不能简单地将这种职业分布差异视为职业歧视。事实上，如果劳动者的职业选择受到直接限制，或者受到既定人力资本特征获得较低回报这一事实的影响，那么，职业隔离显然就是由于职业歧视造成的。然而，如果不同类型的劳动者在选择的职业方面存在差异，仅仅反映了个人的不同偏好或者不同的家庭责任，则存在两种可能：一种可能是，不同的职业偏好是在一个人的生活经历中自然形成的，因而并不存在歧视的问题。另一种可能则是，这些职业偏好本身就是前市场歧视的一种结果，即它在很大程度上是由于父母、学校以及社会对不同类型的人区别对待导致的。例如，很可能女性在进入劳动力市场之前就被引导去准备从事那些低工资的职业。由此导致的男女职业分布差异显然与职业歧视有关。

与职业歧视有一定关系的是就业歧视或雇佣歧视（employment discrimination），这种歧视是指在其他条件相同的情况下，某些特定类型的劳动者，比如女性或有色人种，在就业过程中受到差别对待，经常处于最后被雇用但是却最先被解雇的状态。就业歧视会导致被歧视的劳动者群体实现就业更为困难。就业歧视的类型比较广泛，有性别歧视、地域歧视，甚至还包括对乙肝病毒携带者的歧视等。世界各市场经济国家几乎都制定了反就业歧视方面的相关法律法规，但在立法和执法的力度方面仍然存在一定的差异。

二、劳动力市场歧视的成因

从歧视产生的根源来看，经济学家提出了三种可能的劳动力市场歧视来源，即个人歧视、统计性歧视以及非竞争性歧视。

（一）个人歧视

所谓个人歧视，是指雇主、客户或者员工当中至少有一方对员工有偏见，进而言之，他们具有不与某一特定人口群体中的人打交道的偏好。

首先来看雇主歧视。雇主很可能因为某些特定的原因对某些特定类型的员工产生歧视。比如，我国的一些企业在招聘新员工的时候，就以明确或隐含的方式拒绝录用来自某些特定地区的劳动者或者某些特定大学的毕业生。从理论上来说，如果雇主存在歧视行为，则说明雇主追求的是效用最大化——满足它们带有偏见的个人偏好——而不是利润最大化。然而，如果这种做法使它们无法实现利润最大化，那么，非歧视性雇主很可能会比歧视性雇主获得更高的投资回报率。如果歧视性雇主因此受到的影响很大，那么，它们最终很可能会倒闭或者是被那些非歧视性雇主收购。换言之，如果竞争力在产品市场上是起作用的，那么，存在歧视行为的企业将会受到惩罚，歧视很难持续下去。从这一点来看，最有可能实施歧视的雇主往往是具有垄断地位的那些企业。

其次来看客户歧视。在有些情况下，顾客可能更偏好让某种类型的劳动者为自己提供服务，这就迫使雇主不得不根据客户的偏好来雇用员工。因此，那些与顾客有较多接触的职业是最容易出现职业隔离的。然而，由于企业可以选择的劳动者类型受到客户歧视的限制，这些歧视性企业支付给员工的工资就会比非歧视性企业更高，这样，歧视性企业就必须确保自己能够向歧视性客户收取更高的服务价格，否则，在产品市场完全竞争的情况下，这些企业是无法生存的。

最后是员工歧视。在某些情况下，某种类型的员工可能希望刻意避开他们不喜欢的属于某些特定人口群体的同事。当员工存在歧视而雇主并不存在歧视的时候，可能会出现两种情况：一种情况是，雇主不会满足歧视性员工的需求，因而他们不得不自动离职。另一种情况是，雇主会主动对这些歧视性员工的需求做出妥协。当这些歧视性员工对于雇主非常重要、难以取代，或者是替代的成本太高，或者是这一类劳动力在劳动力市场上所占的比重很大时，雇主可能就不得不迁就这些歧视性员工的偏好，在这种情况下，雇主要么减少甚至不雇用这些歧视性员工不喜欢的其他类型的劳动者，要么仍然雇用其他类型的劳动者，但是对这些歧视性员工支付补偿性工资。另一种可行的做法则是尽可能将歧视性员工和他们不喜欢的那些劳动者进行隔离，即根据职位类型将员工隔离开来，尽量使他们在工作中不打交道，或者是打交道的频率很低。

（二）统计性歧视

统计性歧视（statistical discrimination）与雇主的招募和甄选过程有关。在雇用员工的过程中，雇主通常需要以某种方式来获得关于求职者的信息，然而，获得这些信息本身是需要付出一定成本的，所以，企业不可能设法去获得能够预测求职者的未来生产率的所有信息。在这种情况下，企业经常利用一些历史经验来帮助自己做出判断，雇主雇用过的各种不同类型的劳动者的总体绩效表现等很可能会成为这种历史经验，企业经常会基于这些信息预测属于这些群体的求职者的未来生产率状况。比如，面对各种测试分数、综合面试分数、受教育程度、专业等条件均相同的两位大学毕业生，雇主舍弃其中一个人而选择另一个人的最终依据是他们各自毕业的大学。尽管这两所大学都是实力相当的名牌大学，但是企业雇用过的其中一所大学的毕业生比另一所大学的毕业生更容易惹麻烦，雇主据此判断，前一所大学出来的学生很可能比后一所大学的毕业生更容易出问题，因此，雇主舍弃了来自前一所大学的毕业生。雇主的这种判断很可能是错误的，因为这种决策方式很容易产生统计性歧视。总之，当雇主利用求职者所属的特定群体的一般特征预测某一位求职者的未来生产率，但是这些与生产率有关的可观察的群体特征不利于对求职者个人的实际生产率做出完善的预测时，便会出现统计性歧视。

不过，可以预见的是，如果统计性歧视并非源于个人偏见，那么，随着一些更加精确的能够预测生产率的个人信息被找到，雇主会越来越少地基于与劳动者所属的群体有关的信息来做出判断。

（三）非竞争性歧视

非竞争性歧视是指劳动力市场处于非竞争状态下产生的歧视。如果由于企业具有某种垄断力量，不仅有能力制造出职业隔离的局面，而且可以控制自己支付给员工的工资水平，这些企业就会同时产生职业歧视和工资歧视。例如，在像我国这样的发展中国家，由于市场竞争尚不充分，某些行业或企业具有事实上的垄断地位，因此，这些行业或企业一方面可以维持相对高水平的工资，另一方面可以根据自己的偏好来设置人员的进入标准，只不过在很多情况下，歧视的依据不是性别等因素，而很可能是“关系”这样的独特因素。此外，在我国很多企事业单位中依然存在基于身份的用工制度，正式员工和合同员工（或外聘员工、派遣员工）即使从事同样的工作，所得的工资福利水平以及其他方面的待遇也存在很大的差距，这些都属于歧视，并且职业歧视和工资歧视同时存在。

◆ 本章小结

劳动生产率可以表示为产出数量与劳动力投入数量之间的关系，它的增长既是衡量一个国家、行业甚至企业的经济绩效的关键维度之一，同时也是促进整个社会生活水平提高的一个重要推动器。劳动力生产率的提高主要取决于劳动力质量的改善、实物资本数量和质量的增加以及资源利用效率的提高。

在经济萧条或衰退时期，劳动生产率的增长低于其长期趋势，而在经济复苏或繁荣期，劳动生产率的短期增长超过其长期趋势。

劳动力市场歧视是指具有相同生产率特征的劳动者仅仅因为所属的人口群体不同而受到区别对待，可以划分为工资歧视和职业歧视两种类型。工资歧视是指雇主针对既定的生产率特征支付的价格因劳动者所属的人口群体不同而呈现系统性的差别。职业歧视是指对具有相同的受教育水平和其他生产率特征的不同类型的劳动者加以区别对待，将其中某一类或某些类别的劳动者有意安排到那些低工资的职业当中，而把那些高工资岗位留给某些特定类型的劳动者。

劳动力市场歧视来源主要有三种，即个人歧视、统计性歧视以及非竞争性歧视。个人歧视是指雇主、客户或者员工当中至少有一方对劳动者有偏见。统计性歧视是指雇主根据求职者所属的特定群体的一般特征预测某位求职者的未来生产率，但是这些与生产率有关的可观察的群体特征不利于对求职者个人的实际生产率做出完善的预测。非竞争性歧视是指在劳动力市场处于非竞争状态下产生的歧视。比如垄断企业可以同时制造职业歧视和工资歧视。

◆ 关键术语

全要素生产率（total factor productivity，TFP）
劳动生产率（labor productivity）
劳动收入份额（labor share of income）
工资歧视（wage discrimination）
职业歧视（occupational discrimination）
雇佣歧视（employment discrimination）
统计性歧视（statistical discrimination）

◆ 复习与思考

1. 什么是全要素生产率？全要素生产率的含义是什么？
2. 什么是劳动生产率？劳动生产率的计算方式是什么？
3. 劳动生产率的决定因素有哪些？
4. 劳动生产率会出现哪些周期性的变化？这些变化对就业和薪酬会产生怎样的影响？
5. 劳动力市场歧视的主要类型有哪些？
6. 劳动力市场歧视的主要成因有哪些？

图书在版编目（CIP）数据

劳动经济学教程/刘昕编著.—2版.—北京：中国人民大学出版社，2018.8
面向21世纪人力资源管理系列教材
ISBN 978-7-300-26127-0

Ⅰ.①劳… Ⅱ.①刘… Ⅲ.①劳动经济学-高等学校-教材 Ⅳ.①F240

中国版本图书馆CIP数据核字（2018）第188826号

面向21世纪人力资源管理系列教材
劳动经济学教程（第2版）
刘　昕　编著
Laodong Jingjixue Jiaocheng

出版发行	中国人民大学出版社		
社　　址	北京中关村大街31号	**邮政编码**	100080
电　　话	010－62511242（总编室）		010－62511770（质管部）
	010－82501766（邮购部）		010－62514148（门市部）
	010－62515195（发行公司）		010－62515275（盗版举报）
网　　址	http://www.crup.com.cn		
经　　销	新华书店		
印　　刷	北京密兴印刷有限公司	**版　　次**	2012年6月第1版
规　　格	185 mm×260 mm　16开本		2018年8月第2版
印　　张	18.25 插页1	**印　　次**	2022年11月第5次印刷
字　　数	445 000	**定　　价**	36.00元

中国人民大学出版社　管理分社

教师教学服务说明

中国人民大学出版社管理分社以出版经典、高品质的工商管理、统计、市场营销、人力资源管理、运营管理、物流管理、旅游管理等领域的各层次教材为宗旨。

为了更好地为一线教师服务，近年来管理分社着力建设了一批数字化、立体化的网络教学资源。教师可以通过以下方式获得免费下载教学资源的权限：

★ 在中国人民大学出版社网站 www.crup.com.cn 进行注册，注册后进入"会员中心"，在左侧点击"我的教师认证"，填写相关信息，提交后等待审核。我们将在一个工作日内为您开通相关资源的下载权限。

★ 如您急需教学资源或需要其他帮助，请加入教师 QQ 群或在工作时间与我们联络。

中国人民大学出版社　管理分社

教师 QQ 群：648333426（仅限教师加入）

联系电话：010-82501048，62515782，62515735

电子邮箱：glcbfs@crup.com.cn

通讯地址：北京市海淀区中关村大街甲 59 号文化大厦 1501 室（100872）